SHENGMING JIAOYU YU
SHENGMING CHENGZHANG

生命教育与生命成长

兰霞萍 陈雪莹 王 超 主编

江苏大学出版社
JIANGSU UNIVERSITY PRESS
镇 江

图书在版编目（CIP）数据

生命教育与生命成长 / 兰霞萍，陈雪莹，王超主编．
镇江 ：江苏大学出版社，2025. 4. -- ISBN 978-7-5684-2514-8

Ⅰ. B083

中国国家版本馆 CIP 数据核字第 202594ZY02 号

生命教育与生命成长

Shengming Jiaoyu Yu Shengming Chengzhang

主　　编/兰霞萍　陈雪莹　王　超
责任编辑/张　冠
出版发行/江苏大学出版社
地　　址/江苏省镇江市京口区学府路 301 号（邮编：212013）
电　　话/0511-84446464（传真）
网　　址/http：//press. ujs. edu. cn
排　　版/镇江文苑制版印刷有限责任公司
印　　刷/江苏扬中印刷有限公司
开　　本/787 mm×1 092 mm　1/16
印　　张/18. 25
字　　数/440 千字
版　　次/2025 年 4 月第 1 版
印　　次/2025 年 4 月第 1 次印刷
书　　号/ISBN 978-7-5684-2514-8
定　　价/59. 90 元

如有印装质量问题请与本社营销部联系（电话：0511-84440882）

编委会

前言

生命是教育的起点与终点，是我们反思教育现象、看待教育活动的根本依凭。我国著名教育学家顾明远先生在 2018 年撰文明确指出，教育的本质就是生命教育。生命教育强调接纳生命、敬畏生命、珍爱生命、打开生命、扩展生命，生命教育不是一般意义的知识教育、技能教育，在根本上是以生命影响生命、以生命引领生命、以生命感通生命的“生命实践”教育。生命教育有两大目的，一是提高生命质量，二是提升生命价值。我们深信这抓到了所有教育活动的根本，是我们学习、生活和工作的最终旨归。自 2019 年江西科技学院教育学院成立以来，我们始终坚持以生命教育生命、以生命引领生命、以生命滋润生命、以生命影响生命的人才培养理念，把生命教育看作一种教育理念、一种教育策略和一种教育价值，当作教师从事教育教学的行动方式。教育学院致力于将生命教育理念融入学前教育专业、小学教育专业及教育学其他专业的人才培养全过程。经过多年生命教育实践探索，我们深感生命教育对于学生成长、社会发展的重要意义，也深刻认识到将生命教育系统化、课程化的必要性。

本教材的编写基于生命教育课程开设后形成的丰富教育教学资源，更体现着我们对生命教育的深刻理解与热忱追求。我们深知，生命教育不仅是知识传授，还是价值观引领、情感熏陶和行为塑造。在教材编写过程中，我们始终坚持以学生为中心，力求将理论与实践相结合、知识性与趣味性相统一。

本教材内容围绕与生命息息相关的主题展开，共有四篇：第一篇“生命教育概述”统揽全书（兰霞萍、王超、宋博文），奠定生命教育的理论与实践基础；第二篇“看见生命”通过家庭（王楠）、婚恋（杨戈）、友谊（戴建强）、安全（陈雪莹）、劳动（张梦琦）多个视角，引导学生深入观察与理解生命的多样性和丰富性；第三篇“打开生命”直面生命中的挑战与困境，包括危机与生命教育（戢焕启）、苦难与生命教育（张硕）、疾病与生命教育（余瑞芬）、仪式与生命教育（查尔雅）、自然与生命教育（万玉婷）等内容，鼓励学生以开放的心态和坚忍的意志去克服这些障碍；第四篇“扩展生命”通过音乐（王诗尧）、舞蹈（赵紫浩）、绘本（孙雅君）、美术（黄可）、影视（郭耀红）的艺术形式，为学生提供一个广阔的平台，让他们在欣赏和创作中感受生命的无限可能与美好。从生命的脆弱与无常，到生命的美好与温暖，从对生命价值的思考到对生命意义的探索，我们希望通过多元化主题，引导学生从不同角度思考生命的意义，感悟生命的价值。

本教材的编写凝聚了江西科技学院教育学院一线教师的心血与智慧，我们广泛查阅国内外相关文献，先后组织多次研讨，深入调研多所学校生命教育实践，并结合多年教学实践经验，反复推敲、精心打磨，最终形成这本分量厚重的教材。

本教材的出版离不开学校领导的大力支持和出版社编辑的辛勤付出。在此，我们谨致以衷心的感谢！

生命教育任重而道远。我们深知本教材还存在疏漏和不足之处，敬请广大读者批评指正。我们相信，在大家的共同努力下，生命教育的种子必将播撒在更多学生的心中，生根发芽，开花结果，为幸福生活和美好未来奠定基础。

编者

2025 年 2 月 16 日

目录

第二篇
看见生命
2

第三篇
打开生命
3

第四篇
扩展生命
4

第四篇
扩展生命
4

第一篇

生命教育概述

课程简介

一、课程设置背景

当前，我们正处于信息化和 AI 时代，教育领域正面临前所未有的挑战与转型。随着科技的迅猛发展，特别是人工智能、大数据等技术的广泛应用，教育领域不再仅仅关注知识的灌输与技能的训练，而是更加聚焦于学生的人文素养、情感道德和生命意识的培养。正是在这样的背景下，“生命教育”作为教育学类专业的一门核心课程，其设置显得尤为重要且必要。下面将从教育理念的革新、学生成长的需求及未来社会的发展趋势等维度说明“生命教育”课程设置的重要意义。

1. 教育理念的革新：从知识传授到生命关怀

传统的教育模式往往侧重于知识的传授和技能的培养，而现代教育越来越重视学生的全面发展和价值观培养。教育不仅仅是知识的传授，更是学生生命的觉醒与成长。“生命教育”课程正是基于这样的教育理念，强调教育的核心在于关注人的生命发展，尊重生命的多样性与独特性，培养具有人文情怀、社会责任感和生命意识的人才，促进学生主动、积极、健康地发展，提升学生生命的质量，实现学生生命的意义和价值。

“生命教育”课程的设置正是对教育理念革新的探索，它要求教育者从传统的知识传授者转变为生命的引导者，更加关注学生的内心世界与情感体验，帮助他们在学习知识的同时学会尊重生命、理解生命、热爱生命。它不仅关注学生的身体健康，也关注学生的心理健康和社会适应能力，帮助学生形成健全的人格和积极向上的生活态度。通过这门课程的学习，学生能够逐渐认识到自己作为生命个体的独特价值，学会在复杂多变的社会环境中保持内心的平和与坚韧，为未来的生活与工作奠定坚实的基础。

2. 学生成长的需求：全面发展与个性化培养

每个学生都是独一无二的生命体，他们有着不同的兴趣爱好、性格特点和发展需求。“生命教育”课程的设置正是为了满足学生全面发展与个性化培养的需求。它鼓励学生根据自己的兴趣与特长选择学习内容与方式，为他们提供多元化的学习资源与平台。同时，该课程还注重培养学生的批判性思维、创新性思维与实践能力，让他们在探索与实践中不断发现自己的潜能与价值。通过“生命教育”课程的学习，学生逐渐学会独立思考、自主学习与自我管理，为未来的生活与工作做好准备。同时，他们也将更加自信地面对人生的机遇与挑战，以积极的心态迎接未来的变化与发展。

3. 未来社会的发展趋势：人工智能时代的生命教育

随着人工智能等现代技术的不断发展，人类社会正步入一个全新的时代，高科技将以前所未有的方式改变我们的生活方式与工作方式。然而，无论技术如何发展，人类作为生命体的本质永远不会改变。因此，在未来的教育中，生命教育仍十分重要。

“生命教育”课程的设置是为了应对未来社会的发展与挑战，它要求教育者不仅要关注学生知识与技能的培养，还要关注他们的生命成长与人文素养。通过这门课程的学习，学生将学会如何与人工智能等现代技术和谐相处，如何保持内心的平静与坚韧，如何在快速变化的社会环境中找到自己的定位。同时，“生命教育”课程还将引导学生关注社会问题与生态环境问题，培养他们的社会责任感和环保意识。在未来的社会中，一个具有人文关怀、社会责任感和环保意识的人才将更受欢迎和尊重。因此，“生命教育”课程的设置不仅是对学生个人成长的关注与呵护，而且是对未来社会可持续发展的贡献与担当。

综上，“生命教育”课程的设置是基于对教育理念的革新、学生成长的需求及未来社会的发展等多个维度的深入分析与思考提出的，旨在通过关注学生的生命成长与人文素养，培养具有全面发展与个性化特征的未来人才，为构建更加和谐、美好的社会贡献力量。

二、课程结构概览

本书共分为四篇，旨在全方位、多层次地引导学生探索生命的奥秘与价值。

第一篇“生命教育概述”作为全书开篇，旨在为学生奠定生命教育的基础框架与核心理念。本篇包含一个专题“生命教育：理念、理论与实践”，从五个方面展开叙述：生命教育的“为何”、生命教育的发展历程、生命教育的内涵画像、生命教育的价值指向、生命教育的实践路径。通过第一篇的学习，学生能够建立起对生命教育的全面认识与深刻理解，这不仅是学生个人成长的宝贵财富，也是推动社会进步与和谐发展的重要力量。

第二篇“看见生命”通过五个章节，引导学生从多个维度深入观察与理解生命的本质与多样性。专题“家庭与生命教育”探讨了家庭在学生生命成长中的重要作用，强调家庭环境对个体生命观形成的关键影响；专题“婚恋与生命教育”分析了婚恋关系中的生命体验与情感交流，引导学生正视婚恋中的责任与承诺；专题“友谊与生命教育”讲述了友谊对生命成长的促进作用，鼓励学生珍惜身边的友情；专题“安全与生命教育”强调了安全意识与自我保护能力的重要性，提醒学生珍爱生命、远离危险；专题“劳动与生命教育”则通过劳动实践，让学生体验生命的价值与意义，培养其良好的劳动品质和正确的劳动价值观。

第三篇“打开生命”聚焦生命历程中的机遇与挑战，鼓励学生以开放的心态面对生命中的各种境遇。专题“危机与生命教育”分析了危机对个体成长的潜在价值，教导学生如何在危机中寻找成长的机会；专题“苦难与生命教育”通过讲述历史上的苦难故事，引导学生理解苦难对于塑造坚韧不拔品格的重要性；专题“疾病与生命教育”以疾病为镜，探讨疾病背后的生命哲学，鼓励学生以积极的心态面对健康挑战；专题“仪式与生命教育”介绍了各种生命仪式的文化内涵与象征意义，强调仪式在生命中的重要地位；专题“自然与生命教育”则引导学生走进自然，感受生命的广阔与奇妙，培养其对自然的敬畏之心。

第四篇“扩展生命”通过艺术、文化等多元因素，为学生提供丰富多样的生命体验与表达途径。专题“音乐与生命教育”借助音乐的力量，激发学生内心深处的情感共鸣，丰富学生的生命体验；专题“舞蹈与生命教育”通过舞蹈的身体语言，展现生命的活力与美感；专题“绘本与生命教育”以绘本为媒介，讲述生命的故事，引导学生在阅读中反思生命的意义；专题“美术与生命教育”透过美术的色彩，鼓励学生用画笔描绘生命的色彩，表达内心的感受与想象；专题“影视与生命教育”通过影视作品，带领学生走进不同的生命世界，拓宽视野，深化对生命的理解。

三、课程内容简介

“生命教育”课程是一门具有人文性、通识性、交叉性等基本特征的综合的生命实践课程，其主要面向高等教育阶段的学生群体。该课程旨在通过系统的教学，帮助学生深入了解生命的本质和意义，培养学生尊重和珍爱生命的态度，提升学生应对生命挑战的能力。随着社会的快速发展和生活节奏的加快，学生面临的心理压力和生命挑战也越来越多，生命教育在这样的背景下显得尤为重要，该课程主要围绕以下四个方面展开：

一是系统学习生命教育的相关理论。本课程通过对生命教育的历史起源、基本属性及实践路径等方面的教学，使学生全面认识生命教育的本质和行动价值。

二是了解生命教育在现实生活中的价值意蕴。本课程引导学生从日常生活中的不同角度出发，进一步探讨生命的价值和意义，如安全教育、危机教育、苦难教育、劳动教育、婚恋教育等。

三是培养尊重和珍爱生命的态度。本课程通过案例分析和实践活动，培养学生尊重和珍爱自己及他人生命的态度。

四是掌握应对生命挑战的方法。本课程提供了有效的心理调适和危机处理方法，帮助学生应对生老病死等生命过程中的挑战。

通过本课程，师生双方都能得到知识、能力、素质三位一体的综合提升。在知识层面，学生将系统掌握生命教育的理论知识及核心概念；在能力层面，学生可建构积极适切的生命观、人生观，深刻理解生命的特征与意义；在素质层面，该课程能够培养学生的生命素养，引导学生热爱生命、敬畏生命，也能增强教师对“四有好老师”的认识，让教师深刻理解立德树人的根本任务。

1. 生命教育概述

“生命教育：理念、理论与实践”专题是系列课程的先导性内容，旨在通过系统性的理论教学，引导学生理解生命教育的发展脉络、本质特征与价值意义等。课程内容通过探讨生命维度、生命层次、生命阶段等问题，引导学生学会尊重和珍爱生命，构建生命意义，培养积极的生命态度，在面对生命困顿时保持积极心态。

2. 家庭与生命教育

“家庭与生命教育”专题旨在让学生认识到家庭是教育的起点，在家庭中进行生命教育能够唤醒人的生命意识。通过对中西方家庭生命教育的比较，可以引导学生理解生命教育的内涵是丰富而深刻的，帮助学生建立正确的生命观念和价值观，提升他们的生命质量，实现他们的生命价值。反思家庭教育，能够促进生命完整性的分离，扭转生命异化，主要涉及孩子作为独立个体与家庭成员之间在生命观念和生命体验上的逐渐区分和独立。家庭环境作为个体成长的首要环境，对生命成长起着至关重要的助推作用。家庭中的温暖和关爱能够滋养孩子的内心，使他们在面对外界挑战时能够保持坚韧和乐观。孩子通过与父母的亲密互动，能够建立起初步的信任感和安全感，这种情感联结是孩子未来情感发展的基石，有助于他们形成健全的人格和良好的人际关系。

3. 婚恋与生命教育

婚恋作为人生的重要课题，不仅关乎情感生活，还深刻影响着个人成长与社会和谐。爱情与婚姻是生命成长的里程碑，标志着从单身到亲密关系的转变，能够促使个体在情感、心理及精神上成长。本专题深入探讨婚恋的演变历程，人类的婚姻制度从杂乱两性关系到一夫一妻制，这是必然的、普遍的规律。

在新时期背景下，大学生婚恋观呈现出恋爱常态化、观念开放化及择偶自主化的趋势。然而，网络文化的浸染与现实压力的挑战，也对大学生的婚恋观念产生了影响。树立正确的婚恋观，不仅有助于个人成长，还能促进社会和谐。

婚恋不仅是爱情的结合，还是生命教育的课堂。它能教会我们如何爱与被爱，让我们学会承担责任和面对生活的起伏。爱的能力，包括自爱、迎爱、拒爱、护爱的能力及承受恋爱挫折的能力，这是每位大学生在婚恋道路上应具备的素养。

珍视婚恋，促进生命发展，是新时期赋予我们的使命。让我们以开放包容的心态，探索婚恋的生命内涵，共同书写生命成长的诗意篇章。

4. 友谊与生命教育

“友谊与生命教育”专题旨在通过综合性的教学活动，引导学生深入探讨友谊的真谛，增进对友谊的认知，理解友谊的本质，认识到友谊在个人成长中的重要性，学会建立和维护健康、积极的友谊关系。同时，通过实践活动，学生能够提升社交能力和人际交往技巧，更好地与他人相处，避免人际冲突。此外，本专题还可以培养学生的同理心、爱心和责任感，使其在友谊与生命旅程中更加关注他人、关爱自己，进而培养其成为情感丰富、有责任感、懂得珍惜并尊重生命的社会成员。

5. 安全与生命教育

“安全与生命教育”专题旨在全面、深入地探讨如何在人身安全、财产安全及心理安全三个维度上有效提升公众的安全意识与自我保护能力，同时强调生命价值。本专题不仅注重知识的传授，还重视能力的培养与习惯的养成。我们鼓励每个人都成为自己生命安全的守护者，积极关注并参与到各项安全教育活动中来，共同营造一个安全、和谐、健康的社会环境。我们相信，安全与生命教育将成为推动社会进步、保障人民幸福的重要力量。

6. 劳动与生命教育

“劳动与生命教育”是一个意义深远的主题。从本质上来说，劳动是生命存在的基本形式。人类从远古走来，劳动就如同生命的脉搏，一刻不停。在劳动过程中，我们能深刻地触摸到生命。无论是原始社会为了生存的狩猎与采集，还是现代社会多元化的职业，每一种劳动都见证了生命的活力与创造力。

劳动对于生命教育具有多方面的意义。在个体层面，它塑造着生命的品质。通过劳动，人们能够学会坚韧、懂得珍惜、培养责任感。学生参与劳动，能真切体会到每一份成果的来之不易，从而塑造良好的品格。从身心健康角度，劳动能够让生命更加茁壮——体力劳动强健体魄，脑力劳动激发思维，劳动带来的成就感给予心灵慰藉。在社会层面，劳动与生命教育的结合体现得更为深刻。劳动是社会进步的引擎，而生命教育赋予劳动人文关怀。当人们在劳动中领悟到生命的价值，便会以更积极的态度投入社会建设，例如那些在各自岗位上默默奉献的劳动者，他们的劳动不仅创造了物质财富，也传递了生命的美好。

“劳动与生命教育”能够让我们明白，劳动不只是为了获取物质，更是生命意义的追寻。它引导我们在每一次劳动实践中感悟生命的奥秘，体会生命的珍贵，进而在劳动的旋律中奏响生命教育的乐章。

7. 危机与生命教育

“危机与生命教育”专题旨在引导学生认识生命，了解生命中的危机，并掌握应对危机的技能。首先，本专题通过绘制生命树，引导学生回顾自己以往生命的重要事件，从个人经历的生命出发认识生命及生命的危机。其次，本专题通过对危机的分类与处理，引导学生学会如何应对生命中的种种危机。最后，本专题重点介绍了对自杀危机的识别方法与防治措施，促使学生更好应对生命中最严重的危机，提升学生应对危机的技能。

8. 苦难与生命教育

“苦难与生命教育”专题旨在引导学生正确认识苦难的生命意义，帮助他们理解苦难不仅是个人生活中要面对的问题，也是生命成长的契机。通过深入探讨哲学、历史、社会、心理等多元因素，本专题将带领学生正视苦难的多样性与普遍性，并通过理论学习、情感体验等方式，培养他们在面对挫折时的坚韧与智慧。

通过本专题的学习，学生将逐渐形成对苦难的积极认知，提升应对生活挑战的能力，学会从逆境中汲取成长的力量，并培养珍爱生命与追求生命意义的态度。同时，他们将能够在复杂的生命过程中反思自我，构建更为坚韧和成熟的人生观。

总之，本专题旨在通过对苦难的深刻探讨，帮助学生在挫折与困难中激发内在潜力，让学生对生命有更深层次的理解。

9. 疾病与生命教育

“疾病与生命教育”专题旨在通过深入浅出的问题引导方式，使学生不仅理解疾病的本质，还认识到生命的宝贵与脆弱，从而树立起尊重生命、珍惜健康的价值观。首先，本专题聚焦疾病与生命运行的关系，包括疾病的成因、类型、传播方式及预防措施，旨在让学生掌握基本的健康常识，学会在日常生活中有效预防疾病，保护自身及他人的健康。其次，本专题通过对生命的疗愈、克服医学难题的故事的分享，激发学生对养生与疾病预防的兴趣与探索欲，引导学生探索生命的奥秘，从生命的起源、进化到人类的生理结构、心理发展，再到生命的意义与价值，全方位认识生命的多样性与复杂性。通过对生命教育的学习，学生将学会以更加敬畏和珍惜的态度面对生命，理解生命的脆弱与坚韧，从而在面对疾病时能够保持积极的心态，勇敢面对疾病。

10. 仪式与生命教育

在浩瀚的生命旅程中，仪式如同一盏明灯，照亮着我们前行的道路，赋予生活以深刻的意义与仪式感。“仪式与生命教育”专题旨在通过丰富的体验与深刻的思考，引导学生探索生命的奥秘，理解仪式的价值，从而在心灵深处种下敬畏生命、珍惜当下的种子。本专题将带领学生走进不同文化的仪式现场，感受不同仪式的力量，理解它们是如何塑造个体身份、强化社会联系、传承文化精髓的。同时，本专题特别注重对生命教育的渗透，引导学生思考生命的意义与价值，通过小组讨论、生命故事分享等形式，激发学生对生命的热爱与尊重。本专题注重鼓励学生探索自我成长的路径，学会感恩与宽容，以更加积极、健康的态度面对生活中的每一个瞬间。

“仪式与生命教育”专题不仅仅是一次知识的探索之旅，更是一次心灵的觉醒与成长。在这里，每位学生都将有机会体验生命的真谛，学会以仪式的方式纪念过往、珍惜现在、展望未来，为自己的人生画卷添上浓墨重彩的一笔。

11. 自然与生命教育

“自然与生命教育”专题旨在探讨自然与生命的关系。若是把“自然”的意蕴仅仅窄化为大自然，那就忽视了自然与生命、文化之间的关联，自然教育更为宽广的生命意义也在无形中被遮蔽了。通过水、植物和食物了解生命答案，我们更能感受到生命与人身上的自然有着深层的联结。探寻自然与生命教育的奥秘，能够发现文化与自然、自然与生命之间存在着更为复杂、更具动态、更显立体的关系。自然是一切存在之“根”，也是万有之“源”。在探究自然与生命教育的关系时，从更深处理解自然的源初意蕴，显得尤其必要。因此，自然与生命教育的实质究竟是什么，这一问题需要我们进一步去探索。总体而言，自然与生命教育是一个需要不断思考、重新认识的问题。

12. 音乐与生命教育

音乐拥有神奇的力量，能够直接触动人的心灵。它以旋律、节奏、和声等元素，唤起人的各种情感体验。欢快的音乐可以带来喜悦与活力，让人对生活充满热情；舒缓的音乐则能给予宁静与慰藉，在人疲惫或焦虑时提供心灵的避风港。音乐如同生命中的一道光，能够照亮人内心深处那些隐秘的角落。音乐是情感的语言，它能够帮助人们认识和表达自己的情绪。在生命教育中，通过聆听和分析不同类型的音乐，人们可以更好地理解自己的情感状态，学会合理地表达和管理情绪。许多音乐作品传递着积极的价值观，如爱、友谊、勇气和坚韧等，这些价值观在生命教育中起着重要的引导作用。音乐创作和表演需要创造力和想象力。参与音乐活动可以激发人的创新思维，培养人解决问题的能力。在生命教育中，鼓励人发挥音乐创造力，有助于他们在面对各种情况时找到独特的解决方案。“音乐与生命教育”这一专题为我们提供了一个全新的视角，让我们认识到音乐在生命成长中的重要作用。将音乐与生命教育相结合，可以更好地引导学生珍惜生命、热爱生活，创造出更加美好的人生。

13. 舞蹈与生命教育

“舞蹈与生命教育”专题旨在通过对舞蹈的基本了解，从舞蹈的载体、身体的语言、肢体动作的表达来帮助学生理解舞蹈在生命教育中的内在意蕴，让学生感受舞蹈中独有的韵律与美感，感受灵魂深处情感的流淌与生命哲学的深刻体现。通过对舞蹈作品的欣赏和学习，学生可以更加全面地认识和理解生命的美好和复杂。舞蹈作品中蕴含着丰富的情感和思想，可以激发学生对生命的热爱和对美好的追求。舞蹈以审美的方式解放身体，挖掘人的创造能力，对个体身心发展具有深远的意义。舞蹈艺术通过审美体验和身体训练，能够激发个体的审美情感，促进学生身心平衡和内在和谐。

14. 绘本与生命教育

“绘本与生命教育”是一个深刻而富有启发性的主题，它探讨了如何通过绘本这种形式来传递生命教育的理念。绘本以其丰富的图像和简洁的文字，为学生提供了一个探索和理解世界的窗口。生命教育是一种全人教育，它关注个体的全面发展，包括情感、道德、精神和身体等方面。在本专题中，我们将探讨绘本作为一种工具，是如何帮助学生认识到生命的多样性和复杂性的。绘本中的角色和故事情节往往能够引发学生的共鸣，使他们能够在安全的环境中体验和学习关于生命的重要课题。这些课题可能包括爱与关怀、尊重与同情、勇气与坚韧，以及面对生命终结时的接受与和解。本专题将分析几个精选的绘本案例，展示它们是如何通过不同的叙事手法和视觉艺术来传达生命教育的核心信息的。

15. 美术与生命教育

“美术与生命教育”是一个深刻而富有启发性的专题，它探讨了美术在个人成长和生命教育中的作用与价值。美术不仅是一种艺术形式，还是一种语言，一种表达情感、思想和文化的方式。通过美术，我们可以更深刻地理解生命的意义，培养审美情感，提升创造力和想象力。

在本专题中，我们通过美术与生命的意识、美术与生命的光彩、美术与生命的力量、美术与生命的延续四个角度来探讨美术与生命教育的关系。首先，本专题从中国民间艺术作品中分析美术作为一种自我表达的工具是如何帮助个体探索和理解自己的内心世界的。其次，本专题通过凡·高的作品来深刻理解生命的色彩，从而学习美术是如何通过艺术作品来传递价值观和历史故事的。最后，本专题还将探讨美术作品在我们成长过程中带来的诸多力量，由此促进学生对美术与生命教育中情感发展、社会交往和批判性思维方面的重要认识，感知美术在生命教育中的潜力和影响力。

16. 影视与生命教育

在光与影的交织中，影视宛如一面神奇的镜子，映照出生命的斑斓色彩与无尽可能。影视以其独特的魅力，触动我们内心最深处的情感，让我们在一个个精彩的故事中体验别样的人生。生命意蕴是影视文化价值中重要的一部分，生命的踪迹在影视作品中无处不在。思索生命、体验生命、感悟生命、张扬生命也正是影视艺术魅力经久不衰的源泉。在现代社会，影视已经深深融入了我们的生活，我们在屏幕前欢笑、流泪、沉思，跟随影片中的角色一同经历喜怒哀乐。影视具有一种不可思议的力量，能够触动我们内心深处最柔软的部分，让我们在不知不觉中被角色的命运牵动，被故事的情节感染。这种对人的情感、思想的深刻影响，使得影视成为开展生命教育的理想载体。生命教育旨在引导我们认识生命、尊重生命、热爱生命并实现生命的价值，影视则通过其丰富的内容和多元的表现形式，为我们提供了无数鲜活的案例和深刻的启示，促使我们在观看的同时，对生命有更全面、更深刻的理解。

四、课程学习引导

本教材借助六大精心构建的体例——“专题导语”以启思，“情境体验”促感悟，“理论学习”筑基石，“聚焦提升”强能力，“自主思考”活思维，“课外拓展”扩视野，学生能够更加全面而深入地挖掘本书的精髓，实现知识的内化与生命态度的升华。

1. 专题导语

“专题导语”是每节课的开端，它为学生提供了一个入口，能够激发他们对即将学习的内容产生兴趣。这部分通常包含一个与专题相关的小故事、引言或问题，旨在吸引学生的注意力，为后续的学习设定基调。专题导语简洁有力，能够迅速引导学生进入学习状态。

2. 情境体验

“情境体验”环节通过模拟或实际的体验活动，让学生置身特定的情境之中，从而更深刻地理解和感受生命教育的内涵。这些活动包括角色扮演、模拟决策、案例研究或实地考察等。情境体验的目的是通过实践学习，让学生将理论知识与现实生活联系起来，增强学习的实践性和互动性。

3. 理论学习

“理论学习”是课程的核心部分，它系统地介绍了生命教育的基本概念、原理和理论框架。在这一环节中，学生将通过阅读教材、听讲座、观看教育视频等方式，学习生命教育的基础知识。理论学习为学生提供了一个坚实的知识基础，使他们能够更好地理解生命的意义和价值。

4. 聚焦提升

“聚焦提升”环节旨在对课程中的重点和难点进行深入探讨和分析。这一环节通常以小组讨论、教师讲解、案例分析等形式进行，目的是帮助学生加深对关键知识点的理解，提升他们分析和解决问题的能力。通过聚焦提升，学生能够对生命教育的复杂议题有更深入的认识。

5. 自主思考

“自主思考”环节旨在鼓励学生主动思考所学知识，培养他们的批判性思维和独立思考能力。在这一环节中，学生会被要求回答开放式问题、参与辩论、撰写反思日记等。自主思考的目的是让学生在学习过程中形成自己的观点和见解，而不是被动地接受知识。

6. 课外拓展

“课外拓展”环节将学生的学习从课堂延伸到课外，鼓励他们利用课外时间进行更广泛的学习和探索。这一环节包括阅读推荐材料、观看相关电影、参与社会实践活动等。课外拓展的目的是拓宽学生的视野，增加他们的知识和经验，使他们能够将生命教育的理念更广泛地应用到生活中。

通过这些精心设计的课程学习引导环节，学生将能够从多维度深入理解生命教育，并将所学知识内化为自己的生命态度和行为准则。教师在实施这些环节时，应关注学生的反馈，不断调整教学策略，以确保每个学生都能在生命教育的旅程中获得成长和发展。

专题一

生命教育：理念、理论与实践

教育的本质就是生命教育。

——顾明远

[专题导语]

生命教育是古今哲人一直都特别关注的命题，例如《孝经·开宗明义章》中说：“身体发肤，受之父母，不敢毁伤。”此言就是为了告诫后人要敬畏、珍爱自己的生命。中国传统文化观认为，人的生命是世间最宝贵的东西，而教育就是要引导个体去体悟生命本性，完成天地赋予人类生命的使命。生命教育之所以具有深厚的历史意蕴和现代价值，是因为它致力于探究自我生命与他人生命、社会甚至整个世界的关系，回答了诸如人们该如何树立正确的生命态度、感悟生命意蕴、探寻生命本质等一系列问题。而近年来，随着现代化进程的不断推进，人的价值观念亦发生转变，出现生命意识淡薄、精神生命荒芜、生命价值困顿等现象，因此填补生命教育的课堂空缺已成为我国教育事业发展的关键任务。《国家中长期教育改革和发展规划纲要（2010—2020 年）》明确提出，要“重视安全教育、生命教育、国防教育、可持续发展教育”。一系列政策文件都充分体现出生命教育对学生全面发展的重要价值。

生命教育是以人为本的教育理念的深化，是教育从工具价值转向生命本体价值的重要体现。生命教育以个体生命为起点，致力于个体生命质量的提升，最终实现个体生命的自由、幸福与成长。自美国学者华特士提出生命教育这一概念以来，以认识生命、关爱生命、面对挫折、重视健康、超越自我为目标的生命教育成为各国的教育热点。我国教育学家认为，生命教育是学生成长的必要条件，是学生全面发展的前提，也是保障我国教育高质量发展的基础。对学生实施生命教育，在培养学生高尚的道德情操、健全学生的人格和体格，以及强化学生的安全意识、提升其面对紧急情况的应变能力等方面都起着重要的作用。

总之，生命是一种多维度的存在，对其本质意义的理解也因人而异。生命教育为我们提供了探索生命机制、反思生命意义的实践框架，也赋予了生命属性独特而丰富的理论色彩。无论从哪个角度出发，我们对生命本体的探讨都是一个永无止境的过程。因此，生命教育实际上就是一种“为了更好地生”的实践活动，其最终目的就是要让我们思考何为生命的意义、何为教育的本质，以及我们该如何适应未来社会的变化发展。

[情境体验]

我眼中的生命观

马克思说过："任何人类历史的第一个前提无疑是生命的个人存在。"生命，两个平凡却又神圣的字眼，是我们常常挂在嘴边的词语，但有时我们也会对生命感到既熟悉又陌生。生命是什么？生命的意义何在？如何让自己的生命之花绽放，活出最好的自我？这是当代大学生必须面对的人生课题。

请同学们积极思考，畅所欲言，也可结合埃里克森的人格发展阶段理论，阐述自己对生命与生命观的内心感悟。

[理论学习]

一、生命教育的"为何"

随着社会的发展，以及人的成长环境的不断变化，大学生的身心状况也出现了新的特点。在我们认真审视当代大学生的生命观时，会发现部分大学生开始出现生命态度消极化、生命价值功利化、生命目的虚无化等现象，而这些都在一定程度上揭示了当前我国生命教育面临的系统性瓶颈和结构性障碍，也反映了我国大学生生命教育由于内生动力不足和外在干扰而呈现出的"困顿化"样态。因此，在系统认识生命教育之前，我们必须讨论"为何要进行生命教育"。

1. 人才培养的现实思考

当今时代，教育面临要培养什么样的人、如何培养人和为谁培养人等一系列根本性问题，以及自身应有什么样的定位、把握什么样的方向，是否需进一步重塑新型人才的培养模式等其他问题。反思当前的教育发展现状，关注生命并提升生命教育质量是培养未来人才的必然抉择。人是内涵丰富的复杂生命体，每一个学生既是自然生命体，也是社会生命体，同时还是精神生命体，我们的生命教育需要为学生的成长提供全方位的引导和启迪。学校教育是直面人的生命、为了人的生命质量的提高而进行的社会实践活动，是以人为本的社会中最体现生命关怀的一种事业。因此，生命是教育思考的起点和归宿，我们的教育应关怀人的生命，关注人的价值，关照人性的完满。

2020年，席卷全球的新冠疫情也充分反映了未来的不确定性，同时也给高校人才培养提出了一些值得关注的新课题。比如，如何加强对学生的生命教育、人类命运共同体教育及面对危机的心理健康教育等。20世纪80年代，澳大利亚未来委员会原主席埃利亚德就说过："未来不是一个我们要去的地方，而是我们要创造的地方，通向它的道路不是人找到的，而是人走出来的，走出这条道路的过程既改变着走出路的人，又改变着目的地本身。"回到生命、认识生命、丰富生命、升华生命，既是教育的原始本义，也是教育的终极诉求。

随着物质生活水平的提高，大学生的精神需求日益凸显，他们也正面临着越来越多的心理压力和挑战，如学业压力、社交压力等。而生命教育能够帮助大学生从精神贫瘠中解放出来，去探索生命的意义和目的。因此，从人才培养的角度来看，生命教育的引入和发展是为了弥补传统教育中对人的全面发展的忽视，特别是在精神和情感层面的培养。生命教育旨在帮助青少年树立正确的生命观，学会尊重生命、珍爱生命，同时培养他们面对生活压力和困境时的应对能力，从而促使他们成为具有健全人格和责任感的人才。

2. 专业教育的固有弊端

从教育过程来看，生命是教育的起点与基础，经由生命教育才能比较容易实现通识教育的目标。通识教育虽涵盖人文社会科学、医学、农学等各学科知识，但这些都是为了促使学习者精神觉醒，以建立人与自我、人与他者、人与社会、人与自然、人与超自然的关系。因此，生命教育更多指向的是一种通识教育。我国的生命教育一般体现为一种理念、意识或思想，缺乏对生命教育的实践，并且我国教育的实际发展普遍都存在重理论探讨、轻实践探索的二元失衡问题。从生命教育的本质来看，二元失衡的状态给学校场域生命教育的实施带来诸多误区，这些误区主要体现在生命教育的目标设置、内容构成、实施方式和实施效果等方面。

从教育的目标设置来看，部分学校将教育定位于面向学生个体的事务，忽视学生个体生命与他人、社会的联系，导致教育目标在表达上显得过于笼统、抽象甚至空洞，专业教育与通识教育之间逐渐产生了难以逾越的鸿沟。

就教育的内容构成来看，我国的专业教育曾经侧重于对概念、理论、解题思路等应试层面的探讨，对生命真实体验、社会实践等的关注则较少。

就教育的实施方式来看，我国的课外教育大多发生在班级内部，主要表现为主题班会、专题讲座、班队活动等，缺乏对更有意义的社会生命的理解。

学校作为生命教育的主阵地，单纯以课堂教学与卷面成绩去衡量学生的学习过程，而忽视人文精神与生命情感活动的内在熏陶，只会造成学生智商发展与“命商”发展的失衡，以及学生生命能量的弱化与衰退。所以，不难理解，在专业教育的固有框架下，学生自身的生命成长容易受到一定的消极影响。

3. 生命的内在紧张

党的十八大以来，大学生生命教育取得了显著成效，多数大学生对生命有着比较理性、科学的认识，拥有健康、积极的生命观。但是从责任伦理的视角来观察，大学生的生命教育依然存在着一些困境，主要体现在个体责任伦理意识薄弱所导致的生命的内在紧张上。

积极、健康、向上的生命观是衡量生命教育实效性的重要指标之一。当前，市场经济的功利化倾向冲击了大学生的责任感和道德感，致使少数大学生为了追逐名利而不惜侵犯他人利益甚至伤害他人生命，或者为了追求所谓的“独立自主”而不顾自身行为的后果，并由此发生了一些恶性事件。

另外，青少年的精神卫生状况也令人担忧，抑郁症成为青少年的“流行病”，青少年遭遇挫折或打击而草草了结自己或他人生命的极端行为也不时发生。2023 年 10 月 10 日发布的《2023 年度中国精神心理健康》蓝皮书显示，高中生抑郁检出率为 40%，初中生抑郁检出率为 30%，小学生抑郁检出率为 10%。青少年轻视生命的现象偶有出现，探究其本质，有个别学生缺乏正确的生命意识，缺乏对生命应有的尊重和敬畏之心，更缺乏对生命应有的责任担当和伦理义务。因此，对学生开展生命教育任重道远。

4. 社会发展的必然应对

杜威在《学校与社会·明日之学校》中说道："如果从儿童身上舍去社会的因素，我们便只剩下一个抽象的东西；如果我们从社会方面舍去个人的因素，我们便剩下一个死板的、没有生命力的集体。"可见，杜威较为明确地阐述了个体与社会之间的紧密关系，即人之生命的社会价值在个体与社会的互动中得以产生。社会价值之生命教育，是对主体人的社会性认知、社会化特征、社会性元素等施加教育的力量，使其生命价值在自然生理意义、意识思维属性的基础上得以升华，彰显对生命的深度挖掘乃至不断追求。由此，人之社会价值的生命教育已经打破其生理意义和思维属性的局限，在主体人与社会的建构中萌发和成长。

尤瓦尔·赫拉利在《未来简史》中提到，"人类将面临新的待办议题：永生不老、幸福快乐和成为具有'神性'的人类。在解决这些新问题的过程中，科技的发展将颠覆我们很多当下认为无须佐证的'常识'，比如人文主义所推崇的自由意志将面临严峻挑战，机器将会代替人类做出更明智的选择"。随着科技的进步，人工智能成为社会生活的重要组成部分，甚至已逐渐介入人们的生命成长之中，并对人的存在方式、社会生活的形态及方式、教育理论和实践等带来革命性的影响。智能技术异化所带来的人的精神世界的空虚与迷茫，致使部分大学生生命信仰动摇、生命价值缺乏、生命质量下降。这些问题深刻地反映了新时期部分大学生对于追寻生命价值与意义的社会性失责。

另外，依照达尔文进化论的观点，进化是在严酷的外界条件制约下，生命基于生存的需要而不得不采取的改变自身的形态及机能为手段去适应外界环境的策略，遵循"物竞天择、适者生存"的法则，生物为了适应只能被动地"进化"。然而，社会经济的发展似乎显露了它能够嵌入生命并影响和干预生命进化的能力，人在某种意义上能够对自己的生命进化做出设计和规划，而"极端缓慢的生物进化开始显得无关紧要起来"，社会进化的方式和路径有可能被改变。如果认为智能技术等社会变革产物仅仅能够带来巨大的经济效益，那么在世界面临百年未有之大变局的时代，我们就无法审时度势地把握未来社会的发展指向了。因此，为了能够应对未来社会的各种机遇与挑战，我们必须回归原点去审视生命的生长，重新解读人与社会的关系，重新认识"我自己"。

二、生命教育的发展历程

1. 欧美等国生命教育的实践

从历史的视角看，生命教育源于美国的死亡教育。死亡教育由来已久，但长期没有得到学术界的重视和深入研究。20 世纪 20 年代，这一局面终因客观现实的改变而发生改变。

1928 年，约翰·C. 杰伯哈特发表文章，以经济观点探讨美国丧礼及殡仪馆，遂开美国社会死亡教育学术研究之先河。紧随其后，西尔维亚·安东尼于 1940 年著书探讨儿童的死亡概念。20 世纪 50 年代末，死亡教育作为教育的内容开始走向整个美国社会。1959 年，美国心理学家赫尔曼·费菲尔的著作《死亡的意义》出版，标志着美国的死亡教育研究走向成熟。1963 年，罗伯特·富尔顿第一次在大学开设正规死亡教育课程，标志着美国死亡教育的正式诞生。后来，死亡教育成为美国社会学专业和心理学专业的专修课程。死亡教育研究引发了“死亡意识运动”，开启了关于临终关怀和丧亲悲痛及死亡态度的新研究。当前，开展死亡教育已成为美国乃至整个世界的共识，人们普遍认为死亡教育指向人们处理死亡的体验和行为。死亡教育还指向有能力理解死亡的不同过程，谈论涉及死亡的态度和意义，以及如何照顾备受死亡影响的话题。死亡教育的主要焦点是教人如何应对悲伤。

死亡教育之内涵的逐渐扩充为死亡教育转变为“生命教育”奠定了基础。而在这一转变过程中，美国学者华特士做出了重要贡献。1968 年，华特士首次明确提出生命教育的概念，并开始倡导和践行生命教育思想。在其创建的“阿南达智慧生活学校”中，华特士要求学员“致力于探索蕴含在生命教育中的原则，并遵循这些原则生活”。此时，华特士所倡导的生命教育在本质上与死亡教育没有区别，或者说这就是新时期的死亡教育。此外，更为本质的是，华特士的生命教育不仅源于死亡教育，而且在其后来的发展中始终是与死亡教育融为一体的。

华特士将死亡教育转化为生命教育，倡导和践行生命教育思想，不仅是源于对死亡这一现象的学术兴趣，而且具有明确的现实根源和目的指向。从历史背景看，美国的生命教育概念的凝练与形成，是与 20 世纪 20 至 60 年代美国的社会状况紧密相连的。这一时期，美国社会恰好因经济大萧条、第二次世界大战等呈现出经济凋敝、民不聊生的社会局面，广大社会成员尤其是青年失去了生活信心，他们当中的许多人因对生活不满而走上吸毒、犯罪等人生歧途。上述事实反映在学者的头脑中，最终经过学者的审慎解读和反思而成为生命教育（死亡教育）的应对对象。事实上，作为生命教育的前身，死亡教育虽然以“死亡”为名，实际上却不仅仅讨论死亡，而是“通过死亡教育让人树立正确的生死观念，以正确的态度保持生命，追求生命的价值和意义”。这一实质表明，美国社会的死亡教育虽然以死亡为内容，但其目的却不是解释死亡，而是要“荣耀”死亡，即通过教授死亡、濒临死亡、丧亲之痛等知识，以求丰富个人生活，告知和指导个人与社会的交往，使个人为其作为公民的公共角色做好准备，为个人的专业和职业角色提供准备和帮助，以及加强个人有效沟通死亡相关事宜的能力。华特士所倡导的生命教育更是明确了这种目的指向。在他那里，孩子接受生命教育是为了学习如何生活在这个世界上，而不只是如何找到一份工作、一份职业；他们必须懂得如何明智、快乐和成功地生活，而不违背自己内在的深层的需要；当然，更不会执着于金钱和权力。

由此可知，生命教育在现代的兴起，是具有明确的目的指向的。所谓目的指向，是指人类活动具有的指向自身目的的属性。从生命教育的发展历史看，目的指向不仅存在于美国的生命教育之中，而且随着生命教育在世界的传播而成为一个世界现象。比如，1974 年，澳大利亚紧跟美国的步伐，积极接受生命教育并于 1979 年在悉尼成立“生命教育中心”，而其目的指向就是帮助学校进行反毒品教育，对青少年开展生命教育，培养他们积极、健康、向上的人生观，创设一个健康的生活环境。20 世纪 80 年代，德国的生命教育走进课堂，其内容分为“死的准备教育”和“善良教育”两部分，前者重在引导人们以坦然、明智的态度面对死亡的挑战，后者则“要求国人尤其是中小学生反对暴力、同情弱者、宽容待人、爱护动物、保护环境等”。而几乎与此同时，法国社会也因“个人主义道德价值观盛行，民众对政治生活普遍产生怀疑，社会责任感愈发脆弱，政治信仰空前模糊，加之对关于自身的失业问题以及个人生活的担忧，催生了一系列严重的社会问题”而开始重视生命教育。

2. 中国生命教育的发展

相较于国外卓有成效的生命教育，我国的生命教育起步较晚，发展进度也比较缓慢。中国香港及台湾地区曾于 20 世纪 90 年代率先实践生命教育理念，例如，香港于 1994 年成立了“生活教育活动计划”慈善组织，为学生提供正面的、有系统的药物教育课程，协助预防药物滥用。1996 年，天水围十八乡乡事委员会公益社中学开设“生命教育”课程，标志着生命教育正式进入学校。台湾学者张振成总结了台湾生命教育实践的四大社会根源：青少年问题严重、功利主义弥漫、脱序现象恶化、亲职功能不彰。在此社会背景下，陈英豪于 1997 年率先提出“生命教育”的概念与愿景；1997 年年底，台湾启动“生命教育实施计划”，并委托台中市晓明女中设计“生命教育”课程，推动办理研习、训练师资等；1998 年，生命教育在台湾地区的中学全面展开。

生命教育在中国大陆的发展与热议，也起步于 20 世纪 90 年代。华东师范大学叶澜教授率先关注“生命”及其与教育的内在关系并进行解读，主张“从更高的层次——生命的层次，用动态生成的观念，重新全面地认识课堂教学，构建新的课堂教学观”，并发出“让课堂焕发出生命的活力”的号召。黄克剑、张文质等于 1993 年提出“生命化教育”理念并开展实践，与国外的“生命教育”有异曲同工之处。与此同时，我国部分高校学者也陆续开始关注生死哲学研究，并陆续开设相关课程、制订生命教育方案、成立生命教育委员会等，以期推广生命教育，这在一定程度上催生了人们对生死和生命问题的理解和关注。近年来，虽然我国对大学生生命教育愈发重视，但我国的生命教育当前仍处在探索、规范和完善阶段，尚未形成一套成熟的生命教育机制。

三、生命教育的内涵

顾明远先生说过：“教育的本质是生命教育。”20 世纪 60 年代，“生命教育”作为一个现代教育概念在教育界悄然兴起并被付诸实践，看似是一个新的教育思潮，实际上它是对中西方哲学和马克思主义思想中有关生命存在、生命意义、生命价值的思考和生命教育理论的继承。结合时代的特征，赋予其新的内涵和意义，并在实践中得以运用。

1. 生命教育的理论基础

（1）生命哲学

法国哲学家狄尔泰是“生命哲学”的创始人。他认为，哲学研究不应把物质与精神割裂开来，而应直接考察和分析把这两者紧密联系起来的生命，达到主客的绝对同一。他还认为，生命本身就是我们的思想和评价的源泉，只有生命才是哲学研究的对象，所以“从生命本身去认识生命”理应成为哲学的主旨。一切社会现象其实都是“生命”的客观化，人类社会正是依靠“生命之流”才连成一个有机的整体，而这个生命之流的核心是人类因聚集而形成的社会及其历史，所以社会性和历史性是生命哲学的主要研究对象。所谓社会性，是指人的生命不只是自然的产物，人作为知、情、意的结合体，具有很强的社会化特征，人活在社会中，即受到社会的限制，同时也会影响其他人；所谓历史性，是指人生活在历史中，得到历史的教化，历史教会人如何生存，历史也影响到人类的未来。

生命哲学的另一位代表人物法国哲学家齐美尔继承了狄尔泰的生命哲学思想。他与狄尔泰一样，断言世界的本原是“生命”，生命不是实体，而是“活力”，是一种不可遏止的永恒的冲动，也是一个生生不息的创造过程。同时，生命还有超越自身的能力，不断创造出其他东西。时间是生命的根本特征，只有作为存在物的生命才具备时间上的延展性，它不停地运动着，却不具有空间性。而僵死的物质无所谓过去、现在和将来，它们以空间为特征。齐美尔的这种观点显然是在突出人的主体性思想，他认为，时间只有对活着的人才有意义，但他把时间与空间对立起来的想法就与人们的常识相背离了。法国哲学家柏格森更强调知觉对生命认识的重要性，他认为，人类通过知觉感受到生命冲动或生命之流，它们乃是世界的本质和万物的根源；但他又否认生命具有物质特性，认为生命是一种“盲目的、非理性的、永动不息而又不知疲惫的”生命冲动，是一种“时间的绵延”或“生命之流”。

假如说早期的生命哲学比较空泛，还没有完全摆脱形而上学固有的窠臼，那后期的生命哲学则将历史与现实、生命与物质、空间与时间、理性与感性割裂开来，生命在这里变成了一个纯粹而又神秘的概念，已经与现代的生物学解释毫无关系，得不到一般人的承认。这样，生命哲学便不能继续前行，反倒被后来的现象学和存在主义哲学超越。尽管如此，生命哲学的努力并没有白费，后来的学者从中看到了哲学与人类生活世界的内在联系，认识到单纯的理论思辨不但无助于人类摆脱精神危机，也不能改变哲学被逐步边缘化的现状。这样，现代哲学家们首先是赋予哲学以实践内容，而伦理学从它诞生之日起就是一门实践的学问。因此，他们选择伦理学来打通哲学理论与生活实践。接着，他们有意识地把哲学的基本原理与某门具体学科联系起来，把哲学的普遍抽象的真理与各门学科的具体方法结合起来，从方法论上为哲学的发展开辟了一条新路径。

（2）生命伦理学

生命伦理学于20世纪70年代首先产生于美国，随后在欧洲诸国迅速发展起来，现在世界上很多国家都有人从事这方面的研究。生命伦理学最初只是被当作解决具体生命问题以加强生命医学科学策略与方法研究的一门交叉学科，它所指的生命主要是指人类生命，也涉及动物生命、植物生命和生态环境。伦理学则是对人类行为予以规范性研究的学问，两者的结合就意味着将这门学科界定为运用伦理学的理论和方法，对生命科学所涉及的政策、法律、决定、行为等伦理问题进行系统研究。这样的界定显然过于功利和实用主义了，把这门学科变得具象化和俗物化，没有理解它所指向的是澄清和解决关涉人类生存状态、生命价值和生命目的这个最根本的目标。

正是基于这样的思考，在生命伦理学最近几十年的发展中，赫里格尔斯、佩里格瑞诺等人在讨论这门学科的性质时提出，这个学科的事实价值已经获得普遍承认，人们因此就要注重它的理论意义的阐释。赫里格尔斯提出，要把生命伦理学建构成一门能够依靠自身学科的特定价值与作用，来迎接即将到来的高科技时代的学问，进而把它塑造成在全球得以普及的生活方式。佩里格瑞诺等人则更注重把历史传统与现代文明结合于生命伦理学之中，这里既包含古希腊和古罗马的人文精神、欧洲文艺复兴以后的情感关怀，尤其是叔本华和尼采对生命意志的肯定和高扬，也包含现代的生命科学和医学的技术成就，体现出对人性的精神和生命的自然给予更多的尊重，从而为这一学科奠定了完整的理论根基。

因此，生命伦理学绝不是哲学家冥思空想的产物，也不是其他学科的学者主观构造出来的东西，它作为当代的一门交叉学科，植根于当代生物学和医学的发展之中，同时又与人类思想史有着一脉相承的关联。生命伦理学的产生和发展，也不是一个偶然的、简单的学术现象，而是哲学适应现代社会的发展和需要出现的一种变革和进步。

（3）生命历程理论

生命历程理论自创立以来以其包容性正逐渐成为跨学科研究的重要理论工具，为理解社会变迁过程中个体生活和行动的逻辑提供了重要的理论视角。生命历程理论的最初构想可以追溯到美国芝加哥学派关于移民问题的研究，《身处欧美的波兰农民》的作者，美国学者 W. I. 托马斯和波兰学者 F. 兹纳涅茨基利用信件和个人自传材料分析了移民群体的生命历程。二战后，美国社会学家 G. H. 埃尔德将生命历程的研究方法体系化和规范化，他所著的《大萧条的孩子们》一书是生命历程研究历史上具有标志性意义的著作。自此，生命历程研究开始关注宏观历史事件和国家行为对微观个体生命历程塑造的影响，强调总体和综合机制对制度化生命历程的建构。随着人口学和社会学的发展，队列、年龄分级、社会时间表及历史时间等核心概念被引入生命历程研究，丰富了生命历程理论的话语体系。

埃尔德在《大萧条的孩子们》中概括了生命历程的四个范式性主题：其一，个人的生命历程嵌入了历史时间和他们在生命岁月中所经历的事件之中，同时被这些时间和事件塑造着；其二，一系列的生活转变或生命事件对于某个个体发展的影响，取决于它们什么时候发生于这个人的生活中；其三，生命存在于相互依赖之中，社会—历史影响经由这一共享关系网络表现出来；其四，个体能够通过自身的选择和行动，利用所拥有的机会，克服历史与社会环境的制约，从而建构他们自身的生命历程。随着社会的发展，作为对特定社会、文化、经济与政治背景下个人与群体的生命与生活经历的研究，生命历程已经成为一个跨学科研究领域，涉及人类学、生物社会科学、人口统计学、流行病学、老年医学、统计学、管理学、组织科学、心理学和社会学等，欧美一些国家还建立起了生命历程研究中心。

生命历程理论注重从微观和宏观上将对个人的研究与对社会、历史和个人主观能动性的研究结合起来，从而进行三位一体的考察。生命历程理论并非一个封闭的研究体系，其本身也因应社会变化而不断进行自我迭代。不同的生命阶段有不同的人生任务、体验、危机与感悟，关键问题是生命需要不断成长，要用成长型思维去看待人、事与社会。生命存在的主要目的是生命传承，生命传承为个体存在提供意义、动力与目标，生命传承发展到极致就是使命。因此，生命历程理论作为研究个人与社会连接的重要研究取向或分析视角，对分析我国生命教育的发展方向具有较强的适用性。

（4）埃里克森人格发展八阶段理论

埃里克森人格发展八阶段理论是由美国心理学家埃里克森在 20 世纪提出的，用于描述人类从出生到老年的心理发展过程，这一理论强调了人类在不同阶段面临的心理冲突和应对方式。埃里克森人格发展八阶段理论提供了一个框架，帮助我们理解个体在不同阶段面临的心理挑战和成长任务，每个阶段都涉及个体与自我、他人和社会的关系，并对个体的个性和身份形成产生深远影响。

埃里克森认为，人格发展在人的整个生命周期是一个持续的演进过程。他将人的一生划分为八个既彼此联系又各不相同的发展阶段，也就是：婴儿期（0—1.5岁），信任感对不信任感；儿童期（2—4岁），自主感对羞耻感；学龄初期（4—5岁），主动感对内疚感；学龄期（6—11岁），勤奋感对自卑感；青春期（12—18岁），同一性对角色混乱；成年早期（18—25岁），亲密感对孤独感；成年期（25—50岁），创造力对停滞；成熟期（50岁以上），幸福感对绝望感。埃里克森强调社会文化对个体发展的影响。在各阶段的个体与社会环境互动中，都可能会产生适应和满足、冲突和危机两种结果。每个发展阶段都有特定的目标、任务和冲突，后一阶段发展任务的完成依赖于早期任务、冲突的解决。将这一理论落实到具体的教学环节中，可以实现人格发展与教学的互动，这一过程也是学生的人格得以成长和发展的过程。

埃里克森人格发展八阶段理论的主要渊源可以追溯到弗洛伊德的精神分析理论。埃里克森是精神分析学派的代表人物，师从弗洛伊德的女儿——安娜·弗洛伊德，并且在他的理论中保留了精神分析的一些核心概念，如无意识的作用和童年经验的重要性。埃里克森对精神分析理论进行了扩展和发展，将其与个体的整个生命周期相关联。与精神分析理论相比，埃里克森人格发展八阶段理论更加关注社会和文化因素对生命的影响，并具有更明确的阶段性划分。

2. 生命教育的概念

顾名思义，生命教育不是一个孤立的概念，其由生命和教育共同构成，可视为生命与教育关系的“合成”，呈现出不可分割、相互生成的特征。关于生命教育的定义，诸多研究者基于人、生命和教育的视角给出了多样的理解和阐释，以下是关于生命教育的一些典型定义：

冯建军指出，生命教育是生命整全的教育，其基本内涵应该包括认识生命、敬畏生命、热爱生命和体悟生命的意义。作者从生命的层次性立论，进而将生命教育看作自然生命教育、社会生命教育、精神生命教育的统一体。

刘济良基于人和社会关系的视角，认为生命教育是以人的生理为前提的，对人的生命过程予以完整性和人文性的培养，引导主体人珍爱和敬畏生命，并进一步追求生命的价值，实现生命超越的实践活动。

王北生、赵云红认为，生命教育是依据生命的特征，遵循生命发展的原则，以人自身潜在的生命基质为基础，通过选择优良的教育方式唤醒生命意识，启迪精神世界，开发生命潜能，提升生命质量，关注生命的整体发展，使其成为充满生命活力，具有健全人格、鲜明个性，掌握创造智慧的活动。

方文认为，生命教育需以情感、价值、道德和心理教育的方式增强主体人对生命的理解，以达到端正生命态度、增强生命情感、树立科学生命观，以及提升生命价值和生命能力的目的。

钱巨波认为，生命教育具有三重内涵：一是教育要关切生命的整体性和主体作用；二是教育要遵从人生命成长和发展的规律及社会的需求；三是教育最终要培养人尊重生命、热爱生命，促进人的生命品格。

纵观关于生命教育的论述可以看出，生命教育有狭义和广义之分：狭义的生命教育指的是对生命本身的关注，包括个人与他人的生命，进而扩展到一切自然生命；广义的生命教育不仅包括对生命的关注，而且包括对人的生存能力的培养和生命价值的提升。生命教育，可以表达对生命状态的关怀，对生命价值的追求，促进生命健康和人格健全，从而使人更好地体验、感悟和实现生命的意义。

综上所述，生命既是教育的逻辑起点，又是教育的终点。生命教育就是寻求生命本真和触及心灵深处的教育，在教育过程中，人不断地自我完善、自我教育、自我生成。同时，生命教育产生于人、自然及社会之间，是一项涉及人之生命的社会实践活动，并源自对主体人生命质量提高和社会价值增值的考量，其精髓在于对人之生命的教育点化，即直面生命存在，唤醒生命意识，满足生命需要，促进生命成长。

3. 生命教育的基本属性

（1）自然性

自然性乃生命之第一性。马克思认为，人直接地是自然存在物，而且是作为有生命的自然存在物。从生物学意义上说，人和动物、植物均是有生命的自然物。但人作为具有独特生命内涵、价值及功能的自然物，绝非普通生命，这也成为人之为人、有别于动植物的自然存在。人基于生命的自然性而存在，并依附着自然性而发展，因此自然性乃生命的最基本特性。人的这种不可摆脱的自然性，决定了人和动植物一样，是受动的、受制约的和受限制的存在物。基于这种自然性，人不但是自在的存在，而且是自为的存在，是一种可超越生命本身存在的“超生命”存在。随着社会的发展，人类为了将人的生命与其他生物体相区别，可能极度夸大或无限制，甚至忽视人的生命的自然本质而凸显且异化其社会和精神实质，似乎忘掉了人依然是大自然的微小元素。

教育应遵循人的自然本性和身心发展规律。自然性作为人的生命教育的基本特性，为塑造符合个体发展和社会发展的生命体，我们必须清醒地认识人的生命生长发展的自然呈现形式，遵循人身心发展的顺序性、阶段性及个体差异性等原则，做到循序渐进、因材施教。生命的自然性伴随着自身新陈代谢和外部环境的相互作用，但无论是人的自然性或是社会性的生长，都必须依循其自身内部与外部协调一致的规律机制。生命成长就是人作为自然生命体的本身目的，在成长面前，生命体无其他目的，只有守循生命体内在的自然属性机制，按照其本身成长发展的阶段和时序，为生命体的可持续发展创造有利环境。

（2）整全性

在什么是教育、教育的目的为何的问题上，有人将教育目标分为三个层面，即基于自然的自养（个体发展层面）、基于实践的完成社会成员（社会适应层面）及基于自由的实现（终极目标层面）。相应地，教育的要素分为三个层面的实践形式，即技能层面、聪明层面及德行层面，三个层面在价值上分别对应的是个人层面、社会公共层面和人类层面。技能层面的教育达成的是个人价值，解决的是个人生存的问题；聪明层面达成的是社会公共价值，解决的是个体适应社会的问题；德行层面需要个人通过拓展自我价值、发扬自我特性，在个人身上体现人类的价值，以成就自我人格。后来，大部分从事生命教育的学者都认为生命教育应当具有整全性，因之将生命教育划分为自然生命、社会生命、精神生命等几大方面的教育。

从本质上而言，培养整全的人无疑代表着人类的教育理想。教育，首先需要关注的是人，需要保证个体的生命独立健全。这样，人才能作为一个家庭和社会的成员，作为一个公民和生产者、技术发明者和有创造性的理想家，来承担各种不同的责任。这番论述包含了三层意思：第一，人的整全性首先在于保持个体生命的整全，使人成为他自己；第二，人成为自己这种状态只有始终置于社会之中方能得以完成，人只有在社会性过程中才能达到理想的自我与他人的统一；第三，个体生命是一种实践样态，个体在生命实践中获得生命的完全发展。相似的观点在马克思那里也得到了验证，马克思认为，实践是指人类能动地改造物质世界的对象性活动，即主体能动地改造和探索客体的社会性的客观物质活动。实践必然是“生命的理解实践”“生命的物质实践”“生命的革命实践”在辩证法规约下的统一。因此，生命教育在学校教育中应该被理解为一种广义的影响人的教育活动，而且应当被融入学校教育的各个环节、各个时段、各个方位、各个场域之中，进行校内外各种力量的整全式教育，以此促进学生的全面发展。

（3）常态性

生命教育不是《国家中长期教育改革和发展规划纲要（2010—2020 年）》颁布实施之后的事物，而是一个“已在”事实，并拥有当下的现在及无限的未来，是一种常态性的事物或实践活动。生命的常态性要求生命教育的常态性，可以认为在人的生命产生之际，生命教育就随之产生了。人的生命历程于漫长时空而言可看作时空的一个节点，随着时空的不断延展与位移，人生命的活动状态也随之变换。在某种意义上说，人是一种未完成的状态，这种状态是一个必然。生命最为确定的是走向死亡，至于生命历程，则充满着不确定性，呈现出幽邃、神秘的样态。

生命的常态性存在常变常新的不确定性，因此没有一成不变的生命教育。不同个体因其境遇、生命方位不同，其所体会的生命感、价值感、意义感也不尽相同。生命教育的内容和形式也应随不同阶段、不同时段、不同场域而有所变化。换言之，生命教育的常态化也意味着它具有变革性和更新性，生命教育必须保持源头活水，维持惯常的状态，大化流行，生生不息，苏格拉底喻之为“生命的流动”，柏格森也提出了一种新的概念——“绵延”。绵延是世界的本质，是纯粹的变化和连续的流动，可以说它是时间本身，或者说它就是生命本身。在绵延之中，每个生命状态都彼此渗透、相互融合，现在包容着过去，并向未来不断地涌进。绵延就像一条生机勃勃、奔腾不息的河流，一直在空间与时间的双重维度中流淌。时空的连续性使生命涌动和跳跃，生命教育必定要符合历史逻辑和实践逻辑。

（4）共生性

共生即共同存在，至少包括以下几种含义。一是自我共生。人的自我调适、认同、接纳、自生，在自身原初状态上实现一种认可，一种生发和跃升。无疑，人是一种面向未来的存在，但这种面向未来的存在必须面对现实的自我，要站在现实的起点向未来去展开。二是人我共生。人要让自己生，也要让他人生。所谓生，是给予，是生成，是奉献，其中内蕴了爱之道。三是天人共生。它是指人与天地之间形成共在的关系。我们主张的人与自然最好的关系是天人共生，也即人与自然和谐统一。

从本质上说，共生是一种关系，是一种创造性、开放性、共同性、生成性的关系。生命教育应当具有这种共生性关系，于个人而言，生命个体的所有感官都应积极参与到生命教育活动中来，从而达到生理和心理的结合，即身与心、性与灵、形与神的和谐圆融，进入诗意栖居的生命最高境界，实现生命良性有序的内循环共生。于群体而言，人类作为多形现象最发达的一种物种，在具有最复杂的有序结构的同时，能够实现严格的有序功能，并通过与外界不断进行信息、能量、资源等的互换促进彼此间的和谐，因此共生也逐渐成为族群本身由自在走向自觉的选择特征。共生作为族群生存的原在状态，从生命演化之始赓续至今。于自然而言，在经历了人与自然的混沌合一、人对自然的敬畏崇拜、人对自然的支配控制三个阶段之后，人类与自然的关系最终走向和谐共生，这种历史演变规律是经过长时间探索、深化、总结的结果，也是人类发展的必然选择。总之，生命教育是成就生命的教育，是一种提升生命意义和生命存在的教育，生命教育要围绕生命共生展开，体现共生性特质。

（5）实践性

人是实践活动的产物，生命体具有实践性，并在实践活动中不断探索世界及人类自身的奥秘。实践既是人生命的生存方式，也是人生命的生成路径。立足于实践之维阐释生命，凸显了生命的实践性，人作为有意识的实践性存在物，在实践中彰显和塑造着人类生命的社会性。伴随着人类社会的快速发展，人的生命的实践性被极度释放。教育活动作为人类实践活动的重要分支，在人类生命成长中作用非凡，但现实教育中的异化现象更为严重。有人把教育当作达到各种目的的手段和工具，一味地以教育活动或教育事业攫取利益。学校教育被认为是“机器制造厂”，校外培训机构伺机而入成为“教育加工厂”，家庭教育因动力不足在前两者的纠缠面前无能为力而任其蹂躏。因此，人的生命实践性在现实中处境不利，正在纠结挣扎中徘徊。

教育活动是培养人、塑造人的实践行为，在人生命实践性的培育中理应发挥科学合理的作用。人的生命实践性的塑造应在教育实践活动中得以展现，教育对生命的关怀和表达也应在实践活动中完成。站在教育学立场上，实践是一种对生命成长的有意识活动，是以塑造生命为旨归的活动。其中，教育发挥着转化性作用，是在人类社会活动中凸显实践性的特殊存在。无论社会还是个体层面的实践活动，都要坚守教育的出发点，防止实践异化生命体的认知与行为，在合理范围内将生命的实践性适切转化，让生命实践性更具生命活力。

4. 生命教育的内涵与外延——生死教育

“要敢于直面死亡”是生命教育的重要目标之一，因此生死教育也是生命教育过程中的重要一环。无论在中国还是在西方，关于生死议题的探讨由来已久。哲学家认为，正视死亡、认识死亡、理解死亡是引导人们追求生命价值与意义的必由之路。死亡问题是我们每个人都要去面对和解决的问题，生死教育可以帮助人们做好面对死亡的准备。在中国的文化传统中，人们往往讳言死亡，但没有人能够回避死亡。如果我们没有做好死亡准备，在将来面对它的时候可能会不知道该怎么做。学会如何面对死亡，能让我们在面对无论自身还是他人的死亡时多一分理性，少一分惶恐，避免过度的痛苦和遭受心理创伤，珍惜现有的生活与生命。

生死教育不是知识教育，也不是技能教育，它是一种通识教育，是为了促进个体生命整全、人格健全、心理健康发展，旨在培养具有健全心智、批判思维、高尚德行的人。因此，生死教育就是以生死学为依托，以探讨传递生死学知识为任务，使个体通过对生死知识的学习、体验与思考，探寻人生根本问题，唤醒死亡意识，转变死亡态度，促进个体生命成长，寻求安身立命之道，实现生命意义和人生价值，提升生命境界，达到生死一体、生死两安、生死自在的过程。

"谈死实为论生"，生死教育是生命教育的重要内容。究其原因，在于它符合现代人理解生命本质的实际需要。当我们对"生"缺乏足够认知的时候，应当继续探究我们生活于其中的现实世界的规律，而不应在缺乏认知的情景下讨论"死"。但这并不意味着死亡是需要终生回避的问题，当我们对生命有起码的认识之后，也要恰当地理解"死"。"向死而生"本就是生命的自然过程，"死"体现了"生"的有限性，也映现了"生"的价值：每个人无可替代的生命都是最宝贵的。人应该以向死而生的态度体会生命的价值，进而热爱生命。人面对死亡天然会感到恐惧，而爱可以超越生死，实现人与人、人与世界的和谐。

另外，生死教育从根本上讲是一种哲学教育，它可以唤醒人们对死亡的认识，让人们理解何为死亡，以及应当怎样面对他人和自己的死亡。生与死都是自然生命的必经过程，死亡具有必然性，但何时死具有偶然性，死的可能性伴随着个体生命的全部历程。正是在接受生死教育的过程中，人们可以获得对死亡应有的认识，消解关于死亡的困惑，摆脱关于死亡的迷信，从而拥有正确的生死观。因此，我们才不会因无知而对自然之死感到恐惧，才不会讳言死亡，或一谈及死亡就想到太平间、殡仪馆或墓地，进而产生想象中的妄念和对死亡的过度焦虑；才会杜绝某些面对死亡的恶俗，从而摆脱恐惧，以一种自然的心态面对死亡。

生死教育让人们坦然面对物质生命终要回归自然的规律，从而使生命绽放得更充分也更有意义，让人们在生生不息的追求中坚定生命的信念，进而丰盈自己的生命。泰戈尔诗曰："生如夏花之绚烂，死如秋叶之静美。"生命有开始，就会有告别，从"绚烂"到"静美"是自然的历程。正是因为有对死亡的认识，人们才能在濒死之际保持体面和尊严，才能对他人给予临终关怀，才能在各种纪念逝者的仪式中获得教益。生死教育让人们努力呈现生命的意义，并在有益于社会的实践中镌刻生命的价值印记，形成恰当理解生死的社会氛围。在这个意义上，生死教育不仅关乎个体生命的价值，也是推动社会健康发展的需要。

四、生命教育的价值指向

1. 引发生命觉醒

从纵向来说，如果把生命成长看作生命层次的跃升，那么觉醒体验将直接促成这种生命层次的跃升；从横向来说，如果把生命成长看作生命意义的发现，那么觉醒体验则意味着发现生命意义的开始。觉醒体验就是在有死的生命前提下，将关注日常琐事的生存模式转变为个体本真的生存模式，这个本真的生存模式就是向死而生、向死而在，就是把"死亡先行"纳入生命的尽头，如达摩克利斯之剑悬挂在生命的当下。觉醒体验能把人们从日常琐事中拉出来，拉进到本真的生命中。

生命觉醒通常指的是一个人对于生命本质的深刻认识和对生命价值的深刻体验，这种觉醒可以促使个体更加积极地参与生活，更加深刻地理解自己和他人。生命教育是通过多种方式促进生命觉醒的。首先，它通过教育个体理解生命的起源、发展和多样性，帮助人们认识到生命的独特性和宝贵性。了解不同生命形态和生态系统的相互依存关系，可以增强人们对生命的尊重和保护意识。其次，生命教育强调个体的情感发展和道德责任。通过培养同情心、共情能力和责任感，个体能够更好地理解他人的感受和需求，社会中的人际关系能够更加和谐。再者，生命教育还涉及对生命终结的认识，包括死亡教育和临终关怀。这有助于个体理解生命的有限性，从而更加珍惜当下，积极面对生活中的机遇和挑战。再其次，生命教育还包括对健康生活方式的倡导，鼓励人们采取积极的生活习惯，如合理饮食、适量运动和保持良好的心理状态，这些都是维护生命健康和延长生命活力的重要因素。最后，生命教育通过哲学和精神层面的探讨，引导个体思考生命的意义和目的，激发个体对于生活深层次的思考和追求，从而实现精神层面的觉醒和成长。

综上所述，生命教育通过多维度的引导和教育，帮助个体实现对生命深层次的认识和体验，促进个体的生命觉醒，使人们能够更加珍视生命、积极生活，并在精神层面获得成长和发展。

2. 促进生命成长

生命教育应该是有生命感的教育，包括尊重、遵循人的自然本性和天性，尊重生命成长的过程等。正如恩格斯所言："世界不是既成事物的集合体，而是过程的集合体。"既然不断自我生成的生命有其内发性，生命也不是预先被设定好的格式化机器，那么人类的生命成长也理应被看作一种不断超越的绵延过程，生命教育需要成就其内在生成的教育观。

生命成长是在生命整全与生死整体意义上发生的，脱离于原有的生活模式，完全在觉醒体验的推动下，一方面促成生命层次的跃升，另一方面构建和发现新的生命意义，从而促进个体生命的成长。教育的目的是促进个体持续发展，培养社会中所需要的人才。库布勒·罗斯说，死亡是生命成长的最后阶段，即直到生命的尽头，个体依然具有成长的可能及成长的任务，生命成长是我们一生都要面临的功课。可是，很多人在学校学习期间虽有知识的增长却较少有生命的成长，甚至在毕业离校进入社会时生命成长就已停滞，为生存奔波，追逐物质的享受，失去生命的敏感。生命教育的目的就是要使逐渐失去敏感、变得麻木的生命重新焕发生机与活力，不断促进个体主动而持续的生命成长。

生命教育中的自我探索因素也会影响个体的生命成长。自我探索是基于自我对生命的成长及其本质的认识与觉知，与其说自我探索是探索自我，不如说是探索自我与生命、社会、自然自我和他者之间的关系。自我探索的最终目的是解决个体在自然社会中的定位及自我安身立命的意义，意义追问是自我探索过程中牵涉生死的主要问题。人无法忍受无意义的生活，意义是个体在社会关系中自我赋予的，也是个体在时间长河中生命赋予的。生命成长与意义密切相关。生命成长是一个自我探索的过程，是在社会关系与时间长河里，个体对意义的发现与赋予、连接与实现。意义的实现是展开生命、充实生命、促进生命成长的主要手段，是生命内在觉察力和外在行动力的统一，生命成长意味着生命境界和认知层次的提升，也是生命教育所追求的目的。

3. 提升生命质量

所谓生命质量，又称生活质量、生存质量，它以社会经济、文化背景和价值取向为基础，是在一定生活环境和生存条件内，人们对身体状况、心理功能、社会能力和个体幸福的一种总体感觉，衡量和评价生命质量的标准是生命存在的生理功能状态能够去过一种愉快、健康和有意义的生活。生命教育尊重自然生命，旨在提升人的生命质量，健全人的人格。生命教育体现出一种普世的人文价值关怀，重塑人们对生命的认知，使其从对生命意识的淡薄、漠视逐步转变为对生命的关注、热爱。生命教育以积极、正确的世界观和人生观为底色，渲染精彩的人生，锻造生命的韧性，促进人们对生命价值的深刻理解。在生命教育的指导下，人们在社会实践中表现出对生命的关怀，这有益于良好人格的形成，从而完善自身的生命形态。

陶行知先生认为，完整的生命应该是手脑共同发展的，完整的生命质量应该是生物与精神双重衡量的。陶行知先生奋斗一生，皆为关注人的生命。他的生活和求学经历使他在思想人格的深层始终关注人的命运，关注人的生存状态。他看重人的生命，认为生命是精贵的。对于可贵的生命，他提倡要提升生命的质量；对于有限的生命，他持辩证的认识。他求教育改变落后的生活，也求生活改变陈旧的教育，都只为改善国人的生命质量，以及民族与国家之命运。他将真实的生命、活的生命、和谐的生命、健全的生命和独立自主的生命看作生命发展和教育的出发点与最终指向。陶行知先生提出“生利主义”概念，提倡生有利之物和有利之事，靠劳动生利而生存和自立，以此提高生命的质量。他重视普及大众的教育，希望在此基础上深化生命的质量。他批判传统的教育，认为它教用脑的人不用手，不教用手的人用脑。“做一个整个的人”是他对人的生命质量的寄望。

过去人们总是以工具理性来解释教育，因为教育离不开政治和经济，教育要为政治和经济服务，但教育更是人的权利，同时，只有个体得到发展，才能为政治和经济服务。教育的本质是培养人，对个体来讲，教育可以提高个体的生命质量，包括体魄的强壮、科学文化素养的提高、思想品德的提升；对社会而言，教育可以提高个体对社会的奉献。这就要求我们相应地改变人才培养方式。教育不仅要重视知识和技能的培养，更要重视价值观和态度的培养。

4. 扩充生命价值

生命教育不单指向生命本身，更蕴含着对生命无限追求的精神境界。生命教育可以帮助人们合理规划人生，从而实现从个体物质生命到个体精神生命的自我追寻。生命教育能够唤醒人的生命意识，提升人的精神境界，激发人的生命活力，展现出生命意识和育人价值。生命教育通过传授正确的生命价值观来构筑人的精神家园，提升人的生命高度。

精神生命是人之生命的升华状态，赋予人以灵魂，是人活于世的意义所在。生命是有限的，但人生的理想与追求是无限的，生命教育的精神属性在于不断探寻人之为人的哲学诠释。生命教育的表层含义是指关注生命的质量、尊重自然生命本身。其深层含义在于一种“生命激励”，让人从正确认识个人生命价值不断走向心系国家，与民族同呼吸、共命运，具有中国灵魂的精神境界。

生命教育将教育目的从人之生存导向人之存在，前者停留于物质层面，后者上升到精神层面，使人充分认识到人是自然循环中的一种存在样态，人以有限的人生参与无限的未来，可以实现生命层级的跨越。海德格尔提出的“人应诗意地栖居”正是这种意蕴。生命教育培养的是人的一种生命气象，是个体精神状态的呈现，使人的生命的发展不再困顿与迷茫，彰显出生命的活力，不断追求人生价值的实现。生命教育的最终目标是在教会学生如何生存的前提下，引领学生追寻幸福生活。人通过教育而成为人，更应通过教育走向崇高。生命教育为人带来生的活力与追求生的动力，引领人们探寻人生的幸福与完整，使生命在真正意义上成长为多元、立体、永恒的存在。

五、生命教育的实践路径

1. 构建生命主体相互平等的师生对话

生命教育通过对“人为何而生”的追问，让人进一步追求生命的本真之意。当下的生命教育更多的是关注和解决“人如何生存”的问题，缺少对“人为何而生”的思考。师生对话在生命教育实践中的价值体现在对生命本体价值的追求和回归，走向对话成为解决当下生命教育实践困境的一种有效路径。

师生对话的前提是确保“生命在场”，要尊重生命的主体性地位，即尊重教师与学生在生命教育实践中的主体性地位。一方面，在生命教育实践中要充分体现教师的主体性地位。首先要尊重教师个性化的生命。教师的教学方法、教学手段和教学风格等各具特色，应使教师从过量的工作负荷中解放出来，体验、实现真实的自我。另一方面，学生的生命主体性地位同样应得到充分地尊重。一是要把学生当作生命主体看待，尊重其自主性、能动性与创造性。二是要尊重学生的个体差异性，每个学生的智力都有独特的表现方式，教师应尊重学生不同的行为方式和表达方式。

师生对话的基础是在自由自主的对话情境中倾听生命，更多的是指教师对学生话语的倾听。首先，要凸显学生的个体性话语。由于学生生活经验、思维方式、智力的表现方式和特点等各异，在课堂上教师应给予学生展现自我的机会，这看似是延缓了预定的教学进度，实则拓宽了学生的思维，激发了学生的创造活力。其次，要营造自由自主的对话情境。师生之间的对话情境应以问题展开，既可以是教师在课堂伊始提出的引发学生思考和对话的问题，也可以是师生在对话中新产生的令人困惑而又引人深思的问题。

生命教育中的对话过程就是一个师生、生生不断理解的过程，正如狄尔泰所说的，“自然需要说明，而人需要理解”。对师生个体生命进行理解的最终结果是走向共享。师生通过对话在理解的基础上相互分享、真诚合作，不断迸发着批判性思维，促进师生共同成长。这就要求生命个体之间一方面要达成共识，追求相对统一性；另一方面要尊重个性，聆听同等价值的不同声音。师生之间相互尊重、相互理解、互享共享、求同存异、教学相长，实现生命层次上对话的意义和价值。

2. 营造基于校园场域的生命教育氛围

生命教育单靠教师单一群体的力量很难有效开展，在教师承担生命教育主要任务的同时，学校其他教职工也应积极参与到生命教育的体系中，在生命教育开展中扮演恰如其分的角色，形成基于全校教职工多主体的合作机制，这样才能更好地创建和谐校园环境，维护校园安全。学校教职工在生命教育中扮演的角色各不相同，学校教师作为生命教育的主要执行者，从生命知识的普及到生命危机的干预，从对学生表现的观察到班级氛围的营造等任务，均需要教师亲力亲为。

奥维斯欺凌预防项目（Olweus Bullying Prevention Program，以下简称 OBPP）是创建时间最早、有效数据最丰富、实施范围最广的校园欺凌预防项目之一。OBPP 以生态系统理论为基础，以群体社会化理论为辅佐，秉持“全校、全面、全员、全过程、全方位”的宗旨，将学校视为一个嵌套着的系统，通过学校、班级、个人、社区四个层面系统间的相互作用与影响，达成校园氛围的改变。学校可基于 OBPP 建立学生心理危机的预防与干预机制来保障学生的生命安全，通过开展学生心理危机的预防与干预工作，为学生提供预防自杀、拯救生命的系统知识，帮助学生及早识别自杀危机，掌握心理危机的发生规律，从而及时进行心理干预，有效挽救学生生命。同时，学校还要做好日常心理筛查工作，关注心理危机易感人群，如学业困难的学生、违纪受处分的学生、有重大心理创伤的学生及身体有严重疾病的学生。学校通过建立心理危机档案，制定心理干预及监控措施，为学生的生命安全筑起坚固的防护网。

生命是鲜活的，生命教育也应该是生动、多彩的，因此生命教育不应局限于教室，还应该体现在多姿多彩的校园文化生活之中。学校可以充分利用校园文化的载体作用，开展健康有益的校园文化活动，扩展学生的求知领域，丰富学生的文化生活，满足学生的兴趣爱好，陶冶学生的思想情操，使校园生活丰富多彩、健康向上、充满乐趣。特别是心理健康文化活动，是向学生宣传心理健康知识、倡导珍爱生命理念的最好途径。很多学校都已经把生命文化活动作为常规性活动来开展，为学生搭建探索自我、发挥智慧、展示才华、激发潜能的广阔舞台。通过丰富多彩的生命文化活动，学生可以获得成长的快乐，感受成功的喜悦，感悟人生的美好。

3. 整合多元开放的生命教育课程体系

生命教育是一项系统性工程，其中，关于生命教育课程的建设，一直存在着学科渗透与学科独立设置两种对立的观点。主张“渗透式”生命教育的教师认为，单独开设生命教育课程，不仅会增加学生的学业负担，也会造成教学内容上有“叠床架屋”之感。生命教育具有社会学与生命哲学的双重学科逻辑架构，其他学科教育教学中也经常提及生命教育的相关知识，建立“渗透式”与多学科相融的课程体系更能展现出教育的有效性。生命教育能够给学生提供正确的价值观，其内在意蕴在于引导学生不断探寻生命的意义与价值，帮助学生实现完满人生。主张单独设置生命教育课程的教师认为，独立设置学科可以增强其社会认同感，有其外在的重要性与内在的必然性。因此，可以综合两种价值取向，整合多元开放的生命教育课程体系。

一方面，学校可以开设一种显性课程，为生命教育配备专门化的教学材料和教师团队，关注学生的心理发展，增强学生对生命的认知度。课程可从安全教育、健康教育、心理教育和生涯规划等多个主题进行教学，并实施课内课外相结合的教学模式。每门学科都有全面性知识构建的独特视野，但作为一门独立的学科，生命教育能更真实、系统地将生命知识传授给学生，从而提升其生命的质量。另一方面，学校可以开设一种隐性课程与之相辅，将生命教育理念合理地融入每门学科教学中，如在语文课教学中讲授人文价值关怀，在思想政治课教学中探寻生命的哲学意蕴，在美术课教学中欣赏生命之美，等等。这种渗透一定是潜移默化的，不能施加教育者自身的主观臆断，也不能干扰原有学科教学而刻意为之。通过对生命教育课程的学习，学生可以树立正确的人生观与价值观，培育个人的生命自觉。

另外，学生的生命认知的形成是一个长期的过程，个案干预、专题讲座不可或缺，却又很难对学生群体产生长期影响，因此，需要将生命教育与学校常规教学活动进行全面融合。值得注意的是，生命教育需要与学校常规教学活动全面融合并非以生命教育统合学校教育。在当前三级课程体制下，以生命教育为逻辑起点构建课程体系的条件尚不成熟，教师应充分挖掘生命这一宏大主题下蕴藏的教育资源并与学科教学融合，从事生命教育者尤其是心理健康教师应参与学科教研，协助学科教师将生命教育内容穿插于学科教学内容中，通过耳濡目染的教育方式，逐步将生命教育的观念贯彻到学生的日常学习生活中，通过日积月累的浸入式教育营造和谐的教学环境。

4. 构建家—校—社协同的生命教育模式

生命教育的实施应当是全方位的，其教育目标的实现需要营造全面性与持续性的学校生命教育氛围。生命危机个案的干预是生命教育的第一步，在短时期内能够让家、校、社会各方看到生命教育的价值，但若要使生命教育形成长效机制，则需要全面改善校园氛围。以生态系统理论为创建基础的生命教育，将生命危机的发生视为从微观系统到宏观系统层层作用的结果，生命教育的进行也应面向从微观到宏观多个系统综合开展。因此，为达到长期预防生命危机的目的，需推行家庭、学校、社会三位一体的生命教育。

家庭、学校和社会是学生生命成长的主要构成环境，也是教育需要不断关注的三个领域。首先，家庭是学生认知生命教育的起点，家庭教育决定了学生未来健康成长的纵向长度。其次，学校是学生系统学习生命教育理念的基地，能够帮助学生规划人生的发展轨迹，引导学生形成正确的人生价值观，培养学生的理想人格。最后，社会是学生践行生命教育的主环境，相较于家庭和学校，社会更具有真实性和复杂性，往往能带给学生崭新的生命情感体验。社会这个熔炉的考验，更能激起学生对人生意义与生命价值的求索。

生命教育的开展离不开家庭、学校和社会的通力合作。为了提高生命教育的有效性，首先，父母要增强对生命教育的认知与理解。学校可以开展集体讲座，教师日常要多与家长交流沟通，实现良性互动。其次，学校要营造一种积极向上的生命教育氛围，推进以生命教育为主题的校园文化建设，开发“第二课堂”，赋予生命教育活力。最后，社会可以有力度地宣扬生命教育，使生命教育走进社区、走进生活，培养家长与学生的生命自觉性，同时鼓励学生走进社会，在真实情景中进行生命教育实践，使学生设身处地感悟生命教育的内涵与意义。我国目前尚未形成多位一体的生命教育培养模式，生命教育的有效性受限，应积极完善学校、家庭和社会一体化交互式的教育体系。从长远来看，家庭、学校和社区三位一体的生命教育体系的建构有利于及早发现学生的生命危机并予以干预，形成全方位的生命危机防治网络，这是有效降低学生生命危机发生频率的重要手段。总之，要加快构建生命教育一体化的新格局，通过家庭、学校和社会三元合力，培育学生的生命自觉。

[聚焦提升]

生命教育的定义与特征：

第一，生命教育是以生命教育生命、以生命引领生命、以生命滋润生命、以生命影响生命的人才培养理念。生命教育既是一种教育理念，也是一种教育策略；既是一种教育价值，也是教师从事教育教学的行动方式。

第二，生命教育强调接纳生命、敬畏生命、珍爱生命、打开生命、扩展生命，生命教育不是一般意义的知识教育、技能教育，而是以生命影响生命、以生命引领生命、以生命感通生命的“生命实践”教育。

第三，生命教育具有自然性、整全性、常态性、共生性、实践性等典型特征。

生命教育的价值指向：

第一，引发生命觉醒。

第二，促进生命成长。

第三，提升生命质量。

第四，扩充生命价值。

生命教育的实践路径：

第一，构建生命主体相互平等的师生对话。

第二，营造基于校园场域的生命教育氛围。

第三，整合多元开放的生命教育课程体系。

第四，构建家—校—社协同的生命教育模式。

[自主思考]

请赏析中国近代诗人闻一多先生的作品《色彩》，并结合所学内容展开讨论。

色　彩

生命是张没有价值的白纸
自从绿给了我发展
红给了我热情
黄教我以忠义
蓝教我以高洁
粉红赐我以希望
灰白赠我以悲哀
再完成这帧彩图
黑还要加我以死
从此以后
我便溺爱于我的生命
因为我爱它的色彩

（1）结合所学，谈谈你对“因为我爱它的色彩”这一句的理解。

（2）你认为诗中的颜色还可以代表哪些其他的内心情感和人格特征？

（3）你认为诗中的生命“彩图”还缺少了什么颜色？请展开论述。

（3）请任选一种颜色，和大家聊一聊你与生命之间的小故事。

［课外拓展］

1. 毛姆. 月亮与六便士［M］. 徐淳刚，译. 杭州：浙江文艺出版社，2017.

2. 克莱儿·麦克福尔. 摆渡人［M］. 付强，译. 南昌：百花洲文艺出版社，2015.

3. 冯建军. 生命与教育［M］. 北京：教育科学出版社，2004.

4. 张向众. 生命自觉：叶澜教育价值思想研究［M］. 北京：人民教育出版社，2022.

5. 维克多·E. 弗兰克尔. 活出生命的意义［M］. 吕娜，译. 北京：华夏出版社，2018.

第二篇

看见生命

在这一篇章中，我们踏上了一场深入探索生命之美的旅程，聚焦那些构成人生基石、赋予生活温度与生命温情的五大领域——家庭、婚恋、友谊、安全与劳动。这不仅仅是对日常生活片段的简单记录，更是一次心灵的触动与思想的升华。

家庭作为爱与温暖的港湾，教会了我们如何被爱及如何爱人；婚恋是两颗心灵的深情对话，在相互扶持中共同成长；友谊如同生命旅途中的明灯，照亮了彼此的世界，让孤独的灵魂得以慰藉；安全是这一切美好得以延续的基石，提醒我们在前行的路上不忘初心、安全第一；劳动则是创造价值的源泉，让我们在汗水中体味收获的喜悦，实现自我价值的飞跃。

通过这一篇章的深入解读，我们将一同看见生命的丰富多彩，感受其中蕴含的无限可能与深刻意义。

专题二

家庭与生命教育

老吾老，以及人之老；幼吾幼，以及人之幼。天下可运于掌。

——孟子

[专题导语]

家庭在个体成长中起着至关重要的作用。

首先，家庭是教育的起点，它能够唤醒人们的生命意识。每个家庭都是一个独特的教育场所，家庭成员间的亲密关系、日常生活的点滴都是最好的教育素材。在这个温馨的环境中，孩子可以初步认识自我、他人和世界，从而形成对生命的初步理解和尊重。

其次，通过对家庭与生命教育的学习，家庭中的生命异化现象可以得到扭转。在现代社会中，由于工作压力加大、生活节奏加快等原因，很多家庭忽视了与孩子的情感交流，孩子出现情感缺失、自我价值感低下等问题。家庭教育和生命教育的融合可以帮助家长认识到这些问题，从而改善家庭教育方式，让孩子得到更好的成长。

最后，通过对家庭场域的深入了解，可以稳固家庭情感联结，激发生命潜能。家庭是一个充满情感、互动和变化的环境，每个家庭成员都是这个环境中的一部分。通过深入了解家庭场域的特点和规律，我们可以更好地理解家庭成员之间的关系和互动方式，从而为孩子提供更具针对性的教育，激发家庭成员的生命潜能。

[情境体验]

在我们的生活中，家庭是温暖的港湾，是疲惫时的依靠，是迷茫时的指引。它像一棵大树，为我们遮风挡雨；像一盏明灯，为我们照亮前路。家庭让我们感受到无条件的爱与接纳，让我们在纷繁复杂的世界中找到归属与安全感。那么，在你的生命中，家庭又扮演着怎样的角色呢？是严厉的父亲教会你责任与担当，还是温柔的母亲给予你无私的关怀与支持？是兄弟姐妹间的嬉笑打闹，还是祖辈的谆谆教诲？请分享一下你的家庭生命故事，回忆一下它如何塑造了今天的你。

[理论学习]

一、立足教育起点，唤醒生命意识

（一）家庭是教育的起点

家庭作为社会的基本单元，不仅是个人成长的摇篮，还是生命教育的起点。从古至今，家庭在塑造个体价值观、道德观和人生观方面都发挥着不可替代的作用。正如《礼记·大学》中所言的“修身、齐家、治国、平天下”，家庭是个体修身的首要场所，也是生命教育的基础。

家庭是情感教育的摇篮。情感教育是生命教育的核心内容之一，而家庭正是情感教育的最佳场所。父母通过日常的关爱、陪伴和引导，帮助孩子建立安全感和信任感，培养他们的同理心和责任感。例如，“孟母三迁”的故事广为流传，孟母为了给孟子创造一个良好的成长环境，三次搬家，最终选择在学宫附近定居。这一举动不仅体现了母亲对孩子的深切关爱，也为孟子日后成为儒家圣贤奠定了坚实的基础。孟母的智慧与远见，正是家庭情感教育的典范。

家庭是道德教育的基石。道德教育是生命教育的重要内容，家庭是道德教育的第一课堂。父母通过言传身教，向孩子传递正确的价值观和道德观。孔子曾言：“少成若天性，习惯成自然。”这句话强调了早期教育的重要性。在家中，父母通过日常生活中的点滴细节，如尊老爱幼、诚实守信、勤俭节约等，潜移默化地影响孩子的行为习惯和道德品质。北宋名臣范仲淹自幼家境贫寒，但他母亲始终教导他要拥有家国情怀，不仅塑造了范仲淹“先天下之忧而忧，后天下之乐而乐”的高尚品德，也为他日后成为一代名臣奠定了坚实的道德基础。

家庭是生命教育的第一实践场。生命教育不仅仅是知识的传授，更是对生命意义的探索和实践。家庭通过日常生活中的各种活动，如节日庆祝、家庭聚会、亲子游戏等，帮助孩子理解生命的价值和意义。春节期间，家庭成员团聚在一起，共同庆祝新年的到来，这不仅是一种传统文化的传承，也是一种生命教育的实践。通过这样的活动，孩子们能够感受到家庭的温暖和生命的美好，从而更加珍爱生命、热爱生活。

在当代社会，孩子们面临着各种各样的挑战，如网络暴力、校园欺凌、心理健康问题等。家庭作为孩子的避风港，能够为他们提供情感支持和心理疏导，帮助他们应对这些挑战。当孩子在学校遇到欺凌时，父母可以通过倾听、安慰和引导，帮助孩子建立自信，学会保护自己。这种家庭支持不仅能够缓解孩子的心理压力，还能增强他们的抗挫折能力，使他们更加坚强和勇敢。

生命教育并不局限于个体的成长，还涉及代际传承。家庭通过代与代之间的互动和交流，将生命教育的理念和价值观传递给下一代。许多家庭都有家训或家规，家训或家规不仅是家族文化的体现，也是生命教育的重要内容。通过代际传承，家庭能够将家族文化价值观传承下去，使生命精神得以生生不息。

总之，家庭是生命教育的起点，也是生命教育的重要场所。通过情感教育、道德教育、生命实践、家庭支持和代际传承，家庭在个体成长和社会发展中发挥着不可替代的作用。正如《颜氏家训》所言：“夫同言而信，信其所亲；同命而行，行其所服。”家庭教育的独特性和重要性决定了它在生命教育中的核心地位。因此，应该高度重视家庭在生命教育中的作用，为个体的全面发展和社会的和谐进步奠定坚实的基础。

（二）中西方家庭生命教育比较

在中国，家庭不仅仅是生活的基本单位，更是文化传承、道德教育及生命教育的重要场所。而西方国家的家庭生命教育在理念和实践上与中国有着显著的不同，但同样是对孩子生命成长的重要引导。

1. 中国家庭生命教育

中国家庭生命教育的核心在于塑造孩子品德与人格，强调德育的重要性。这与儒家伦理思想紧密相连，儒家思想在中国古代家庭教育中发挥着举足轻重的作用。通过家庭教育，古人期望培养出具有高尚道德情操、良好行为习惯和积极人生态度的后代。

具体来说，中国家庭生命教育主要注重以下几个方面：

第一，德育为先：强调道德品质和人格修养的培养，教育孩子要诚实守信、尊重他人、勤劳节俭等。

第二，孝亲尊师：注重培养孩子的孝道和尊师重道的精神，认为这是做人的基本准则。

第三，修身齐家：通过个人的修身养性来促进家庭的和睦与社会的和谐，强调个人与家庭、社会的紧密联系。

第四，因材施教：根据孩子的性格、兴趣和能力对其进行有针对性的教育，尊重孩子的个体差异。

这些教育理念和实践方法不仅在中国古代社会发挥了重要作用，而且对今天的家庭教育仍具有深刻的启示和借鉴意义。在今天这个经济社会快速发展的时代，我们仍然可以从中汲取智慧，为孩子的健康成长和全面发展提供有力的支持。

2. 西方国家家庭生命教育

西方国家家庭生命教育强调尊重个体的独特性，每个孩子都被视为一个独立的个体，拥有自己独特的才能和兴趣。家长尊重孩子的选择，鼓励他们追求自己的梦想，并在这一过程中提供必要的支持和引导。这种尊重个体性的教育方式有助于培养孩子的自信心和自主性，使他们能够更好地面对未来的挑战。

西方国家家庭生命教育注重培养孩子的独立思考和解决问题的能力。家长鼓励孩子提问、探索并尝试新事物，以培养他们的好奇心和探究精神。同时，家长会引导孩子学会批判性思维，帮助他们分辨是非、权衡利弊，从而做出明智的决策。

情感教育和心理健康同样是西方国家家庭生命教育的重要组成部分。家长关注孩子的情感需求，鼓励他们表达情感，并教会他们如何有效地管理情绪。通过情感教育，孩子能够建立健康的人际关系，增强社会适应能力。同时，家长也重视孩子的心理健康，帮助他们建立积极的心态，勇于面对生活中的挫折和困难。

生命安全教育也是西方国家家庭生命教育不可忽视的一部分。家长通过日常生活中的实例和情景模拟，教育孩子如何避免危险和保护自己的安全。家长也会引导孩子了解生命起源、成长和消亡过程，帮助他们树立正确的生命观念，珍爱生命、尊重生命。

中国家庭生命教育源远流长，根植于深厚的传统文化之中，注重家庭伦理、孝道传承与生命意义的融合。中国家庭通过言传身教、家训家规等方式，将“修身、齐家、治国、平天下”的理念代代相传，强调个人与家庭、社会的和谐统一。如儒家思想中的“仁爱”与“孝道”不仅塑造了家庭成员的责任感，也培养了他们对生命的尊重与敬畏，这种教育模式在培养个体的道德品质、家庭责任感和社会担当方面具有独特优势。相比之下，西方国家家庭生命教育更注重个体独立性与生命价值的探索，强调个人自由与自我实现。虽然西方国家家庭在生命教育中也重视情感支持与心理健康，但其教育方式更多依赖于社会机构与学校教育，家庭的核心作用相对弱化。总体而言，西方国家家庭生命教育在培养个体自主性方面表现尚可，但在家庭伦理与代际传承的深度上仍有提升空间。

（三）作为唤醒生命意识的家庭生命教育

生命意识是对生命与生命价值的感知与体验，是人诗意生存的前提。当前，青少年生命意识缺失问题日渐凸显，家庭作为唤醒孩子生命意识的第一所学校，生命意识教育应当是家庭生命教育的首要内容。

生命教育旨在帮助孩子建立正确的生命观和价值观，提升他们的生命质量，实现个体生命的价值，这需要家长在日常生活中不断引导和教育孩子，让他们在成长的道路上不断探索和成长。

1. 在家庭中开展生命教育

在家庭中开展生命教育是一个深远而重要的任务，它涉及引导孩子理解生命的意义，以及如何积极、健康地生活。

家长需要以身作则，成为孩子生命行为的榜样。家长对生命、生活的态度和行为对孩子的影响是深远的，家长应该积极展示对生命的尊重和热爱，通过自身言行来引导，潜移默化地影响孩子。

家长可以利用日常生活中的各种机会来开展生命教育。比如：照顾家中的植物和动物时，能够教孩子理解生命的生长和变化；烹饪和就餐时，可以引导孩子思考食物的来源、生命的循环，培养其节约精神；谈论新闻和社会事件时，可以引导孩子关注生命的尊严和自我价值的实现；借助相关教育资源来丰富生命教育的内容，如亲子共同阅读相关书籍、观看纪录片或电影、参加生命教育相关讲座和活动，帮助孩子深入理解生命的意义和价值；关注孩子情感需求，培育面对困难或挫折的积极态度，帮助他们建立积极的生命观和人生观，引导他们敢于面对并解决生命难题；鼓励孩子参与有益身心健康的体育、艺术审美等相关活动，养成健康的生活方式。

家长应与孩子一起讨论和思考生命的话题，鼓励他们提出自己的看法，加深与孩子之间的情感联系，引导孩子形成独立的思考和判断能力。

总之，在家庭中开展生命教育需要家长的耐心和细心，家长应借助日常生活中的各种机会和资源，关注孩子的情感需求和思维发展，帮助孩子更好地理解生命的意义和价值，成为既有责任感又有同情心的人。

2. 引导孩子思考生命价值和意义

家长引导孩子思考生命的价值和意义是一个深远而重要的任务。

家长需要创造一个开放、包容的家庭氛围，孩子在这样的环境中成长会感到安全和被尊重，更愿意与家长分享自己的思考和感受。家长应该鼓励孩子提出问题、表达疑惑，并认真倾听他们的观点，与他们进行深入的对话。

家长可通过日常生活中的实例来引导孩子思考生命。可以谈论自然界中的生物，让孩子了解生命的多样性和脆弱性；分享一些真实的新闻，让孩子思考生命的尊严和价值；引导孩子关注社会上的弱势群体，培养他们的同情心和责任感；组织户外探险、种植植物等亲子活动，让孩子亲身感受生命的成长和变化。在引导孩子思考生命过程中，家长要保持耐心和理解，不要急于给出答案或评判孩子的观点，尊重孩子的个体差异，理解他们可能有着不同的思考和感受方式，要鼓励孩子批判性地思考，培养他们独立思考和解决问题的能力。

最重要的是，家长要以身作则，成为孩子思考生命、行为示范的榜样。家长要积极展示自己的价值观和生活态度，通过自己的言行来影响孩子。家长只有与孩子共同成长，不断学习和接受新事物，才能更好地引导孩子思考生命。

总之，家长引导孩子思考生命的价值和意义是一个长期而复杂的过程，需要家长的耐心、理解和支持，通过创造一个开放、包容的家庭氛围、利用日常生活中的实例、借助教育资源等方式，帮助孩子深入思考生命，形成积极、健康、有意义的生命观。

二、反思家庭教育，扭转生命异化

在家庭生命教育中，生命完整性的分离是一个重要的概念，主要涉及孩子作为独立个体与家庭成员间生命观念和生命体验上的区分和独立。此过程既包含孩子自我意识的觉醒，也涵盖他们逐渐理解和接纳自己与他人生命独特性的过程。

（一）生命完整性的分离

1. 家庭教育中全面发展的平衡之道

在当代家庭教育中，父母往往将孩子的智力发育放在首位，热衷于培养孩子的学术能力、逻辑思维能力和专业技能，却忽视了孩子道德品性的养成。这种片面的教育方式虽然能在短期内提升孩子的学业成绩，但从长远来看，却可能导致孩子在人格塑造、社会责任感和情感认知方面的缺失。真正的教育应当是德智体美劳全面发展的过程，而家庭作为教育的起点，更应注重这种平衡。

道德教育是家庭教育的核心。智力发育固然重要，但若缺乏道德的引导，孩子的成长将如同无根之木，难以在社会中立足。教育强调“德才兼备”，强调德行是立身之本。道德教育不仅仅是家庭的责任，更是孩子未来取得成就的基石。

智力与道德的平衡发展能够帮助孩子更好地适应社会。现代社会不仅仅需要高智商的人才，更需要具备良好道德素养和社会责任感的公民。近代教育家陶行知提倡“生活即教育”，强调教育应当与生活紧密结合，注重培养孩子的实践能力和社会责任感。他认为，孩子们不仅要学到知识，还要学会如何关心他人、服务社会。陶行知的教育理念为我们提供了一个重要启示：智力与道德的平衡发展能够帮助孩子在未来的社会中更好地实现自我价值。

体育、美育和劳育同样是人全面发展的重要组成部分。体育能够锻炼孩子的体魄，培养他们的毅力和团队精神；美育能够陶冶孩子的情操，提升他们的审美能力和创造力；劳育则能够培养孩子的动手能力和责任感。著名科学家钱学森的父亲钱均夫不仅注重钱学森的学术培养，还鼓励他参与体育活动、艺术创作和家务劳动。这种全面的教育方式使钱学森不仅在科学领域取得了卓越成就，还具备了健康的体魄、丰富的情感和强烈的社会责任感。

家庭教育中孩子的全面发展需要父母的智慧与耐心。父母应当以身作则，通过日常生活中的点滴细节，向孩子传递正确的价值观和道德观。父母可以通过参与公益活动及关心邻里、尊重长辈等行为，为孩子树立榜样；父母要重视与孩子的沟通，了解他们的内心世界，帮助他们解决成长中的困惑；父母可通过“情感教育”来培养孩子的道德感，而不是单纯依靠说教；父母还可以通过陪伴、倾听和引导，帮助孩子建立正确的价值观和人生观。家庭教育不仅仅是知识的传授，更是情感的交流与心灵的滋养。

家庭教育应通过道德教育、智力培养、体育锻炼、美育熏陶和劳动实践，培养孩子成长为具有健全人格和社会责任感的公民。只有在家庭教育中实现德智体美劳的全面发展，我们才能为孩子的未来奠定坚实基础，为社会培养更多优秀的人才。

2. 化解家庭生命情感的荒漠化

现代社会许多家庭情感交流匮乏。父母忙于工作，孩子沉浸于学业或电子设备，彼此之间的情感连接逐渐淡化，家庭中的生命情感似乎变成了一片荒漠。这种现象不仅影响了家庭成员之间的亲密关系，也可能对孩子的心理健康和人格发展造成深远的影响。只有通过亲子间积极的情感交流，家庭中的情感荒漠才可以被转化为一片绿洲。

情感交流是家庭温暖的源泉。家庭不仅是生活的场所，也是情感的港湾。父母与孩子之间的情感互动，能够为孩子提供安全感和归属感，帮助他们建立健康的自我认知，培养情感表达能力。例如著名作家冰心的家庭教育，冰心的父母非常注重与孩子的情感交流，他们通过讲故事、讨论生活和分享感受，与冰心建立了深厚的情感纽带。这种充满爱与理解的家庭氛围不仅培养了冰心细腻的情感表达能力，也让她在文学创作中展现出独特的人文关怀。冰心的成长经历告诉我们，情感交流是家庭教育的核心，也是孩子健康成长的重要保障。

情感交流能够帮助孩子更好地应对生活中的挑战。在成长过程中，孩子难免会遇到各种困惑和压力，而父母的情感支持是他们最重要的精神支柱，比如心理学家阿德勒的家庭教育理念。阿德勒强调，父母应当通过倾听和共情，与孩子建立信任关系，帮助他们解决内心的困惑。在教育实践中，阿德勒耐心倾听孩子的感受，尊重他们的想法，帮助许多家庭重建了情感连接。阿德勒的方法为我们提供了一个重要的启示：情感交流不仅是解决问题的关键，也是培养孩子情感智慧的重要途径。

情感交流能够促进家庭成员之间的理解与包容。现代家庭代与代之间的观念差异常常导致矛盾和冲突，而情感交流是化解这些矛盾的桥梁。陶行知强调，家庭成员应当在日常生活中通过互动和交流增进彼此的理解。在陶行知的家庭中，他经常与孩子们一起讨论社会问题，分享生活经验，并通过这些活动传递自己的价值观。这种开放而包容的家庭氛围不仅增进了亲子关系，也培养了陶行知的孩子们的社会责任感和批判性思维。

情感交流需要父母的主动投入与智慧引导。父母应当意识到，情感交流不仅仅是语言的沟通，更是心灵的连接。父母在日常生活中应多关注孩子的情感需求，通过拥抱、微笑和鼓励等方式，传递爱与支持。情感交流不仅是家庭教育的核心，也是孩子人格发展的重要推动力。

情感交流是解决家庭生命情感荒漠化的关键。通过积极的情感互动，父母可以为孩子创造一个充满爱与理解的家庭环境，帮助他们健康成长。正如冰心所言：“有了爱，便有了一切。”只有在家庭中建立起深厚的情感联结，我们才能让孩子感受到生命的美好与温暖，为他们的未来奠定坚实的情感基础。

3. 培养孩子生命责任感

当代家庭许多父母将注意力集中在孩子的学业成绩和才艺培养上，却忽视了责任感的教育。责任感是人格发展的重要组成部分，它不仅关乎个人的自我管理能力，还影响孩子在未来社会中的角色担当。缺乏责任感的孩子往往在面对挑战时显得脆弱，在团队合作中难以承担重任。因此，家庭教育应当注重培养孩子的责任感，让他们从小懂得承担责任的重要性。

责任感是孩子成长为社会公民的基石。家庭是孩子最早接触的社会单元，父母通过日常生活，引导孩子理解责任的意义。著名企业家李嘉诚在孩子们很小的时候就通过让他们参与家庭事务和企业活动，培养他们的责任感。他会让孩子们在假期到公司实习，从基层做起，了解企业的运作和员工的需求。这种教育方式不仅让他的孩子们学会了如何承担责任，还让他们明白了责任与成功之间的紧密联系。李嘉诚的家庭教育为我们提供了一个重要的启示：责任感不是天生的，而是通过实践和引导逐渐培养起来的。

责任感能够帮助孩子更好地应对生活中的挑战。在成长过程中，孩子需要学会为自己的行为负责，并为自己的选择承担后果。美国前总统奥巴马和他的妻子非常注重培养孩子们的责任感，他们通过设定家庭规则和分配家务，让孩子们明白每个人在家庭中都有自己的责任。这种教育方式不仅培养了孩子们的独立性，还让他们学会了如何为自己的行为负责，这表明责任感是孩子应对生活挑战的重要能力。

责任感能够提升孩子的社会适应能力。在现代社会中，团队合作和角色担当是成功的重要因素，责任感则是这些能力的基础。陶行知强调通过日常生活中的实践活动培养孩子的责任感。在他的家庭中，孩子们需要参与家务劳动，照顾兄弟姐妹，并在社区中参与公益活动。这种教育方式不仅让孩子们学会了如何承担责任，还培养了他们的团队合作精神和社会责任感。陶行知的实践为我们提供了一个重要的启示：责任感是孩子适应社会的重要能力。

责任感的培养需要父母的智慧与耐心。父母可以通过言传身教向孩子传递责任的重要性，并通过具体的实践活动帮助他们理解责任的意义；可以通过“情感教育”来培养孩子的责任感，在日常生活中多给孩子提供承担责任的机会，例如让他们照顾宠物、参与家庭决策等；可以通过鼓励和肯定，帮助孩子建立自信心和责任感。

责任感是家庭教育中的重要课题。通过引导孩子承担责任，父母可以帮助他们成长为有担当、有责任感的公民。

（二）“灵动”生命的枯萎

在家庭生命教育中，“灵动”生命的枯萎是一个令人痛心的事情。当一个孩子在家庭环境中缺乏关爱、引导和支持时，他们的生命可能变得单调、乏味，失去应有的活力和创造力。父母在家庭教育中应该注重培养孩子的兴趣和爱好，鼓励他们尝试新事物和探索未知领域，给予孩子足够的陪伴，让他们感受到家庭的温暖。只有这样，孩子的生命才能保持灵动和活力，绽放出属于自己的光彩。

1. 生命的自主发展被压抑

在家庭生命教育中，生命自主发展被压抑是一个值得深思的问题。从理论上，生命自主发展是指个体在成长过程中能够根据自己的兴趣、能力和价值观自主地选择并发展自己的生命路径。然而，在家庭生命教育中，由于种种原因，孩子的生命自主发展往往被压抑，他们缺乏独立思考和自主决策的能力。

孩子的生命自主发展受到压抑的原因可能包括家庭环境的限制、父母过度干预及教育方式单一等。家庭环境的限制可能来自家庭经济条件、家庭氛围等因素，这些因素会限制孩子的选择和发展空间。父母过度干预则表现为父母对孩子的过度保护和限制，不允许孩子有自己的想法和决策，从而导致孩子缺乏自主性和独立性。教育方式单一则可能导致孩子只能按照固定的模式和标准来发展，无法真正发掘和发挥自己的潜力和特长。

石头是一个聪明而好奇的孩子，他对科学有着浓厚的兴趣。然而，在家庭生命教育中，他的父母却对他的兴趣持否定态度。他们认为科学并不是一个有前途的领域，希望石头能够专注学习传统学科，以便将来能够找到一份稳定的工作。在父母的压力下，石头不得不放弃自己的科学梦想，转而投入他不感兴趣的学科中。他的生命自主发展被严重压抑，他变得缺乏自信和动力，对自己的未来感到迷茫和无助。

这个案例凸显了家庭生命教育中生命自主发展被压抑的问题。父母对孩子的期望和限制往往基于父母自己的价值观和偏见，而未真正考虑孩子的兴趣和潜力。这种教育方式不仅剥夺了孩子自主发展的机会，还可能对他们的心理健康和未来发展产生负面影响。

在家庭生命教育中，父母应该尊重孩子的兴趣和选择，给予他们足够的自由和发展空间。他们应该鼓励孩子独立思考和自主抉择，帮助他们建立自信和自主性。同时，父母也应该关注孩子的需求和感受，与他们建立良好的沟通和互动关系，共同促进孩子的生命自主发展。只有这样，孩子才能充分发挥自己的潜力和特长，实现自己的生命价值。

2. 生命的创造性被限制

在家庭生命教育中，生命的创造性被限制同样是一个令人痛心的现象。生命的创造性是指个体在成长过程中能够展现出独特的思维、创新的行为和艺术的表达，从而创造出新的价值和意义。然而，在家庭生命教育的实践中，由于种种原因，孩子的创造性往往被限制，他们缺乏创新思维和创造力。

过度强调规范和标准的教育方式往往会限制孩子的创造性发展。在家庭教育中，父母常常过分注重孩子的学业成绩和行为规范，而忽视了他们内心的需求和创造性的表达。孩子被要求按照既定的模式和标准行事，不敢尝试新的想法和方法。这种教育方式束缚了孩子的思维，使他们无法充分展现自己的创造性。

家庭环境中的压力和焦虑也可能抑制孩子的创造性。当父母对孩子的期望过高，过度关注他们的表现时，孩子会感受到巨大的压力。他们害怕失败和被批评，不敢冒险尝试新的事物。这种压力和焦虑限制了孩子的创造性思维和行动，使他们变得保守和畏缩。

缺乏创造力和创新思维的引导也是导致孩子创造性被限制的原因之一。在家庭教育中，父母往往不会意识到培养孩子创造力的重要性，更不会提供相应的引导和支持。孩子缺乏创新的激励，无法获得足够的启发和激励，从而无法发展出自己的创造性思维和表达方式。

希希是一个充满想象力的孩子，她喜欢画画和制作手工艺品。然而，在家庭教育中，她的父母却对她的创造性表达持否定态度。他们认为这些活动没有实际用处，浪费时间和精力。他们更关注希希的学业成绩和将来的职业发展，希望她能够专注学习传统学科。在父母的压力下，希希渐渐放弃了自己的创造性表达，转而投入枯燥的学科学习中。她的画作和手工艺品变得单调乏味，缺乏创新和想象力，她的眼神中也失去了往日的光彩。

这个案例展示了家庭生命教育中生命的创造性被限制的悲哀现实。父母对孩子创造性表达的否定和限制，不仅剥夺了他们展现自我和创造新价值的机会，还可能导致他们对学习和生活失去兴趣和动力。

在家庭生命教育中，父母应重视培养孩子的创造性思维，鼓励孩子尝试新事物，给予他们足够的自由和支持，让他们充分发挥自己的想象力。父母要成为孩子创造性发展的引导者和榜样，与他们一起探索，共同创造美好的生命体验，只有这样，孩子的生命才能充满生命活力，展现出独特的价值和意义。

（三）生命中不能承受之“爱”

父母无私与博大的爱，是家庭教育作为教育大厦之基的优势所在，它能打开孩子生命中最隐秘的源泉，让生气勃勃的生命情感潺潺涌出，但是过分的“爱”也有可能把儿童的心变成干涸的荒野。

1. 过高期望对爱的异化

父母过高的期望对爱的异化是一个值得深入探讨的话题。在家庭生命教育中，父母对孩子的期望往往承载着他们对孩子未来的美好愿景和期待。然而，当这些期望过高或不切实际时，便可能异化为一种对孩子成长不利的“沉重之爱”。

过高的期望往往源于父母对孩子能力的不切实际的评估，或者是对社会成功标准的过度追求。父母可能希望孩子在学业、才艺、社交等各个方面都表现出色，甚至超越同龄人。这种期望虽然看似出于对孩子的关爱，但实际上却可能给孩子带来巨大的心理压力和束缚。

过高的期望可能导致孩子产生自我怀疑和焦虑。当孩子感受到父母的期望过高时，他们可能会开始怀疑自己的能力和价值，担心自己无法达到父母的期望。这种焦虑和压力可能使孩子变得谨小慎微，害怕尝试新事物或面对挑战，从而限制了他们的成长和发展。

过高的期望还可能破坏亲子关系。当父母对孩子的期望过高时，他们可能会对孩子的行为和表现更加挑剔和苛刻，甚至会因为孩子的微小失误而大发雷霆。这种不健康的沟通方式可能导致孩子对父母产生反感和抵触情绪，使亲子关系变得紧张和疏离。

更为严重的是，过高的期望还可能导致孩子对爱的感知异化。当父母的爱表现为一种对孩子无休止的期望和要求时，孩子可能无法感受到爱的温暖和支持，反而可能将爱视为一种负担和压力。这种异化的爱的感知可能使孩子对家庭和亲情感到冷漠和疏离，甚至可能对孩子的心理健康产生长期负面影响。

父母在家庭生命教育中应该避免过高的期望对爱的异化。父母应该尊重孩子的个性和兴趣，理解孩子的成长规律和需求，以平和的心态和理性的态度来面对孩子的成长。同时，父母也应该关注孩子的内心感受和需求，给予他们足够的关爱和支持，让他们在健康、自由的环境中成长和发展。

2. 语言不当无法提供关爱和支持

在家庭教育中，父母与孩子的交流方式对亲子关系的质量起着至关重要的作用。然而，许多父母在与孩子沟通时常常因语言不当而在无意中伤害孩子的情感，导致亲子关系恶化。不当的语言不仅会让孩子感受不到关爱和支持，还会对他们的心理健康、人际关系和适应能力产生深远的负面影响。

小华是一名初中生，他的父母对他的学业要求非常严格。每次考试成绩不理想时，父母总是用批评和责备的语气对他说："你怎么这么笨？""你看看别人家的孩子，你怎么就不行？"这些话语让小华感到自卑和无助，逐渐对学习失去了兴趣，甚至开始逃避与父母的交流。在学校里，他也变得内向、敏感，难以与同学建立良好的人际关系。父母长期的语言伤害让小华的心理健康受到了严重影响，他的适应能力也逐渐下降。

语言不当会给孩子带来情感伤害，会让孩子感到被否定和忽视，进而产生自卑、焦虑等负面情绪。长期的语言伤害会导致孩子对父母产生抵触情绪，亲子关系逐渐疏远。孩子在家庭中感受到的冷漠和批评，可能会影响他们与他人的交往方式，导致人际关系的紧张和疏离。总之，缺乏关爱和支持的孩子，面对生活的挑战时往往缺乏自信和应对能力，适应能力较差。

作为父母，首先，应尽量使用积极、鼓励的语言，当孩子遇到困难时，可以说"我相信你能做到！""你已经很努力了，继续加油！"这种语言能够增强孩子的自信心，让他们感受到父母的支持。其次，应当学会倾听孩子的想法和感受，给予他们充分的表达空间。再其次，当孩子遇到问题时，可以通过共情的方式，理解他们的情绪，如"我知道你现在很难过，我理解你的感受"。这种交流方式能够让孩子感受到被理解和关爱。最后，父母应避免使用批评和比较的语言，尤其是在孩子表现不佳时。相反，父母可以通过建设性的反馈，帮助孩子找到改进的方向。例如："这次考试虽然不理想，但我们可以一起分析原因，下次一定会更好。"父母应当创造一个开放、平等的沟通环境，鼓励孩子表达自己的想法和感受。如可以定期与孩子一起举行家庭会议，讨论生活中的问题和解决方案，这种沟通方式能够增强孩子的参与感和责任感。父母应当以身作则，通过自己的言行向孩子传递积极的价值观和沟通方式。如父母可以在日常生活中展示如何用平和的语言解决冲突，以及如何用鼓励的方式支持他人。

语言是亲子交流的桥梁，也是传递关爱与支持的重要工具。通过使用积极的语言、倾听与共情、避免批评与比较、建立开放的沟通环境及以身作则，父母可以帮助孩子感受到家庭的温暖与支持，从而促进他们的心理健康、人际关系和适应能力的发展。只有在充满关爱与支持的家庭环境中，孩子才能真正健康成长，成为自信、独立且有责任感的个体。

3. 沉重的爱使孩子无法承受

在家庭生命教育中，父母的爱太沉重，往往会成为孩子生命中不能承受之“爱”。这种爱虽然出于对孩子的关心和保护，但过度、不适当的表现方式却可能对孩子的成长产生负面影响。

父母过度牺牲自己的需求和幸福，可能会给孩子带来沉重的心理负担。父母为了孩子的前途和幸福，可能愿意放弃自己的职业、兴趣和生活，全心全意地投入对孩子的教育中。然而，这种牺牲往往会让孩子感到内疚和不安，认为自己应该为父母的幸福负责，这可能让孩子在成长过程中感到压抑和束缚，难以真正享受生命的美好。

为了避免父母的爱成为孩子生命中不能承受之“爱”，家长应该调整自己的教育方式，尊重孩子的独立性和自主性，允许孩子犯错误并从中学习；合理设定并调整对孩子的期望，关注孩子的兴趣和特长，鼓励他们发展自己的潜力；也要关注自己的需求和幸福，与孩子共同成长和进步。在家庭生命教育中，父母的爱应该是温暖而适度的，能够滋养孩子的成长，而不是成为他们生命中的不能承受之“爱”。通过调整教育方式，父母可以让孩子在爱的陪伴下自由成长，展现出生命的活力和创造力。

三、稳固情感联结，激发生命潜能

家庭环境作为个体成长的第一环境，对生命成长起着至关重要的作用。它应该是一个充满情感、互动与教育的空间，为孩子的身心发展提供丰富的养分。在家庭中，孩子通过与父母的亲密互动，建立起初步的信任感和安全感。这种情感联结是孩子情感发展的基石，有助于他们形成健全的人格和良好的人际关系。家庭中的温暖和关爱也能够滋养孩子的内心，使他们在面对外界挑战时能够保持坚韧和乐观。

（一）更新观念：树立生命意识

家庭教育的生命意识建立在彼此对生命特征、生命情感、生命成长、生命发展完善过程的总体认识与把握上，是家人之间相互尊重、宽容、理解、厚爱的情怀，是一种人文的关怀。

家庭教育中引导孩子树立生命意识是至关重要的一环。生命意识不仅关乎孩子对自我生命的认知与尊重，也涉及对他人和万物生命的理解与关怀。因此，家长需要更新观念，从多个层面出发，帮助孩子树立全面而深刻的生命意识。

家长要教育孩子尊重生命，每个生命都是不可复制的存在，拥有其独特的价值。家长可以通过日常生活中的点滴细节，让孩子学会尊重自己和他人的生命。如教孩子珍爱生命，不轻易放弃自己，尊重他人的选择和决定，不随意干涉或伤害他人。

家长要引导孩子理解生命的多样性，可以通过带领孩子接触自然、了解动物和植物等方式，让孩子感受生命的多样性和奇妙性，要教育孩子尊重不同生命之间的差异，不歧视或排斥其他生命形式。

家长要培养孩子的生命责任感。每个生命都有存在的意义和价值，也承担着相应的责任和义务。家长可以通过日常生活中的实际案例，让孩子明白自己的行为会对他人和生命产生影响，从而培养他们的生命责任感。如教孩子关心家人、尊重他人、照顾宠物、保护环境等，让他们在实际行动中体验生命的责任和价值。

家长要关注孩子的心理健康，帮助他们建立积极的心态和正确的生命观。在面对挫折和困难时，家长要引导孩子勇敢面对，从而培养他们的生命韧性，也要教育孩子珍惜当下、感恩生活，让他们学会在平凡中发现生命的美好和意义。

总之，家长要更新观念，提升对生命的认识与理解，让孩子树立生命意识。家长要以身作则、耐心引导，这样，孩子才能更加珍视生命、尊重生命、热爱生命，并在未来的成长中展现出更加积极、健康、向上的生命态度。

（二）学会做人：奠定生命根基

在人生旅途中，学会做人无疑是最为基础且重要的一环，这不仅关乎个人的道德修养和人格塑造，还是在为未来的生命成长奠定坚实的根基。对孩子们来说，从小培养良好的个人习惯和正确的价值观，对他们的成长和发展具有深远的影响。

第一，学会爱人。爱是生命得以存在和发展的精神支撑，任何人都不可能离开爱而生活。家庭作为人的心灵最重要的成长环境，其影响力是深远而持久的。一个充满爱的家庭，能够培养出自信、乐观、善良的孩子；一个缺乏爱的家庭，则可能让孩子感到孤独、无助和沮丧。因此，家庭环境的营造对于孩子的成长至关重要。

在家庭中学会爱，不仅仅是接受爱，更要付出爱。我们应该学会关心家人的感受，理解他们的需求，为他们付出自己的时间和精力。同时，我们也要学会尊重家人的个性和选择，给予他们足够的自由和空间。这样的爱才是健康的、有益的，才能够让我们和家人在相互支持中共同成长。

学会爱也意味着我们要学会去爱这个世界。我们应该关心社会、关心环境、关心他人，用自己的行动去传递爱和温暖。这样的爱不仅能够让我们的人生更加有意义和有价值，也能够让这个世界变得更加美好。

学会爱是每个人生命中的必修课。家庭作为我们最初的爱的学校，为我们提供了宝贵的爱的教育资源。我们应该珍惜这份资源，用心去感受爱、理解爱、付出爱，让爱成为我们生命中最美好的力量。

第二，学会关心和负责。在生命的成长中，人是从具体的生活中学会关心、生成责任的。人的成长过程就是一个不断学会关心和负责的过程。从婴儿时期的依赖，到逐渐学会独立，再到对家庭和社会的担当，我们都在具体的生活中学会了关心，生成了责任意识。

关心是一种对他人的关注和关爱，是对生命的珍视和尊重。在生命的早期阶段，我们首先从父母那里学会了关心。他们无微不至的照顾，让我们感受到了爱的温暖，也让我们学会了如何关心他人。随着自己的成长，我们逐渐将关心的范围扩大到家庭、朋友、社会，甚至是整个自然界。我们学会了关心他人的喜怒哀乐，关心社会的公平与正义，关心环境的保护与可持续发展。

责任则是对自己、对他人、对社会的担当和承诺。在生命的成长过程中，我们逐渐认识到自己的行为和抉择会对他人和社会产生影响，因此我们需要承担起相应的责任。

我们学会了对自己的行为负责，对自己的承诺负责，对家庭的幸福负责，对社会的和谐稳定负责。这种责任感让我们更加成熟，更加有担当，也让我们成为更好的人。

学会关心和负责，需要我们具备一颗善良、宽容、勇敢的心。我们需要学会倾听他人的声音，理解他人的需求，尊重他人的选择。我们需要学会承担风险、面对挑战，不逃避、不推诿。同时，我们需要学会在关心和负责的过程中不断成长和进步，不断提升自己的能力和素质。

第三，学会感恩。感恩意识需要启蒙和点拨，在家庭中，感恩教育就是要以情动情、以人性唤起人性，来提升家庭成员的精神品质，这是培养人形成更为博大的感恩意识的发端。感恩，这一美好品质不仅是个人道德修养的体现，还是社会和谐稳定的基石。然而，感恩意识并非与生俱来，它需要我们在成长过程中不断启蒙和点拨。家庭作为孩子成长的摇篮，承载着感恩教育的重要使命。

以情动情是家庭感恩教育的核心方法。父母要以身作则，用真挚的情感去感染孩子，让他们体会到感恩的力量。在日常生活中，父母可以引导孩子关注身边人的付出和关爱，让他们学会珍惜并表达感激之情。比如，当孩子收到礼物时，父母可以教他们向赠予者道谢；当孩子得到他人的帮助时，父母可以引导他们学会回报。这样，孩子在潜移默化中就能学会感恩。

以人性唤起人性是家庭感恩教育的深层次目标。父母要关注孩子的内心世界，激发他们的善良和同情心，让他们学会关心他人。通过讲述感人至深的故事，分享生活中的点滴善举，父母可以引导孩子认识到感恩不仅是一种美德，还是一种人性的体现。当孩子学会用感恩的心态去面对生活时，他们的内心就会充满阳光和温暖，从而更加积极地投入学习和生活中。

家庭感恩教育是一项长期而艰巨的任务。父母要以身作则、用情感染孩子，让他们在温馨和谐的家庭氛围中学会感恩、珍惜和回报。这样，我们的孩子才能成为具有感恩之心、善良之心的优秀公民，为社会的和谐稳定贡献自己的力量。

（三）情感联结：激发生命潜能

家庭是每个人生命的起点，也是情感最初的港湾。在家里我们学会了爱与被爱，学会了信任与包容，也学会了如何面对生活中的阳光与风雨。在现代社会的快节奏生活中，家庭成员间的情感联结常常被忽视甚至逐渐被淡化。稳固家庭成员之间的情感联结，不仅是为了维系家庭的温暖与和谐，也是为了激发生命潜能，让每个家庭成员都能在爱与关怀中茁壮成长。

情感联结是家庭的灵魂，是家庭成员之间最深的羁绊。它不仅仅是血缘关系的纽带，更是心灵相通的桥梁。一个充满情感联结的家庭，能够为每个家庭成员提供安全感和归属感，让他们在面对外界的挑战时始终有一个可以依靠的港湾。安全的情感联结是个体心理健康的基础，只有在稳固的情感联结中，孩子才能感受到无条件的爱与支持，从而勇敢地探索世界，释放自己的潜能。形成情感联结应做到以下几个方面：

第一，高质量的陪伴。陪伴是情感联结的基础，但陪伴的质量远比时间的长短更重要。父母应当放下手机和工作，全身心地投入与孩子的互动中。如可以每天安排一段“专属时光”，与孩子一起阅读、游戏或聊天，这种专注的陪伴能够让孩子感受到父母的关爱，增强他们的安全感和信任感。

第二，开放的沟通。沟通是情感联结的桥梁，父母应创造一个开放、平等的沟通环境，鼓励孩子表达自己的想法和感受，如可以在晚餐时与孩子分享一天的经历。这种沟通方式不仅能够增进亲子关系，还能培养孩子的表达能力和解决问题的能力。

第三，共同的家庭仪式。家庭仪式是情感联结的黏合剂。无论每周一次的家庭电影夜，还是每年一次的家庭旅行，这些仪式都能够为家庭成员创造共同的回忆，增强彼此的归属感。家人可以在节假日一起制作传统美食，或者生日时为每个家庭成员准备特别的礼物。小小的仪式能够为家庭生活增添温暖与温情。

第四，尊重与支持。尊重是情感联结的基石。父母应当尊重孩子的兴趣和选择，支持他们追求自己的梦想。如果孩子对艺术感兴趣，父母可以为他们提供学习的机会，而不是强迫他们选择所谓的“热门专业”。这种尊重与支持能够让孩子感受到被理解和认可，从而更加自信地探索自己的潜能。

第五，共同面对挑战。家庭是一个团队，每个成员都应当为家庭的幸福贡献力量。当家庭面临挑战时，父母可以引导孩子一起参与解决问题。如果家庭遇到经济困难，可以与孩子一起讨论如何节约开支，或者鼓励他们通过兼职为家庭分担经济压力。这种共同面对挑战的经历，不仅能够增强家庭成员之间的凝聚力，还能培养孩子的责任感和抗挫能力。

总之，激发孩子的生命潜能是家庭的使命。每个孩子都是一颗独特的种子，只有在爱与支持的土壤中才能茁壮成长，绽放出属于自己的光芒。父母应当成为孩子成长路上的引导者，而不是控制者。通过尊重孩子的兴趣，支持他们的选择，鼓励他们的探索，父母可以帮助孩子发现自己的天赋，释放自己的潜能。如果孩子对科学充满好奇，父母可以为他们提供实验工具或科普书籍，鼓励他们动手实践；如果孩子对音乐充满热爱，父母可以为他们创造学习的机会，支持他们追求艺术梦想。这种基于爱与支持的教育方式，能够让孩子在自由探索中找到自己的方向，从而激发出无限的生命潜能。

家庭是生命教育的起点，也是情感教育的摇篮。通过高质量的陪伴、开放的沟通、共同的家庭仪式、尊重与支持及共同面对挑战，父母可以为孩子创造一个充满爱与理解的家庭环境，帮助他们成长为自信、独立且有责任感的个体。让我们从家庭开始，用爱与支持为每个生命赋能，共同创造一个充满温暖与希望的世界。

[聚焦提升]

在家庭生命教育中，父母可以营造温馨、和谐、稳定、充满爱的氛围，让孩子感受到家庭的温暖，这有利于孩子的身心健康成长。家庭成员之间要和睦相处，互相尊重，彼此信任、支持和理解。父母要以身作则，做出好的行为榜样，让孩子学会正确的价值观和行为方式；要给予孩子足够的关注和陪伴，让孩子感受到家庭的温暖和爱；要尊重孩子的个性和需求，避免强加自己的意愿和想法；建立有效的沟通机制，倾听孩子的心声，了解孩子的想法和需求；使用温和、鼓励、支持的语言进行沟通，避免使用批评、责备、威胁的语言；尊重孩子的表达，给予孩子足够的表达空间；要采用积极的激励和鼓励方式，增强孩子的自信心和成就感；对孩子的不良行为进行合理的惩罚和约束，让孩子学会遵守规则和纪律；要尊重孩子的选择和决策，培养孩子的自主性和独立思考能力。

在家庭生命教育中，父母应引导孩子认识到生命的宝贵和独特，学会感恩和关爱生命。父母还应该培养孩子的责任感、同情心、宽容心等良好品质，使孩子具备积极乐观的心态和应对挫折的能力，懂得调整自己的心态，舒缓自己的情绪，缓解自己的压力。父母可以设置适当的挑战和困难，让孩子学会面对挫折和失败；可以引导孩子认识自然界的生命现象，树立正确的生死观，了解生命的价值，珍视、敬畏自己和他人的生命。

[自主思考]

请观赏《奇迹男孩》《追梦环游记》《心灵奇旅》等影片，并思考下列问题：

（1）我们在生活中应该怎么尊重他人的生命？

（2）你和你的家人之间能否做到互相尊重？

（3）你是如何理解“不幸的家庭，各有各的不幸”这句话的？

[课外拓展]

1. 维吉尼亚·萨提亚，等. 萨提亚家庭治疗模式［M］. 2版. 聂晶，译. 北京：世界图书出版有限公司北京分公司，2018.

2. 盖瑞·查普曼. 爱的五种语言［M］. 王云良，陈曦，译. 南昌：江西人民出版社，2018.

3. 李雪. 当我遇见一个人［M］. 北京：北京联合出版公司，2016.

4. 亚历克斯·希勒文. 天蓝色的彼岸［M］. 吕良忠，译. 北京：北京联合出版公司，2019.

专题三

婚恋与生命教育

只有爱情才能使婚姻神圣，只有使爱情神圣的婚姻才是真正的婚姻。

——列夫·托尔斯泰

[专题导语]

在人生的旅途中，婚恋与生命教育如同两股交织的溪流紧密相连，共同构筑着我们人生画卷中不可或缺的一部分。它们不仅触及个人情感，指引着人生的重要选择，还在深层次上塑造着我们的价值观，以及对幸福的深刻感知。

大学生正处于青春绽放的年华，是探索自我边界、理解爱情真谛、规划未来蓝图的关键时期。然而，在这个信息如潮水般涌来、价值观念多元并存的时代，如何在这纷繁复杂中识别并坚守那份纯真的爱情，以及如何在相互尊重与深刻理解的基础上建立起稳固而和谐的人际关系，成为每一颗年轻心灵必须面对的现实课题。

因此，在本专题学习之旅中，我们将携手并进，深入探讨婚恋的本质与意义，直面其带来的种种挑战。我们将学习如何运用有效的沟通技巧，掌握解决婚恋冲突的智慧，探寻如何在恋爱与婚姻的殿堂中保持个人的持续成长与独立自我，书写属于个人的生命华章。

[情境体验]

古人言："愿得一心人，白头不相离。"甜蜜的爱恋如一段美好的旅程，温暖而甜蜜，心间涌动的情感如同春日里初绽的花朵，绚烂而热烈。恋爱的过程是一场灵魂的深度交融，是两颗心在无数个日夜里的悄悄靠近，是彼此眼中闪烁的星光，照亮了各自前行的道路。

结合自己的经历，谈谈你对恋爱的看法，或者说说恋爱的过程给了你怎样的体验？你对未来的婚姻有怎样的憧憬？

[理论学习]

一、溯源婚恋，探寻生命内涵

恩格斯说："如果说只有以爱情为基础的婚姻才是合乎道德的，那么也只有继续保持爱情的婚姻才会合乎道德。"爱情一直是千百年被传颂的重要主题。《诗经》中的"桃之夭夭""关关雎鸠"依然在千年之后一次次触动人们的心弦，婚姻也一直被人们称为"终身大事"，那么婚恋到底是什么呢？

（一）婚恋的概念

爱情，这个古老而又新鲜的话题，仿佛是一个永远都无法揭开的谜。爱情是人类群体之间强烈而复杂的依恋，是一种无私而真挚的高级情感。亚当·斯密认为，爱情是在不同性别的两个人间，由于长期互相倾心思念对方而自然滋长出来的那种强烈依恋的感情。这种爱恋之所以感动我们，并不在于它是一种感情，而在于它是一种情境，会使我们感动。爱情当中混杂着大量的仁慈、慷慨、亲切、友谊、尊重。而苏霍姆林斯基认为，真正的爱情能够促进自我教育和自我完善，使人们变得更纯洁、更高尚、更勇敢、更忠于人类的崇高理想。

马克思认为，人是自然属性和社会属性的统一，人的本质是一切社会关系的总和。作为人类所特有的情感，爱情的本质同样是自然属性和社会属性的统一，是性爱与情爱的统一。自然属性是指性爱，即两性吸引，它是人的生理需要，是爱情的基础。社会属性是指情爱，即情感的依恋，它是人的精神需要，是爱情的升华。性爱虽然驱动人们去追求异性，但它不像动物的性行为那样孤立地存在，而是受感情和道德的制约。情爱是爱情的内在规定性，它规定着爱情的内容和发展方向，决定着选择恋爱对象的标准和方式。爱情是在性爱和情爱的相互作用中产生的，它是人类所特有的一种包括性欲、情感、心理和道德等因素在内的复杂的社会情感，是人类所特有的一种精神生活。爱情一方面要求男女双方在性欲、情感、心理和道德上产生共鸣，另一方面要求男女双方共同承担社会责任和义务，相互给予和奉献。可见，爱情是人类在性爱基础上升华而成的高尚的社会情感。

爱情的真正本质是社会性，而不是自然性。人的自然性与社会性各有其相对独立的特征，但作为体现在爱情上的联系起来的一个统一整体，这就有一个本质和非本质的区别。这里的本质只能是人的社会性，而非其他。

婚姻是男女双方基于平等自愿建立的长期契约关系，其本质是婚龄男女在经济、生活、精神、物质等方面，以夫妻之名进行的平等自愿的结合，从而获得医学、公序良俗、政治、民法等层面的认同，并以一种亲密或性的表现形式被承认，形成人际亲属关系的社会结合、法律约束。依据不同的观念和文化，举办婚礼标志着家庭的成立。

恋爱与婚姻在本质上受人的自然性和社会性的综合影响，既是一种社会历史现象，也是两性之间的一种社会关系。从恋爱到婚姻是一个受多种因素影响的过程，从字面意思来理解，婚恋观就是对结婚和恋爱的观点或者看法。学术界对婚恋观没有固定的定义，笔者认为，婚恋观不仅包括男女双方对爱情和婚姻的基本认知、看法和态度，也包括男女双方对家庭、生育、性行为等的看法和态度，影响人的恋爱行为及婚姻行为的价值观点取向，对一个人的未来生活甚至社会发展都有着很大的影响。

从法律角度上看，婚姻是一种合法公民关系，国家将其视为一种公民义务和权利。婚姻不仅可以为夫妻双方提供法律保护和经济福利，还可以为家庭成员提供一种受法律保护的稳定环境，在此环境内，夫妻和子女得以获得爱、安全感和归属感。

从社会角度来看，它是一种社会关系，可以为社会提供许多有益因素。婚姻可以为社会成员创造稳定环境，有利于繁殖下一代，从而维护人类种族的延续。婚姻还有促进情感纽带的作用，可以让两个人共同度过一生，分享快乐和悲伤，并通过彼此的支持和协作实现共同的目标。

对婚姻还应有性质和本质方面的考虑。婚姻是建立在信任、尊重、理解和爱之上的关系，它强调的是个人和家庭之间的相互关注和负责任的关系，而不是个人的权利和个人主义。婚姻的本质应是夫妻之间的相互支持、帮助和理解，它是建立在爱和关注之上的关系，不应该被视为彼此负担的迫切压力或毫不关心的人际关系。

（二）婚恋的演变历程

婚恋伴随着人类社会的产生而产生，它是源自本能，还是源于教化？人作为高等灵长类动物，具有动物性的特质，我们或许可以从动物的求偶行为中找寻一些答案。

在非洲大草原上，狮群有着秩序井然的性别配比——一头强壮的雄狮控制着一片区域，区域内的雌性都依附于它，并为其诞下后代。当有年轻的雄狮试图取而代之的时候，一场生死搏斗就在所难免了。

反观孔雀的求偶行为则斯文许多，雄性孔雀以绚丽的尾羽吸引雌性的注意；生活在澳大利亚的缎蓝园丁鸟钟情精致的小巢穴和蓝色的物品，雄鸟会辛勤地搭建巢穴，并捡拾蓝色的羽毛、瓶盖、贝壳等装饰四周，将其作为礼物献给雌鸟；节肢类动物的爱情似乎最为血腥，许多雌性会在交配后吃掉雄性以获取产卵所需的蛋白质，因此螳螂和黑寡妇蜘蛛都为此背上了“谋杀亲夫”的名声。

争斗、炫示、送礼，甚至是献祭，动物界求偶的方式各异，我们都可以在人类社会中找到类似的行为，动物们的种种付出指向的是物种的延续、后代的繁衍。

原始人类同样有着生物繁衍的本能，繁育后代这一实际需要，刺激着育龄男女相互吸引。在这一时期，人类有着明显且较为固定的择偶偏好——女性青睐强壮、孔武有力的男性；男性爱慕年轻、丰腴的女性。虽然时至今日这样的审美偏好依然存在，但不可否认的是，我们融入了更加多元的评判因素——职业、学历、性格、家庭环境等社会性内容。原始人类则关注生物学层面的特征，无论强壮还是年轻，都意味着优质的基因与更强的生育能力。

原始人类并不需要婚姻，后来有了氏族社会，采用的是集体群婚制，即一个氏族的女性集体嫁给另一个氏族的男性。这也是在进化过程中为了族群繁衍和防止乱伦导致族群退化而形成的一个习俗。进入了私有制社会，才有了一对一或一对多的固定的夫妻关系，于是就产生了婚姻制度。

需要指出的是，由于婚姻产生于私有制，所以它一直与人的财产密切相关。由于男性是私有制社会的主体，所以女性一度被看作男性的财产，于是古代社会往往是一夫多妻制，而且抢婚、买卖妻妾等现象也源于此。由于私有制的财产由血缘关系中的男性继承，为了保证血缘的纯净，就有了“处女情结”和对女子性行为的严格约束。

当出现部落和国家等社会组织之后，婚姻又成了一种政治筹码。从部族的通婚，到国家统治者之间的“联姻”，都试图通过婚姻来达到政治目的。直到今天，婚姻仍被部分家庭用于结盟和理顺财产继承关系。

至于在自然小农经济社会中，婚姻则是一种劳动的分工组合，即所谓“男耕女织”“男主外女主内”。在现代社会中，婚姻则是为了组成一个家庭，在满足人的正常生活需要的同时，承担为家族和社会养育后代的责任和义务，也是人的一种归宿。

婚姻制度的形成与发展是人类社会适应不同历史阶段生产方式与亲属关系需求的产物。在旧石器时代的采集狩猎阶段，人类群体实行灵活的性关系模式，尚未形成固定配偶制度。新石器革命催生了人口扩张，人类定居后，部分人类学研究推测某些族群可能存在过氏族外婚制，即通过与其他氏族建立通婚关系维系群体凝聚力，这种制度既包含优化遗传多样性的考量，也具有社会联盟的功能属性。随着私有财产观念的出现，稳定配偶关系开始呈现制度化特征。在父系氏族向阶级社会过渡阶段，财产继承需求促使家庭形态发生转变，婚姻逐渐成为明确亲属关系、保障财产传承的重要机制。

当部落联盟发展为早期国家形态，婚姻的政治经济功能愈发突出。从王室联姻到贵族通婚，婚姻成为整合资源、巩固统治的工具，这种功能延续至现代社会，表现为商业家族通过联姻实现资本整合。在自然经济条件下，婚姻与生产单位高度重合，形成“男耕女织”的分工模式，这种结合既包含经济协作需求，也承担着人口再生产职能。工业革命后，社会分工细化使婚姻的经济功能逐渐弱化，但依然在家庭养老、子女抚育等方面发挥基础性作用。

在人类社会中，婚姻不是自始存在、永恒不变的，它经历了复杂漫长的发展过程。它从最初的杂乱两性关系发展到原始禁忌、习惯、道德及法律加以确认和调整以后，产生了对人们具有普遍约束力的行为规范，从而形成了人类社会的婚姻家庭制度。

婚姻的演变过程分为几个阶段：一是前婚姻时代的血缘团体。血缘团体即同一原始群体内的男女，在两性关系方面是杂乱的，没有任何限制。不仅在兄弟姐妹间，而且在父母子女、直系血亲间都没有禁忌。人类社会的这种血缘团体存在了数百万年。二是群婚制。随着原始社会不断由低级阶段向高级阶段发展，人类社会从最初毫无限制的两性关系逐渐演变为各种群婚制的两性结合的社会形式，开始形成最初的婚姻制度。群婚制是指一群男子和一群女子互为夫妻的婚姻形式，其最大的特征在于，两性关系受到一定范围的血缘关系的限制。其间经历了两个发展阶段：先经历了血缘群婚制，排除了直系血亲间的两性关系，即不同辈分的男女间不得结婚；再经历了亚血缘群婚制，排除了同胞兄弟姐妹之间的通婚，从而导致了母系氏族的产生，人类婚姻由族内婚向族外婚发展。三是对偶婚制。对偶婚制是指一男一女在或长或短的时间内，过着相对稳定的配偶生活的婚姻形式，即一个男子在许多妻子中有一个主妻，一个女子在许多丈夫中有一个主夫，其产生于原始社会晚期。对偶婚制是群婚制向一夫一妻制的过渡形态，从血缘结构上为父系氏族和一夫一妻制的形成奠定了基础。现居住在云南泸沽湖畔的摩梭人，其带有神秘色彩的“走婚”，其实就是对偶婚制的残留形态。四是一夫一妻制。一夫一妻制是指一男一女结为夫妻的婚姻制度，它既不是自然选择的结果，也不是男女性爱的结果，而是私有制确立的必然结果。它经历了长期演变过程，包括奴隶社会、封建社会、资本主义社会、社会主义社会四个历史时期，最终形成了以男子为中心的婚姻家庭。

弗洛伊德充分肯定了人内心深处的生物性，认为“爱情源于人的性本能冲动”。拉康则在此基础上关注了社会因素对爱情的影响。他认为，人的欲望具有生物性，但不同于动物。人类还具有精神性，当个体对异性的性欲从动物性转变为精神性，或是二者并存的时候，才能称之为爱情。

人类逐渐从“猿”走向“人”的过程，是精神性不断强化的过程。如果只有性本能，而没有真切的爱慕、依恋、责任感等，我们很难认为这是符合当今意义的爱情。因此，爱情不仅仅是生物繁衍的需要，更是人类的情感需求。马斯洛的需求层次理论指出，爱和归属感的需求，其重要性仅次于生理和安全需求，同时它也是人追求自尊与实现自我的重要前提。

（三）婚恋的生命内涵

柏拉图在《会饮篇》中写到一则奇妙的寓言：早期的人都是“双体人”，有两个脑袋、四条胳膊、四条腿，由于人类的傲慢自大，宙斯就把人劈成两半，于是孤独的人类开始苦苦寻找另一半。剧作家阿里斯托芬认为这便是爱的起源。东方文化中亦有男女阴阳结合乃为圆满的观点。古代东西方朴素唯物主义思想都认为婚恋是必不可少的人生体验，找到另一半才实现了完满。

从生命成长的视角来看，婚恋的生命内涵显得尤为深远且富有启发性。首先，婚恋是生命成长的重要里程碑。它标志着个体从单身状态步入更为复杂和深刻的情感关系中，这种转变促使人们在情感、心理乃至精神层面都经历着前所未有的成长。在婚恋关系中，人学会了如何与他人建立深度连接、如何在差异中寻找共识，以及如何在冲突中寻求和解。这些经历不仅丰富了我们的生命体验，也让我们在相互的磨合与理解中逐渐成长为更加成熟、完善的个体。

婚恋是生命教育的重要课堂。在这个课堂上，我们能够学习如何爱与被爱、如何承担责任，以及如何面对生活的起起伏伏。婚恋关系中的每一次互动、每一次对话、每一个决定，都是对我们生命教育的一次深刻洗礼。它教会我们如何以更加开放、包容的心态去接纳他人，如何在尊重与理解的基础上建立健康的情感关系。同时，它也让我们明白，生命的成长并非孤立无援的过程，而是需要与他人携手共进，共同面对生命的机遇与挑战。

婚恋促进了生命意义的深化。在婚恋的旅途中，我们与伴侣共同经历生活的酸甜苦辣，这些共同的经历成了我们生命中最宝贵的财富。它们不仅加深了我们对彼此的理解与依赖，也让我们对生命有了更加深刻的认识和感悟。我们开始意识到，生命的价值不仅仅在于个人的成就与满足，更在于与所爱之人共同创造美好回忆与未来愿景。这种对生命意义的深化让我们更加珍惜眼前的幸福，也让我们更加坚定地走在生命成长的道路上。

婚恋不仅是个体生命旅程中的重要阶段，也是我们学习爱、成长与理解生命意义的重要课堂。它让我们在相互的陪伴与支持中不断成长，也让我们的生命因爱而更加丰盈与精彩。

二、审视婚恋，直面生命困境

（一）新时期大学生婚恋的发展趋势

随着时代的发展与社会风气的开化，大学生恋爱已逐步成为常态，有许多伴侣更是携手从校园走向婚姻的殿堂。

1. 恋爱现象常态化

闫晓梅通过调查指出，当代大学生中有过恋爱经历的占其调查总数的 61.78%，比十年前增加了20%左右[①]。大学时期是学生心理和生理上的成熟期，对异性的好奇属正常现象。但是如今的大学校园，恋爱现象十分普遍，有近一半学生都在谈恋爱。尤其是我们现在处于网络时代，人们接受的新鲜事物多了，思想观念也在不断地更新，大学生的爱情观念呈现不断开放的趋势。有些开明的家长对孩子的恋爱持开放态度，不会对此进行过多的干预，这在一定程度上促使大学生校园爱情增长。进入大学后，学生们的网络产品都实现了自由，网恋也随之而来，大学生们仅通过网上聊天就确定了恋爱关系，恋爱时间大大地缩短。恋爱观念的转变和恋爱形式的多样化，使得校园恋爱在大学生中成为一种普遍现象。

2. 婚恋观念开放化

全球化进程的不断加快促使不同的文化相互交融。西方文化思想中对性的开放态度和价值观念对我国传统婚恋思想形成冲击。现今社会，我国大学生受西方性自由观念的影响，对性观念持更加开放的态度，主要表现为对婚前性行为的看法。魏晓娟调查发现，52.1%的大学生认为只要真心相爱就可以发生婚前性行为，31.7%的大学生表示应该避免发生婚前性行为，其他的表示完全不接受婚前性行为。因此在婚前性行为选择方面，大部分大学生表现出了较高的接受度，表明新一代大学生群体的性观念更加开放。

3. 婚恋择偶自主化

随着我国现代化建设的不断发展，封建社会的传统婚恋观念对大学生的影响逐渐减弱。进入新时期，婚恋自由已成为一种社会常态。大学生不再受“父母之命，媒妁之言”的束缚，可以自主选择恋爱或结婚对象。进入大学后，大多数大学生倾向于自主寻找恋爱对象。而传统婚介方式的存在，以及新型婚介方式的出现，也为大学生的择偶提供了更多的自主性。

（二）新时期大学生婚恋观念

2022年4月，中国人民大学人口与发展研究中心、中国人民大学家庭与性别研究中心等联合举办了“中国大学生婚育观研讨会”，会上李婷教授做了相关报告。报告指出，61%的大学生明确表示会结婚，7%的明确表示不结婚，同时理想结婚年龄为27.82岁，平均恋爱次数为1.62。总体而言，大学生的结婚意愿高于预期。但结婚意愿存在人群的异质性，主要体现在性别、家庭、学校层级与地域。其中，女大学生、城镇户口、“双一流”院校、东部地区、父母受教育水平较高的人群结婚意愿较低。而在抑制结婚意愿的因素上，婚育成本及工作家庭平衡因素对大学生结婚意愿的影响突出。其中，男大学生最大的顾虑为结婚成本，女大学生受结婚阻力因素的影响更大，并伴随着观念的转型。同时，在促进结婚意愿的因素上，大学生最看重的是婚姻的精神情感支持功能，也希望兼顾物质支持属性，其中男大学生看重生命历程，女大学生更关注支持功能。在对不同婚姻行为的接纳态度上，大学生对试婚行为的接受程度最高，对非传统养育观念接受度很低。

---

① 闫晓梅：大学生婚恋观十年变迁［J］. 湖南科技学院学报，2021，42（4）：93.

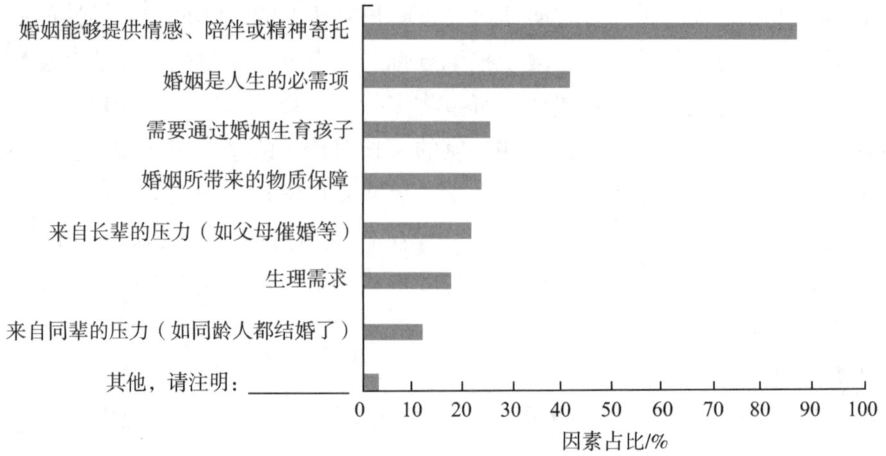

图 1　促进大学生进入婚姻的因素排列

在择偶偏好上，大学生倾向于年龄小、长相佳、教育水平高、有房、独生子女及高收入的配偶。但男女对于配偶的职业偏好不同：女性更偏好来自机关事业单位或外企的配偶；对于男性而言，如果潜在配偶在外企或民企工作反而是个减分项。在择偶过程中，大学生最关注的伴侣属性，按重要性由大到小依次为年龄、房产、教育水平、外貌、是否为独生子女、职业。但男女偏好排序稍有不同，男性对于配偶外貌的排序高于女性，女性对于房产、教育水平的排序高于男性。此外，男女意愿支付价格的高低也不同。总体而言，当代大学生对于配偶属性的选择偏好突出了经济实力的重要性，但存在性别差异。

（三）新时期大学生婚恋问题与挑战

1. 社会风气影响，引发婚恋焦虑

大学生对待爱情和婚姻方面的看法和态度会受传统媒体（报纸、广播、电视等）及自媒体（博客、微博、微信等）所传播的内容的影响，可见，社会大众传媒在大学生婚恋观的塑造上扮演着重要的角色，宣传对于婚恋观培育的重要性不言而喻。据相关部门的汇总，我国的离婚对数和离婚率居高不下。从 1978 年至 2020 年，我国离婚登记对数从 28.5 万对攀升至 373.3 万对。如此看来，我国离婚的人口正呈加速度式增长。这种高离婚率让大学生对感情发出疑问，对婚姻持保留态度，对婚姻的渴望也在不断减弱。这显然与社会的发展相悖，是不利于社会和谐和可持续发展的。

2. 网络文化浸染，影响婚恋观念

首先，随着改革开放的不断深入，以及全球化的日趋加深，网络技术的发展打破了地域限制，国外电视剧、电影等文化作品中在表达爱和性等方面不乏展现出和中国传统文化诸多不同的观念。其次，当前大学生婚恋知识的获取都离不开互联网的发展，主要是通过电子书籍、影视剧等渠道。虽然互联网可以在很大程度上为大学生解答婚恋方面的疑惑，帮助其增加婚恋知识储备，使其婚恋观念得到极大的成长，但是网络信息良莠不齐，大学生容易受负面信息的影响进而形成不正确的婚恋观念。比如，互联网上存在的一些不良网站，里边有很多具有诱惑性或者暴力色彩的视频、图片等，容易诱发大学生的好奇心，进而扭曲他们的婚恋观念，引发不良的性行为甚至是违法行为，对社会造

成危害。可见，若想对大学生的婚恋观进行有效的塑造，社会网络环境的安全建设应该得到重视。

3. 生存压力加大，婚恋淡漠化

《中国统计年鉴2022》数据显示，截至2021年，全国15岁以上单身人口约为2.39亿人。与此同时，我国年轻人婚育年龄也普遍推迟，《中国人口普查年鉴—2020》显示，2020年我国的平均初婚年龄28.67岁，比2010年的24.89岁增加了3.78岁。而此前的《2021年三季度企业发展数据报告》显示，单身经济与懒人经济、颜值经济、健康经济并列，成为四大潮流经济之一。

上述数据除去老人和学生、少儿群体，意味着单身人口数占适宜婚育年龄的成年人比例高达30%。也就是说，每10个婚育年龄人口中，就有3个人是单身。在不婚原因调查数据中，经济压力大荣登榜首，其细分指标则包括了房价高、工作不稳定、工资低、育儿支出大。

现实生活的竞争与内卷，让不少年轻人将婚恋作为奢侈品，面对沉重的经济压力望洋兴叹，最终选择单身生活。

三、珍视婚恋，促进生命发展

（一）婚恋是生命的重要课题

时代飞速发展，人们可以通过媒体、软件快速获取精神刺激与娱乐享受，但是人性却没有同步“进化”，人们依然有着对亲密关系的需求。

良好的婚恋关系能够提供有效的物质、情感支持，帮助人们调节负面情绪，获取内心的空缺能量。

恋爱形成后，两性的相处就是一帆风顺的吗？婚姻到底是爱情的坟墓，还是幸福的港湾呢？钱钟书先生在《围城》中将婚姻形容成一座围城，城里的人想出去，城外的人想进来。

莱昂纳多与凯特在电影《泰坦尼克号》中饰演的杰克和露丝成为一对经典的荧幕形象，杰克在大海中丧生，也为这段爱情成了天人永隔的遗憾。在多年之后，两位演员再度合作了《革命之路》，在电影中他们是一对结婚多年的夫妇，他们的婚姻并不像童话故事般幸福美满，被琐事与争吵填满，亲密关系也走到了尽头。

过去人们很少认真地审视亲密关系，如果说事业和婚恋是人生两大主题，人们为了前者，往往付出了巨大的努力，寒窗十几载换取似锦前程；而面对婚恋，人们似乎选择了随缘随性，甚至是放任自流的态度。殊不知，亲密关系也是一门人生的必修课，它并不坚如磐石，任凭风吹雨打一如既往，它更像是一朵花，需要精心呵护与培养，才能结出幸福的硕果。

在亲密关系中，我们受到原生家庭与个人行为认知的双重影响。在原生家庭方面，美国精神科医生、系统家庭理论的奠基人莫瑞·鲍恩指出，原生家庭影响了我们看待婚恋的态度，更从深层次影响我们的行为方式，尤其是成长过程中的内在创伤，将会投射在两性关系之中。

个人在原生家庭中与父母的关系模式将持续影响其未来的重要人际关系，且人们倾向于在亲密关系中复制早期在原生家庭中建立的关系模式。个体角色也具有代际传递特点，儿子会传递父亲的家庭角色特点，包括怎样做丈夫、怎样做儿子；女儿则传递了母亲的家庭角色特点，包括怎样做妻子、怎样做女儿。

此外，亲密关系也受个人行为认知的影响，两性的相处免不了冲突与磨合。每一次的冲突与磨合都是对关系的重构，以不断达到彼此适应的状态。

（二）树立成熟的婚恋观

1. 敢爱敢放下

心理学家根据恋爱中人对爱情的追求，进一步把爱情分为健康和不健康的两类。

健康的爱情表现在：不过分痴情，不咄咄逼人，不显示自己的爱情占有欲，能够充分尊重对方；将爱情给予对方比向对方索取爱情更使自己感到欢欣，并以对方的幸福为自己的满足；是彼此独立的个性的结合。不健康的爱情表现在：过高地评价对方，将对方的人格理想化；过于痴情，一味地要求对方表露爱的情怀，这种爱情常有病态的夸张；缺乏体贴怜爱之心，只表现自己强烈的占有欲；偏重外表的追求。

恋爱萌芽往往源于瞬间的心动，但长久维系需要双方共同经营。恋爱的双方都需要建立清晰的自我认知：明确自身情感需求，客观地看待伴侣和自己一样是普通人，接纳对方的不足，明白对方并不能完全符合自己各方面的期待或是满足自己全部的需求，避免陷入对“完美对象”和“完美爱情”的执着之中。

正如月有阴晴圆缺，每个人的爱情之旅也往往会有遗憾和挫折。这种不完美恰是情感世界最真实的底色——当我们将爱情视作完美无缺的工艺品时，便容易在细微裂痕中陷入自我怀疑；而若能以欣赏残缺的智慧看待情感历程，那些相逢与牵挂反而会成为照见生命深度的明镜。

现代心理学中的“未完成情结”理论揭示，人类对未达成的情感关系往往存在特殊记忆编码，这种遗憾本质上是对生命可能性的追思。但真正的成长恰始于承认：不是所有相遇都能抵达白首之约，正如不是每轮新月都能等到满月辉光。敢爱，是撕碎社会时钟的裹挟，在心动瞬间袒露真诚；敢放下，则是解构执念的枷锁，在关系失衡时保全自我完整性。爱情是人生的重要组成而非全部，职业理想与个人成长同样具有重要意义。单次情感经历的失利并不构成人生定论，关键在于通过反思实现认知升级。

2. 正确处理性爱与情爱的关系

探讨爱情的本质时，“性”这一主题便无法回避。正如“食色，性也”的古老命题所言，性需求与饮食本能同属生命延续的永恒命题。然而对于缺乏社会经验且尚未规划婚恋的大学生群体而言，在面对性问题时更应秉持审慎态度。

我们每个人都应该了解，男女的情爱是人的内在生命之事，男女之“性”是外在感性生活之事，在情爱基础上的性爱才是人之身与心的完美结合，才是人生当下的感性享受与恒长久远幸福的结合，才会有真正的人生幸福。一旦分裂二者，把爱情弃之如敝屣，人之完整的人格便遭到分裂，人生便断为两截，生理感性与心理精神也被迫分离，这是一种非常糟糕的人生状态，也可以说是一种病态的人生，终将引发人的生存危机与人生的痛苦。

在情爱生活中一定要明白一个基本的道理：性欲是本能的产物，而爱情是文明的产物。也就是说，“性”是生活感觉之事，“情”是生命安顿之事。这就要求我们不应该先从生活感觉之“性爱”再到生命安顿之“情爱”，而应该先从生命安顿之“情爱”再到生活感觉之“性爱”。这是解决大学生情爱生活问题的根本途径。

我们若只追求以性欲为全部基础的情爱，那就犹如动物与食物的关系；我们若只求以物质金钱为全部基础的情爱，那就犹如商人与顾客的关系。这二者都存有偏颇，其中任何一种单独的基础都无法支撑起神圣、崇高与甜蜜的爱情。

生活感性之“性”与生命安顿之“情”的结合才是人生大美之事。大学生一定要区分所需之“性”与所欲之“性”，在此基础上，从纯粹的求生活感性之“性”走向生命精神之“爱”，由“爱”而得“性”。如此，才能真正获得生理与心理、感性与精神、生活与生命的统一，获得生存的良好状态，也使自我的人生获得发展的动力与幸福。

3. 正确处理真爱与婚姻的关系

每个人都梦想获得真爱，正是因为真爱的存在，才使我们的生活充满了温暖，我们的心灵充满了温情。当你真正爱一个人时，你所想的不是对方能给你什么，而是你可以给他什么，你可以给他所需要的感情吗？你可以给他快乐和幸福吗？

你可以快乐着他的快乐、幸福着他的幸福吗？只有这样的爱，才是无私的真爱。

在情爱生活中，我们一定要明白，“性”在情爱生活中是有其存在之必然性与合理性的，但要获得健康的情爱，恋人之间还存在感情磨合的问题。

大学生的性生理发育虽然基本成熟，但他们的心理发育相对滞后，人生观还不够稳定，学识基础也并不牢固，同时，其社会阅历相对缺乏，经济基础尚未独立。大学生迫切需要爱情，但未必懂得爱情，未必能把握爱情。因此，大学生理性地认识真爱与婚姻，具有重要的现实意义。

心理发展相对成熟是真爱与婚姻同行的必备条件。不成熟的心理，决定了恋爱观和择偶观的不稳定性，以及对恋爱时机把握的不准确性，容易将爱情简单化、片面化、理想化和浪漫化，并造成一些令人担忧的问题，因此心理发展成熟是真爱与婚姻同行的一个必要条件。

人生观相对稳定是真爱与婚姻同行的标志之一。恋爱的行为要承担社会责任、家庭义务及道德约束，因此真爱与婚姻同行要具备充分的思想准备和心理承受能力。

社会阅历相对丰富是真爱与婚姻同行的社会基础。相对丰富的社会阅历能够适当增强挫折承受力，抵御社会不良影响，增强恋爱过程中的现实主义色彩，理性地对待爱情。

要学会处理好真爱与婚姻的关系，尊重爱情，平等履行义务，遵守恋爱道德，对自己负责，对对方、家庭、社会负责，将真爱、婚姻、责任、义务联系起来，真正做到让真爱与婚姻同行。

（三）发展爱的能力

近年来，婚恋问题引发的系列恶性事件时有发生，在网上引起轩然大波。这些悲剧的发生很大程度上可以归结为错误婚恋观的影响，缺乏对待感情挫折的正确处理方式。

1. 爱自己的能力

想要爱别人，首先必须爱自己，连自己都不爱的人，对别人的爱也不是真正的爱。爱自己不同于自私，学会爱自己是为了更好地爱别人。爱自己是学习如何爱的最好的方法，通过训练爱自己，才能学会爱别人。爱自己首先要自尊自信，尊重自己的价值，尊重自己的需要、愿望和要求；对自己有信心，能肯定自己、欣赏自己，同时不会轻易地否定自己。爱自己就意味着相信自己的基本价值，培育一种健康的自我肯定意识。爱自己也就意味着积极关心自己的每一个方面。每个人或多或少都有缺陷感，不是在身体、智力、经济上，就是在人际关系、情感完善上，或是在精神成长上。但是，尊重、呵护、满足和珍视自己是人与生俱来的权利，也是可以学会的一件事情。

只有成功地掌握了如何关心自己的需要，才能明白怎样将同样的关爱给予别人。当尊重自己的思想和感觉合理时，才能将这种尊重施于他人。当人从心底相信自身是有价值时，才会发现别人的价值。

2. 迎接爱的能力

迎接爱的能力包括表达爱的能力和接受爱的能力。想要具有表达爱的能力，就必须懂得爱是什么，有健康的恋爱观，知道自己喜欢什么、需要什么、适合什么。心中有爱要敢于表达、善于表达，用自己的言行让对方感受到你的爱。当别人向你表达爱时，能及时准确地对爱做出判断，并做出接受、谢绝或再观察的选择，这是接受爱的能力。大学生要具有迎接爱的能力，就应尊重自己、相信自己，同时对他人、对事情保持敏感和热情，应主动关心他人、热爱他人。

3. 拒绝爱的能力

拒绝爱的能力包括两个方面：一是要敢于理智地拒绝不希望得到的爱情。面对自己并不喜欢的异性，优柔寡断或屈从于对方穷追不舍的做法是有害的，因为爱情来不得半点勉强和将就，要勇敢地说“不”。二是要掌握恰当的拒绝方式。虽然每个人都有拒绝爱情的能力，但是珍重每一份真挚的感情是对他人的尊重，也是对个人道德情操的检验。我们在拒绝别人的示爱时，要给予对方充分的尊重，真切的关怀和同情他人的命运，同时运用一种充满关切、尊重和机智的方式来维护自己和他人的利益。不顾情面，处理方法简单轻率，甚至恶语相加，结果使对方的感情和自尊心受到伤害，这些做法是很不妥当的。

4. 发展爱的能力

苏联著名教育家马卡连柯说：“爱的力量只能在人类非性欲的爱情素养中存在。他的非性欲的爱情范围愈广，他的性爱也就愈为高尚。”发展爱的能力，并非要具体到对某一异性的爱，可以是更广泛意义上的爱。我们的亲人、同学、朋友、祖国和人民，都值得我们去热爱。发展爱的能力，就是要培养无私的品格和奉献精神，要培养善于处理矛盾的能力，有效地消除恋爱和家庭生活中的矛盾纠纷，对恋人负责，对社会负责，才能创造出幸福美满的婚恋。

5. 提高恋爱挫折承受能力

大学时期的恋爱受多种因素的制约，也会存在诸多的不确定因素，因而在追求爱情的过程中遇到各种波折是在所难免的。比如单相思、爱情错觉、失恋等恋爱心理挫折对每个深陷其中的人的心理承受能力都是一种考验。如果承受能力较强，就能较好地应对挫折，否则就有可能造成不良后果。

追求真情、付出真爱本身并没错，但并不等于你的价值取向高尚，你就一定是赢家。当爱情变成一种具体的行为时，需要时间和精力去了解、去努力，但无论怎样使劲，仍有碰运气的成分，它与追求金钱的人需要冒险一样，也是有输有赢，如果对方不爱你了，或者他也不值得你爱，那就从头开始，不必视如洪水猛兽，也不必因此改变自己的做人原则，更不必捶胸顿足，这是很正常的事。

6. 呵护爱的能力

《2019—2020年全国大学生性与生殖健康调查报告》显示，大学生性观念比较开放，有过牵手、拥抱、接吻的亲密行为的占60%以上，发生过实质性性行为的大学生占比为31%。性行为较活跃的大学生群体，对性传播疾病的了解与预防、生殖健康知识、安全性行为等内容缺乏了解，性疾病的传播、意外怀孕情况的发生等时有发生，而在此方面，女生受到的伤害比男生更多。

主动接受性教育不仅是人们掌握必备的常识，更重要的是通过学习可以改变人们对待两性问题的态度和行为，消除对“性”的偏见，了解什么是性道德并具备基本的性道德，倡导安全的性行为，促进个人身心健康发展及社会和谐发展。性知识教育、性心理教育及性法律意识教育应属性教育的重点内容，其中，性知识教育应包括性传播疾病的概念、种类、发病率及危害，常见的性传播疾病的传染渠道、症状、预防措施等，预防性传播疾病的重要意义，以及避孕措施科普及如何有效避孕等知识。

[聚焦提升]

婚恋，这场灵魂深处的温柔契约，不仅是爱情绽放的华章，也是生命成长的深刻轨迹。它如同晨曦中交织的光影，既照亮了经济生活的共融，也温暖了精神世界的相依。在当代大学生心中，婚恋之树愈发繁茂，恋爱常态化、观念开放化、择偶自主化是时代风气的轻盈笔触。然而，于这绚烂之下，亦潜藏着焦虑与挑战，社会风气与网络文化的交织，让爱之路时而迷茫，生存重压之下，爱的温度似被淡漠之风轻拂。

于是，树立成熟的婚恋观成为穿越迷雾的灯塔：勇于爱，亦敢于释怀；在性爱与情爱的交织中寻觅平衡，让真爱与婚姻的承诺相得益彰。而发展爱的能力，是这场旅程中最宝贵的行囊——自爱以立，迎爱以诚，拒爱以智，护爱以恒，于挫折中坚韧，在呵护中成长。如此，婚恋便不仅仅是两个人的结合，更是生命彼此滋养、共同绽放的诗意篇章。

[自主思考]

青年一代的婚恋观正在悄然发生改变，全国适龄人口初婚年龄不断推迟，育龄妇女生育意愿持续走低，女性终身无孩率也有所上升。我国生育水平呈低迷状态，最重要的原因就是延迟婚育、不婚不育观念的高涨。谈谈你自己的婚恋观，并分析当前婚恋观存在的问题。

[课外拓展]

1. 戴维·巴斯. 进化心理学［M］. 张勇，蒋柯，译. 北京：商务印书馆，2015.

2. 艾里希·弗洛姆. 爱的艺术［M］. 刘福堂，译. 上海：上海译文出版社，2019.

3. 约翰·戈特曼，娜恩·西尔弗. 幸福的婚姻［M］. 刘小敏，冷爱，译. 杭州：浙江科学技术出版社，2024.

专题四 友谊与生命教育

友谊真是一样最神圣的东西，不光是值得特别推崇，而且值得永远赞扬。它是慷慨和荣誉的最贤惠的母亲，是感激和仁慈的姊妹，是憎恨和贪婪的死敌；它时时刻刻都准备舍己为人，而且完全出于自愿，不用他人恳求。

——薄伽丘

[专题导语]

友谊如同宝贵的珍珠，在人的生命中闪耀着温暖的光芒。它陪伴我们走过人生的每一个阶段，见证了我们的成长和变化。友谊对于生命来说具有无法替代的价值，它给予我们勇气，让我们在困难面前不再孤单；它激发我们的潜力，促使我们不断向前迈进。在人生的道路上，我们与朋友们携手共进，共同面对种种挑战和机遇。

在象牙塔里，每个清晨涌入教室的人都在诠释着双重命题：我们该如何定义生命的意义，又该怎样构筑灵魂的联结？当我们第一次挣脱家庭襁褓，在集体宿舍的方寸天地间，友谊早已超越情感慰藉的范畴，成为构建独立人格的基石。神经科学研究显示，大脑前额叶皮层在20～25岁迎来最后的发育高峰，这段黄金时期建立的深度社交关系，将永久性重塑我们的共情神经网络。那些深夜“卧谈会”迸发的思想火花、实验室通宵攻坚的默契配合、运动场上击掌相庆的体温传递，正在以分子级精度雕刻着青年人的精神基因。这不是风花雪月的青春注脚，而是生命系统与社交生态的量子纠缠。当我们谈论大学友谊时，本质上是在探讨如何将转瞬即逝的相遇，淬炼成照亮整个人生周期的恒星。

因此，珍惜友谊就是珍惜生命中最宝贵的财富。让我们用心去感受朋友的关怀与陪伴，用真诚去维系这份美好的情感。在友谊的滋润下，让我们共同成长、共同进步，书写人生精彩的篇章。

[情境体验]

在我们的生活中，友谊是我们宝贵的财富。有些友谊让我们感到深刻，有些友谊让我们感到有意义。那么，在你的生命中，有没有一段友谊让你印象特别深刻或最有意义呢？请分享一下你的友谊故事，无论人与人之间的友谊，还是人与动物之间的友谊。

回想生活，你和朋友们是如何建立友谊的？你为维护友谊做过哪些努力？

[理论学习]

一、生命因友谊更加精彩

生命如同一幅画卷，友谊则是其中最为绚丽的色彩。它点缀着我们的生活，温暖着我们的心灵，让我们在人生的旅途中不再孤单。古罗马哲学家西塞罗说过："没有友谊，世界仿佛失去了太阳。"友谊的重要性不言而喻，它是我们生命中不可或缺的一部分。

（一）友谊的重要性

在人生漫长的旅途中，友谊如同一盏明灯，照亮着我们的道路，陪伴我们走过风雨，与我们分享欢笑与泪水。友谊是心灵的港湾，当我们遭遇挫折时，朋友的一句安慰、一个拥抱，都能给予我们无穷的力量。友谊是快乐的源泉，与朋友分享喜悦，快乐便会加倍；与朋友分担痛苦，痛苦便会减半。友谊更是成长的阶梯，真正的朋友会在我们迷茫时指点迷津，在我们骄傲时提醒我们保持谦逊，帮助我们成为更好的自己。它不仅仅是生活中的调味品，更是我们成长道路上不可或缺的力量源泉。

友谊是一种特殊的情感关系，它建立在信任、尊重和理解的基础上。它不同于亲情和爱情，却同样具有深远的影响。在成长的过程中，友谊为我们提供了情感上的支持和陪伴。

情感支持与陪伴是友谊的基石。朋友是我们生命中的伙伴，他们愿意倾听我们的心声，了解我们的喜怒哀乐。在困难时刻，他们会伸出援手，给予我们鼓励和力量。这种情感支持，有助于我们建立积极的心态，更好地应对生活中的挑战。历史上，无数伟大的友谊被传颂至今。马克思和恩格斯的友谊，不仅仅成就了两位伟人的事业，更推动了人类历史的进程。伯牙和子期的"高山流水遇知音"，则让我们看到了友谊超越世俗、直达心灵的力量。这些故事无不印证着友谊的珍贵与伟大。

友谊还能促进知识分享与智慧增长。与朋友们交流，我们可以拓宽视野，了解不同的观点和文化。在互相学习的过程中，我们可以不断充实自己的知识储备，提高解决问题的能力。这种智慧的增长，对我们的个人成长和社会发展都具有重要意义。

此外，友谊对于社会技能与人际关系的培养也具有重要作用。通过与朋友们的互动，我们能够学会如何与人沟通、合作与共处。这些社会技能不仅在我们的日常生活中发挥着作用，还会对我们未来的职业发展产生深远影响。

友谊还能帮助我们建立自我价值与自我认同。在朋友们的认可和鼓励下，我们能更加自信地面对自己的优点和不足。这种自我价值的认可，有助于我们形成积极的自我形象，促进个人成长和发展。

在应对挑战与困难时，友谊为我们提供了强大的精神力量。在朋友们的支持和鼓励下，我们更有勇气面对困境，战胜挑战。这种力量让我们在成长的道路上更加坚定和自信。

成长过程中的心理支持也是友谊不可或缺的一部分。在面对心理压力和困惑时，朋友们的理解和建议往往能帮助我们走出困境。他们的陪伴和支持，让我们在心理上更加健康、成熟。

友谊为我们留下了生命中许多美好的回忆。无论与朋友们一起度过的欢乐时光，还是共同经历的艰难时刻，都成为我们宝贵的财富。这些回忆不仅会让我们怀念过去的美好时光，还会为我们未来的生活增添色彩和动力。

友谊在人的生命成长过程中具有举足轻重的地位，我们应该珍惜身边的友谊，用心去经营和维护这段宝贵的情感关系。

（二）友谊的种类

友谊具有多样性与丰富性，从人与动物的特殊纽带，到人与人之间复杂多变的情感交织，再到友谊的实用、快乐与善良三大类型，层层递进，揭示了友谊在不同层面和角度下的独特内涵与价值。友谊，作为人际关系的瑰宝，在个人成长与社会和谐中扮演着不可或缺的角色。

1. 人与动物的友谊

詹姆斯与鲍勃的深情故事

在人类的世界中，友谊是一种无法估量的力量，能够照亮生活中的阴暗角落，给我们带来欢笑与温暖。但友谊并不仅仅局限于人类之间，它也可以跨越物种的界限。流浪汉詹姆斯和流浪猫鲍勃的故事，就是这样一个深情的例证。

詹姆斯，一个生活在社会底层的流浪汉，饱尝了人生的冷暖与苦涩。然而，在他最绝望的时刻，命运让他遇到了一只同样流落街头的小猫——鲍勃。他们的相遇，仿佛是一种命中注定的安排，让彼此的生命都有了新的意义。

在詹姆斯最孤独、最无助的时候，鲍勃的陪伴成了他生活中最温暖的慰藉。这只小猫不仅是詹姆斯倾诉的对象，还在无形中给了他生活的勇气和力量。鲍勃的每一次亲昵、每一次依赖，都让詹姆斯感受到了前所未有的爱与被爱的感觉。

在鲍勃的陪伴下，詹姆斯开始重新审视自己的人生。他意识到，即使生活再艰难，也不能放弃对未来的希望和对美好事物的追求。在鲍勃的影响下，詹姆斯逐渐找到了生活的方向和目标，开始努力改变自己的命运。

当詹姆斯面临生活的种种挑战时，在鲍勃的“扶持”下，詹姆斯度过了人生中最艰难的时刻。无论寒冷的冬夜，还是饥饿的煎熬，他们都紧紧相依，用彼此的温暖和力量战胜了一切困难。

詹姆斯与鲍勃的故事，让我们看到了友谊的力量与意义。这种力量不仅能够让我们在困境中坚持下去，还能够让我们感受到生命的美好与温暖。他们的故事告诉我们，无论人类还是动物，我们都有着同样的情感和渴望，都希望在生活中找到一个真正的朋友和伙伴。

他们的故事超越了物种的界限，展现了人与动物之间最真挚的情感联系。在这个看似冷漠的世界里，詹姆斯和鲍勃用他们的友谊证明了爱的力量是无穷的，它可以跨越种族、年龄、地位等一切障碍，让彼此相互扶持、共同前行。

在这个充满挑战与机遇的时代里，让我们珍惜身边的每一个朋友和伙伴，共同创造一个更加美好、和谐的世界。这个故事对于人与动物之间的友谊有着深远的意义。

首先，它强调了友谊的普遍性和无界限性。无论在人类之间，还是在人与动物之间，友谊都可以产生并发挥积极的作用。友谊不是基于物种、地位或任何外在条件的，而是基于心灵的共鸣和情感的连接。

其次，这个故事向我们展示了友谊的力量和重要性。在詹姆斯最孤独、最无助的时候，鲍勃的陪伴给了他力量，帮助他重新找到了生活的方向和目标。这表明，友谊不仅可以带给我们快乐和安慰，还可以成为我们面对困难和挑战时的支持力量。

最后，动物是我们生活中不可或缺的一部分，它们以无私的爱和忠诚陪伴着我们，成为我们生活中的重要伙伴。通过与动物交流和互动，我们可以学会更多的东西，包括爱、责任、同情和同理心。

2. 人与人之间的友谊

（1）八拜之交：古道热肠的深厚情谊

在中华大地的历史长河中，友情文化如同一颗璀璨的明珠，而“八拜之交”是这颗明珠上最为耀眼的光芒。它不仅是古代文人墨客之间深厚情谊的象征，也是中华民族几千年传统文化中不可或缺的一部分。

“八拜之交”的典故源自宋代邵伯温所著的《邵氏闻见录》。所谓八拜，每一拜都代表了不同的情感纽带和人生理想：一拜，为管鲍之交，如同管仲与鲍叔牙，相互信任，共同进退；二拜，为知音之交，如同伯牙与子期，相互欣赏，互为知音；三拜，为刎颈之交，象征着他们愿意为彼此付出生命的决心；四拜，为舍命之交，意味着在关键时刻他们愿意为对方舍生忘死；五拜，为胶漆之交，如陈重与雷义，他们之间的友情如同胶与漆，紧密相连，不可分割；六拜，为鸡黍之交，代表他们珍视每一次相聚的时光；七拜，为忘年之交，无论形象如何，他们都不会忘记彼此之间的深厚情谊；最后一拜，为生死之交，无论生死，他们的友情都不会改变。

“八拜之交”不仅展现了古代文人之间的高尚情操和深厚友谊，还传承了一种精神：在人生旅途中，能够遇到知己是一种难得的缘分。而“八拜之交”所代表的，正是这种缘分的极致体现。它告诉我们，友情不仅仅是一种情感的交流，更是一种精神的寄托。在漫长的人生路上，有了这样的朋友，即使面临再大的困难和挑战，也能找到前进的动力和勇气。

在现代社会，虽然人与人之间的联系方式发生了翻天覆地的变化，但“八拜之交”所蕴含的精神仍然值得我们学习和传承。无论职场上的合作伙伴，还是生活中的密友，我们都应该以诚相待，用心去经营和维护这份来之不易的友谊。因为在这个瞬息万变的世界里，真正能够交心、相互扶持的朋友，是我们人生旅途中最宝贵的财富。

（2）“八拜之交”在现代社会中的意义

“八拜之交”作为中国古代友情文化的代表，不仅具有深厚的历史底蕴，其传达的精神对于现代社会也具有非常重要的意义。

一是强调真诚与信任。在“八拜之交”中，每一拜都代表了对友情的深厚承诺和对彼此的信任。现代社会虽然科技发达，人们交往的方式多样，但真诚与信任依然是人际关系的基石。在商业合作、社交网络甚至日常生活中，这种真诚与信任都是不可或缺的。

二是弘扬忠诚与牺牲精神。在如今快节奏的社会中，人们很容易忽视对他人的关心和付出，而“八拜之交”的故事提醒我们，真正的友情需要付出和牺牲。

三是注重精神层面的交流。古代文人之间的友情，往往超越了物质和地位，更加注重精神上的交流和契合，这在现代社会中同样具有重要意义。在物欲横流的社会中，人们容易迷失自我，而精神上的交流和共鸣可以帮助人们找到真正的自己。

四是强调长期的承诺。“八拜之交”所代表的不仅仅是一时的情感，更是一种长期的承诺和坚守。在现代社会，人们往往因为各种原因而疏远，但真正的友情需要时间的沉淀和磨砺。

五是促进社会和谐。古代文人之间的深厚友情，在一定程度上也促进了社会的和谐与稳定。同样，在现代社会中，如果每个人都能够珍视和维系自己的友情关系，社会也会变得更加和谐、温暖。

总之，“八拜之交”所传达的信任、忠诚、牺牲、精神交流、长期承诺等精神，对于现代社会仍然具有重要的指导意义。它提醒我们，在追求物质和技术进步的同时，不要忽视对人际关系的投入和维护，因为真正的友情和深厚的人际关系，是我们生活中不可或缺的部分。

友谊是生命中的珍贵财富。友谊不仅仅是一种情感的交流，更是一种精神的契合和相互激励。生命因友谊而精彩，只有在友谊的照耀下，生命才能真正绽放光彩。正如巴金所说：“友谊是生命中的一盏明灯，离开它，生命就没了光彩；离开它，生命就不会开花结果。”

3. 友谊的三种类型：实用的、快乐的与善良的

友谊是人类生活中不可或缺的一部分，是我们人生旅程中的重要伴侣。然而，友谊并非只有一种形式，它可能随着我们的需求、兴趣和人生阶段的改变而变化。亚里士多德曾将友谊分为三种类型：实用的、快乐的与德行的（善良的），每一种都以其独特的方式丰富着我们的生活。在这里，我们将探讨友谊的这三种主要类型。

（1）实用的友谊

实用的友谊是基于双方互相提供实用价值或利益而建立的。这种友谊通常在职业环境、学术环境或社会网络中最为常见。人们可能因共同的目标、专业技能或社会地位而相互接近，从而形成一种互利互惠的关系。在这种友谊中，个人的价值往往被量化，并成为维持友谊的基础。然而，这种友谊可能缺乏深厚的情感联系，一旦实用价值消失，友谊也可能随之瓦解。

（2）快乐的友谊

快乐的友谊更注重双方共同享受生活的乐趣，追求快乐和放松。这种友谊往往在日常生活中形成，如朋友间的聚会、旅行或娱乐活动等。在快乐友谊中，人们分享快乐，彼此间的相处让人感到舒适和愉快。尽管这种友谊可能缺乏深度和严肃性，但它却能在日常生活中给人们带来乐趣和安慰。

（3）善良的友谊

善良的友谊是建立在互相尊重、理解和支持的基础上的。这种友谊不仅关注个人的利益和需求，也关注对方的成长和幸福。在善良的友谊中，人们愿意为对方付出，即使这可能需要牺牲自己的利益。这种友谊通常具有深厚的情感基础，能够经受住时间和困难的考验。在人生的各个阶段，我们都需要这样的朋友来陪伴我们，帮助我们成为更好的人。

友谊的这三种类型并不是互相排斥的，而是可以共存的。在不同的情境和人生阶段，我们可能需要不同类型的友谊来满足我们的需求。无论实用的互助、快乐的陪伴，还是善良的相知，友谊都以不同的方式滋养着我们的心灵，让生命因联结而更加丰盈。无论友谊的形式如何变化，最重要的都是保持真诚和尊重，这样我们才能建立起持久而有意义的友谊。

（三）友谊的意义

在人生的长河中，我们或疾行，或缓步，沿途的风景千变万化，但总有一些不变的元素伴随着我们，其中之一便是友谊。友谊是人生中最美好的情感之一。这是自古以来便被无数诗人、作家赞颂的主题。友谊的真谛，不仅在于陪伴与分享，还在于心灵的契合与生命的交融。它如同一股清泉，滋润着我们干涸的心田。友谊，它不仅仅是人与人之间简单的交往与互动，更是一种深刻而复杂的情感纽带，是生命中最温暖的灯火，照亮我们的内心世界，给予我们前行的力量。

1. 友谊：心灵的港湾

在快节奏、高压力的现代生活中，人们往往容易感到孤独和迷茫。此时，真挚的友谊便成为一个可以停泊心灵的港湾。朋友之间无须过多言语，一个眼神、一次握手便能传递出无尽的温暖和支持。当我们遭遇挫折，是朋友伸出援手，鼓励我们重新站起；当我们取得成就，也是朋友在一旁鼓掌，分享我们的喜悦。友谊，就是这样一种无声却强大的力量，它让我们的心灵得以栖息，感受到归属与被理解的美好。正如一句谚语所说："朋友是另一个自己。"在朋友面前，我们可以卸下伪装，展现最真实的自我，找到心灵的安宁。

2. 友谊：成长的催化剂

人生如逆旅，每个人都是行者，友谊则是这段旅程中不可或缺的催化剂。朋友之间，因为有着不同的背景、经历和观点，相互之间的交流与学习成了促进个人成长的重要途径。在争论中，我们学会倾听与反思；在合作中，我们学会协作与分享。正是这些看似平凡的日常互动，悄然间塑造了我们的性格，拓宽了我们的视野，使我们变得更加成熟与包容。友谊，如同一面镜子，让我们在对方的映照下，更好地认识自己，让我们看清自己的优点与不足，从而不断完善自我，也激励着我们去成为更好的人。

3. 友谊：时间的见证者

时间是友谊最好的试金石，真正的友谊经得起时间的考验。岁月悠悠，转眼间许多事物都可能随风而逝，但真正的友谊却能跨越时间的长河，历久弥新。它不会因为距离的遥远而淡漠，也不会因为时间的流逝而褪色，那些共同经历过的欢笑与泪水，反而成了加深彼此情谊的宝贵财富。多年后再回首，我们会发现，时间冲刷掉了浮华与虚伪，留下的只有真挚与深情。那些陪伴在身旁的朋友，以及与他们共度的时光，如同陈年美酒，随着时间的流逝愈发醇香，成为我们生命中最珍贵的回忆。友谊是时间的见证者，它记录了我们的成长轨迹，也见证了人世间最纯粹的情感。

4. 友谊：无价的宝藏

在这个物欲横流的社会，人们往往追求物质上的富足，却忽略了心灵的滋养。殊不知，真正的友谊才是人生中最无价的宝藏。它不求回报，不计得失，只关乎两颗心的真诚相待。拥有真挚的友谊，是人生最大的幸福之一。在友谊的光芒照耀下，我们学会了珍惜与感恩，学会了在平凡中发现不平凡，学会了即使面对生活的风雨，也能保持一颗乐观向上的心。因为我们知道，在这个世界上，总有那么一些人，愿意与我们并肩同行、共度风雨。

在这个瞬息万变的世界里，让我们用心呵护每一份友谊，因为正是这些温暖的光芒，汇聚成了生命中最为绚烂的风景。

二、如何发展真正的友谊

友谊，是生命中最珍贵的礼物之一。它不仅仅是人类生存与发展的需要，更是心灵与精神的滋养。真正的友谊，超越了利益的交换，成为生命与生命之间的深刻联结，为我们带来力量、温暖与成长。

（一）什么是真正的友谊

1. 真正情谊的传说

从生命的角度来看，真正的友谊是人类生存与发展的必然需求。远古时期，人类为了抵御自然环境的威胁，学会了合作与互助，友谊的种子便在此刻埋下。正如《诗经》中所言："嘤其鸣矣，求其友声。"友谊是人类与生俱来的渴望，是我们在茫茫世界中寻找心灵归属与支持的纽带。

在《辞海》中，友谊被定义为"朋友之间的交情"，这种情谊并非凭空而来，而是建立在双方利益一致和相互信任的基础之上的。友谊表现在多个方面，无论情感上的相互了解与同情，还是行为上的相互支持、帮助与援助，都是友谊的具体体现。这种感情纯洁而美好，不受世俗纷扰和利益纠葛的侵蚀，是人类社会中最珍贵的情感之一。朋友之间通过分享喜悦与忧伤，彼此成为生命中的重要依赖，共同度过人生的风雨岁月，构筑起一段段不朽的友情传说。

朋友之间的亲密情谊，建立在利益一致和相互信任的基础上。这种情谊，表现在情感和行为等多个方面。

在情感上，朋友之间相互了解、相互同情，这是亲密情谊的重要组成部分。因为只有真正了解对方的情感需求和感受，才能更好地支持和帮助对方。这种情感上的交流，不仅仅是言语的表达，更是心灵的感应和情感的共鸣。

在行为上，朋友之间相互支持和帮助，这是亲密情谊的另一种表现形式。无论在日常生活，还是在关键时刻，朋友总是能够给予彼此支持和帮助。这种行为上的支持，不仅仅是物质上的帮助，更是精神上的鼓励和情感上的慰藉。

朋友之间的亲密情谊，是一种纯洁美好的感情。这种情谊，是建立在相互信任和利益一致的基础上的，它超越了血缘和亲情，是一种更加深刻和持久的感情。

在现代社会，友谊的形式或许发生了变化，但其本质依然不变。真正的友谊是彼此信任、相互扶持的深情厚谊，是无论顺境逆境都不离不弃的坚定承诺。

2. 心理与精神的双重滋养

真正的友谊不仅仅是情感的纽带，更是心理与精神的双重滋养。从心理学角度看，友谊提供情感支持，促进心理健康。朋友的倾听、理解和鼓励让我们更坚韧、自信。从哲学角度看，友谊可以引导我们思考生命的意义和价值，促使我们在交流中成长，领悟生活真谛。

（1）心理学角度

罗杰斯认为，友谊是一种来自双向（或交互）关系的情感，即双方共同凝结的情感，必须共同维系，任何单方面的示好或背离，都不能称为友谊。

在心理学领域，友谊被看作一种基于亲近、信任和支持的人际关系，对个人的心理健康和社会适应能力具有显著影响。研究表明，与亲密朋友交往能够增强个人的自我价值感，降低抑郁和焦虑等心理疾病的发生率，也有助于提升生活满意度和幸福感。

（2）哲学角度

亚里士多德将友谊视为一种德行，认为友谊是高尚的，而且是必需的。因为人和其他大多数生物一样，出于本能需要友谊。

从哲学的视角来看，友谊超越了单纯的心理层面，蕴含着对人生意义和价值的深刻洞察。哲学家常常将友谊视为一种德行，它要求我们在尊重、理解和关爱他人的过程中不断完善自我，实现个人的道德成长。在这个过程中，友谊不仅为我们提供了情感的慰藉和支持，还成为我们探索人生真谛、实现自我价值的重要路径。

（二）真正的友谊的形成

友谊的核心价值，是一个跨越时空、古老而深刻的话题。在中国古代，诗人们用他们独特的笔触和深邃的情怀赞美了友谊的珍贵与崇高。他们描绘了朋友间的默契与信赖，书写了相互扶持与守望相助的动人篇章。

《送杜少府之任蜀州》中说："海内存知己，天涯若比邻。"友谊是人生中不可或缺的一部分，它可以给人带来快乐和支持。在《列子·汤问》中，高山流水遇知音、彩云追月得知己的故事告诉我们，真正的友谊可以跨越时空和距离，无论在何时何地，我们都可以找到真正的朋友。而在《赠汪伦》中，李白用"桃花潭水深千尺，不及汪伦送我情"来形容友谊的深厚和真挚，让我们感受到真正的友谊是无价之宝。

在这些诗词中，友谊被赋予了深厚的内涵和崇高的价值。在诗人的笔下，朋友之间的默契与信任成为友谊的基石，忠诚与仗义则是友谊的闪光点。这种友谊超越了世俗的纷扰和利益的纠葛，展现出一种纯洁而美好的情感。

中国古代诗词中的友谊，不仅是诗人对个人情感的抒发，也是他们对人生哲理和社会价值的探索。诗人们通过诗歌传递出对友谊的敬畏和赞美之情，让后人在阅读中感受到友谊的力量与美好。这些诗词不仅成为文化遗产，也是对友谊核心价值的传承和弘扬。

在今天，我们依然可以从这些古代诗词中汲取智慧与启示，感悟友谊的真谛。它们提醒我们要珍惜身边的朋友，用真诚与善良去维系这份美好的情感。

（三）如何发展真正的友谊

发展真正的友谊，需注重建立与维护有效关系。

真正的友谊，需要用心经营。首先，真诚是友谊的基石。只有以真心换真心，才能建立起深厚的友谊。其次，信任是友谊的桥梁。朋友之间需要彼此信任，才能携手走过人生的风风雨雨。此外，包容与理解也是友谊不可或缺的元素。每个人都有自己的优点与不足，只有学会包容与理解，友谊才能长久。

真正的友谊，是生命与生命的深刻联结，是心灵与精神的双重滋养。它让我们在茫茫人海中找到归属，在漫漫人生路上不再孤单。让我们珍惜身边的每一位朋友，用心呵护每一段友谊。面对冲突时，应以开放心态沟通，寻求共识，尊重差异，学会宽容与妥协。

1. 建立与维护有效友谊关系的方法

建立与维持有效的友谊关系，需要各方的共同努力和理解。以下是一些关键步骤和策略，可以帮助你在人生旅途中建立和维持有效的友谊关系。

（1）选择与自己相似的人交往

友谊往往建立在共同的兴趣爱好、价值观和生活目标上。选择与你兴趣相投、观念相近的人交往，有助于建立稳固的友谊关系。

（2）真诚和尊重

真诚对待每一位朋友，尊重他们的观点和选择。友谊建立在互相信任和尊重的基础上，不要试图改变对方，而是接受他们的独特之处。

（3）保持联系

定期与朋友保持联系，了解彼此的生活和动态。可以通过电话、短信、社交媒体或面对面的聚会等方式保持沟通，让对方知道你关心他们的生活和感受。

（4）分享和倾听

与朋友分享你的喜怒哀乐，倾听他们的故事和心声。真正的友谊是建立在互相分享和倾听的基础上的，这有助于增进彼此之间的了解和信任。

（5）解决问题和冲突

在友谊关系中，难免会遇到一些问题和冲突。当遇到这些问题时，要积极面对，坦诚地表达你的想法和感受，寻求解决方案。避免让问题积累到无法承受的程度，以免对友谊关系造成损害。

（6）珍惜和维护

友谊是需要珍惜和维护的。当朋友遇到困难时，要给予关心和支持；当朋友取得成就时，要表达祝贺和鼓励。同时，也要学会宽容和理解，接纳朋友的不足和缺点。

（7）保持一定的独立性

虽然友谊关系很重要，但也要保持一定的独立性。不要过分依赖朋友，也不要过分干涉他们的生活。尊重彼此的独立性和个人空间，有助于友谊关系的长久发展。

（8）共同成长

友谊是一个共同成长的过程。与朋友一起探索世界、学习新知识、追求个人成长和发展，有助于增进彼此之间的了解和友谊的深度。

总之，建立和维持有效的友谊关系需要各方的真诚、尊重和共同努力。通过选择与自己相似的人交往、真诚和尊重、保持联系、分享和倾听、解决问题和冲突、珍惜和维护、保持一定的独立性及共同成长等步骤和策略，你可以在人生旅途中建立稳固的友谊关系，为生活增添色彩和动力。

2. 有效处理友谊冲突：建立稳固关系的秘诀

有效处理和解决友谊关系中的冲突和误解是维护友谊稳定性和健康发展的重要一环，以下是一些有效的策略和方法。

（1）保持冷静与理智

当冲突和误解发生时，首先要做的是保持冷静，避免情绪化反应，因为情绪化可能导致进一步的误解和冲突升级。尝试从理智和成熟的角度看待问题。

（2）主动沟通

不要等待对方来找你，而是主动与你的朋友进行沟通，清晰地表达你的感受和观点，同时倾听对方的想法和感受。有效的沟通是解决问题的关键。

（3）倾听与理解

给予对方充分表达的机会，认真倾听他们的观点。尝试站在对方的角度思考，理解他们的感受。这有助于减少误解，增进相互理解。

（4）避免指责和攻击

不要指责或攻击对方，这只会加剧冲突。相反，以建设性的方式表达你的观点，寻求双方都能接受的解决方案。

（5）寻求共同点

找到你们之间的共同点，这有助于建立桥梁并缓解紧张气氛。通过强调共同点，你们可以更容易地找到一个双方都能接受的解决方案。

（6）寻求第三方协助

如果双方无法独立解决问题，可以考虑寻求第三方协助，如共同的朋友或专业咨询师。他们可以提供中立的观点和建议，帮助你们找到解决方案。

（7）接受和尊重差异

友谊中的冲突和误解有时源于双方之间的差异。接受和尊重这些差异是维护友谊的关键。不要试图改变对方，而是学会欣赏彼此的独特之处。

（8）设定明确的界限

子曰："可与言而不与之言，失人；不可与言而与之言，失言。知者不失人，亦不失言。"翻译成白话文就是："可以同他谈的话，却不同他谈，这就是失掉了朋友；不可以同他谈的话，却同他谈，这就是说错了话。有智慧的人既不失去朋友，又不说错话。"有时，友谊中的冲突和误解可能源于双方之间的界限不清晰。设定明确的界限，有助于减少误解和冲突的发生。

（9）寻求妥协和解决方案

友谊是建立在相互理解和妥协的基础上的，通过找到双方都能接受的解决方案，可以继续前进并加强友谊关系。

记住，友谊中的冲突和误解是正常的，关键在于如何处理它们。通过保持冷静与理智、主动沟通、倾听与理解、避免指责和攻击、寻求共同点、寻求第三方协助、接受和尊重差异、设定明确的界限，以及寻求妥协和解决方案，可以有效地处理和解决友谊中的冲突和误解，从而维护和发展稳固的友谊关系。

三、友谊促成生命的链接

（一）什么是生命的链接

在浩瀚的人生旅途中，我们每个人都是孤独的行者，穿越岁月的长河，经历风雨的洗礼。然而，在这无尽的探索中，有一种力量始终伴随着我们，温暖而坚韧，将我们与他人紧紧相连，这便是生命的链接。

首先，生命的链接体现在情感的共鸣上。深厚的友谊让彼此的心灵产生微妙的联系，这种联系超越了言语和物质的界限，源自内心深处的理解和认同。它像一股无形的力量，将我们的情感紧密交织。当你遭遇挫折心情低落时，朋友的一个拥抱、一句安慰的话语，就能让你感受到温暖和力量，生命中多一份色彩。

其次，生命的链接体现在精神的契合上。遇到志同道合的人时，一种难以言喻的默契便悄然产生。比如，你和一位朋友都热爱文学，经常一起讨论书籍、分享读后感，这种精神的契合让你们的友谊更加深厚。你们共同追求真理和智慧，相互激励，共同成长。在友谊的滋养下，我们的精神世界得到了升华，生命也因此变得更加有意义和充实。

再其次，生命的链接体现在相互的扶持上。人生难免会遇到困难和挫折，但朋友会伸出援手，给予我们力量和支持。他们陪伴我们渡过难关，共同迎接生活的挑战。这种扶持不仅体现在物质上的帮助，还体现在精神上的慰藉。在朋友的陪伴下，我们学会了坚强和勇敢，学会了面对生活的种种不易。这种相互的扶持，让我们的生命变得更加坚韧和有力。

最后，生命的链接体现在共同的成长上。友谊不仅让我们在情感上得到满足，还让我们在成长中相互成就。我们在与朋友的交流中汲取智慧，在彼此的鼓励中激发潜能。比如，和朋友一起创业，共同经历市场的起伏、企业的成长与变革。在这个过程中，我们互相学习、互相支持，实现了个人和事业的成长。这种共同的成长，让我们的生命变得更加充实和有价值。它让我们明白，生命的意义不仅仅在于个人的追求和成就，更在于与他人携手共进、共同创造美好的未来。因此，我们应该珍惜身边的每一段友谊，用心去维护和培养这些生命的链接。

（二）生命链接的意义

生命的链接，犹如一张错综复杂的网，将我们每一个独立的个体紧密相连，它不仅是我们情感的寄托和精神的支柱，还是我们生命深度和广度的源泉。深入探讨生命链接的意义，我们会发现，它远远超出了简单的社交互动，关乎我们存在的本质和生命的价值。

在这个瞬息万变的世界里，我们每个人都在为生活奔波，内心深处常常感到孤独和迷茫。然而，当我们与他人建立深厚的友谊时，这种孤独和迷茫便得到了缓解。在人生的低谷，那些真正懂你的朋友会陪伴在你身边，用他们的理解和鼓励让你重新找到生活的方向。这种情感的共鸣和精神的契合，如同生命中的灯塔，照亮我们前行的道路。

更深层次地，生命链接让我们意识到生命的相互依存和共同价值。我们每个人都是这个世界的一部分，我们的存在与他人息息相关。通过生命的链接，我们可以学会关注他人的幸福和福祉，为他人付出和奉献。在志愿服务中，我们与那些需要帮助的人建立深厚的友谊，为他们带去温暖和希望，也从他们身上学到坚韧和乐观。这种对生命相互依存和共同价值的认识，让我们的生命变得更加有意义。

在这个纷繁复杂的世界中，我们常常感到迷失和彷徨，不知道自己究竟属于哪里、该何去何从。然而，当我们与他人建立深厚友谊时，便找到了自己的归属感。在团队中，我们与队友们共同奋斗、拼搏，为了共同的目标而努力。在这个过程中，我们感受到团队的凝聚力和归属感，也找到了自己生命的目的和意义。我们不再只是为了自己的利益和追求而活着，而是为了与他人的共同幸福和福祉努力。

（三）拓宽生命宽度，提升生命价值

在人生的漫长旅途中，友谊不仅仅是简单的相识与相知，更是一种珍贵的情感纽带，连接着人与人之间的心灵。

1. 友谊的重要性

友谊是心灵的契合，是情感的交融。它超越了血缘、地域和文化的界限，将不同个体紧紧相连。友谊的重要性不言而喻，它是我们生活中的一种宝贵财富，给予我们无尽的支持与陪伴。

2. 友谊对情感的滋养

在友谊的滋润下，我们的情感得到了充分的滋养。与朋友分享喜怒哀乐，倾诉内心的秘密，能够让我们感受到被理解和被关怀的温暖。这种情感的交流，不仅有助于我们的心理健康，还能让我们的生活更加充实和美好。

3. 友谊在困难中的支持

在人生的道路上，我们难免会遇到各种困难和挑战。此时，朋友们的支持显得尤为重要。他们或许不能为我们解决实际问题，但他们的鼓励、理解和陪伴，能让我们在逆境中重拾信心，勇敢地面对困难。

4. 友谊促进个人成长

友谊如同一面镜子，让我们看清自己的优点和不足。在朋友们的建议和鼓励下，我们不断修正自己，努力成为更好的人。同时，与不同背景的朋友交往，也能拓宽我们的视野，让我们更加包容和理解不同的观念和文化。

5. 友谊带来的快乐与欢笑

与朋友们相处，总是充满了欢笑和快乐。无论简单的聚餐、旅行，还是日常的闲聊，都能让我们感受到生活的美好。这些快乐的时光，不仅让我们暂时忘却烦恼，更能让我们的心灵得到放松和愉悦。

6. 友谊的多样性与包容性

友谊不受任何限制，它可以存在于不同年龄、性别、职业和性格的人之间。这种多样性让友谊变得更加丰富多彩，也让我们学会如何与不同类型的人相处。同时，友谊的包容性让我们学会尊重和理解他人的差异，让我们的人生更宽广。

7. 友谊的持久与传承

友谊不受时间的限制，它可以跨越漫长的岁月，经历风雨的洗礼，但依然坚固如初。即使朋友们各自奔赴不同的人生道路，但那份情谊却始终如一。此外，友谊还可以通过家庭、朋友圈等渠道传承给下一代，让这份珍贵的情感得以延续。

总之，生命因友谊而更加精彩。友谊是我们生活中不可或缺的一部分，它给予我们力量、温暖和快乐。让我们珍惜身边的友谊，用心去呵护和维系这份宝贵的情感纽带，让我们的生活因友谊而更加美好。

[聚焦提升]

友谊在人的生命中扮演着举足轻重的角色。它既是心理健康的保障，也是精神成长的催化剂，让我们在彼此陪伴和支持中不断完善、成长，共同追寻人生的意义和价值。友谊的种类包括实用友谊、快乐友谊、善良友谊。友谊在人的生命成长过程中具有举足轻重的地位。它为我们提供了情感支持、知识分享、社会技能培养等多方面的帮助，让我们在成长的道路上更加坚定和自信。

建立与维护有效友谊关系的方法：（1）选择与你相似的人交往；（2）真诚和尊重；（3）保持联系；（4）分享和倾听；（5）解决问题和冲突；（6）珍惜和维护友谊关系；（7）保持一定的独立性；（8）共同成长。

有效处理友谊冲突的方法：保持冷静、主动沟通、倾听与理解、避免指责和攻击、寻求共同点、寻求第三方协助、接受和尊重差异、设定明确的界限以及寻求妥协和解决方案。

[自主思考]

请观赏经典电影《高山下的花环》（1984）——影片中的“祖国不会忘记”这句话在我们中国纪念英烈的各种活动和场合中都有所体现，尤其是在烈士纪念日这样的重要日子里，表达了对英烈的深切哀思和崇高敬意，体现了对英烈们的缅怀和对他们牺牲精神的尊重。通过影片请思考下列问题：

（1）影片中哪些场景令你印象深刻？

（2）影片中梁三喜、靳开来、赵蒙生三位主角各自展现了我们中国军人的哪些光辉形象？

（3）这部诞生于改革开放初期的影片，对于我们当代有哪些启示？

[课外拓展]

1. 胡发贵. 儒家朋友伦理研究［M］. 北京：光明日报出版社，2008.
2. 黄光国，胡先缙，等. 人情与面子［M］. 北京：中国人民大学出版社，2010.
3. 刘瑜，周国平. 愿你慢慢长大［M］. 北京：北京联合出版公司，2023.
4. 蒙田. 蒙田随笔全集［M］. 潘丽珍，等译. 南京：译林出版社，1996.

专题五
安全与生命教育

君子安而不忘危，存而不忘亡，治而不忘乱，是以身安而国家可保也。

——孔子

[专题导语]

生命是自然赋予我们最宝贵的礼物，安全则是守护这份礼物不可或缺的屏障。在快节奏、高压力的现代社会中，安全对生命教育显得愈发重要。个体的人身安全、财产安全及心理安全，是提升国民素质、构建和谐社会的重要基石。

本专题将围绕“安全与生命教育”展开深入探讨，分为人身安全、财产安全、心理安全三大板块。我们将通过案例分析、互动讨论和实践活动等多种形式，带领学生走进安全教育的世界，共同学习如何提升安全意识，有效防范各类安全风险。

在人身安全部分，我们将关注日常生活中的校园暴力、毒品侵害、溺水、火灾、交通安全等问题，分析常见安全隐患，提出防范措施，帮助学生建立起坚实的安全防线。在财产安全部分，我们将探讨校园贷款、赌博等侵财犯罪的特点和应对方法，引导学生树立正确的财富观念，增强自我保护能力。在心理安全部分，我们将关注心理健康问题，分析压力来源，提供心理调适方法，帮助学生建立积极健康的心态，迎接学习和生活中的挑战。

[情境体验]

在 X 市的一所中学，一名学生因为与另一名学生在课堂上发生口角，被后者在放学后纠集一群校外人员实施暴力。受害者被围殴，身体多处受伤，头部流血不止。此事在校园内引起轩然大波，师生们纷纷表示对校园暴力的强烈谴责。防治校园暴力需要家庭与学校共同努力，为学生营造安全、健康的成长环境。

如果你目睹校园暴力，你会如何帮助受害者？从生命安全的角度出发，学校和家庭应该如何提前对学生进行相关教育？

[理论学习]

美国著名社会心理学家马斯洛曾提出需要层次理论，该理论分析了人类的五层基本需要，分别为生理的需要、安全的需要、归属与爱的需要、尊重的需要、自我实现的需要。其中，安全的需要位于生理的需要之上，是人类需要层次中的第二层。安全的需要主要包括对人身安全、生活稳定，以及免遭痛苦、威胁或疾病等的追求。这种需要在人的生活中起着至关重要的作用。

安全需要是人类生存和发展的基础。在满足了基本的生理需要（如食物、水、睡眠）之后，人们自然会寻求一个安全、稳定的环境。这种环境既包括物质层面的安全，如住所的安全、工作的稳定，也包括心理层面的安全，如情感的稳定、人际关系的和谐。只有这些安全需要得到满足时，人们才能全身心地投入更高层次的需要。

安全需要影响着人们的决策和行为。在面临选择时，人们往往会倾向于选择那些能够带来更大安全感的选项。例如，在选择工作时，除了考虑薪资和职业发展前景，人们还会关注工作环境的稳定性、公司的信誉等因素，这些都是安全需要的体现。

安全需要还与人们的心理健康密切相关。当安全需要得不到满足时，人们可能会感到焦虑、恐惧和不安，这些负面情绪会影响人们的心理健康和生活质量。因此，创造一个安全、稳定的环境对于维护人们的心理健康至关重要。

总的来说，马斯洛的需要层次理论中的安全需要是人类需要结构中的重要一环。它不仅是人们生存和发展的基础，还影响着人们的决策、行为及心理健康。因此，在日常生活和工作中，我们应该重视并努力满足人们的安全需求，为他们创造一个和谐、稳定的环境。

一、生命教育中的安全问题

安全问题直接关系到每个人的生命健康和生活质量，是生命中最基础且最重要的议题。在生命教育中，安全教育占据着举足轻重的地位，其内容细分为三大核心板块：人身安全、财产安全与心理安全，每一部分都深刻揭示了安全作为生命之基的重要性。

（一）人身安全的必要性

人身安全是人类生存和发展的基础，失去人身安全，一切都将无从谈起，所以保障人身安全是极为必要的。不安全因素包括校园暴力、毒品侵害、溺水、火灾、交通事故等多个方面。校园暴力不仅包括身体上的伤害，也包括言语和心理上的欺凌，需要通过教育和法律手段共同预防和干预。毒品侵害是一个严重的社会问题，它对个人健康和社会安全构成威胁。因此，提高对毒品危害的认识和拒绝毒品的能力是保护人身安全的重要一环。防溺水和火灾教育则涉及日常生活中的安全意识和自我保护能力，需要通过实践演练和安全教育来提高。交通事故是导致意外伤害和死亡的主要原因之一，遵守交通规则、提高交通安全意识是预防此类事故的关键。

因此，生命教育应深入普及安全知识，教授安全技能，增强学生的自我保护意识和能力，确保他们能够在复杂多变的环境中保持警觉，远离伤害。

（二）财产安全的保障性

财产是人们维持生活、实现目标的物质依托，稳固的财产安全能够为生活稳定提供保障。财产安全不容忽视，它涉及赌博、诈骗、网络贷款等问题。赌博不仅会导致财产损失，还可能引发家庭和社会问题。因此，教育学生远离赌博、树立正确的金钱观是保护财产安全的重要措施。诈骗利用人们的贪婪、恐惧或信任来进行非法获利。通过教育学生识别诈骗手段、提高警惕性，可以有效防范财产损失。网络贷款虽然为人们提供了便利，但也可能带来债务风险，因此，教育学生理性消费、合理借贷是保护财产安全的必要途径。

生命教育应引导学生树立正确的金钱观和消费观，教会他们识别诈骗手段，保护个人财物，避免因财产损失而陷入困境。同时，生命教育也要强调合法劳动与创造财富的重要性，鼓励学生通过正当途径实现自我价值。

（三）心理安全的支撑性

健康的心理状态是人们应对生活挑战、保持积极生活态度的关键，心理安全对个人的精神世界起着支撑性作用。心理安全是生命教育中不可或缺的一部分，它关注的是心理健康问题。心理健康问题包括焦虑、抑郁、自我伤害等，这些问题不仅影响个人的生活质量，还可能对生命安全构成威胁。因此，提供心理健康教育、建立有效的心理支持系统、鼓励学生寻求专业帮助是维护心理安全的重要措施。

同时，教师要倡导积极向上的生活态度与价值观，引导学生形成健康的人际关系，为他们的心灵筑起一道坚固的防线。

综上所述，安全是生命教育中最重要的问题，它贯穿于人身安全、财产安全与心理安全的方方面面。只有全面深入地开展安全教育，增强学生的安全意识与自我保护能力，才能为他们的健康成长与全面发展提供坚实保障。在本专题中，我们将通过具体的案例分析、互动讨论和实践活动，引导学生认识到安全问题的多维性，并教会他们如何采取有效措施来保护自己和他人的安全。

二、安全教育的主要内容

人身安全、财产安全和心理安全三个维度构成了完整的生命安全教育体系。人身安全是生命安全的基础，关注个体的生命健康与身体安全；财产安全是生活稳定的保障，聚焦个人物质财富的保护；心理安全则是身心健康的深层关怀，关注压力管理、情绪调节及心理健康支持。三者相辅相成，共同为学生提供全方位的安全教育，助力其健康成长与全面发展。

（一）人身安全

人身安全是指个人的生命、健康、行动等一系列与人的身体相关的平安健康，不受威胁，不出事故，没有危险。它是人们赖以生存与活动的首要条件，历来受到高度的重视。人身安全包括谨防校园暴力、抵御毒品的侵害、预防溺水与火灾事故及交通安全等一系列重要领域。

1. 谨防校园暴力

校园暴力是指发生在校园内或周边，学生之间或师生之间发生的身体、心理或言语上的攻击行为，它会破坏校园的和谐氛围，影响学生的正常学习和生活。校园暴力不仅包括身体上的伤害，也包括言语侮辱和心理上的排挤孤立等欺凌方式。对于个人而言，被暴力侵害不仅会造成身体上的伤害，还可能导致心理创伤、自尊心受损，甚至引发长期的情感困扰和社交障碍，影响个人的生活和职业发展。因此，加强校园暴力防治教育，培养学生之间的尊重与理解，营造和谐友善的校园环境，对于保护学生人身安全至关重要。

校园暴力是严重危害学生身心健康的行为，防治校园暴力不仅是学校和家庭的责任，也是全社会的共同使命。《中华人民共和国未成年人保护法》第六条明确规定，国家、社会、学校和家庭应当教育和帮助未成年人维护自身合法权益，增强自我保护的意识和能力。

在防治校园暴力的过程中，学校应定期开展法治教育，增强学生的法律意识和自我保护能力，建立完善的校园暴力预防与应对机制，包括加强师生沟通、开展心理健康教育、设立匿名举报渠道等。同时，老师可以通过主题班会、法制讲座等形式，增强学生对校园暴力的认识，培养学生解决问题的能力和尊重他人的意识。家长要积极参与，关注孩子的情绪变化，及时与学校沟通，共同营造一个安全、健康的校园环境。社会则应通过媒体宣传、社区活动等方式，普及反校园暴力知识，形成全社会共同关注和参与的良好氛围。只有多方协作，才能有效遏制校园暴力，为青少年创造一个安全的学习环境。

我们需要提高自我防范意识，学习识别和应对各种潜在的暴力侵害行为。谨防校园暴力是我们每个人的责任和义务，只有我们共同努力，提高防范意识，加强自我保护，才能有效减少暴力侵害的发生，维护社会的和谐稳定。

2. 远离毒品侵害

毒品侵害是现代社会面临的严峻挑战之一，青少年群体尤其容易成为受害者。毒品侵害是指青少年接触、使用乃至成瘾于各种违禁药物的过程，这些药物往往具有极强的依赖性和危害性，会严重损害身体和心理健康。它像一只无形的魔掌，逐渐侵蚀着人们的身心，将一个个鲜活的生命推向深渊。毒品严重损害人体健康，导致生理机能衰退与心理扭曲。此外，它还可能引发犯罪、家庭关系破裂等社会问题。预防毒品侵害对于保护青少年健康成长、维护社会稳定具有不可估量的价值。因此，生命教育中必须加强对毒品危害的宣传教育，帮助学生树立正确的价值观，增强对毒品的警惕性和抵抗力，远离毒品侵害。

远离毒品侵害属于人身安全的全方位范畴，它涉及个人身心健康、家庭幸福、社会安定等多个层面。

从个人身心健康的角度看，毒品对人体的损害是全面而深重的。毒品能够直接损害人的中枢神经系统、心血管系统和免疫系统，导致各种严重的生理疾病，如心肌炎、心律失常、糖尿病、癌症等。此外，毒品还会引发精神问题，如幻觉、妄想、人格改变等，严重时可能导致自杀或暴力行为。

从家庭幸福的角度看，毒品侵害会导致家庭关系破裂、亲人反目。涉毒者往往不顾家庭责任，耗费大量钱财购买毒品，甚至可能为了筹集毒资而盗窃、抢劫，最终使家庭陷入经济困境和精神痛苦。

从社会安定的角度看，毒品问题是社会治安的严重隐患。涉毒人员容易引发违法犯罪行为，如盗窃、抢劫、贩毒等，严重危害社会公共安全和秩序。

因此，远离毒品侵害是保护个人身心健康、维护家庭幸福和社会安定的必然选择。每个人都应该增强人身安全防范意识，了解毒品的危害，坚决抵制毒品的诱惑，并积极参与禁毒工作，共同营造一个无毒、健康、和谐的社会环境。

毒瘾之痛：青年的坠落与救赎

曾经，李某是家乡的骄傲。作为重点大学的学生，他成绩优异，屡获奖学金，是导师眼中极具潜力的科研新星。父母经营着小餐馆，将全部希望寄托于这个独子。

命运的转折发生在2020年秋。一场庆功聚会上，李某在师兄“提神助研”的怂恿下，第一次接触了冰毒。彼时他正因科研压力失眠数月，对毒品的警惕在“提升专注力”的伪科学包装下土崩瓦解。从实验室到堕落深渊，仅一步之遥。

染毒后的李某如同被按下毁灭键：实验数据开始造假，奖学金因旷课被取消，更以“科研经费”为名榨干父母积蓄。导师无奈将其除名，曾经围坐谈天的室友纷纷申请调换宿舍。2021年年底，他在校外出租屋吸毒时被警方抓获，送入强制隔离戒毒所。

首次戒毒期间，母亲探视时颤抖着掏出他儿时的“三好学生”奖状，父亲沉默着将家里餐馆的转让合同推到他面前——为凑戒毒费用，祖传店面已变卖。亲情的刺痛让李某发誓重生，2022年夏，李某提前解戒返校。

可象牙塔早已不是避风港。昔日同窗的躲避眼神、求职屡屡受挫的打击，3个月后他再次倒在厕所隔间里颤抖着注射。这次复吸彻底斩断了他与正常世界的纽带：父母与其断绝关系，学校勒令其退学，他因盗窃实验室器材换毒资被刑事立案。

2023年冬，第三次入所的李某蜷缩在戒毒所的角落。在这里，“全国统一戒毒模式”让他重获新生。经过近1年的科学戒治，他开始反思自己的人生，主动与民警交流，努力提升自己戒除毒瘾的信心。

李某的黑色轨迹，撕开了校园毒品渗透的残酷真相。一针之后，陨落的不只是某个个体，更是整个家庭20年含辛茹苦托举的希望。当我们谈论校园安全时，不仅仅要防范看得见的实验室危化品，更要警惕那些溶解在奶茶、电子烟中正在摧毁朝阳的灵魂毒药。青春容不得试错，有些选择注定没有撤销键。

毒品是悬在个人健康、家庭幸福及社会稳定头顶的达摩克利斯之剑，其危害之深、影响之广，不容小觑。它如同一颗毒瘤，侵蚀着人们的身体，破坏着家庭的和睦，扰乱着社会的安宁。为了守护人民的幸福生活、捍卫社会的和谐稳定，国家禁毒委员会自2022年起毅然启动“清源断流”专项行动。这一行动彰显了国家打击毒品犯罪的坚定决心，是对社会主义核心价值观中“和谐”“法治”理念的生动践行。在行动中，国家加强边境管控，筑牢抵御毒品流入的第一道防线，严密守护着祖国的每一寸疆土，让毒品无缝可钻；大力打击制毒贩毒网络，以雷霆手段斩断毒品流通的罪恶链条，让犯罪分子无处遁形；积极开展社区戒毒康复，秉持着关爱与帮助的精神，为吸毒人员提供改过自新的机会，助力他们重新回归社会，体现以人为本的理念。通过一系列扎实有效的举措，“清源断流”专项行动取得了显著成效，不仅极大地遏制了毒品的泛滥，还净化了社会环境，让人民群众切实感受到了安全与和谐。这充分证明，只要全社会齐心协力，坚决抵制毒品，就一定能够守护好我们的美好家园，让生活充满阳光。

作为新时期的学生，我们应积极响应国家政策，增强禁毒意识，坚决抵制毒品诱惑。学校应定期开展毒品预防教育，通过案例讲解、法律宣传等方式，帮助学生认清毒品的危害；家长应关注孩子的交友情况，引导其树立正确的价值观；社会各界也应共同参与，营造无毒校园、无毒社区的良好氛围。只有全社会共同努力，才能筑牢禁毒防线，守护青少年的健康成长。

3. 预防溺水、火灾

溺水和火灾是学生群体中常见的意外伤害之一，是常见且极具破坏力的意外伤害类型。在炎炎夏日，游泳成为不少学生消暑的选择，然而，因对水域情况判断不足、自身游泳技能欠缺、未做好安全防护措施等，溺水事故偶有发生。家中因电器长时间使用未及时断电、私拉乱接电线、使用劣质电器产品等不当行为，极易引发火灾。这些意外都给学生的人身安全带来了巨大威胁。鉴于此，强化防溺水和火灾安全教育迫在眉睫。学校和家庭应双管齐下，切实保障学生安全。

在防溺水方面，学校要定期组织游泳技能培训，在专业教练指导下，从呼吸技巧、基本泳姿，到在水中的应急处理，让学生逐步掌握扎实的游泳本领。同时，学校要反复向学生强调“六不准”原则：不准私自下水游泳；不准擅自与他人结伴游泳；不准在无家长或老师带队的情况下游泳；不准到不熟悉的水域游泳；不准到无安全设施、无救护人员的水域游泳；不准不会水性的学生擅自下水施救。

在火灾防范上，学校应定期开展火灾逃生演练，提前规划不同教学楼、教室的逃生路线，并在演练中不断强化学生记忆。演练时，模拟火灾场景，如释放烟雾、警报响起，指导学生用湿毛巾捂住口鼻，低姿前行，有序撤离。同时，学校还要教授学生认识常见消防标识，了解灭火器、消火栓等消防器材的使用方法。

另外，学校还需加强校园内外的水域和火灾隐患排查。在校园周边的河流、湖泊、池塘等水域设置明显的警示标识，提醒学生远离危险水域；定期检查校园内的电器设备、电线线路，及时更换老化、破损的部件，消除火灾隐患。

关于溺水和火灾，家长同样肩负着重要责任，应时刻关注孩子的安全行为。在孩子游泳前，家长要仔细检查其游泳装备是否齐全、完好；叮嘱孩子不独自前往危险水域，游泳时要有成人陪同。日常生活中，家长要向孩子传授家庭用火、用电安全知识，如不用湿手触摸电器、使用完燃气后及时关闭阀门等。

学校、家庭多方面的努力，能够让学生掌握基本的自救互救技能，提高其应对突发事件的能力，切实保障学生的生命安全，让学生在安全的环境中健康成长。

4. 注意交通安全

交通安全绝非简单的规则遵循，而是保障人们在道路上时人身与财产免受威胁的关键防线。每一条交通规则、每一处交通标识，都凝聚着无数经验教训，是守护生命安全的坚固盾牌。

在交通安全中，学生群体的安全状况备受关注。在上下学途中，学生们穿梭于车水马龙之间，面临着诸多交通安全隐患，稍有不慎便可能遭遇危险。交通事故宛如一记重锤，不仅给学生个人带来身体上的伤痛、心灵上的创伤，也让家庭支离破碎，给社会带来沉重的负担。一个个触目惊心的案例都在警示着我们，加强交通安全教育刻不容缓。

生命教育的重要一环，便是深入且全面地普及交通安全知识。社会、家庭和学校需紧密配合，形成强大合力，为学生筑牢交通安全的坚固堡垒。

学校应成为交通安全教育的主阵地，学校要定期开展形式多样、内容丰富的教育活动，如通过生动的课堂讲解，让学生们熟知交通规则，明白每一条规则背后所蕴含的生命意义；进行安全乘车方法演示，从正确系安全带、有序上下车，到遇到突发状况时的应对措施，事无巨细地传授给学生；播放真实的交通事故案例，以直观的画面和残酷的事实，敲响学生心中的安全警钟，增强他们的交通安全意识。

家长作为孩子成长道路上的第一任老师，要时刻引导孩子养成良好的出行习惯。日常步行出行时，提醒孩子不闯红灯、不在马路上追逐打闹；乘车出行时，以身作则系好安全带，教育孩子遵守乘车秩序，以言传身教的方式，将交通安全意识深深植入孩子心中。

社会各界也应积极行动起来，共同致力于改善道路交通环境。政府部门应加大对交通基础设施的投入，优化道路设计，合理规划交通信号灯的设置；交通管理部门应加强执法力度，严厉打击各类交通违法行为，维护良好的交通秩序；社区、公益组织等应积极开展交通安全宣传活动，提高公众的交通安全意识，营造全社会共同关注交通安全的良好氛围。

只有通过学校、家庭和社会的共同努力，交通安全知识才能深入人心，安全意识才能成为学生的行为自觉，进而有效减少交通事故的发生，切实保护学生的生命安全，让每一个孩子都能在安全的环境中茁壮成长，让每一个家庭都能充满欢声笑语。

（二）财产安全

财产安全是指个人或组织拥有的财产不受损失或被侵害的状态。这些财产包括金钱、物资、房屋、土地等物质财富，它们受到法律的保护，所有者对自己的财产依法享有占有、使用、收益和处分的权利。任何未经财产所有者许可而使用其财产的行为，都构成对财产权的非法侵犯。财产涉及个人的财富、权益和财产的完整性与持久性，具体特点如下：私人占有、法律保护、类型多样。总的来说，财产安全关注的是个人物质财富的合法性和安全性，以及受到法律保护的程度。为了保障财产安全，个人应积极了解相关法律法规，采取必要的预防措施，确保自己的财产权益不受侵犯。

1. 提高财产安全意识

鉴于学生自身的经济能力相对有限，一旦财产遭受损失或管理不善，不仅可能带来经济上的困扰，还可能诱发一系列的心理问题或引发不良行为，对学生的成长和发展造成深远的影响。因此，针对学生的财产安全，我们提出以下注意事项，以确保他们能够在校园生活中安心学习、健康成长。

（1）保管好贵重物品

现金、银行卡、身份证、手机等贵重物品应妥善保管，避免随身携带大量现金。可以将现金存入银行，使用银行卡进行日常消费。同时，银行卡密码应避免设置为生日、学号等容易被猜到的数字。

（2）宿舍安全

离开宿舍时，务必关好门窗，确保门锁完好无损。不要随意将宿舍钥匙借给他人，也不要轻易相信陌生人的求助。此外，不要在宿舍内存放大额现金和贵重物品，以防被盗。

（3）防范网络诈骗

提高网络安全意识，不轻信网络信息，不随意点击不明链接或下载未知来源的软件。在进行网上购物或交易时，应选择正规平台，并仔细核对商家信息和商品质量。

（4）外出安全

外出时，注意保管好随身物品，不要将钱包、手机等贵重物品放在显眼的位置。在公共场所，如图书馆、食堂等，不要用背包等占座，以免丢失物品。此外，尽量避免深夜单独外出或前往偏僻地区。

（5）提高警惕

对于突然接近的陌生人或异常行为，要保持警惕，及时寻求帮助或报警。同时，要学会识别并拒绝各种形式的非法传销、诈骗等活动。

（6）遵守学校规定

遵守学校的各项规定和制度，不参与任何违法违规活动。若有任何疑虑或问题，及时向学校相关部门或老师寻求帮助。

2. 防范校园贷款风险

许多大学生为了追求更高的生活品质与满足高档消费的需求，选择借助网络贷款平台。然而，鉴于大学生的收入普遍偏低，他们往往难以按时偿还贷款，进而引发一系列严重后果。沉重的利息和费用如同沉重的枷锁，给借款学生带来巨大的心理压力，严重影响他们的日常生活和学习状态。更为严重的是，校园贷通常需要家长提供隐形担保，这对原本经济困难的家庭而言是雪上加霜，进一步加剧了他们的经济负担。因此，我们必须正视校园贷款的危害，积极采取措施，帮助大学生识别和规避这一风险，确保他们能够远离这一陷阱，安心专注于学业与成长。

（1）树立正确的金钱观和消费观

大学生应该养成良好的消费习惯，理性对待金钱，不盲目追求高档消费，避免过度借贷。

（2）提高警惕，增强自我保护意识

在选择借贷产品时，大学生要谨慎选择正规、合法的平台，避免落入不法分子的陷阱。同时，要保护好个人信息，不轻易泄露给他人。

（3）了解金融常识，增强防范意识

大学生应该了解基本的金融知识，如利率、利息、还款方式等，以便更好地评估借贷风险。同时，要警惕各种高利诱惑，不轻信不实宣传。

（4）保管好身份证件

身份证是借贷过程中必不可少的证件之一，因此要妥善保管，不要随意借给他人或遗失。

（5）选择有正规许可的机构办理借贷业务

在选择借贷机构时，要选择有正规许可、信誉良好的机构，避免落入非法机构的陷阱。

大学生应时刻保持警惕，增强自我防范意识，确保个人财产安全。同时，学校和社会也应加强对大学生的安全教育和管理，共同营造一个安全、和谐的学习环境。

3. 远离各类赌博危害

赌博是一种以金钱、财物或有价值的东西作为赌注，依据偶然因素来决定输赢的行为活动，参与者期望通过赌博行为获取超出自身所下赌注的财物或其他利益。赌博可能导致个人财产迅速流失，使参与者陷入经济困境，甚至倾家荡产。赌博还会对家庭关系造成严重破坏，引发家庭矛盾、离婚等问题。从社会层面来看，赌博容易滋生犯罪，如盗窃、抢劫、诈骗等，严重影响社会的安全与稳定，损害社会风气，降低社会信任度，阻碍社会的健康发展。

赌博泥潭：一个青年的悲剧

小李，一个25岁的青年，原本在大学里有着光明的未来。他勤奋好学，成绩优异，是老师和同学们的骄傲。然而，一次偶然的机会，他接触到了手机赌博。起初，小李只是抱着好奇的心态尝试一下，没想到很快就赢了几笔小钱。这让他尝到了甜头，也让他对赌博产生了浓厚的兴趣。渐渐地，他开始沉迷于手机赌博，无法自拔。

小李开始旷课、熬夜，整天泡在赌博的世界里。他输掉了生活费，借遍了同学朋友，甚至不惜向父母撒谎要钱。然而，他的运气似乎总是那么差，输多赢少，欠下的债务越来越多。为了还清债务，小李开始走上了不归路。他偷窃、诈骗，甚至不惜出卖自己的尊严和人格。他的行为引起了周围人的警觉和怀疑，但他却深陷其中，无法自拔。

最终，当小李再次输光所有的钱时，他感到了前所未有的绝望和无助。他意识到自己已经失去了所有，包括家人、朋友和未来。他无法面对这个残酷的现实，也无法承受自己的过错和悔恨。他将自己卧室的门缝用胶带严严实实地封上，仿佛要将自己与外界隔绝。在屋内的一个小盆里，他点燃了炭火，火光在昏暗的房间内摇曳，映照出他苍白而绝望的脸庞。

在桌子上，他留下了一封遗书，字迹凌乱而沉重："爸爸妈妈，对不起，我陷入了手机赌博的泥潭，无法自拔。我背负了巨额债务，无法面对你们，无法面对自己的过错。我只能选择这种方式，来结束这一切的痛苦和悔恨。"

小李的生命也永远定格在了年轻的25岁。

像这样的真人真事数不胜数，令人唏嘘。赌博不仅能够摧毁一个人的经济基础，还能够摧毁他的心灵和未来。我们应该时刻保持警惕，远离赌博的诱惑，珍惜自己的生命和未来。赌博究竟有多令人"着迷"呢，我们来一探究竟。一般来说，赌徒们会展现出以下几种典型的心理特征：

（1）猎奇心理

许多人被赌博的神秘和趣味吸引，最初只是出于好奇心的驱使参与其中，然而一旦涉足，便难以自拔，最终陷入无法自拔的境地。

（2）模仿与从众心理

赌博风气的盛行，往往会对人们产生强烈的示范作用。尤其是青少年，他们的模仿和从众心理尤为强烈，看到他人参与赌博，便也产生了跃跃欲试的冲动，渴望亲自体验赌博带来的刺激与快感。

（3）寻求刺激心理

对于那些精神空虚、生活无聊的人来说，有刺激性的赌博成为他们打发时间的手段。他们渴望通过赌博来体验各种心理感受，寻找生活的乐趣和刺激。

（4）贪欲、侥幸心理与不劳而获思想

赌博本质上是一种营利性的活动，赌徒们往往抱着侥幸心理，认为自己能够赢得更多的财富。他们渴望通过赌博一夜暴富，占有他人的财物。这种贪欲、侥幸心理和不劳而获思想，使得他们的赌博行为愈发疯狂，越陷越深。

（5）积重难返，形成赌博癖好后的强迫心理

在上述不良心理倾向的推动下，赌徒们会逐渐形成赌博癖好，产生强烈的强迫心理。他们无法自拔地沉迷于赌博之中，将其视为生活中不可或缺的一部分，即使面临严重的后果和损失，也难以自拔。这种顽固的赌博心理，使得他们难以摆脱赌博的束缚，最终走向毁灭的边缘。

正是这样贪婪的心理作祟，才导致了如此下场：

（1）倾家荡产

有人因为赌博输掉了所有的积蓄和财产，甚至背负了巨额债务。他们不得不卖掉房子、车子和其他财产来偿还债务，最终导致家庭破裂，生活陷入困境。

（2）妻离子散

赌博成瘾的人往往会失去对家庭的责任感和关爱，他们沉迷于赌博，忽略了家庭和亲人的需要。这可能导致婚姻关系破裂，子女离家出走，家庭支离破碎。

（3）家破人亡

在一些极端的情况下，赌博可能会导致家破人亡的悲剧。例如，有人因为赌博欠下巨额债务，被债主追债上门，最终导致家庭暴力、自杀等事件发生。

（4）违法犯罪

为了筹集赌资或偿还债务，一些人可能会铤而走险，从事违法犯罪活动。这不仅会给自己带来牢狱之灾，还会给家人和社会带来极大的伤害。

（5）精神崩溃

长期参与赌博的人可能会经历巨大的心理压力和情绪波动。他们可能会陷入焦虑、抑郁等精神问题中，无法自拔。这种精神崩溃可能会对他们的生活和工作产生长期的影响。

赌博之害犹如洪水猛兽，一人涉足，往往波及全家。因此，我们必须坚决抵制赌博的诱惑，珍视自己来之不易的生活与家庭幸福。若不慎陷入赌博的泥潭或遭遇相关困扰，务必及时寻求专业的帮助与支持，切勿独自承受。我们要深刻认识到赌博的严重危害，自觉培养健康向上的生活情趣，远离一切赌博活动。同时，我们要明确区分娱乐与赌博的界限，防止在不经意间越界。在思想上，我们要时刻保持警惕，坚决抵制赌博的诱惑，也要警惕网络贷款等高风险行为，以免陷入更大的困境。此外，我们还要积极劝阻身边参与赌博的同学朋友，共同营造一个健康、和谐的生活环境。

（三）心理安全

心理安全可以被定义为心理本身的安全，即心理免于危险、不受威胁和危害的客观状态。在这种状态下，人们可以在不受挑战和威胁的情况下表达自己的想法和感受，而不用担心受到惩罚或者社会排斥的结果。这种安全状态有助于人们放松身心，充分发挥自己的才能，跨越自己的界限，进行既有冒险性、创造性又有创新性的首创性思维。

心理安全也是个体层面的必备条件之一，有助于排解焦虑感和创造愉悦感。心理安全是心理健康的基石，它影响人们的心理状态，进而影响人们的日常生活和工作表现。同时，心理安全是人们为了应对生活和工作中的挑战和压力所必需的。一个安全环境可以帮助人们更好地应对各种挑战和压力，提升应对能力和心理素质。心理安全不仅关乎个体的心理健康和幸福感，也影响到组织的效能和社会的和谐稳定。因此，无论个人还是组织，都应重视并努力维护心理安全。

新冠疫情给全人类的身心健康带来了前所未有的冲击。根据世界卫生组织 2022 年发布的报告，新冠疫情的第一年，全球焦虑和抑郁的患病率增加了 25%。其中，抑郁症患者增加了约 6000 万人，焦虑症患者增加了约 9000 万人。这一数据凸显了疫情对心理健康的深远影响，也提醒我们加强心理健康教育和服务的重要性。陆林院士在《科创中国·院士开讲》节目中深刻指出，疫情对人类心理层面的影响预计将持续至少 20 年。

面对如此长期而广泛的影响，如何有效地调节焦虑情绪成为一个重要课题。以下提出几点建议，帮助大学生提高自我调节消极情绪的能力。

1. 认知调节

美国心理学家阿尔伯特·埃利斯提出的认知方法核心观点指出，非理性信念是引发情绪与行为紊乱的根源。个体头脑中存在的不合理、片面且绝对化的思维模式，例如过度概括、灾难化思维等，会对其情绪体验和行为表现产生显著的负面影响。基于此理论，认知行为疗法得以发展。该疗法旨在通过调整个体的负面思维，进而改善情绪状态与行为模式。具体而言，该疗法的治疗过程包含识别自动思维、检验思维的合理性及重构认知等步骤。在识别自动思维阶段，引导个体觉察在特定情境下脑海中瞬间出现的想法；检验思维合理性时，运用逻辑分析、寻找证据等方式，判断这些想法是否符合客观事实；重构认知则是帮助个体用更理性、积极的思维替代原有的负面思维，从而达到缓解不良情绪、纠正不良行为的目的。

新时期青年应着力培养辩证思维，学会全面、客观地看待事物。在面对生活中的种种挑战与困境时，一方面要清晰地认识到这些难题对个人生活、学业和未来发展可能带来的阻碍与冲击，它们可能打乱既定计划，引发内心的不安与困扰，但另一方面也要看到这些挑战背后隐藏的机遇与成长契机。每一次困境都是一次自我审视与突破的机会，促使我们重新思考自身的发展方向与生活方式。在应对挑战的过程中，人类不断激发自身的智慧与创造力，推动各领域的进步与革新。

2. 行为调节

身体和心理健康是紧密相连的，通过改变行为方式，我们可以有效地调节心理状态。众多研究表明，体育运动在心理健康干预中发挥着重要作用。它不仅能够维持机体的正常生命活动，还能刺激神经系统，有助于改善焦虑和抑郁情绪。此外，睡眠质量与心理健康也是相互影响的，良好的睡眠有助于调节情绪状态。因此，在“后疫情”时期，学生们应坚持体育锻炼，保证优质睡眠，保持均衡饮食，以增强身体素质、提高免疫力、降低感染风险，并以积极的心态面对疫情，减少焦虑情绪。

通过综合运用认知调节和行为调节的策略，大学生可以更好地应对新冠疫情带来的心理挑战，保持身心健康，迎接未来的挑战。

3. 社会支持

社会支持是一个多维度的概念，它涵盖经济、物质等资源的实际支持，也包括能够感知到的情感支持。当我们的经济、物质资源受到挑战时，生活的方方面面都可能受到影响，焦虑情绪也会随之产生。然而，当我们感受到来自外部世界的善意与援助时，我们的心理状态会变得更加积极，我们对未来也会充满更多的期待。

无论来自亲人的关怀、同学的帮助，还是朋友的陪伴，这些支持都能为我们提供强大的精神力量。我们可以与朋友、同学之间保持密切联系，相互关心、相互帮助，共同营造一个友好的校园环境。此外，积极参与团体活动也是一个拓宽社会支持网络的有效途径。在团体活动中，我们不仅可以结识更多志同道合的朋友，还能在合作与交流中提升自我，增强自信心。

在“后疫情”时代，保障人们的心理安全是一项至关重要的任务。当遇到困扰和难题时，我们不应该选择逃避或独自承受。相反，我们应该积极主动地寻求外界的帮助，珍惜身边的支持资源，积极参与校园活动，拓宽社会支持。同时，我们要学会在遇到困难时主动寻求帮助。在此过程中，我们不仅能够解决实际问题，还能感受到世界的温暖与美好。这种积极的互动和体验将引导我们的情绪向更加积极的方向发展，从而有效缓解焦虑情绪。

三、生命安全教育体系的构建

科学的教育是立体的，由国家教育、社会教育、学校教育、家庭教育和自我教育五个层面组成。其中，国家教育是通过国家的教育方针和政策把握教育方向的教育；社会教育是指以提高学生的德商为目的的教育；学校教育是指以提高学生的智商为目的的教育；家庭教育是指以提高学生的情商为目的教育；自我教育是指个人提升个人综合素质的教育。五个教育层面相互交融、重叠和互补，形成了完整的教育体系。

（一）国家教育：安全政策的顶层设计与保障

在我国对教育学科的建设上，并未规定生命安全教育这一分支，这使得学生生命安全教育不能科学系统地传承。实践需要理论作为指导，生命安全教育理论的不健全，学科的不受重视，使得教育者在处理具体实践问题时无从下手。因此，健全生命安全教育学科势在必行。学科建设是生命安全教育的基础，国家应该重视生命安全教育，加强生命教育学科建设，为生命安全教育的实践提供理论指导。

1. 人身安全教育

国家应将人身安全教育作为国家安全教育体系的核心内容之一，制订并实施全面的人身安全教育计划。这包括在学校、社区及工作场所定期开展安全知识讲座和演练，涵盖交通安全、消防安全、防灾减灾、防欺凌与性侵等多方面内容，以增强公众的自我保护意识和应对能力。同时，建立健全的校园安全管理制度，确保学生在校期间的人身安全；加强公共场所的安全监管，预防和减少各类安全事故的发生。

2. 财产安全教育

针对财产安全，国家应普及金融知识教育，提高公众的防骗防盗意识。通过举办金融知识讲座、反诈骗宣传活动等形式，向公众传授识别金融诈骗、网络诈骗等新型犯罪的手段和防范技巧。此外，加强个人信息保护教育，引导公众妥善保管个人财物和敏感信息，避免财产损失。同时，建立健全的财产保护法律法规体系，加大对侵财犯罪的打击力度，为公众的财产安全提供有力保障。

3. 心理安全教育

心理安全是全面安全的重要组成部分。国家应高度重视公众的心理健康状况，将心理健康教育纳入国民教育体系。首先，在学校开设心理健康教育课程，配备专业的心理咨询师，为学生提供心理咨询和辅导服务；其次，在社区和企业建立心理健康服务网点，为公众提供便捷的心理健康服务；最后，加强心理健康知识宣传普及，提高公众对心理问题的认识和应对能力，营造积极向上的社会氛围，促进公众心理健康发展。

（二）社会教育：安全文化的广泛传播

学生在学校里学到的东西只是基础性的，在社会的大舞台里，我们应向所有值得学习的人学习，分清好坏与是非，看清浮华现象后面的本质，学会师夷长技以制夷，广收百家之言，内炼自身，取其精华、去其糟粕，提高自己的能力，完善世界观。只有这样才能立足社会，成为一个对国家、对社会有用的人。生命安全教育不仅要从学校教育、家庭教育、自我教育入手去推动，还要从社会教育层面去实施、提升。

1. 人身安全教育

社会应高度重视人身安全教育，通过多渠道、多形式的方式普及安全知识，提升大学生的安全意识和自我保护能力。相关部门可以利用媒体和网络平台广泛传播人身安全知识，提高公众对潜在危险的识别和防范能力。此外，社会各方要加强公共场所的安全管理，确保消防、交通、治安等方面的安全，为公众提供一个安全的生活和工作环境。

2. 财产安全教育

财产安全是社会稳定和民众生活安宁的重要保障。社会应加强对大学生的财产安全教育，引导大学生树立正确的金钱观和消费观，提高防骗防盗意识。此外，政府应加大对盗窃、抢劫等侵财犯罪的打击力度，维护社会的财产安全秩序。

3. 心理安全教育

心理安全是身心健康的重要组成部分。社会应关注大学生的心理健康状况，加强心理安全教育，帮助大学生建立正确的心理调适机制。这包括在学校、企业等场所设立心理咨询室或热线电话，为有需要的人提供心理支持和帮助。同时，通过举办心理健康讲座、心理健康月等活动，普及心理健康知识，提高大学生对心理问题的认识和应对能力。

另外，利用好社会舆论的积极作用，正确引导人们在生活中的行为。由于舆论的倾向性，舆论既具有积极作用，也具有消极作用。利用好舆论的积极作用，可以帮助我们达到事半功倍的效果。同样，社会在加强生命安全教育时，也需要积极的舆论来做支撑。积极的舆论可以正确引导人们了解生命安全教育。

（三）学校教育：安全知识的系统传授

学校教育是生命安全教育的主导教育，是对家庭教育的延伸和补充。尽管家庭教育是学生的第一教育，但学生在学校的时间要远远多于在家里，因此，在学校进行生命安全教育，时间上很充分。老师的教育力也要远远大于家长的教育力。教师是学生的榜样，但由于生命安全教育学科起步较晚，当前的教师们很少全面接受过生命安全教育的系统培训，都是从生活中积累的零碎知识。因此，要想将生命安全教育真正落实到每名学生，就要求教师自成体系，先把自己武装好。

1. 人身安全教育

学校应将人身安全教育放在首位，通过多样化的教学方式确保学生掌握必要的安全知识和技能。这包括开设专门的安全教育课程，内容涵盖交通安全（如交通规则、步行与乘车安全）、校园安全（防欺凌、防跌倒、紧急疏散）、户外安全（游泳安全、防迷路）等方面。同时，定期组织学生进行安全演练，如火灾逃生、地震避险等，以增强学生在紧急情况下的自我保护能力和应急反应能力。此外，学校还应加强校园安全监管，确保校园环境的安全稳定，为学生提供一个安全的成长环境。

2. 财产安全教育

在财产安全教育方面，学校应引导学生树立正确的金钱观和消费观，培养学生的理财意识和防骗能力。通过课程讲解和案例分析，让学生了解常见的诈骗手段和盗窃方式，学会识别并防范网络诈骗、电话诈骗等。同时，学校要教育学生保管好个人财物，如钱包、手机等，不随意透露个人信息和密码。此外，学校还可以开展“小小银行家”等实践活动，让学生在模拟的金融环境中学习如何管理自己的财产，增强财产安全意识。

3. 心理安全教育

当前，学生心理健康问题不容忽视，加强学生心理健康教育，是学校现实而紧迫的任务。学生正处于世界观、人生观、价值观形成的关键时期，心理问题的存在会影响学生正确世界观、人生观和价值观的确立。

（1）引导学生认清自己存在的心理问题

随着时代发展、社会经济转型等大环境的变化，以及学生不同的个人经历，越来越多的学生都有不同程度的心理问题，但只有很少数的学生愿意承认。受传统观念的影响，许多学生认为有心理问题是难以启齿的，所以，即便自己认为有心理问题，也不会主动向外人透露或找专家咨询。因此，我们要鼓励学生敞开心扉，认清自己的心理问题。只有找到问题，才能更快地找到解决方法。

（2）主动解决心理问题

心理问题是发生生命安全事件的主要原因，不正常的心理状态导致伤害自身、伤害他人的事件时有发生。在加强心理健康教育时除了学校和家庭的配合，更重要的是学生本人要变被动为主动，主动去面对问题、解决问题。

（3）建立健全的心理健康教育体系

学校应建立心理危机干预机制，对出现心理问题的学生及时给予帮助和支持。通过开设心理健康教育课程、举办心理健康讲座和咨询活动等方式，帮助学生了解心理健康知识，掌握调节情绪、缓解压力的方法。同时，学校和老师要充分发挥隐性课程育人作用，营造积极向上的校园文化氛围，鼓励学生参与集体活动和社会实践，增强学生的归属感和自信心，促进其心理健康发展。

综上所述，学校应从人身安全、财产安全、心理安全三个维度出发，全面加强安全教育工作。通过系统传授安全知识、组织安全演练、建立家校合作机制等措施，提高学生的安全意识和自我保护能力，为学生健康成长保驾护航。

（四）家庭教育：安全教育的温馨港湾

家庭教育是学校教育与社会教育的基础。家庭教育是终身教育，在人的一生中起着奠基的作用。家庭教育是对人的一生影响最深的一种教育，它直接或者间接地影响着一个人的价值观。从青少年犯罪的数据中可得出，青少年走上犯罪道路的最主要原因就在于家庭教育的不到位。家庭教育是孩子的第一位教育，没有良好的家庭教育，孩子势必会走一些弯路。增强家长的生命安全意识，不仅有助于家长本人保护生命、热爱生命，还有利于学生从小树立正确的生命价值观，从而有效减少伤害生命事件的发生。

1. 人身安全教育

在家庭教育中，人身安全教育是最为基础且关键的一环。首先，家长应当树立高度的人身安全意识，并通过言传身教的方式让孩子从小就明白保护自身安全的重要性。其次，家长可以教授孩子一些基本的防范技能，如遇到陌生人时的应对方法、遇到紧急情况如何报警或求助等。同时，鼓励孩子参加安全知识讲座或演练，提升实际操作能力。在日常生活中，家长要时刻关注孩子的安全状况，如监督孩子不要独自前往危险区域、避免与不良人员接触等。最后，家长也要教育孩子注意交通安全、防止溺水等常见的人身伤害。

2. 财产安全教育

随着社会的进步和经济的发展，财产安全教育在家庭中也变得日益重要。从小引导孩子树立正确的金钱观和消费观，他们可以了解金钱来之不易，学会珍惜和合理支配。同时，让孩子了解常见的盗窃手法和防范措施，教育孩子如何保护个人财物，如锁好门窗、不随意透露家庭财产信息等。另外，在信息化时代，网络诈骗层出不穷。家长应教育孩子识别网络诈骗的常用手段，如不轻信陌生人的信息、不随意点击不明链接等，保护好自己的个人信息和财产安全。

3. 心理安全教育

心理安全是家庭教育中常被忽视但至关重要的一环。与孩子建立亲密、信任的关系，孩子从亲子关系中感受到家庭的温暖和支持，在遇到困难和挫折时，更愿意向家长倾诉和寻求帮助。家长要细心观察孩子的情绪变化，及时发现并解决孩子的心理问题，可以通过谈心、陪伴等方式，帮助孩子缓解压力、调整情绪。要教育孩子树立积极向上的心态，面对挫折和困难时保持乐观和坚韧。同时，也要引导孩子学会自我调节情绪，培养健康的心理品质。

综上所述，家庭教育在做好安全教育方面需要从人身安全、财产安全和心理安全三个角度全面考虑和实施。通过家长的悉心教导和孩子的积极配合，共同营造一个安全、健康、和谐的成长环境。

（五）自我教育：安全意识的内在驱动

学生个体应成为自己生命安全的第一责任人，通过自主学习、反思和实践，不断提升安全意识。

1. 人身安全教育

在人身安全方面，自我教育的重点在于提高自我保护意识和应对突发事件的能力。首先，大学生应主动学习基本的人身安全知识，如了解常见的犯罪手法、防范性侵和暴力侵害的技巧等。其次，大学生通过模拟演练，如学习如何在紧急情况下报警、寻求帮助或自救，以提升实际应对能力。此外，大学生要保持警觉，避免走夜路、单独前往陌生或危险的地方，这也是保护自身安全的重要措施。

2. 财产安全教育

财产安全同样需要个体具备高度的防范意识。自我教育在这一领域应包括学习如何识别诈骗手段、保护个人信息不被泄露及预防盗窃和抢劫等。个体应了解不同形式的诈骗，如网络诈骗、电话诈骗等，并学会辨别真伪。同时，妥善保管个人财物，如使用复杂的密码、不随意透露银行账户信息、不在公共场所炫耀贵重物品等，都是有效保护财产安全的手段。

3. 心理安全教育

心理安全是常常被忽视但同样重要的一方面。个体应关注自己的心理健康，学会识别和处理压力、焦虑、抑郁等负面情绪。自我教育在这一方面体现在培养积极的心态、建立良好的人际关系、寻求专业心理咨询等方面。通过阅读心理学书籍、参加心理健康讲座或工作坊，个体可以学习如何调节情绪、管理压力，并在需要时寻求专业帮助。此外，保持规律的作息、均衡的饮食和适量的运动，也有助于维护心理健康。

综上所述，自我教育在人身安全、财产安全和心理安全三个维度上都发挥着不可或缺的作用。通过主动学习、反思和实践，个体可以不断提升自己的安全意识和应对能力，从而更好地保护自己和家人的安全。

（六）“五位一体”之间的关系与协同作用

构建“五位一体”的生命安全教育体系，是保障个体生命安全、促进社会和谐稳定的重要举措。这五个体系相互依存、相互促进，共同构成了生命安全教育的完整网络。自我教育为个体提供了内在动力，家庭教育奠定了坚实基础，学校教育提供了系统指导，社会教育拓宽了传播渠道，国家教育则提供了顶层设计与保障。它们之间通过信息共享、资源共享、活动共办等方式实现紧密配合，形成合力，共同推动生命安全教育的深入实施，全面提升全民安全素质，营造安全、健康、和谐的社会环境。

让我们珍视生命，掌握安全知识，共同为建设一个更安全、更美好的世界做出努力。愿每一个人的生命都能如艳丽的花朵般绽放，无论在何种环境下都能勇敢地面对骄阳。

[聚焦提升]

生命如同浩瀚宇宙中璀璨的星辰，而安全正是守护其永恒闪烁的透明护罩。作为无声的守护神，安全始终以最坚实的姿态为生命提供保障，它既是构成生命价值的基石，也是铺就人生坦途的根基。在这趟不可复制的生命旅程中，安全教育如同永不偏转的指南针，既指引我们辨识暗礁险滩，也教会我们构筑防御体系——从规避日常隐患到建立系统化防护，每个细微处的警觉都是对生命尊严的郑重承诺。当我们以敬畏之心感受生命绽放的奇迹时，更应化作行动的力量：让安全意识渗透为呼吸般的本能，将安全实践熔铸成守护生命的铠甲，唯有如此，方能使人性之光在安全的庇护下恒久闪耀，让每个生命都成为穿越时空的明亮星辰。

[自主思考]

请你思考你人生中最想做、最值得做、最有意义的事情，写下来，定个大概时间，并开始尝试着一件一件去完成。

我的生命清单

____

____

____

[课外拓展]

1. 乔尼丝·韦布，克里斯蒂娜·穆塞洛. 被忽视的孩子：如何克服童年的情感忽视［M］. 王诗溢，李沁芸，译. 北京：机械工业出版社，2018.

2. 郑博真文，曾思琪绘. 奶奶的裁缝车［M］. 北京：科学普及出版社，2023.

3. 刘寿红. 零隐患 零事故：安全事故预防手册［M］. 北京：企业管理出版社，2022.

专题六

劳动与生命教育

一粥一饭，当思来之不易；半丝半缕，恒念物力维艰。

——朱用纯

[专题导语]

在广袤的生活世界中，劳动与生命教育如两颗璀璨的明珠，交相辉映，照亮着我们前行的道路。

劳动是生命的底色。从远古时代人类祖先的辛勤劳作，到现代社会各行各业的拼搏奋斗，劳动不仅创造了物质财富，还铸就了人类的精神丰碑。它是我们与大自然对话的方式，是我们实现自我价值的途径。在汗水中，我们感受到生命的律动；在付出中，我们领悟到收获的喜悦。每一次的辛勤耕耘，都是对生命的敬畏与礼赞。生命教育则是对劳动的升华，它让我们思考生命的意义、价值和目的。通过生命教育，我们学会珍惜生命的每一个瞬间，关爱他人的生命，尊重自然的生命。生命是一场奇妙的旅程，劳动则是这场旅程中最坚实的脚步。

让我们一同走进“劳动与生命教育”专题，在这里，我们将见证劳动是如何点亮生命火花的，生命教育又是如何赋予劳动更深层次意义的。让我们在劳动中感悟生命的奇迹，在生命的历程中践行劳动的价值，共同书写属于我们的精彩篇章。

[情境体验]

一粒米，从播种、插秧、除草、施肥、收割、脱粒、晾晒到最终成为餐桌上的米饭，经历了多个环节，融进了劳动者无数的辛劳：弯腰插秧、烈日下除草、挥汗如雨地收割……

请你思考一粒米经历了怎样的生命历程才最终成为我们的食物？在体验过程中，你感受到了哪些劳动的艰辛？这些艰辛如何体现了劳动的价值和意义？

[理论学习]

劳动是人类社会生存和发展的基础，它贯穿了人类历史的始终。从原始人类的简单狩猎和采集活动到现代复杂的工业生产、科技创新和多样化的服务行业，劳动的形式和内涵不断演变。深入理解劳动的内涵与外延对于认识人类社会的发展规律、推动经济社会的进步和促进个人的全面发展具有极为关键的意义。

一、劳动的内涵与外延

（一）劳动内涵的演变

在原始社会，劳动主要是为了获取基本的生存资料，如狩猎、采集果实、捕鱼等。这一时期的劳动是简单的体力活动，目的是满足人类最基本的生理需求。随着农业社会的到来，劳动的内涵逐渐丰富，包括了农作物的种植、家畜的饲养等农业生产活动。此时的劳动不仅是为了生存，还涉及对自然资源的初步开发和利用。

进入工业社会，劳动的内涵发生了重大变革。机器大工业生产取代了手工劳动，劳动分工日益细化。劳动者不再仅仅是直接从事物质生产，还包括了对机器设备的操作、维护和管理等环节。工业劳动提高了生产效率，创造了大量的物质财富。

在现代社会，随着科技的飞速发展和社会结构的多元化，劳动的内涵进一步拓展。知识和信息成为重要的生产要素，脑力劳动的比重不断增加。例如，科技创新、创意设计、管理咨询等领域的劳动，更多地依赖于劳动者的智力和创造力。

（二）劳动的定义

1. 经济学视角

在经济学中，劳动通常被定义为人类在生产过程中体力和脑力的消耗。它是生产要素之一，与资本、土地等要素共同作用于生产过程，创造物质财富和服务。马克思主义经济学认为，劳动是价值的源泉，只有劳动才能创造价值。这种劳动价值论强调了劳动在经济生产中的核心地位。

2. 社会学视角

社会学将劳动视为一种社会行为和社会关系的体现。劳动不仅仅是经济活动，还涉及社会角色、社会地位和社会交往等方面。例如，职业是社会分工的结果，劳动者通过从事特定的职业来获得社会认同和经济收入。同时，劳动过程形成的人际关系，如同事之间的合作与竞争关系，也对劳动者的社会生活有着重要影响。

3. 心理学视角

从心理学角度来看，劳动是个体满足自身心理需求的一种方式。劳动者在工作中可以获得成就感、自我实现感等心理满足。同时，劳动也能够促进个体的认知发展和技能提升。例如，通过从事创造性的工作，劳动者可以锻炼自己的思维能力和创新能力。

（三）劳动的外延体现

劳动是人类社会存在和发展的最基本条件，在人类社会形成的过程中起了决定性作用。按照不同的分类标准，可将劳动分为不同的类型。

1. 生产劳动和非生产劳动

按劳动的自然形态划分，可将劳动分为生产劳动和非生产劳动。生产劳动为非生产劳动提供了存在和发展的条件，而非生产劳动又为生产劳动的发展提供了精神动力和智力支持。

生产劳动是指创造物质财富的劳动，包括直接作用于劳动对象的工人、农民、工程师等劳动者的劳动，如工业和农业生产中的劳动（见图 6-1），以及生产过程在流通领域中继续的那部分劳动（如产品的分类、加工、包装、保管等），也包括间接作用于劳动对象的劳动者的劳动，如劳动管理、技术管理、人事管理工艺流程设计。

非生产劳动是指不创造物质财富的劳动，如教师教学（见图 6-2）、演员表演等服务性劳动。非生产劳动不是人类社会一开始就有的，而是随着生产劳动的发展和人类对精神生活、医疗教育等各方面需求水平的不断提高出现的。非生产劳动与生产劳动一样，是社会分工体系中不可缺少的部分，对促进经济繁荣社会进步和丰富人民生活有重要作用。

图 6-1　农业生产中的劳动

图 6-2　教师教学

2. 体力劳动和脑力劳动

按体力活动和脑力活动在劳动中所占的比例划分，可将劳动分为体力劳动和脑力劳动。体力劳动是指以使用或消耗体力为主的劳动，脑力劳动是指以使用或消耗脑力为主的劳动。体力劳动是脑力劳动的基础，脑力劳动支配体力劳动，两者共同创造劳动价值。在具体劳动中，体力劳动和脑力劳动共同存在，人的任何劳动都是体力和脑力同时消耗的过程。例如，种植水稻（见图 6-3）虽然以体力劳动为主，但仍然需要人通过脑力劳动来确定种植的位置、施肥的时机、肥料的种类等；写作（见图 6-4）虽然以脑力劳动为主，但仍然需要人用双手在纸张上书写或者利用键盘在电脑中书写。

图 6-3　种植水稻

图 6-4　写作

3. 具体劳动和抽象劳动

按劳动创造的价值形态划分，可将劳动分为具体劳动和抽象劳动。

具体劳动是指生产的目的、操作方法、劳动对象和劳动手段互不相同的、创造不同使用价值的劳动。例如，木匠用斧、锯等劳动工具对木材进行加工（见图 6-5），生产出桌、椅、床等劳动产品；纺织工人用织布机、剪刀等劳动工具纺纱织布。具体劳动反映了人和自然的关系，是劳动的自然属性。

图 6-5　加工木材

抽象劳动是指撇开各种具体形式的、一般的、无差别的人类劳动，即人的脑力和体力在商品生产中的消耗。抽象劳动反映了商品生产者之间的经济关系，是劳动的社会属性。在商品经济中，当人们的经济联系通过劳动产品的相互交换来实现时，耗费在这些劳动产品上的人类劳动才能被当作一般人类劳动而被抽象出来。抽象劳动是形成商品价值的源泉，是商品经济所特有的。

具体劳动和抽象劳动是统一且对立的。一方面，商品生产者在进行具体劳动的同时也在进行抽象劳动，两者在时间和空间上都是统一且不可分割的；另一方面，具体劳动和抽象劳动是生产商品时劳动的两种不同属性，对应的分别是劳动的自然属性和社会属性。

4. 简单劳动和复杂劳动

按劳动的复杂程度划分，可将劳动分为简单劳动和复杂劳动。简单劳动是指在一定社会条件下，不必经过专门的学习和训练，每个正常的劳动者都能从事的劳动。复杂劳动是指经过专门的学习和训练后，掌握一定知识和技能的劳动者才能从事的劳动。

从马克思主义劳动价值论的角度看，在同等条件下，复杂劳动所创造的价值比简单劳动所创造的价值大。这是因为复杂劳动背后存在教育成本、实验成本等，它不仅包括劳动者的直接劳动，还包括技术研发、知识传授、管理等间接劳动。

[课堂互动]

作家创作文艺作品属于什么劳动？印刷厂的工人将作家创作的文艺作品印制成书籍属于什么劳动？

二、劳动体现生命意义

（一）教育视角下的劳动意义

1. 教育的生命立足点

夸美纽斯曾言：“人只有受过恰当教育之后，才能成为一个人。”这句名言深刻洞见了教育对于人性的生成意义。教育以“人”为根本立足点，而人的生命意义始终在不确定性中自我展开追寻。劳动在其中起着关键作用，它不仅是人们生活的基础和保障，更是实现个人发展的基石。通过参与劳动实践，个人能够意识到劳动的重要性，形成正确的劳动观念，从而在教育的引导下更好地追寻生命的意义。

2. 现代劳动对教育的挑战

现代劳动形式的变化给教育引导生命意义生成带来了机遇与挑战。一方面，现代科技主导了劳动形式及其价值目的，工具理性和功利价值成为现代性的价值主导，使得劳动的价值理性和人文意义难以彰显。这可能导致人们在追求物质利益的过程中忽视了劳动对生命意义的构建。另一方面，现代科技将脑力劳动和体力劳动融通起来，也为人们提供了更多发挥创造力和实现自我价值的机会。教育需要在现代劳动的背景下，引导人们正确认识劳动的价值，培养全面发展的人。

（二）劳动提升个体身心健康

1. 生理方面的益处

劳动可使气血得以流通，从而增强肺功能与心脏功能。有研究指出，经常参加劳动的人，肌肉与关节能得到锻炼，消耗人体能量，使人强健而不肥胖。同时，劳动还能够调节大脑神经，帮助消化，使人食欲旺盛，睡得安然。例如，古今许多医学家、养生家都强调了劳动对生理健康的重要性。战国时吕不韦编著的《吕氏春秋》曰："形不动则精不流，精不流则气郁。"宋代文人蒲虔贯著《保生要录》曰："养生者，形要小劳，无至大疲。故水流则清，滞则污。"

2. 心理方面的慰藉

劳动者通过自身的劳动，取得劳动成果，体现自我价值，在心理上常有一种慰藉感、充实感、愉悦感。热爱劳动的人能够在劳动中忘却自我，很少有烦恼和精神上的困惑。现代中医骨科大夫张时奎在94岁高龄时仍为病患者按摩、接骨，他热爱工作和生活，几十年来始终把治好患者当成自己最大的欢乐。他曾说："劳动可以说是我生活的第一需要。我觉得活得很有意义，从中获得的乐趣是无穷的。"他的经历体现了对骨科事业的执着热爱以及劳动对保持身心健康的积极作用。苏联的长寿者马列耶夫在95岁时也表示，为了活得长久，应该多做工作，劳动是生命的重要源泉。

（三）劳动实现个体生命意义

1. 劳动与个人品质塑造

苏霍姆林斯基认为，学生只有通过亲身劳动，才能养成热爱劳动和尊重劳动人民的品质。他强调，"不劳动者不得食"的思想应扎根于每个学生的心灵深处，让劳动成为学生生活中不可或缺的一部分，而非抽象的练习。当学生亲身体会到依靠自己双手的劳动提供吃穿的重要性时，才能真正培养出热爱劳动的品质和尊重劳动人民的思想感情。例如，在学生参与校园劳动或社会实践活动中，他们能够亲身感受到劳动的艰辛与价值，从而更加珍惜他人的劳动成果，学会尊重每一位劳动者。

在劳动中培养乐观向上的态度。只有通过有汗水、有老茧、有疲乏的劳动，人的心地才会变得敏感、温柔。在劳动过程中，学生需要面对各种困难和挑战，这不仅能够锻炼他们的意志力，还能培养他们乐观向上、克服困难的善良品性。当学生经历了劳动的艰辛，成功克服困难后，他们会以更热忱的心去对待周围事物，对待他人的态度也会与没有真正劳动过的人截然不同。比如，学生参与农业劳动实践，在烈日下辛勤劳作，体会到农民的不易，从而更加珍惜粮食，也更加懂得感恩和关爱他人。

2. 劳动对个人成长的推动

以劳增智，双手劳动促进智力发展。苏霍姆林斯基提出，"儿童的智慧出在他的手指头上"。双手劳动可以通过训练抽象思维能力、促进手脑结合及激发大脑中特殊的创造性区域，从而在智力发展上起着特别重要的作用。在劳动过程中，信号多次地由手传导到脑，又由脑传导到手，脑教了手，手也发展和教了脑。例如，学生参与手工制作、科技创新等劳动活动，能够锻炼他们的思维能力、创造力和解决问题的能力。比如一个叫尼科拉的学生，在“嫁接”的劳动中从灰心丧气中振作起来，取得了成功，毕业后成了出色的农学家。这充分说明手脑结合的劳动、富于创造性的劳动、显示个人才能的劳动，是推动智力发展的重要手段。

以劳强体，体力劳动塑造强健体魄。苏霍姆林斯基认为，体力劳动在培养完美的体魄上所起的作用同运动一样重要，甚至还有其优越之处。诸如栽树、嫁接、埋葡萄藤这类劳动，对于呼吸和血液循环系统的发育、新陈代谢的增强都有十分重要的意义。在营养良好的情况下，这类劳动能促进机体的所有功能，加强神经系统的发育，增补神经细胞特别是脑细胞的营养，提高睡眠对消除疲劳的作用。他甚至还利用嫁接、编织等类劳动作为医治那些好激动、神经质的孩子的灵丹妙药，因为这类劳动要求更多的不是体力，而是精神集中和细心操作。可见，劳动不仅能使人“心地正直”，而且能使人“身强力壮”。比如，学生参与校园绿化劳动、学农实践等活动，能够锻炼身体、增强体质，培养坚韧不拔的意志品质。

（四）劳动促进社会进步和发展

1. 劳动与社会价值观

劳动教育在培养学生的自尊心、自信心和自豪感方面发挥着重要作用。苏霍姆林斯基强调，劳动能让学生在劳动中表现自己，显露和发挥自己的才能，使之感到“有某一点可以自豪”，并同时产生自尊、自信和上进心。例如，在学校组织的社区服务活动中，学生们通过帮助老人打扫房间、为社区种植花草等劳动，不仅获得了他人的赞扬和认可，也增强了自己的自信心和自豪感。这种积极的情感体验会激励学生在其他方面也努力表现，不断提升自己。同时，劳动教育也是道德培养的重要途径。通过劳动，学生们能够学会尊重他人的劳动成果，培养团队合作精神和责任感，这些都是良好道德品质的体现。

同时，劳动是体会共产主义理想含义的重要方式。苏霍姆林斯基认为，不通过亲身劳动，就不可能有共产主义的远大理想，必须使受教育者在艰苦的劳动中去体味共产主义理想的含义。在社会主义建设中，劳动人民通过共同努力，为实现共产主义的伟大目标而奋斗。例如，在大规模的基础设施建设中，无数劳动者挥洒汗水，为改善人民生活、推动国家发展贡献力量。他们的劳动不仅创造了物质财富，更体现了共产主义的无私奉献精神。通过艰苦劳动，人们能够深刻理解共产主义的价值追求，即实现人类的共同幸福和全面发展。

2. 劳动与社会关系和谐

热爱劳动本身是一种心灵美，是人的基本美德，好逸恶劳、游手好闲则是美的大敌。在社会生活中，那些辛勤工作的劳动者，无论农民在田间劳作，还是工人在工厂生产，他们的付出都展现了一种朴实而伟大的心灵美。他们用自己的双手创造价值，为社会的发展做出贡献。这种心灵美不仅体现在个人身上，也会影响周围的人，传递正能量，营造积极向上的社会氛围。

劳动促进人们相互关系上的美，而这种相互关系的美激励着集体中每个人的心灵美。在劳动过程中，人们需要相互合作、相互支持。例如，在一个建筑工地上，工人们分工协作，共同完成一项工程。在这个过程中，他们建立了深厚的友谊，学会了关心他人、尊重他人。这种和谐的劳动关系不仅提高了工作效率，也增进了人们之间的感情。劳动中的合作与互助，让人们感受到集体的力量和温暖，从而激发每个人内心的善良和美好。同时，这种关系美也会扩散到整个社会，促进社会的和谐稳定。

因此，劳动对生命意义的多维建构体现在个体和社会两个层面。在个体层面，劳动是个人品质塑造和成长的重要推动力量。通过劳动，个人能够培养热爱劳动、尊重他人、克服困难等善良品性，实现以劳增智、以劳强体，促进智力、体力和审美发展。在社会层面，劳动具有重要的生命意义。劳动教育与道德培养紧密相连，能够培养学生的自尊心、自信心和自豪感，同时也是培养良好道德品质的重要途径。劳动还是体会共产主义理想含义的重要方式，通过亲身劳动，人们能够深刻理解共产主义的价值追求。此外，劳动体现心灵美，热爱劳动本身是一种心灵美，能够传递正能量，营造积极向上的社会氛围。劳动还促进关系美，在劳动过程中，人们相互合作、相互支持，建立和谐的劳动关系，增进感情，促进社会的和谐稳定。

三、劳动实现生命价值

（一）劳动的多元化价值体现

1. 劳动创造了人本身

恩格斯在《劳动在从猿到人的转变过程中的作用》一文中详细论述了劳动在猿进化为人的过程中的作用。恩格斯指出，由于劳动，人渐渐开始直立行走，解放了手，进而引起了整个肌体的变化。同时，人在劳动中又产生了语言，接着在劳动和语言的共同推动下，意识逐渐产生。意识的产生与发展反过来又推动着劳动和语言的发展。

由此可见，劳动在一种高度发展的类人猿进化为人类的过程中起到了决定性作用。劳动是整个人类生活的第一个基本条件，而且达到这样的程度，以至于我们在某种意义上不得不说“劳动创造了人本身”。

2. 劳动创造了人类生活

马克思、恩格斯在《德意志意识形态》中指出：“全部人类历史的第一个前提无疑是有生命的个人的存在。”而“有生命的个人”之所以能够存在，最主要的原因是他们能够通过自己的劳动来生产和创造物质生活资料。

3. 劳动是一切价值的创造者

马克思认为，劳动是一切价值的创造者。只有劳动才能赋予已发现的自然产物以一种经济学意义上的价值。恩格斯在《自然辩证法》中也有同样的表述——“劳动和自然界在一起才是一切财富的源泉，自然界为劳动提供材料，劳动把材料变为财富”。可见，劳动是人类创造物质财富和精神财富的活动。

4. 劳动创造了社会关系

马克思主义理论认为，劳动是人的本质，人的本质是一切社会关系的总和。劳动不仅创造了人与自然的关系，还形成了人与人之间的关系（即劳动资料的占有和使用关系，劳动的分工和协作关系，劳动产品的交换、分配和消费关系等），以及人与主观意识之间的关系，而这些关系成为人类社会的基本关系。社会是人类劳动的产物，是劳动的展开形式，也必将随着劳动的发展而发展。

5. 劳动解放论

马克思认为，人正是通过现实的劳动使自己的生命活动本身变成自己意志和自己意识的对象，从而实现人的真正的自由与解放。但是在资本主义大机器生产方式下，人的劳动被异化。劳动异化不仅导致劳动者与生产资料和劳动成果相分离，还导致劳动者与他的类本质相异化、人与人的关系相异化。劳动异化是实现人类自由和解放的障碍。

要改变劳动异化状态，就必须通过革命消灭资本主义赖以生存的经济基础——私有制。只有这样，人类才能真正获得劳动的快乐和自由，才能从根本上获得解放。这样的人类解放理想并非不可实现的乌托邦（即空想社会主义社会），而是建立在人的现实劳动基础之上的人的解放和社会解放的统一。

（二）劳动与生命价值的关联

1. 劳动与生命成长的内在联系

劳动与生命成长之间存在着密切的内在联系。劳动不仅是生存的手段，更是生命成长的重要途径。劳动对身体健康的促进是显而易见的。通过参与体力劳动，人们能够锻炼身体，增强肌肉力量和心肺功能，提高体能和抵抗力。劳动实践中的体力劳动让人们有机会从久坐不动的生活中解脱出来，减少肥胖、心血管疾病等现代生活方式病的风险。一个健康的身体是生命成长的基础，而劳动正是实现这一目标的有效途径。

首先，劳动对心理健康的积极作用不容忽视。劳动能够帮助人们释放压力，舒缓紧张情绪，提升自我满足感。在劳动过程中，人们会体验到完成任务的喜悦，感受到自我价值的实现，从而增强自信心和自尊心。此外，劳动还能够培养人们的耐心和毅力，锻炼他们的意志品质，让他们在面对困难和挑战时更加坚韧不拔。这些心理素质的提升对于生命成长至关重要。

其次，劳动有助于提升人们的认知能力和创新能力。在劳动过程中，人们需要不断学习和掌握新的技能和知识，这有助于提升他们的认知水平。同时，劳动也是一种创造性活动，它需要人们发挥想象力和创造力，解决实际问题。通过劳动实践，人们的创新思维能力得到锻炼和提高，为生命成长注入源源不断的动力。

再其次，劳动对于人们的社会适应能力和人际交往能力的提升也具有积极作用。在劳动中，人们需要与同伴协作，共同完成任务，这有助于培养他们的团队合作精神和沟通能力。

最后，劳动还能够让人们更好地了解社会、融入社会，增强他们的社会责任感和使命感。这些社会能力的提升有助于人们在生命成长的道路上更好地适应和融入社会。

劳动与生命成长之间存在着紧密的内在联系。通过劳动实践，人们不仅能够促进身体健康和心理健康的发展，还能够提升认知能力和创新能力，增强社会适应能力和人际交往能力。因此，我们应该充分重视劳动在生命成长中的重要作用，鼓励人们积极参与劳动实践，实现自我价值的同时也为社会做出贡献。

2. 劳动中的生命感悟与体会

劳动中的生命感悟与体会，是一种深入骨髓的体验与理解，它使得大家更加珍视生命的每一刻，更加深刻地理解劳动的价值与意义。

劳动让人深刻感受到了生命的活力与创造力。每一次的劳作，都是对生命能量的释放与运用。无论耕耘土地、种植作物，还是操作机器、制造产品，都需要倾注心血、挥洒汗水。在这个过程中，能体验到生命的蓬勃与旺盛，感受到作为生命体的存在与力量。劳动不仅创造了物质财富，更让人在创造中体验到了生命的价值与意义。

劳动让人领悟到了生命的坚韧与顽强。在劳动的过程中，常常会遇到各种困难和挑战。有时是体力的极限挑战，有时是技术的难题需要攻克。然而，正是这些困难和挑战，让人更加深刻地体会到了生命的坚韧与顽强。学会在困难面前不屈不挠、坚持不懈，通过努力和智慧去克服难题，实现目标。这种经历不仅让人更加成熟和坚强，也让人更加珍惜生命中的每一个瞬间。

劳动还让人体会到了生命的奉献与分享。在团队中一起劳作，能感受到了大家为了共同目标而付出的努力与汗水。每个人都在默默奉献着自己的力量，为了团队的成功而努力奋斗。这种奉献与分享的精神，让人更加深刻地理解了生命的意义与价值。意识到，生命不仅仅是为了自己的生存和发展，更是为了与他人共同成长、共同进步。通过劳动，学会关心他人、帮助他人，与他人分享劳动的成果与快乐。

劳动中的生命感悟与体会还让人更加珍惜生命的每一刻。在劳动中，时常能感受到时间的流逝和生命的短暂。每一次的劳作都是对生命的一次消耗，而每一次的收获都是对生命的一次充实。这让人更加珍惜生命的每一刻，更加努力地去追求自己的梦想和目标，生命是宝贵的，我们应该珍惜它、利用它、创造它，让它发出最耀眼的光芒。

劳动中的生命感悟与体会是一种深入骨髓的体验与理解。它让人更加珍视生命的每一刻，更加深刻地理解劳动的价值与意义。在未来的日子里，将继续通过劳动去探寻生命的奥秘，去创造属于自己的美好与价值，去为这个世界贡献自己的一份力量。

辛勤劳动的双手

经过全国人民的持续奋斗，截至 2021 年，我国全面建成了小康社会，历史性地解决了绝对贫困问题。

在全面建设小康社会的过程中，众多普通劳动者通过勤劳的双手，创造了属于自己的美好生活，实现了脱贫致富奔小康。

烈日炎炎，农民在田野间劳作，汗珠砸在泥土上，一株株秧苗茁壮成长并结出沉甸甸的粮食；天寒地冻，外卖小哥骑着电瓶车在大街小巷穿梭，虽然头盔染上了白霜，但是保温箱里的饭菜仍热气腾腾；冬去春来，教师始终站在三尺讲台上，陪着孩子们成长；花开花落，科技工作者不分昼夜地坚守在实验室里，验证一个个奇思妙想……日复一日，年复一年，在中华大地上，千千万万劳动者耕耘着、创造着，用汗水和心血浇灌着劳动果实，实现着人生价值。

劳动创造美好生活，劳动成就美好明天。

（1）历史性地解决绝对贫困问题依靠的是什么？

（2）为什么说劳动创造美好生活？结合你的见闻，谈谈你对“劳动创造美好生活”的看法。

（三）践行劳动实现生命价值

1. 培育正确的劳动价值观念

（1）“民族复兴”的劳动发展观

要建成富强民主文明和谐美丽的社会主义现代化强国，实现中华民族伟大复兴，根本上需要依靠劳动。劳动是通向美好未来的必由之路，只有脚踏实地的劳动，才能创造美好的未来。

劳动榜样

图 6-6　手撕钢

山西太钢不锈钢精密带钢有限公司的“手撕钢”创新研发团队不断攻坚克难，有效破解了制约我国高精尖领域长远发展的材料难题。2018 年，在经历 700 多次失败，攻克 175 个设备难题、452 个工艺难题后，这支团队自主研发的厚度为 0.02 毫米的“手撕钢”（见图 6-6）成功面世；2020 年，这支团队再次突破极限，轧出了光如镜、质地硬且厚度仅为 0.015 毫米的“手撕钢”。

劳动者的字典里没有“不可能”。无数劳动者以争创一流、勇攀高峰之志，赋予劳动精神丰富的时代内涵，以劳动促发展。

（2）“崇尚劳动”的劳动价值观

① 劳动最光荣：劳动没有高低贵贱之分

任何一份职业都很光荣。无论体力劳动还是脑力劳动、简单劳动还是复杂劳动，只要有益于人民和社会，就是光荣的，是值得尊重和肯定的。无论时代如何变化，大学生应始终崇尚劳动、尊重劳动者，弘扬劳动光荣、知识崇高、人才宝贵、创造伟大的时代新风，并热爱劳动、投身于劳动，为改革开放和社会主义现代化建设贡献智慧和力量。

② 尊重劳动、尊重知识、尊重人才、尊重创造

我国广大劳动群众是进行社会主义现代化建设的主力军，特别是知识分子，他们作为创新性劳动的主体，在科技迅猛发展和人工智能时代到来之际，如果能充分发挥主体能动性，将有利于推动劳动创新性成果的转化，有利于实现中华民族伟大复兴的中国梦。

当代大学生作为创新性劳动主体的后备力量，应践行社会主义核心价值观，贯彻尊重劳动、尊重知识、尊重人才、尊重创造的方针，并努力学习，真正成为辛勤劳动、诚实劳动、创造性劳动的人才。

（3）“实干兴邦”的劳动实践观

回望改革开放 40 多年历程，中国经济持续发展，人民生活水平显著提高。创造今天美好生活的，正是亿万人民勤劳智慧的双手，是上上下下苦干实干的精神。没有亿万人民的胼手胝足、日耕夜作，就不会有今日中国的巨变。

从造出第一颗卫星到实现第一次载人航天，从“解锁”深层页岩气田到科学开发城市地下空间，从开通第一条高速公路到港珠澳大桥飞架三地……正是千千万万在平凡岗位上默默无闻、无私奉献的劳动者，用勤劳的双手、晶莹的汗水在中华大地上创造出了举世瞩目的人间奇迹。

我们沐浴着改革开放的春风、伴随着祖国强盛的步伐成长起来，在和平的环境下接受了优良教育，享受着幸福的生活。我们不能忘记这样的美好生活是如何得来的，要明白社会主义是干出来的，明白“空谈误国，实干兴邦”的道理，更要自觉培养自己的实干精神，学习榜样，躬身行动，传承劳动精神。

2. 培育正确的劳动态度

（1）劳动最崇高：劳动创造美好幸福生活

劳动是创造幸福生活的基础。人世间的一切幸福都需要靠辛勤劳动来创造。千百年来，中华儿女依靠智慧的头脑和勤劳的双手，创造了美好的生活。今天，新时代的劳动者孜孜不倦学习、勤勉奋发做事，以求在百舸争流、千帆竞发的时代中勇立潮头，在不进则退、不强则弱的竞争中赢得优势，在报效祖国、服务人民的人生中有所作为，为创造幸福生活打好基础。

当代大学生应明白，幸福不会从天而降，世界上没有坐享其成的好事，要想提高生活水平、创造幸福生活就要劳动，就要奋斗。

劳动本身就是一种幸福。随着生活水平的提高、物质生活条件的改善，人们不仅把劳动当作谋生的手段，而且把劳动当作实现自我价值的重要方式。通过劳动，人们可以丰富理论知识，提高专业技能，使自己成为行业需要的人才；可以将自己所学的知识运用于实践，为社会的发展贡献力量，充分发挥自己的价值；可以从丰硕的劳动成果中获得成就感和幸福感。

“雪线邮路，我一生的路”

——记四川省甘孜州甘孜县长途邮运驾驶员其美多吉

其美多吉是中国邮政集团有限公司四川省甘孜分公司的一名长途邮车驾驶员，他在一条地形复杂、气候多变、平均海拔为 3 500 米的雪线邮路上已工作 30 余年。在此期间，其美多吉 6 000 余次往返于雪线邮路，行程达 140 多万千米，他用邮车架起了民族团结的桥梁，并与同事一道，铸就雪线邮路“不畏艰险、为民奉献、忠诚担当、团结友善”的丰碑！他被群众亲切地称为“传递幸福的使者”。

思考：其美多吉有哪些精神品质值得我们学习？

（2）劳动最伟大：劳动推动人类社会进步

劳动是推动人类社会走向更高级发展阶段的重要动力。

实现中华民族伟大复兴需要以伟大的劳动精神作为支撑。我国越发展壮大，遇到的阻力和压力就会越大。我们应以勇立潮头、走在前列的勇气和冲开绝壁、夺隘而出的锐气，积极投身改革创新的时代潮流中，在平凡的工作岗位上勤勉工作、锐意创新，为实现美好生活而努力奋斗，为中国特色社会主义事业添砖加瓦，为开创美好未来而挥洒劳动汗水。

（3）劳动最美丽：劳动是奋斗者最美的姿态

劳动创造了世间的一切美好事物。劳动者在劳动过程中，改进生产工艺、生产精美的产品等行为，都是劳动美的体现。

劳动者永远是最美丽的人，劳动者有很多，劳动模范也有很多，劳动模范的共同特点就是热爱劳动、辛勤劳动、诚实劳动，在平凡的岗位上尽职尽责、无私奉献，为全国人民树立了学习榜样，给全社会展现了劳动最美丽的时代形象。

劳动模范陈俊安

2021年广州市白云区劳动模范和先进集体表彰大会召开，共有80人获得“白云区劳动模范”荣誉，德邦快递广州白云区龙归服务点的快递员陈俊安就是其中之一。

在工作中，陈俊安随叫随到、任劳任怨，将客户的事当成自己的事，从业5年来一直保持零投诉、零差错的纪录。此外，陈俊安还会为不同类型的客户提供个性化服务，因此获得了许多好评。

“坚持做好一件事”是陈俊安对自己的要求。在这样的自我要求下，他在工作中表现出色，2019年、2020年连续两年保持全年绩效五星评分，从公司10万名快递员中脱颖而出，成为公司的“金星快递员”。

3. 劳动实践“三部曲”

“辛勤劳动、诚实劳动、创造性劳动”，既是满足人民日益增长的美好生活需要的客观要求、实现人的自由全面发展的现实路径，也是实现全面建成小康社会进而建成富强民主文明和谐美丽的社会主义现代化强国、实现中华民族伟大复兴的必然选择，更是参与激烈竞争的必由之路。

① 辛勤劳动

人生在勤，勤则不匮。辛勤劳动是诚实劳动、创造性劳动的基本前提。辛勤劳动，既有“辛”也有“勤”。新时代，辛勤劳动有勤学和勤劳两方面的内容。

勤学，强调的是锐意进取、勤勉为人。一名劳动者要想有所作为，就应当树立终身学习理念，立足岗位，向师傅、向同事、向书本、向实践学文化、学科学、学技能、学各方面知识，增强自身综合素质、增长新本领，不断更新自我，积极应变，主动求变，与时俱进。

勤劳，强调的是脚踏实地、奋发干事。回溯历史，任何一点进步、任何一次成功都是由人民的艰苦奋斗、辛勤劳动创造出来的。越是美好的未来，越需要我们不畏艰辛、不辞辛苦。新时代面对各种新挑战，我们需要苦干笃行，愈挫愈奋。

古诗中的劳动之美

人类是劳动创造的，社会是劳动创造的。翻开我国古代诗歌作品，我们会发现历代文人墨客写下了许多歌颂劳动之美、展现古人劳动场景（见图6-7）的佳作。

图 6-7 古人劳动场景

《诗经》是我国最早的一部诗歌总集，里面就有大量描绘生产劳动的农事诗。其中，《伐檀》中的“坎坎伐檀兮，置之河之干兮”描写了伐木工人劳作的场景。《芣苢》中的“采采芣苢，薄言采之。采采芣苢，薄言有之。采采芣苢，薄言掇之”是妇女们采集芣苢的乐歌，歌颂了劳动人民热爱劳动的高贵品质。

“锄禾日当午，汗滴禾下土。谁知盘中餐，粒粒皆辛苦。”唐代诗人李绅的《悯农》妇孺皆知，诗中寥寥数句，就把劳动者辛勤劳动的场景淋漓尽致地表现出来。

白居易在《观刈麦》中把劳动的艰辛描绘得细致入微，生动感人。“田家少闲月，五月人倍忙。夜来南风起，小麦覆陇黄。妇姑荷箪食，童稚携壶浆。相随饷田去，丁壮在南冈。足蒸暑土气，背灼炎天光。力尽不知热，但惜夏日长。”

在小麦收割时节，妇女们领着儿童给正在田间收割的男人们送饭送水。这些农民在烈日下的麦田中埋头割麦，即使筋疲力尽也未停下，为的是过上丰足的生活。

② 诚实劳动

诚实劳动是辛勤劳动的延伸和表现，是创造性劳动的重要前提。诚实劳动，是指劳动者以积极、实干、诚信的态度为他人和社会提供产品、服务，要求我们在不违背法律法规的前提下从事劳作。

要做到诚实劳动，需要我们从以下几个方面入手：一方面，我们应对所从事劳动必备的知识、技能、技巧有正确认识、对自我劳动素质理性判断并做出合理的自我定位；另一方面，立足岗位踏实劳动，求真学问，练真本领。同时，实事求是地对待劳动成果，摒弃虚假之风，反对一切不劳而获和投机取巧的思想，积极弘扬劳动精神、劳模精神和诚信文化，依靠诚实劳动实现人生梦想。

于个人而言，唯有诚实劳动，才能最好地保障和实现人的自由本质，创造体面劳动和全面发展的“资本”。于国家而言，诚实劳动是提升国力的基石和坚守国格的精神基因。

③ 创造性劳动

创造性劳动是理解未来社会发展的关键。所谓创造性劳动，是指人充分利用其劳动技能、科学知识通过技术、知识、思维的创新，创造新的生产条件、方式、劳动成果和社会需求的劳动。它建立在开放性思维和挑战性实践的基础上，是不断探索创新的过程。

要想完成创造性劳动，我们首先必须以自身的专业知识技能为基础、以科学知识为依托，同时在这个基础上找准专业优势和社会发展的结合点，找准先进知识和我国实际的结合点，促使创新创造落地生根、开花结果。

创造性劳动，是新时代建设创新型国家的发展战略需要，也是培养自由全面发展的人的内在要求。可以说，创造性劳动的本质是进取创新，创新关乎国家前途命运、关乎人民福祉，体现了中国人民的伟大创造精神。

匠心点亮生命之光：27 年零差错的电力人生

廖丽萍从学校毕业被分配到株洲供电公司张家园变电站任值班员，27 年来，她不怕吃苦，凭借冲劲、韧劲和巧劲，在技术比武中屡获佳绩。她研究图纸，流连高压室，对每一个设备的性能、构造了然于胸。她制定出设备检修标准化作业流程卡、典型作业票 200 余项，创造出 10 万项倒闸操作“零差错”、设备维护“零事故”、现场作业“零违章”的好成绩，并形成 80 余篇论文。她撰写的《设备故障处理手记》成为公司员工培训的经典教材和检修现场必备读本。

2011 年 11 月，廖丽萍工作室正式成立，这是株洲供电公司首个以劳模名字命名的创新工作室。廖丽萍将年轻人纳入“人才菁英工程”，为他们开启全新人生旅程。在她的指导下，工作室成员研发出能自动编制、审核的二次安措票编制器，获评中国质量创新大赛专业奖和湖南省质量创新大赛一等奖。廖丽萍工作室先后获得各项专利、成果 200 余项，解决了众多电力工作一线上的实际问题，带动了株洲公司多个创新工作室的创建，掀起了职工主动想事、做事的热潮。

[聚焦提升]

从原始社会满足基本生存的简单体力劳动，到农业社会对自然资源初步开发利用的农业生产劳动，再到工业社会机器大生产带来的劳动分工细化，以及现代社会知识信息成为重要生产要素的脑力劳动比重增加，劳动的内涵随社会发展而不断得以丰富与变革。

劳动创造了人本身、人类生活、一切价值、社会关系，劳动与生命成长存在密切内在联系，对身体健康、心理健康、认知创新能力、社会适应和人际交往能力的发展都有积极作用。劳动中的生命感悟包括感受到生命的活力与创造力、领悟生命的坚韧与顽强、体会生命的奉献与分享、珍惜生命的每一刻。

[自主思考]

从日出而作、日落而息的农耕时代，到高度发达的现代工业社会，劳动始终是人类生存和发展的基石。通过劳动，我们与自然互动，从土地中收获粮食，从矿藏中开采资源，用双手创造出丰富多彩的物质世界。在这个过程中，我们体验到付出与收获的喜悦，感受到自身的力量和价值。每一滴汗水都是生命的见证，每一次努力都是对生命的礼赞。劳动让我们明白，生命不是空洞的存在，而是通过实际行动去创造、去奉献。同时，劳动也是培养坚韧品质和责任感的熔炉。

在劳动中，我们会遇到什么样困难和挑战？需要付出怎样的耐心、毅力和智慧去克服它？

［课外拓展］

1. 郑广峰，等. 劳动创造价值 新时代劳动教育教程［M］. 上海：上海交通大学出版社，2024.

2. 蒲春平，唐正彬. 劳动法与社会保障法［M］. 北京：航空工业出版社，2013.

3. 杰克·伦敦. 热爱生命［M］. 万紫，译. 杭州：浙江文艺出版社，2003.

第三篇

打开生命

踏入第三篇章的广阔天地，我们不再局限于生活的日常琐碎，而是勇敢地掀开生命的另一帷幕，直面那些深刻影响着我们心灵与存在的重大命题——危机、苦难、疾病、仪式与自然。这些看似沉重的话题，实则蕴含着生命最为真实与深刻的教诲。

在危机中，我们学会坚韧与不屈，找到内心的力量之源；在苦难中，我们体验生命的脆弱与坚韧，学会同情与理解；面对疾病，我们更加珍惜健康，领悟生命的脆弱与宝贵；通过仪式，我们连接过去与未来，感受文化的传承与生命的庄严；自然，则是我们永恒的导师，教会我们谦卑与敬畏，领悟生命的和谐共生。

在这一篇章中，我们将一同开启生命的多维视角，拥抱那些看似艰难却充满启示的经历，从而更加深刻地理解生命的真谛与价值。

专题七

危机与生命教育

生命是一切宝物中最高的东西。

——费尔巴哈

[专题导语]

危机，是悬于人类文明穹顶的双刃剑，既是历史长河中的淬火熔炉，亦是生命进化里的觉醒图腾。它如风暴中震颤的蛛网，既折射着现代性的锋利光芒，又缠绕着生存本质的永恒诘问。在技术狂飙与价值重构的激荡时代，危机教育不再是应对突发事件的权宜之计，而是关乎人类存续的精神基因重组——它教会我们如何于动荡中锚定生命的坐标，在裂变中重塑文明的韧性。

本专题将围绕“危机与生命教育”展开深入探讨，分为认识生命、生命危机、危机应对三大板块。通过跨学科对话、沉浸式思辨与实践性干预，我们将共同探索：当“黑天鹅”成为常态，“灰犀牛”步步紧逼，个体与群体该如何在不确定性中锻造生命的反脆弱性。

在认识生命部分，我们将简要了解生命的内涵、特性及历程问题，并分析认识生命的意义，帮助大家深化对生命的认识。在生命危机部分，我们将探讨危机的内涵与类型，帮助大家了解生命危机。在危机应对部分，我们将学习应对各类危机的方法，并重点掌握自杀危机的预防与干预，以帮助大家在生命危机中转“危”为“机”。

[情境体验]

每个人的生命历程都伴随着挑战与危机，它们或许来自家庭矛盾，或许是求学之路上的挫折，请回溯自己的生命历程，找出对自己有重大影响的一个“危机事件”，谈一谈你是如何渡过难关的，以及这件事给你带来了怎样的变化或成长？

[理论学习]

一、认识生命

每一个生命的诞生都是奇迹。当要问什么是生命时，可能很多人马上会说：“活着的都有生命。”但要追问什么是活着的、活着的东西有什么本质特征时，我们马上就会觉得很难回答。

（一）生命的内涵

生命很复杂，不同学科的研究者对生命有不同的定义。从生物学角度看，生命是一种具有新陈代谢、生长、反应性、自我复制能力、遗传变异、适应性和一定组织结构的有机体。从哲学角度看，生命是一个多维度的概念，涵盖了个体存在、伦理价值、精神追求等多个方面。从心理学角度看，生命是一个包含个体心理发展、情感体验、认知过程、社会关系等多个方面的复杂概念。从社会学角度看，生命是一个深受社会结构和文化背景影响的现象。

生命构成了世界存在的基础，世界正是因为有了生命才精彩。而在所有生命存在中，人是超越一切其他生命现象的存在物。人的生命是人的生理、心理、社会属性的复杂的统一体，可分为生理生命、心理生命、社会生命。生理生命为个体提供了物质基础，心理生命决定了个体如何感知和处理外界信息，社会生命则涉及个体如何与他人建立联系并在社会中发挥作用。这三个层面相互依赖，共同构成了人的整体生命体验。

（二）生命的特性

理解生命的内涵是我们认识自我和世界的第一步。然而，要真正领悟生命的全部意义，我们还需要深入探讨生命的几个基本特性。这些特性不仅揭示了生命的本质，还为我们提供了看待生活的新视角。

1. 生命的唯一性

唯一性是生命的本质特征，世界上既不存在两个完全相同或完全不同的事物，也不存在两个完全相同或完全不同的生命。此生命必不完全等同于彼生命，从生命时空角度讲，即使同一生命个体，此时的生命状态也必不等于彼时的生命状态。社会学家米德指出："每一个自我都有自己的独特个性，有自己唯一的模式。"唯一性使生命具有了独一无二的个体性，正是因为生命的唯一性，才能构成如此色彩斑斓、气象万千的世界。

2. 生命的有限性

首先，有限性表现在生命存在时间的有限性，并具有不可重复性；其次，有限性表现在肉体的有限性，还表现在生命的不可预测性，人的生老病死、喜怒哀乐是不可预测的。正是由于这种有限性，才促使人们去努力思考、奋发创造，去实现生命的超越，追求生命的辉煌。从这个意义上说，人的生命的有限性正是人不断超越自己的最强大的动力，也是人的一切活动的起点。

3. 生命的不可逆性

生命遵循着从小到大、从生到死的规则，不会发生逆转。人们幻想着能返老还童或是长生不老，那只是一种美好的愿望而已。生命的不可逆转性是我们珍视生命的一个重要的理由。生命的画布只容许我们涂抹一次，即使不能尽如人意，也绝不可能再回头重画一次，这就要求我们谨慎地对待生命的每一天，做到回首往事的时候没有遗憾。

4. 生命的创造性

人的成长是一个持续变化的过程。人对无限和完美的追求使其不断地推陈出新，不断超越有限和欠缺，走向升华和完美。人的生命不满足于当下所取得的成就，不沉醉于现实生活的安逸、舒适和惬意，而是追求比当下更高级、更完美、更安逸、更舒适和更惬意的生活，实现人的生命的升华、辉煌和超越。

（三）生命的历程

生命的真正意义不仅仅在于它静态的特性，更在于它动态的发展过程。生命的历程是指从出生到死亡的整个生命过程，这一过程可以分为不同的阶段，每个阶段都有其特点和发展任务。以下是一个人生命历程的主要阶段：

（1）出生与婴儿期（0—2 岁）

这一时期婴儿迅速发展，学会基本的生活技能，如翻身、爬行、站立和行走。

（2）幼儿期（2—6 岁）

这一时期孩子开始学习语言、社交技巧，并通过游戏探索世界。

（3）学龄期（6—12 岁）

这一时期孩子开始上学，学习阅读、写作和算术等基本技能，同时开始发展更复杂的社会技能和自我认同。

（4）青春期（12—20 岁）

这一时期伴随着生理上的巨大变化，如第二性征的发育，同时也有心理上的转变，如寻找自我认同、探索独立性。

（5）成年早期（20—40 岁）

这一时期个体开始承担更多的社会角色，如职业发展、建立家庭等。

（6）中年期（40—60 岁）

这一时期可能会经历所谓的“中年危机”，也是职业和家庭稳定时期。

（7）老年期与死亡（60 岁以上）

这一时期个体面临退休、健康问题等挑战，也是反思一生成就、享受家庭和休闲时光的时期。

（四）认识生命的意义

了解生命的各个阶段及其特点，使我们能够更好地理解生命的复杂性和多样性。然而，生命的真正价值不仅在于它的长度和经历，更在于我们如何赋予它意义。认识生命不仅仅是了解其发展历程，更是深刻理解其内在价值的过程。接下来，我们将探讨认识生命的意义，包括如何提高对生命的认识、珍爱生命、理解生命的意义，以及维护生命的安全。

1. 提高对生命的认识，尊重生命

提高对生命的认识不仅仅是了解生物学上的知识，更重要的是理解每一个生命都是独特且不可替代的。这种理解可以帮助我们培养出对所有形式的生命的尊重。通过教育和自我反思，我们可以认识到生命的多样性和复杂性，从而更加珍视和保护自然界中的各种生命形式。这不仅促进了人与自然的和谐共存，也增强了社会成员之间的相互尊重和包容。

2. 认识生命的价值，珍爱生命

每个生命都有其独特的价值，这种价值不仅仅体现在个人成就或物质财富上，更在于我们如何与他人建立联系、贡献社会及实现个人成长。认识到这一点可以帮助人们更好地珍视自己的生命，并在日常生活中寻找满足感和幸福感。珍爱生命意味着积极面对生活中的挑战，努力克服困难，并不断探索使自己感到充实的生活方式。

3. 理解生命的意义，活好今生

每个人对生命意义的理解都可能不同，因为它深受个人经历和价值观的影响，重要的是持续探索那些让你感到有意义的事物，无论通过职业发展、家庭关系还是志愿服务等途径。理解生命的意义有助于我们在日常生活中找到方向感和目标感，激励我们去追求更高层次的满足和成就感，从而以更加积极的态度去生活。

4. 维护生命的安全，预防自杀危机

维护生命安全是保障个体能够充分体验和享受生活的基础，特别是在现代社会中，心理健康的关注变得尤为重要。了解心理健康的重要性，学习识别自杀危机的早期迹象，并及时提供支持和帮助，对于预防悲剧的发生至关重要。同时，提升公众对心理健康问题的认识，减少相关话题的社会污名化，可以为需要帮助的人创造一个更加开放和支持性的环境。

二、生命危机

在历史的长河中，危机如同一股不可抗拒的洪流，时而汹涌澎湃，时而潜流涌动。然而，正如古人云："塞翁失马，焉知非福。"危机之中往往孕育着转机，恰似那破茧的蝴蝶，经历磨难后绽放出惊人的美丽。危机，对于弱者来说是绊脚石，但对于强者来说，却是垫脚石。正如那句俗语："危机危机，危中有机。"在危机中，我们不仅要看到困难，更要看到希望。

（一）危机的内涵

危机通常是一种紧急情况，需要立即采取行动来应对。它往往伴随着高度的不确定性，很难预测结果。它要求快速决策和行动，时间紧迫。它通常涉及多个因素，需要综合考虑多个方面的信息。它可能对个人、组织乃至整个社会产生广泛的影响。它也是个人或组织发展历程中的一个重要转折点，可能带来重大的变化或转型。我们可能面临的危机主要包括战争危机、职业危机、经济危机、婚姻危机、交往危机、考试危机、死亡危机及不可抗拒的天灾人祸等。

（二）危机的分类

危机可以根据不同的标准进行分类，以下是几种常见的危机分类方式。

1. 根据危机产生的原因和特点分类

（1）发展性危机

发展性危机是指个体在生命发展过程中遇到的正常过渡阶段中的挑战或困难。这些挑战通常是预期的，与个体的成长和发展密切相关。它与个体的成长阶段相联系，如青春期、职业生涯转换等。它也可能涉及个体在某个发展领域（如情感、认知、社会）遇到的困难。

（2）境遇性危机

境遇性危机是指由外部事件或情境引发的心理危机，这些事件或情境对个体来说通常是意外的或非预期的。它由突发事件引起，如自然灾害、事故、失业等。它对个体的生活造成直接影响，可能导致情感或行为上的反应。

（3）存在性危机

存在性危机是指个体在面对生命的意义、目的和价值等根本性问题时产生的心理危机。它涉及对生命意义的深刻反思。它可能由重大生活事件触发，也可能是在没有明显外部诱因的情况下自发出现。它通常与个体的价值观、信仰和人生目标相关。

2. 根据危机的紧迫性和持续时间分类

（1）急性危机

急性危机是指突然发生的、紧迫性高的危机，需要立即采取行动来应对。这类危机通常持续时间较短，但其影响可能是即时而强烈的。它往往突然发生，让人措手不及。急性危机通常不会持续很长时间，短时间内会对个体或组织造成较大的冲击，但其后果可能长期存在。如：自然灾害（地震、洪水等）；严重的健康问题（突发心脏病、交通事故受伤等）；个人突发事件（亲人的突然离世、被解雇等）。

（2）慢性危机

慢性危机是指长期存在的、持续时间较长的危机，可能需要长期的努力和干预来解决。慢性危机通常持续时间较长，有时甚至贯穿一生。问题逐渐累积，随着时间推移变得越来越严重。它可能会对个体的心理健康、社会关系等方面造成长期影响。解决慢性危机通常需要长期的努力和专业的支持。如：慢性疾病（糖尿病、高血压等）；长期的抑郁、焦虑、失业、贫困等。

3. 根据危机的来源分类

（1）内部危机

内部危机是指源自个体内部的因素所引起的危机，通常与个人的心理、情感或生理状态有关。它通常由个体的心理、情感或生理状态引起，可能会对个体的情绪稳定性、心理健康等方面造成负面影响。虽然根源在内部，但外部事件或情境可能会触发或加剧内部危机。如：心理健康问题（抑郁、焦虑等）；个人发展过程中的挑战（青春期的困惑、职业选择焦虑等）；人际关系问题（家庭矛盾、亲密关系破裂等）。

（2）外部危机

外部危机是指由外部环境因素引起的危机，这些因素超出了个体的直接控制范围。它通常由个体无法控制的外部因素引起。这类危机不仅影响个体，还可能影响整个社会。解决外部危机通常需要借助外部资源和支持。如：自然灾害（地震、洪水等）；经济危机（失业、通货膨胀等）；社会事件（战争、恐怖袭击等）。

4. 根据危机的影响范围分类

（1）个人危机

个人危机是指只影响个人的危机，通常与个体的心理状态、情感体验或特定生活事件相关。这类危机主要影响个人的心理健康、情感状态或生活状况，往往与个体的经历、性格特征等因素紧密相关。解决个人危机通常需要个人的努力和专业支持。如：心理健康问题（抑郁、焦虑等）、人际关系问题（如家庭矛盾、婚姻问题等）、个人发展过程中的挑战（职业选择焦虑、身份认同问题等）。

（2）集体危机

集体危机是指影响一群人或整个社会的危机，通常由外部事件或广泛的社会、经济因素引起。这类危机往往与社会结构、政策或经济条件等因素相关。解决集体危机通常需要集体行动和社会资源的支持。如：公共卫生事件（流行病爆发等）；社会经济问题（如经济衰退、高失业率等）。

5. 根据危机的性质分类

（1）心理危机

心理危机是指个体在心理层面遇到的紧急情况，通常与个体的心理状态、情感体验或特定生活事件相关，与个体的经历、性格特征等因素也有紧密关联。解决心理危机通常需要专业心理咨询和支持。如心理健康问题（抑郁、焦虑等）；人际关系问题（家庭矛盾、婚姻问题等）；个人发展过程中的挑战（职业选择焦虑、身份认同问题等）。

（2）社会危机

社会危机是指影响广泛的社会事件或情况，通常与社会结构、社会关系或社会政策等因素相关。解决社会危机通常需要集体行动和社会资源的支持。如社会动荡（政治不稳定、社会抗议等）；社会不平等问题（种族歧视、性别不平等）。

（3）经济危机

经济危机是指影响广泛的经济事件或情况，通常与宏观经济因素、市场波动或金融体系稳定性等因素相关往往会导致经济活动下降、投资减少等。其影响一般会对多个行业和地区产生连锁反应。解决经济危机通常需要国家和国际组织采取宏观经济政策干预。如金融危机（次贷危机、金融机构倒闭等）；经济衰退（GDP 连续下降、失业率上升等）；通货膨胀或通货紧缩（物价水平急剧变动）。

（4）环境危机

环境危机是指对自然环境造成严重影响的事件或情况，通常与环境污染、资源枯竭或生态系统破坏等因素相关，通常会对空气、水、土壤等自然环境造成污染或破坏。其影响往往还对人类健康和生态系统造成长期影响。解决环境危机一般需要国际合作和强有力的环境保护政策。如气候变化（全球变暖、极端天气事件等）；生态系统破坏（森林砍伐、生物多样性丧失等）；污染问题（空气污染、水污染等）。

6. 根据危机的可控性分类

（1）可控危机

可控危机是指可以通过采取适当的行动来控制或减轻的危机。这类危机通常与个体或组织的行为、决策等因素有关，可以通过采取合适的预防措施或应对策略来减轻其影响。解决可控危机通常需要主动管理和及时干预，可以通过分析和预测来提前准备。如企业经营危机（现金流管理不当）；个人健康危机（不良生活习惯导致的慢性疾病）；安全事故（工厂的安全操作规程未得到严格执行）。

（2）不可控危机

不可控危机是指超出个体或组织控制范围的危机，通常由外部事件或不可预测的因素引起，难以预测或避免。解决不可控危机通常需要适应性策略和灵活应对，可能需要外部资源和支持来应对。如自然灾害（地震、洪水等）；政治动荡（政变、战争等）；突发公共卫生事件（疫情暴发等）。

三、危机应对

在我们了解了危机的主要分类之后，可以看到每一种危机都有其独特的挑战和应对策略。其中，发展性危机、境遇性危机和存在性危机尤其值得关注，因为它们在我们的日常生活中最为常见且影响深远。通过有效的应对策略，我们可以将这些危机转化为个人成长和自我发展的重要契机。

（一）发展性危机的转化

发展性危机的转化是指个体在面对发展性危机时如何将其转化为成长和发展机会的过程。发展性危机通常是指个体在生命发展过程中遇到的正常过渡阶段中的挑战或困难，如青春期的心理困扰、职业生涯的选择等。以下是发展性危机转化的关键步骤：

1. 明确发展性危机

首先，要认识到自己正处于一个发展性危机之中。这可能涉及青春期的心理困扰、职业生涯的选择困惑、家庭角色的变化等。明确问题的存在是解决问题的第一步。

2. 接受现实

接受当前的情况是不可避免的一部分。无论外部环境的变化，还是内部心理状态的波动，承认并接受这些变化有助于减少抵抗情绪，从而更专注于寻找解决方案。

3. 自我反思

进行深入的自我反思，理解自己的情感反应和行为模式。思考这些问题背后的原因是什么，它们如何影响了你的生活。通过反思，可以更好地了解自己的需求和期望，并为下一步的行动做好准备。

4. 寻求支持

在面对危机时，不要孤军奋战，要与家人、朋友或专业人士（如心理咨询师）交流，分享你的感受和困惑。外界的支持不仅能提供情感上的安慰，还可能带来新的视角和解决思路。

5. 制订行动计划

根据自我反思的结果，制订一个具体的行动计划。这个计划应包括短期目标和长期愿景，以及实现这些目标的具体步骤。要确保计划具有可操作性和灵活性，以适应不断变化的情况。

6. 付诸实践

将计划付诸实践。无论遇到多大的阻力，都要坚持下去。每一次小的进步都是对自我的肯定，也是迈向更大成就的基础。

7. 定期评估

定期评估进展，并根据实际情况进行必要的调整。保持开放的心态，愿意接受反馈和改进。记住，成长是一个动态的过程，需要不断地学习和适应。

8. 庆祝成功

当你克服了某个阶段的挑战或达到了一个小目标时，记得给自己一些奖励和认可。庆祝成功不仅能够增强自信心，还能激励你在未来继续前进。

通过以上步骤，个体可以有效地将发展性危机转化为成长的机会，进而实现更加丰富和有意义的人生旅程。这种转化不仅能够促进个人的心理健康，也可以为未来的挑战奠定坚实的基础。

（二）境遇性危机的消减

境遇性危机的消减是指个体在面对由外部事件或情境引发的心理危机时，采取措施来减轻危机的影响、恢复心理平衡的过程。境遇性危机通常是由突发事件或特定情景引发的，如自然灾害、失业、亲人去世等。以下是消减境遇性危机的关键步骤。

1. 察觉境遇性危机

认识到自己正面临什么样的境遇性危机是应对的第一步，这可能包括自然灾害、失业、亲人去世等突发事件。明确危机的具体表现形式和影响，并记录下你在面对这些危机时的情绪反应，如焦虑、恐惧或无助。通过清晰地定义危机，你可以更好地理解当前的情况，并为后续的应对策略提供基础。

2. 面对现实

通过冥想、深呼吸等正念练习来帮助自己接受当前的情况。这些方法可以帮助你减少抵抗情绪，增强内心的平静。尝试改变对现状的看法，从“这是一个无法克服的灾难”转变为“这是我需要面对和解决的问题”。这种思维方式的转变能够让你更加积极地面对挑战，从而更有效地应对危机。

3. 寻求援助

与家人、朋友或同事分享你的感受和困惑，获得情感支持和建议。此外，还可以加入相关的社群或小组，找到志同道合的人分享经验和建议。如果问题较为复杂或难以解决，建议寻求心理咨询师或社工的帮助。他们可以提供专业的指导和支持，帮助你更快地走出困境。

4. 制订应对计划

使用SMART原则设定具体的、可衡量的、可实现的、相关的、有时限的目标，以帮助你在生活中找到新的方向和动力。将大目标分解为多个小目标，并制订详细的行动计划，逐步实现这些目标。这样做可以使整个过程更加可控和可操作，增强你的信心和行动力。一个清晰的计划能为你提供前进的方向，避免迷茫和无措。

5. 采取行动

按照计划逐步推进，每完成一个小目标都是向前迈出的重要一步。例如，如果你正在寻找新工作，可以从更新简历开始，然后逐步投递申请。预见并准备好应对可能出现的障碍和挑战，制定备用方案以便迅速调整策略。积极的行动会带来积极的变化，逐步实施计划是你恢复心理平衡的关键步骤。

6. 持续评估

每周或每月进行一次回顾，检查自己的进展是否符合预期。如果偏离了原定计划，及时进行调整。可以向他人寻求反馈，尤其是那些对你的情况比较了解的人。他们的意见可能会为你提供新的视角和改进方向。

7. 自我关照

保持健康的生活方式对于恢复心理健康至关重要。保持均衡饮食、适量运动和充足睡眠可以帮助你维持良好的身体状态，从而更好地应对心理压力。学习一些放松技巧，如瑜伽、冥想、深呼吸等，以缓解紧张情绪，提升心理韧性。自我照顾不仅是对自己负责的表现，也是恢复心理平衡的重要环节。

8. 肯定进步

为自己设立一些小奖励，每当完成一个重要阶段时，就给予自己适当的奖励。比如，完成了一个月的学习计划后，可以给自己买一本喜欢的书或看一场电影。每天写下三件让你感到感激的事情，这不仅能提升幸福感，还能帮助你保持积极的心态，继续前行。肯定每一个小的进步，会让你感受到成就感，并激励你继续努力。

通过这些步骤，个体可以有效地应对境遇性危机，减轻其影响，并逐步恢复心理平衡。每个步骤都有助于构建一个系统的应对框架，使个体能够更好地处理外部事件带来的挑战。

（三）存在性危机的应对

存在性危机的应对是指个体在面对生命的意义、目的和价值等根本性问题时，采取措施来处理这些危机的过程。存在性危机通常涉及对生命意义的深刻反思，可能由重大生活事件触发，也可能是在没有明显外部诱因的情况下自发出现。以下是应对存在性危机的关键步骤。

1. 识别存在性危机

认识到自己正在经历存在性危机是应对的第一步。这可能表现为对生活意义的质疑、对未来的迷茫或对当前生活的不满。写下你对这些问题的具体感受和思考，有助于更清晰地理解自己的内心状态，并为后续的反思和行动提供基础。

2. 接受内心的困惑

通过冥想、深呼吸等正念练习，可以帮助自己接受内心的困惑和不安，减少焦虑感。认知重构也是重要的一环，尝试从不同的角度看待这些问题，理解困惑是人类共有的体验，而不是个人的失败。这种态度能够让你更加平和地面对内心的疑问。

3. 深入反思与探索

花时间进行深度自我反思，思考你真正重视的事物、你的价值观以及你希望在生活中实现的目标。阅读哲学、心理学等相关书籍，了解他人如何处理类似的问题，获取新的视角和启发。这个过程不仅能帮助你更好地理解自己，还能为你找到新的方向提供灵感。

4. 寻求外界的助力

将个人的感受与困惑向家人、朋友或值得信赖的对象倾诉，从中获取情感上的慰藉与切实可行的建议。若有必要，亦可向心理咨询师咨询，他们能够提供专业的指导与支持，助力你更深入地理解自身的情绪与思想。

5. 设定新的目标

基于自我反思和外界建议，制定具体可行的新目标。采用SMART原则，将模糊的人生方向转化为清晰行动计划。例如，若希望提升职业价值感，可设定“三个月内完成××技能培训”或“每月参与两次行业交流活动”。将大目标拆解为阶段性小目标，并明确每步所需资源与时间节点。目标需与核心价值观保持一致，确保其能真正回应存在性困惑，为后续行动提供明确指引。

6. 着手推进计划

立即启动第一步行动，避免陷入过度思考，例如报名课程、整理简历或联系潜在导师。将计划分解为每日/每周可执行任务，建立行动清单并设置提醒。预见可能阻碍（如时间冲突、动力不足），提前制定应对策略，若遇拖延，可承诺“每日专注行动15分钟”。记录进展并及时庆祝微小成就，强化正向反馈。行动本身即是意义探索的过程，持续推进能逐步消解迷茫感，为动态评估积累实践基础。

7. 动态开展评估

在行动过程中，动态评估的进展和状态至关重要。设定固定时间点（如每周或每月），回顾目标完成情况、行动计划的有效性及内心感受的变化。思考哪些方法奏效、哪些需要调整，以及当前的行动是否在帮助你接近想要的意义感。根据评估结果，灵活调整你的目标、策略或时间表。这种动态的反馈循环能确保你的应对方向始终正确，并基于实际体验不断优化前进的路径，为最终找到生命意义打下坚实基础。

8. 寻找生命的意义

通过参与志愿活动或帮助他人，找到生活的意义和满足感。发展新的兴趣爱好，如绘画、音乐、运动等，丰富生活内容，提升幸福感。与他人建立深厚的情感联系，通过亲密关系和友谊找到生活的意义。这些方法不仅能让你重新发现生活的乐趣，还能增强你对生活的热情和动力。

通过这些步骤，个体可以有效地应对存在性危机，重新找到生活的意义和目标。每个步骤都有助于构建一个系统的应对框架，使个体能够更好地处理生命中的根本性问题。

（四）自杀的预防与干预

当我们探讨如何有效地应对生活中的各种危机时，我们实际上是在寻找保护自己和他人免受伤害的方法。无论自然灾害、经济困境还是个人挑战，有效的危机管理策略都能帮助我们在逆境中找到出路，并增强我们的抗压能力。然而，在现实生活中，一些人可能会因为各种原因感到绝望和无助，甚至产生结束自己生命的念头。面对这种情况，作为社会的一员，我们需要了解如何识别那些可能正处于痛苦中的人，改变对自杀的错误观念，并提供必要的帮助和支持。

1. 易发生自杀危机人群的特征

从自杀个案中可以发现，当人遭受以下事件或出现以下状况时容易产生自杀意念或自杀行为：

① 遭遇突发事件而出现心理或行为异常的人，如家庭发生重大变故、受到自然或社会意外刺激的人。

② 学习压力过大、学习困难而出现心理异常的人。

③ 个人感情受挫后出现心理或行为异常的人。

④ 人际关系失调后出现心理或行为异常的人。

⑤ 性格过于内向、孤僻、缺乏支持的人。

⑥ 严重环境不良导致心理或行为异常的人。

⑦ 家境贫困、经济负担重而深感自卑的人。

⑧ 身体出现严重疾病，治疗周期长，个人很痛苦的人。

⑨ 患有抑郁症、恐惧症、强迫症、癔症、焦虑症、精神分裂症，以及情感性精神病等严重心理疾病的人。

⑩ 由于身边的同学出现个体危机状况而受到影响，产生恐慌、担心、焦虑、困扰的人。

2. 了解自杀危机的征兆

自杀并非突发。一般而言，自杀者在自杀前处于想死同时渴望被救助的矛盾心态时，从其行为与态度变化中可以看出蛛丝马迹，大约三分之二的人都有可观察到的征兆。据南京危机中心调查，在61例自杀个案中，有22人曾明显流露出各种消极言行以引起周围人的注意。心理学家认为，自杀前有种种信号，可以从言语、身体、行为三方面观察。

（1）言语

有自杀意念的人会间接地、委婉地说出来，或者谨慎地暗示周围的人，如“想逃学”“想出走”“活着没有意思”等。

（2）身体

有自杀意念的人会有一些身体症状反应，如感到疲劳、体重减轻、食欲不振、头晕等。这往往是抑郁情绪所致，不能简单地认为是身体有病，应引起注意。

（3）行为

当有自杀意念的人自杀意念增强时，他们在日常生活中会表现出不同于平常的行为，如无故缺课、频繁洗澡、看死亡主题相关书籍，甚至出走、自伤手腕等。

以上种种征兆，可以为预防自杀提供线索和可能。

3. 改变对自杀的错误观念

社会上对自杀这种行为所持的态度和认识差别很大，其中有一些错误的观念。

（1）自杀无规律可循

自杀事件常常带有突发性，一旦发生，周围的人常感意外诧异。其实大部分自杀者都曾发出过直接或间接的求助信息。他们在决定自杀前会因为内心的痛苦和犹豫而发出种种信号。

（2）宣称自杀的人不会自杀

当有些人向他人透露自己会自杀，尤其用语带有恐吓成分时，他人以为其不过是说说而已，真正想死的人是不会把自己的打算告诉别人的。但研究表明，80%的自杀企图者在自杀前曾向他人谈论过自杀，这种人很可能会有自杀的举动，必须高度重视。

（3）一般人不会有自杀念头

很多人以为一般人不会存有自杀念头。但是国内外研究结果显示，30%~50%的成年人都曾有过一次或多次自杀念头。对于性格健康、家庭关系好的人，自杀意念可能只是一闪而过，很少发展为真正的自杀行动；而性格或精神卫生状况存在问题的人在缺乏社会支持时，自杀念头有可能转变为自杀行为。

（4）所有自杀的人都是精神异常者

有人认为只有精神病患者才自杀。但事实证明，自杀的人大多不是精神病人，只有20%的自杀者是抑郁症或精神分裂症患者。大多数自杀者是正常人，他们只是有暂时性的情绪障碍。

（5）自杀危机改善后就不会再有问题

有自杀企图的人经过危机干预后情绪会好转，周围的人常常误以为其自杀危险性降低了，从而放松防范。自杀危机改善后，有自杀念头的人至少在3个月内还有再度自杀的可能，尤其是抑郁症病人在症状好转时最有危险性。

（6）对有自杀危险的人不能提及自杀

很多人担心，对那些有情绪困扰、有自杀意念的人，主动谈及自杀会加强他们自杀的意欲。但事实恰好相反，有严重情绪困扰的人往往愿意与别人倾谈，诉说自己对自杀的想法。如果故意避开不谈，反而会因困扰自己的情绪无从排解而加重情绪问题。

（7）学业问题是青少年人自杀的主要原因

不少人认为青少年正处在求学阶段。学业问题的困扰是导致青少年自杀的主要原因。但据学者研究发现，50%以上青少年自杀者的自杀原因涉及与父母的关系、男女感情及学校问题。

4. 自杀行为的防治措施

澄清关于自杀的错误观念后，我们接下来探讨如何具体实施有效的预防措施以应对这一严峻的社会问题，采取积极主动的态度去防止自杀事件的发生是我们的共同责任。

（1）加强生命教育

生命教育是培养人们对生命的敬畏和珍惜的重要途径。通过学校、家庭和社会等多渠道开展生命教育活动，可以有效地帮助人们认识到生命的独特价值和不可替代性。在学校的课程设置中融入生命教育的内容，不仅能够让学生了解生理健康知识，还能引导他们探索自我价值与社会角色的关系，增强对挫折的心理承受能力。此外，家长作为孩子生命教育的第一任老师，应该通过日常生活中的点滴示范，传递积极向上的生活态度。社会各界也应该积极参与到生命教育活动中来，共同营造尊重生命、珍爱生命的良好氛围。

（2）提高自身素质

个人素质的提升对于预防自杀具有重要作用，包括心理健康素质、情绪管理能力和解决问题的能力等方面。拥有良好的心理素质可以帮助个体更好地应对生活中的压力和挑战，减少因一时的困境而产生的绝望感。为此，可以通过阅读心理学相关书籍、参加心理咨询培训等方式不断学习和实践，以增强自我调节能力。同时，培养兴趣爱好也是提高自身素质的一个重要方面，它能够让人们在忙碌的学习或工作之余找到放松心情的方式，从而保持乐观的生活态度。提高自身素质不仅是对自己负责的表现，更是对家庭和社会的一种贡献。

（3）加强对自杀行为的认知

深入了解自杀行为背后的原因及其表现形式，有助于及时发现潜在的风险并采取有效的干预措施。自杀通常不是孤立事件，而是多种因素综合作用的结果，如长期的心理压抑、人际关系紧张、经济困难等。因此，普及关于自杀原因的知识尤为重要。公众应当了解自杀预警信号（如频繁谈论死亡、表现出极度悲伤或绝望的情绪变化等），并学会如何向有自杀念头的人正确地提供支持和帮助。此外，媒体在报道自杀事件时也应遵循科学的原则，避免渲染细节，防止模仿效应的发生。通过这些方式，我们可以构建一个更加理解和支持的社会环境，为那些处于危机中的人们带来希望。

（4）加强精神文明建设，积极改善心理环境

精神文明建设旨在提升整个社会的精神风貌和道德水准，这对预防自杀同样至关重要。一个充满关爱与互助的社会环境能够给予个体更多的正能量，减轻他们的孤独感和无助感。政府和社会组织可以举办各种公益活动，鼓励民众参与志愿服务，增进人与人

之间的感情联系。同时，倡导建立和谐的家庭关系也是一项重要内容，因为家庭是最基本的社会单元，稳定和谐的家庭环境对于维护成员的心理健康具有基础性的作用。此外，还要注重社区文化建设，打造温馨舒适的居住环境，让人们感受到归属感和安全感，从而降低自杀率。

（5）加强心理干预，及时解决人们的心理问题

建立健全的心理干预体系是预防自杀的关键环节之一。这意味着要建立专业的心理咨询机构和服务网络，确保每个需要帮助的人都能得到及时有效的心理辅导。学校、企业等单位内部也应设立相应的心理健康服务部门，定期开展员工心理健康普查，发现问题早介入。对于已经出现自杀倾向的个体，则需由专业人员进行一对一的深入交流，制定个性化的治疗方案。除了传统的面对面咨询外，还可以利用现代信息技术手段，如在线心理咨询平台，扩大服务覆盖面。总之，通过多层次、全方位的心理干预措施，我们能够有效地降低自杀风险，保护每个人的生命安全。

[聚焦提升]

在当代社会的神经末梢，危机之熵持续涌动：全球化缔造的脆弱共生，信息爆炸催生的认知眩晕，生态反噬引发的存在焦虑，这些都是文明进程的必然阵痛。然而，于这汹涌之下，仍跃动着觉醒与重构的星火，古老智慧与未来想象的碰撞，让绝境逢生处绽放希望之花。在文明迭代中，危机意识终将化作重生的图腾。

于是，锻造危机的元认知，成为破译生存密码的密钥：敬畏危机，亦驾驭危机；在毁灭与创生的辩证中校准尺度，让预警系统的精密与人文关怀的温度交相辉映。培育危机韧性则是进化之路最坚韧的铠甲——自省以明，应变以敏，抗压以韧，重建以智，于震荡中锚定，在裂变中涅槃。如此，危机便不仅是末日的寓言，更是文明自我修正、集体意识升维的史诗叙事。

[自主思考]

2023 年的联合国发布的《全球心理健康发展报告》数据显示，15—29 岁群体已成为心理危机高发区，全球平均每 40 秒就有一人选择自己终结生命，存在性焦虑取代物质匮乏成为新型生存困境。东亚文化圈呈现“三高悖论”：科技依存度越高，意义感知度越低；信息获取越便利，价值判断越混乱；生存安全保障越完善，自我毁灭倾向越强烈。报告指出，生命价值系统的解构与重构，正在引发 21 世纪最隐秘的文明危机——当肉体存活不再构成挑战，我们却集体陷入“为何而活”的精神迷航。请谈谈你对生命本质的理解，并思考如何面对生命中存在的各类危机。

[课外拓展]

1. 余华. 活着［M］. 上海：上海文艺出版社，2004.

2. 力克·胡哲. 人生不设限［M］. 彭蕙仙，译. 武汉：湖北教育出版社，2014.

3. 周小东，苏朝霞，等. 心理危机干预实操 自杀心理及其预防［M］. 北京：清华大学出版社，2023.

专题八

苦难与生命教育

人的生命似洪水在奔流，不遇着岛屿、暗礁，难以激起美丽的浪花。

——奥斯特洛夫斯基

[专题导语]

人生旅程中，苦难以不同形态伴随左右。它可能是短暂的困境：考试失利后的自我怀疑、人际矛盾中的孤独感、对未来的迷茫与焦虑；也可能是持久的重压：突如其来的疾病、家庭变故的冲击、社会偏见与不公的桎梏。这些考验交织于生命历程，成为无法回避的课题。

从个体到社会，苦难可分为三重维度。身体的苦难直观而具象，却常激发惊人的生命力。西汉史学家司马迁因直言遭宫刑之辱，却在“肠一日而九回”的剧痛中，以一生心血铸就《史记》。他在致友人的《报任安书》中写道：“究天人之际，通古今之变”——当肉身承受极限之苦，精神反而能抵达更辽远的境界。精神的困境如迷雾笼罩心智，作家史铁生 21 岁瘫痪后，曾三度试图自杀，最终在笔尖找到救赎。《我与地坛》中记录的不仅是痛苦，更是对生死、意义的深刻思辨——精神的困局往往成为觉醒的契机。社会性苦难则烙印着时代的阵痛，清末林则徐虎门销烟遭贬伊犁，仍以“苟利国家生死以”的信念开垦边疆、兴修水利。他的选择揭示：当个体命运与时代苦难交织，坚守道义方能突破困局。西方先哲也早已洞察苦难的价值。苏格拉底主张“未经省察的人生不值得过”，恰似苦难迫使我们暂停惯性的生活轨迹，重新锚定生命坐标。现代心理学研究也表明，适度逆境能增强心理韧性——这并非美化痛苦，而是揭示其辩证性：它摧毁脆弱的部分，同时锻造出更坚韧的生存智慧。

[情境体验]

“我们经历的风暴是人生的底色”。这里我们并非歌颂苦难本身，而是探讨其意义。每个人都会经历苦难，每个人所经历的苦难和对苦难的理解都不尽一样，大学生作为新成长起来的一代人，他们是怎么理解苦难的呢？又是怎么看待自己人生历程中的苦难的呢？

请同学们敞开心扉，将个人在人生中所遇到的苦难化作一段段时间轴，并诉以个人感悟。

[理论学习]

一、认识苦难的内涵与生命的意义

苦难与悲伤几乎贯穿了每个人的生命旅程，无论谁都难以避免。德国哲学家叔本华将人生定义为“悲剧人生”，认为苦难是人类生存不可避免的常态。人们总是希望逃避苦难或寄望于幸运降临，然而，无论如何努力，苦难始终以不同的形式存在。正因如此，古往今来的思想家普遍认为，苦难并非偶然的困境，而是人生的一部分，它深深嵌入了人类的生存经验之中。

苦难的本质，在于秩序的打破与人类的失控感。当生活遭遇突如其来的变故，原有的平衡被打破，人们往往陷入痛苦与迷茫。例如，地震和洪水等自然灾害让无数人失去家园，战争与冲突让社会陷入动荡，这些苦难看似源自外部环境，但人类自身的行为同样深度参与其中。例如，全球气候变暖加剧了极端天气现象，社会不公和资源争夺加剧了地区冲突，这些都表明，人类既是苦难的制造者，也是苦难的承受者。

人们往往习惯性地将苦难归因于外部因素，比如将其划分为“天灾”与“人祸”，却忽略了许多苦难的根源，实际上来自人类自身的选择与行为。叔本华所说的“悲剧人生”，并不仅仅指苦难的不可避免性，更在于人类往往未能觉察到自己在苦难中的角色。要真正理解并应对苦难，我们需要的不仅仅是承受和适应，更要理解苦难，反思苦难的成因，寻找避免和减少它的方法。只有这样，苦难才不仅仅是生活的阴影，也能成为推动人类进步的动力。

（一）苦难的基本内涵

1. 生命历程下的苦难类型

（1）生之苦——生命起点与成长的挑战

生命的开始是一次充满不确定性的远征。从呱呱坠地到步入社会，个体要经历一次又一次的适应与转变。生之苦，不仅是对身体生存的挑战，更是生命责任、生命意义与生命成长的持续考验。

生命初始的适应。婴儿的降生，意味着个体进入了一个充满未知的世界。新生儿需要适应外部环境的变化，如光线、气温、声音、触觉刺激等，这一过程往往伴随着强烈的不适。哭泣不仅是生理上的自然反应，也象征着个体对生存环境的最初感知。在生命的最初阶段，个体无法用语言表达需求，也无法自主行动，只能完全依赖照护者的呵护。随着意识的发展，婴儿逐渐形成对外界的认知，但也因此开始体验焦虑和陌生环境带来的不安，以及对未知事物的恐惧。

成长过程的学习与挑战。随着语言、认知、身体机能的发展，个体进入了更广阔的学习与社会化阶段。学龄期的儿童要学习知识、掌握规则、适应群体生活；青少年则要在学业压力、考试竞争和自我认同之间找到平衡。这一阶段的生之苦不仅来自课业负担，还来自对未来不确定性的焦虑。

在人际交往中，生活习惯、价值观差异带来的冲突常常不可避免。例如，在大学宿舍里，不同性格、生活方式的同学需要长期共同生活，可能因为作息时间、卫生习惯、公共资源使用等问题而发生摩擦。如果沟通不畅，矛盾容易升级，甚至影响学习状态和心理健康。除此之外，同学之间既是朋友也是竞争对手，在成绩、奖学金、实习机会等方面的竞争，也可能让原本亲密的关系出现紧张。在更广泛的社会层面，个体也会经历各种强制性的人际交往，例如职场人际关系、权力关系、社会冲突等。这种“身不由己”的社交压力，使个体不得不在充满矛盾的关系中勉力维持和谐，而内心却充满挣扎。更广义来看，社会阶层的对立、群体之间的矛盾，也是一种挑战。例如，一些群体可能因历史恩怨、文化差异、经济利益冲突而对立，使得某些人终生生活在“不得不面对对立群体”的现实中，这种社会层面的怨憎，会进一步加剧个体的心理压力和情感冲突。这些情境都是生之苦在现实生活中的具体表现，需要个体在冲突与调整中不断提升沟通能力与情绪管理能力。

离别与适应的心理落差。人生的成长轨迹伴随着一次次离别。进入大学，许多人第一次离开熟悉的家庭和朋友，面对新的城市与人际圈，这种“物理上的分离”常带来孤独与思念。更深层次的，是人与人之间因为生活轨迹、价值观、兴趣等差异而逐渐产生“心理上的疏远”。高中时的好友进入不同的大学，联系逐渐减少；大学时期的同学在毕业后奔赴不同的城市，甚至不同的国家，难免让人感到情感支撑的缺失。对于一些人来说，友情的淡化甚至比空间上的距离更难接受。面对这种变化，生命教育强调要培养情感的独立性与流动性，在保持珍贵回忆的同时积极建立新的支持系统。

理想与现实的碰撞。进入成年后，生之苦往往以理想与现实的落差呈现。大学生在职业规划、学业深造、情感关系等方面，都可能遇到“求而不得”的局面。例如，精心准备了数月甚至数年的考研，却因考试失利而未能进入理想的院校；反复修改简历、奔波求职，却屡次碰壁，难以获得理想工作；付出大量时间和精力完成学术研究，却未能获得导师的认可或发表机会。这些经历让人产生深深的挫败感，甚至怀疑自身能力，认为自己“不够优秀”或“注定失败”。当理想不断受阻，而现实无法提供足够的成就感，理想与现实的落差便愈发强烈。此外，职业生涯的选择同样充满“求而不得”的困境。许多毕业生希望进入稳定、高薪、有发展前景的工作岗位，但现实中，行业竞争激烈，机会有限，个体可能不得不在梦想与生存之间做出妥协。例如，一些学生渴望成为作家、音乐人或创业者，但面对经济压力和社会期待，最终被迫选择一份稳定但缺乏热情的工作。理想与现实之间的矛盾，使得许多人在求而不得的痛苦中徘徊。但从生命教育的角度看，这些挫折是人生中不可或缺的养分，促使人反思目标、调整策略、提升能力，并学会以更长远的眼光看待成败。

生之苦贯穿生命的每个阶段。它要求个体具备面对变化的勇气、承担责任的意识，以及在困境中寻找意义的能力。从婴儿期的适应，到青少年的学习与人际挑战，再到成年的离别与落差，生之苦推动着人不断成长。生命教育的任务，不仅是帮助人们认识苦难的必然性，更是引导他们将苦难转化为动力，在一次次试炼中塑造人格、丰富生命内涵、提升生命境界。

（2）老之苦——衰老与生命境界的再塑

衰老是生命的自然进程，从出生的那一刻起，我们便踏上了这一条不可逆的道路。老之苦不仅体现在身体机能的衰退上，还包括心理落差、社会角色的改变以及人际关系的疏离。它迫使人重新思考生命的价值与意义，并在有限的精力和资源中重塑生命境界。

身体机能的退化与健康挑战。衰老首先带来的，是身体层面的苦难。随着年龄的增长，细胞的再生能力下降，机体修复速度减慢，人体逐渐进入不可逆的退行性变化。例如，皮肤因胶原蛋白的流失而变得松弛，皱纹加深，头发逐渐花白、稀疏，肌肉流失导致体力下降，关节软骨退化带来慢性疼痛和行动不便。感官功能的减弱，如视力模糊、听力下降、味觉迟钝，使得个体与外界的联系变得迟缓甚至受阻。更严重的是，衰老使个体更容易受到疾病的侵袭。高血压、心血管疾病、糖尿病、骨质疏松、阿尔茨海默病等疾病，极大地削弱了老年人的生活质量。曾经轻而易举完成的日常活动，如走路、提物、弯腰、上楼梯，可能都变得困难重重，甚至需要他人协助。当一个人意识到自己不再具备年轻时的活力和行动能力，甚至无法独立完成基本生活需求时，身体的衰退便成为难以忽视的苦难来源。

对衰老的焦虑与精神失落。除了生理上的痛苦，衰老还会带来深刻的心理苦难。年轻时，人们往往怀揣梦想，对未来充满期待。而当岁月流逝，许多曾经的愿景难以实现，个体开始经历心理落差，甚至陷入焦虑、抑郁。老年人的心理苦难主要表现为对衰老的恐惧、对自我价值的质疑、对死亡的焦虑。随着年龄的增长，记忆力下降、思维反应变慢，使个体感到无力和不安，让人意识到自己终将无法掌控生命。退休后，许多人因失去职业身份而感到空虚，曾经的社会价值和话语权逐渐被剥夺，取而代之的是“无用感”和“被边缘化”的痛苦。这种心理落差使得老年人更容易产生孤独感和低自尊，甚至丧失继续生活的动力。此外，亲密关系的变化也是老年心理苦难的重要来源。随着时间的推移，伴侣去世，子女成家“离巢”，老年人可能经历亲情的疏离，深感孤独。而当子女因忙于工作和生活而无法给予足够的陪伴时，老年人往往会陷入“被遗忘”的焦虑之中。这种长期的情感缺失，可能比生理疾病更令人痛苦，使得许多老年人即使物质生活无忧，精神世界却异常空虚。

代际隔阂与社会边缘化。除了个体层面的生理和心理痛苦，衰老还带来了社会层面的苦难。现代社会高度竞争，崇尚效率与创新，老年人逐渐被排除在主流社会之外。曾经拥有社会地位、财富和影响力的人，可能在退休后被社会遗忘，从“受人尊敬”转变为“无足轻重”。即便是普通劳动者，也可能因年老体衰而无法继续胜任工作，被动退出社会生产体系。在人际关系上，衰老也可能带来被动的社交孤立。年轻时，人们能够主动建立和维持人际关系，而老年阶段，朋友逐渐搬迁或离世，社交圈缩小，导致老年人缺乏情感支持。即便有意愿融入社会，现实的阻碍仍然存在。例如，数字时代的快速发展，使得许多老年人因不会使用智能手机、社交媒体等技术工具而难以与年轻一代保持紧密联系，进一步加深了他们的社会孤立感。社会观念对老年群体的偏见也是一种深层次的苦难。许多文化中，衰老被视为衰败、落伍的象征，老年人的声音往往被忽视，甚至遭遇“年龄歧视”。

家庭关系中的疏离与冲突。衰老过程中的代际关系变化，也可能带来苦恼。部分老年人在与成年子女相处时，因为生活方式、价值观差异而产生摩擦，例如对育儿观念、消费习惯、居住安排的分歧。如果沟通不足，这些分歧可能演变为长期的情感疏离，影响家庭氛围。生命教育在此强调，代际沟通不仅是解决现实问题，更是延续情感纽带、维护家庭支持系统的重要方式。

老之苦提醒我们，生命的价值不应只依赖身体机能与社会地位，而应体现在生命尊严、情感联系与自我实现上。面对衰老，我们需要在心理上接受变化，在行动上积极寻找新的人生定位——无论是参与志愿服务、发挥经验优势，还是培养新的兴趣爱好，这些都是重塑生命境界的途径。对于年轻一代而言，理解老之苦，不仅是为自己的未来做准备，更是推动社会建立包容、尊重、多元支持体系的动力。

（3）病痛之苦——健康缺失与生命质量的挑战

健康是人类最宝贵的财富之一，但人们往往在拥有时并未意识到它的重要性。许多人在身体健康时很少思考疾病可能带来的影响，直到病痛降临才深刻体会到疾病对个体的身体、心理和生活所带来的巨大冲击。病痛之苦不仅仅指身体上的痛苦，更包括因病带来的无助、孤独、焦虑和对死亡的恐惧。

疾病对身体的折磨。当个体健康时，日常活动往往是自然而然的，如走路、进食、阅读、交流等。然而，一旦疾病发生，原本简单的事情就可能变得异常困难。轻微的疾病，如感冒、发烧，可能会短暂影响人的日常生活，而慢性疾病或重病，如癌症、肾衰竭、神经系统疾病等，可能长期折磨个体，使其无法维持正常生活。疾病不仅会带来身体上的不适，如疼痛、乏力、呼吸困难，还可能剥夺个体的自主性。如中风患者可能因肢体瘫痪而无法独立行动，肌肉萎缩患者需要依赖他人帮助完成基本生活需求。这种身体上的限制，使个体在病痛中承受极大无力感。

无助、焦虑与社会隔离。疾病不仅是生理上的考验，也会对个体的心理状态造成极大的冲击，长期病患往往会经历孤独感、焦虑和抑郁。当一个人无法参与正常的社交活动甚至因病情恶化而不得不长期卧床时，其社交圈会逐渐缩小，心理压力会随之增加。患有慢性病的人可能会产生“病耻感”，即因疾病而感到自卑或被社会疏远。例如，一些慢性病患者可能因害怕被贴上“虚弱”或“拖累家人”的标签而减少与朋友、家人的交流，使得心理状态更加恶化。研究表明，心理压力与疾病之间存在双向影响：压力可能加重病情，而病情的恶化又会进一步增加心理负担，形成恶性循环。

医疗资源的限制与经济压力。除了生理和心理层面的折磨，疾病还可能带来巨大的现实苦难。医疗资源的不均衡，使得许多患者无法获得及时、有效的治疗；昂贵的医疗费用，也可能让一个家庭因病致贫。特别是对于大病患者，长期住院、高昂的药物费用及康复治疗成本，都会给个体和家庭带来沉重的经济压力。在这一背景下，社会需要更多关注如何改善医疗体系，确保每个人都能在疾病中得到应有的照护。同时，个体需要意识到健康管理的重要性，培养良好的生活习惯，降低疾病带来的苦难风险。

疾病对人际关系的影响。病之苦也常常伴随着人际关系的变化。疾病会让家庭成员的关系更紧密，也可能因为长期的照护压力、经济压力而出现摩擦。在友情和爱情中，有些朋友在得知病情后会主动关心，但也有人因不知如何面对病患而逐渐疏远。在亲密关系中，疾病可能打乱原本的共同计划，引发不安甚至分歧。这些人际层面的变化，加重了病之苦的情感负担。

疾病与生命责任。从生命教育的视角看，病之苦提醒我们必须重视健康管理与生命责任。对自己而言，主动培养良好生活习惯——规律作息、均衡饮食、适度运动、心理调适——是延缓疾病发生的重要方式。对他人而言，在生病时积极配合治疗、保持心理韧性，不仅是对自己负责，也是减少家庭与社会负担的体现。对社会而言，关注公共卫生、支持医疗公益、推动健康教育普及，是每个人共同的生命责任。

病之苦是对生命价值的深刻提醒。它告诉我们，身体健康、心理健康、社会支持与生活意义缺一不可。面对疾病，除了医学治疗，还需要心理疏导、社会支持与人际关怀的共同作用。对于年轻人而言，理解病之苦意味着在健康时学会珍惜，在病痛中学会坚韧，在恢复中学会感恩——把疾病当作反思生活方式、调整生命目标、深化人际情感的契机。

（4）终点之苦——直面生命有限性的恐惧与准备

死亡是生命的终结，也是人类最难以面对的现实之一。自古以来，人类不断思考死亡的意义，但无论哲学、宗教还是科学，都无法彻底消除个体对死亡的恐惧与不安。死亡的苦难不仅仅是生理上的痛苦，更是心理、情感乃至社会层面的深刻挑战。

生理痛苦与临终前的折磨。死亡通常不是一个瞬间的过程，而是伴随着生理机能的逐渐衰竭。许多临终患者，尤其是患有慢性病或重病的人，在生命的最后阶段会经历剧烈的身体痛苦，如癌症晚期患者因器官衰竭而承受极端的疼痛，神经退行性疾病患者因行动能力丧失而长期卧床。这种身体上的痛楚，不仅使患者备受折磨，也让亲属目睹其痛苦而感到无助和悲伤。现代医学在一定程度上缓解了死亡带来的生理痛苦，然而，死亡的生理苦难仍然是人类无法完全避免的现实。

对未知的恐惧与未竟之事的不甘。相比于生理上的折磨，死亡带来的心理苦难更加深刻。许多人在面对死亡时最大的痛苦来自对未知的恐惧——人类无法确切知道死亡之后是什么，这种不确定性使个体陷入本能的焦虑。此外，死亡意味着个体从世界上消失，这种“自我终结”的认知，使人感到强烈的不安和无力感。除了对未知的恐惧，对未竟之事的不甘也是死亡带来的心理折磨之一。许多人在生命临终时会回顾自己的一生，反思是否实现了人生目标、是否留下了遗憾。对于那些在壮年时期因意外或疾病去世的人来说，死亡可能更为残酷，因为他们还未完成理想、未尽亲情、未履行社会责任。这种“不甘心”使得死亡的心理苦难更加沉重。

研究表明，人类在面对死亡时会经历库布勒罗斯提出的“五阶段心理反应”：否认（Denial）：最初拒绝接受自己即将死亡的事实；愤怒（Anger）：对命运不公、对上天或社会的抱怨；讨价还价（Bargaining）：试图通过某种方式换取延续生命的机会；抑郁（Depression）：因无能为力而陷入悲伤和绝望；接受（Acceptance）：最终接受死亡的必然性，并试图平静面对。不同个体在面对死亡时可能会停留在某个阶段，或最终进入“接受”状态。然而，无论如何，死亡的心理冲击往往是人生最深刻的苦难之一。

情感关系的断裂与持续的哀伤。死亡不仅仅是个体生命的终结，也是社会关系的断裂。当一个人离世时，他的亲人、朋友、同事都会经历情感上的痛苦。许多研究表明，至亲的去世可能导致生者产生强烈的哀伤反应，甚至出现长期的心理创伤，如“延长性哀伤障碍”（Prolonged Grief Disorder，PGD）。对于年幼的孩子来说，父母的离世可能使他们缺乏情感依靠；对于年迈的父母来说，失去子女更是一种无法言喻的痛苦；而对于配偶而言，丧偶带来的孤独感可能影响晚年生活质量。正因如此，人类社会通过各种仪式（如葬礼、悼念仪式）来帮助生者处理悲伤，以缓解死亡带来的社会苦难。

不同文化对死亡的应对不同文化对死亡有着不同的理解。有些文化将死亡视为生命的一部分，强调生者应接受死亡的必然性，如中国传统文化中的“生死有命”，儒家强调“未知生，焉知死”，认为人应关注现实世界而非执着于死亡的意义。而在文化哲学中，存在主义者如海德格尔认为，人应当“向死而生”，即通过直面死亡，激发个体对生命的思考，使人生更加有意义。现代社会对死亡的态度也在发生变化，许多国家正在推动“生前规划”（Advance Care Planning，ACP），帮助人们在健康状态下提前规划临终阶段的治疗意愿、遗产安排、人生总结等内容，以减少死亡带来的不确定性和心理焦虑。

死亡教育与生命责任。从生命教育的角度看，死之苦让人意识到生命的有限性和珍贵性。理解死亡并不是消极的过程，而是让人更加珍惜生命和眼前的人。死亡教育的核心，并非让人提前感受恐惧，而是帮助个体在生时作出更有意义的选择——在有限的时间里完成承诺、表达爱意、实现自我价值。对于家庭而言，提前沟通和安排可以减少遗憾与冲突；对于社会而言，建立健全的临终关怀体系与心理支持机制，是提升文明水平的重要标志。

死之苦是生命教育中最深刻的课题之一。它提醒人们：生命的价值不仅取决于长度，更取决于质量与意义。直面死亡，可以促使人们在日常生活中更积极地行动，减少拖延与虚度；在面对他人时，更加包容与珍惜；在制定目标时，更加关注平衡与长远。对于大学生而言，尽管死亡似乎遥远，但理解死之苦，可以让他们更早建立成熟的生命观，把有限的时间投入到真正重要的事物中，使人生不留太多遗憾。

2. 个体苦难和集体苦难

苦难的另一种定义，通常指的是个体在生理、心理或社会层面上遭受的痛苦、不幸和挫折。这是一种主观的感受，可以由外部环境的因素引发，如疾病、失业、自然灾害和人际关系冲突；同时也可以由内在因素引起，如情感失落、心理痛苦、精神折磨或生命意义的迷茫。根据其来源和性质，苦难可以大致分为个体苦难和集体苦难两大类。

（1）个体苦难

个体苦难是围绕个人体验建立的苦难概念，它关注的是个体在面对人生的不同阶段与挑战时所经历的痛苦和困境。这种苦难形式主要涉及身体和精神两个方面，包含了广泛的经历，如健康问题、失去亲人、职业失败、人际关系的冲突，以及对自我价值和人生目标的怀疑等。个体苦难的特点在于其强烈的主观性和个人化，同样的事件可能对不同的人产生截然不同的影响。

从身体层面来看，个体苦难可能源自疾病、伤残或其他形式的身体不适。这些体验不仅带来生理上的痛苦，还可能影响个体的心理状态和社会功能，进而对其日常生活和未来规划造成重大影响。例如，长期的慢性疾病不仅耗费个体的体能和经济资源，还可能导致抑郁、焦虑等心理问题，影响其社会交往和工作表现；在精神和情感层面，个体苦难往往涉及对重要人际关系的丧失、对身份和自我价值的挑战，或是对人生意义的追求中所遇到的挫折。这类苦难通常涉及深层次的心理过程，包括悲伤、失望、自我怀疑和孤独感等。例如，亲人的去世不仅意味着失去了一个重要的情感支柱，对许多人来说，这也触发了对生死、存在和人生意义等深刻问题的思考。

应对个体苦难的关键在于认识到苦难是生命经历的一部分，通过建立支持系统、培养个人韧性，以及寻求专业的心理帮助等方式来增强应对苦难的能力。支持系统可以来自家庭、朋友、同事或社区，他们提供的情感支持和实际帮助对于个体摆脱苦难至关重要。同时，培养个人的韧性不仅包括增强面对逆境时的心理承受能力，也包括学习如何从失败和挑战中恢复并吸取教训。

在某些情况下，寻求专业的心理健康服务是解决或缓解个体苦难的必要途径。专业的心理咨询或治疗可以帮助个体理解和处理他们的情感体验，学习有效的应对策略，并逐渐构建起更健康的思维和行为模式，最终达到恢复和成长的目的。

（2）集体苦难

集体苦难是指影响到一个群体、社区、甚至整个社会或国家的苦难，这种苦难的特点在于其普遍性和集体性。与个体苦难相比，集体苦难不仅仅关乎个人的感受和体验，更是社会整体经历的一种状况。它可能源于多种原因，包括但不限于自然灾害如洪水、地震、干旱等；人为因素如战争、种族冲突、恐怖主义攻击；或是社会经济现象，如经济危机、大规模失业等。这些事件因其影响范围广泛和破坏性强，往往给受影响的社群带来深重的心理和物质损失。

集体苦难的影响是多层面的。首先，从心理健康的角度来看，集体苦难往往导致社区成员出现广泛的心理应激反应，包括焦虑、抑郁、创伤后应激障碍（PTSD）等，这对个体的长期心理健康构成严重威胁。另外，苦难经历还可能导致社会关系的破裂和信任缺失，影响社区的凝聚力和社会稳定。其次，集体苦难对社会结构和经济也有深远的影响。例如，经济危机和自然灾害不仅直接破坏生产力，还可能导致长期的经济衰退、贫困和不平等加剧。社会组织和治理结构也可能因苦难而遭受破坏，影响到社会的长期发展和人民的福祉。

面对集体苦难，社会和政府的应对策略至关重要。从短期应对来看，紧急救援和心理危机干预是刻不容缓的任务；长期来看，重建工作不仅仅包括物质上的重建，更重要的是心理恢复和社会信任的重建。此外，通过对集体苦难的反思和学习，社会可以构建更有效的预防机制和应急体系，提高其抵御未来苦难的能力。

集体苦难虽然带来深重的影响和损失，但它也为社会提供了反思和重建的机会。通过共同面对苦难，社会的凝聚力和复原力可以得到加强，社会成员的同情心和团结意识也可以得到提升。在一定程度上，集体苦难也促进了社会的进步和人类的共情能力的提升，使我们更加珍视人与人之间的联系和支持。

（二）苦难的特征

1. 多元性

苦难并非单一形式，它包括了从身体上的痛苦到心理上的焦虑、恐惧、沮丧等多种形态。社会环境、经济状况和文化背景均能成为苦难的来源。

2. 体验性

苦难是一种深刻的个体体验，其强度和特性因人而异。相同的事件可能对不同的人产生截然不同的影响，这取决于个体的身心状况、过往经历和应对能力。

3. 主观性

苦难具有高度的主观性，同一事件或情境对于不同的人可能意味着不同程度的苦难。个体的心理态度、价值观和信仰系统在很大程度上影响着苦难的感知和解读。

4. 功能性

尽管通常被视为负面体验，苦难也可具有潜在的功能性和正面价值。它可以作为人生经验和自我成长的触发点，激发人们的内省、韧性和同理心，促使人们寻找解决问题的新途径，以及重塑生活的意义和方向。

5. 普遍性

苦难是人类共同的体验，无论是谁都无法完全逃避生活中遇到的挑战和困境。正因如此，苦难也是连接人与人之间深刻情感和共鸣的桥梁。

理解苦难的复杂性对于提升个体的情感智力、开展有效的心理干预以及建立支持性的社会环境具有重要意义。通过积极应对和反思苦难，个体不仅可以减轻苦难带来的负面影响，还能促进个人成长和心灵的升华。

（三）苦难的生命意义

1. 苦难对个体生命的意义

苦难在人类个体生命中扮演着多重角色，不仅仅是消极的体验，更是个人成长、觉醒与自我超越的催化剂。它促使个体重新思考生活的本质，并通过对苦难的反思，找到生命更深层次的价值。

（1）苦难与个人成长的动力

苦难往往成为个人成长和自我提升的动力。在面临挫折和痛苦时，个体通过内心的挣扎与应对，培养出适应能力和心理韧性。许多心理学研究表明，面对压力和逆境时，人类大脑会通过学习和适应，不断调整心理和行为，从而实现个人的内在成长。

这种内在成长不仅仅是心理上的调整，更是精神层次的提升。在苦难中，人们通常会思考人生的意义，重新评估个人的价值观和人生目标。例如，面对失去亲人、疾病或事业的挫败，人类会重新审视自身与世界的关系，找到自己生命的核心价值。

（2）苦难中的意义建构

心理学家弗兰克尔在他的著作《追寻生命的意义》中指出，即使在极端的苦难中，人类仍然可以通过赋予痛苦以意义，从而找到生命的价值。苦难本身并不自动具有意义，但个体可以通过反思和自我重塑，将痛苦转化为一种有意义的经历。

这种意义建构的过程通常伴随着内心的觉醒与精神的升华。弗兰克尔通过其集中营的经历展示了在无助与极端痛苦的环境中，人类可以通过寻找某种更高的生命目标，超越当下的困境。这种生命意义的发现不仅仅是对痛苦的消解，更是通过面对痛苦，重新塑造自我。

（3）苦难与自我觉醒

苦难常常促使个体进入深度的自我觉醒与反思状态。在舒适的生活环境中，人们往往容易忽视生命的脆弱和有限，苦难则迫使人们正视这些现实，并重新评估自己与外界的关系。

这种觉醒不仅表现在对生命有限性的认知上，也表现在个体对自身价值的重塑上。通过面对痛苦，个体可以发现自己的真正需求与生命目标，摆脱表面的追求，走向更有深度和意义的生活方式。例如，一些经历过重大健康问题或家庭变故的人，往往会在痛苦中重新找到生活的重心，并展现出更强的内在力量与清晰的目标感。

2. 苦难对社会与文化的意义

苦难不仅影响着个体生命，也在社会与文化层面扮演着至关重要的角色。它推动社会的进步，增强集体的凝聚力，同时为艺术与文化创作提供了丰厚的素材，展现了苦难在人类历史与文化中的深远影响。

（1）集体苦难中的社会变革力量

历史证明，许多重大社会变革往往是由集体苦难引发的。当人类社会面临战争、贫困、压迫或不公正时，这些集体性的苦难往往催生了对社会制度的反思与改革需求。例如，工人运动、民权运动等社会进步的浪潮，正是在集体长期遭受压迫和苦难的背景下，推动了社会朝向平等与正义的方向迈进。

集体苦难还促使社会成员形成共识，推动制度变革。比如，在历史上的许多社会运动中，劳动者和受压迫者通过集体的抗争，唤醒了整个社会对公平与正义的追求，从而引发了法律和制度上的调整和改进。

（2）集体苦难中的团结与凝聚

在重大集体苦难中，人类往往表现出强大的团结精神与互助意识。无论战争、自然灾害，还是经济危机，集体苦难让人们意识到个体力量的有限性，进而促使他们更加依赖彼此，共同面对挑战。

这种团结不仅促进了社会的凝聚力，还增强了集体对未来的希望与信心。例如，面对灾难时，全球各地常常涌现出大量志愿者和互助团体，这种集体的互助行为不仅缓解了当下的困境，也为社会注入了更强大的集体意识和社会责任感。

3. 集体苦难中的文化与艺术

苦难是文化艺术创作中的重要主题，许多伟大的艺术作品都通过描绘痛苦、苦难与挫折，展现了人类的复杂情感与生存困境。例如，文学作品如陀思妥耶夫斯基的《罪与罚》、加缪的《鼠疫》，不仅揭示了个体在苦难中的道德与精神挣扎，也反映了集体面对苦难时的抗争与反思。

在视觉艺术中，苦难常常成为艺术家表达内心深处情感和人类存在状况的主题。例如，凡·高的画作通过强烈的色彩与笔触，展现了他在精神痛苦中的孤独与渴望；而贝多芬的音乐则将苦难升华为人类不屈的精神与对自由的追求。通过这些艺术作品，苦难不仅成为个人情感的表达，更成为人类集体经验的一部分，被赋予了更高的审美价值与文化意义。

通过这两个大的方面的探讨，苦难的生命意义在个体和社会文化中展现得尤为深刻。在个体层面，苦难成为人类自我觉醒与生命意义建构的重要途径。它不仅促使个体重新审视自我与世界的关系，还通过承受和超越痛苦，实现了内在的成长与精神的升华。在社会与文化层面，苦难不仅推动了集体团结和社会进步，还为文化艺术提供了丰富的创作素材，展现了人类对苦难的多元思考与表达方式。无论个体的生命体验，还是集体的社会历程，苦难都成为人类生命中不可或缺的部分。通过理解和面对苦难，人类不仅能够找到生命的深刻意义，也能够在痛苦中塑造更加坚韧、富有内涵的自我与社会。

二、多元视角下苦难的生命审视

苦难是人类生命中不可避免的一部分，它以各种形式存在，挑战着人们的心理、情感和信仰。然而，苦难不仅仅是一种消极的体验，它也承载着深刻的生命意义。从不同角度审视苦难，可以发现其中蕴藏的丰富内涵和多层次的影响。历史推动人类在苦难中前行，哲学引导人们思索生命的价值，社会为个体和群体提供支持，而心理学揭示了苦难中的成长与韧性。与此同时，不同文化也赋予苦难以多元的象征与表达方式。本专题通过历史、哲学、社会、心理和文化等多元视角，探讨苦难的生命审视，旨在揭示苦难对个体、群体及整个社会的重要意义，并帮助我们在复杂的生命过程中找到前行的力量。

（一）历史视角：苦难作为人类进步的推动力

在历史视角下，苦难不仅是个体的遭遇，还是推动整个人类社会进步的重要因素。古今中外的历史中，许多重大变革和创新往往伴随着深刻的苦难。例如，中国历史上的苦难经历引发了社会变革。清朝末期的鸦片战争、甲午战争和八国联军侵华战争，不仅让中国陷入了长期的内忧外患，还促使国人开始反思封建制度的积弊和国家的落后。正是这些外部苦难和内部危机推动了戊戌变法和辛亥革命的发生，最终推翻了延续了两千多年的封建帝制，开启了中华民族追求民族独立和现代化的道路。此外，抗日战争的苦难深刻影响了中国社会各阶层的凝聚力，促成了全民族抗争的觉醒，并为新中国的成立奠定了基础。中国人民在长期的苦难中，通过对自身传统文化和西方现代思想的反思，不断寻求国家富强的道路，最终走向改革开放，通过现代化建设，迅速提升了国家实力与人民生活水平。

再例如，中世纪的黑死病虽然造成了大量人口的死亡，但也促使了欧洲封建制度的衰落，加速了文艺复兴的到来。类似地，二战后的全球格局重塑、冷战的结束，以及现代信息革命的兴起，都与各个国家在巨大苦难和危机中的反思和努力密不可分。苦难让人类重新审视现有的社会、政治、经济制度，并从中汲取力量，推动变革与进步。

同时，个体在历史洪流中的经历也往往塑造了时代的特征。比如，伟大的领导者、思想家和改革者，许多都经历了重重磨难。孙中山在革命事业中的屡次失败，背负着流亡海外的困苦生活，但他始终坚持追求共和理想，最终推翻清朝帝制，为现代中国的建立奠定了基础。毛泽东在长征中的艰难跋涉、抗日战争和解放战争中的苦难历程，不仅磨砺了他的领导能力，也坚定了他的革命信念，最终带领中国人民取得了革命的胜利。林肯在美国内战中的苦难经历，曼德拉的囚禁岁月，都是苦难淬炼伟大灵魂的例证。因此，历史视角不仅揭示了苦难的破坏性，也展现了其作为推动社会进步、激发伟大成就的潜力。

（二）哲学视角：苦难与生命意义的探寻

在哲学视角中，苦难被赋予了更深的生命意义。古希腊的斯多葛学派主张，苦难是不可避免的生命组成部分，唯有通过理性与道德操守，人们才能在苦难中找到内在的平静。后来的存在主义哲学家如尼采、萨特和卡缪进一步发展了这一思路，认为苦难揭示了生命的无常和荒诞性，但正是这种痛苦让个体有机会思考生命的真正意义。

尼采提出的“超人”理论认为，只有通过不断超越苦难、挑战自身极限，个体才能达到更高的精神境界。他的名言“凡杀不死我的，必使我更强大”正是对苦难中生命力量的崇高赞歌。此外，卡缪的“荒诞哲学”则认为，尽管生命本质是荒诞且痛苦的，但人类应当拒绝放弃，通过直面荒诞、在苦难中创造意义，找到活着的理由。哲学角度的思考让我们认识到，苦难不仅是消极的生命现象，还可能是个人精神超越、探索终极生命意义的关键节点。

（三）社会视角：苦难中的群体关怀与社会支持

从社会视角来看，苦难不仅影响个体，也往往揭示了社会的结构性问题。贫困、疾病、自然灾害等苦难，常常与社会不平等、资源分配不公等问题密切相关。因此，社会制度、公共政策的完善，是应对群体性苦难的重要手段。在现代社会中，各类社会保障体系的建立正是为了减轻苦难带来的冲击，例如养老保险、医疗保障、教育资源的均衡分配等，都在帮助弱势群体应对生活中的困境。

在苦难面前，群体间的互助也常常能够起到巨大的作用。研究表明，在灾难或苦难发生时，社区、家庭、朋友的支持往往能帮助人们缓解痛苦，恢复生活的信心与希望。例如，2008 年汶川大地震后，社会各界通过捐款、救援等方式迅速展开帮助，不仅让受灾者获得了物质上的支持，也给予了精神上的鼓舞。在新冠疫情期间，中国人民再次展现了强大的互助精神。面对突如其来的公共卫生危机，医护人员、社区志愿者和普通百姓齐心协力抗击疫情，许多人自发组织捐赠物资、志愿服务，帮助弱势群体渡过难关。无论在封锁中的物资配送，还是各地医疗团队的驰援，社会各界在疫情中展现了强烈的团结与关怀。这种群体关怀不仅仅是应对苦难的手段，也是一种凝聚社会共识、加强社会团结的重要力量。

（四）心理视角：苦难中的个人成长与心理韧性

在心理学中，苦难被认为是个体成长的一种特殊形式。心理学家提出的“创伤后成长”（posttraumatic growth）理论认为，虽然苦难和创伤带来了巨大的心理压力，但在适当的支持与引导下，个体往往会在经历苦难后展现出更强的心理韧性和生命力。经历过严重创伤的人，往往会表现出对生命更加积极的态度，重视人与人之间的关系，对生活中的小确幸更有感恩之心。

同时，苦难也促使个体重新调整自我认知，发现自己原本未曾意识到的潜力。在面对挫折时，个体会经历内心的挣扎与反思，这种过程虽然痛苦，但往往能带来更深层次的自我理解与人生目标的澄清。例如，许多人在重大疾病或意外事故后重新审视自己的生活方式，做出更健康、更积极的选择，从而开启新的生命篇章。

（五）文化视角：苦难的跨文化表达与意义

从文化视角来看，不同文化中的苦难表达反映了各自独特的价值观和世界观。例如，在东方文化中，特别是儒家和道家思想中，苦难常被理解为人生中必须经历的一部分，是个体修身、齐家、治国、平天下过程中不可避免的挑战。儒家认为，只有通过磨难，个人才能真正具备道德和智慧上的成熟。而道家则强调“以柔克刚”，认为面对苦难时应顺其自然，顺势而为。

相较之下，西方文化中的苦难表达往往与宗教和信仰密不可分。这种宗教视角在西方文学和艺术作品中也有广泛的体现，如但丁的《神曲》、凡·高的绘画作品等，都深刻地表达了人类在苦难中的挣扎与超越。

此外，现代流行文化中，苦难的意义也在不断演变。例如，许多电影、小说和音乐作品通过对苦难的展现，呼吁人们关注社会不公、生态危机、心理健康等问题。这些跨文化的苦难表达，赋予了苦难更多元的意义，也为个体在全球化背景下理解和应对苦难提供了丰富的参照系。

通过从历史、哲学、社会、心理和文化等多元视角审视苦难，能够帮助我们更全面、深刻地理解苦难的生命意义。苦难虽然带来痛苦，但其背后蕴藏的力量可以促使个体和社会在挑战中成长，揭示出生命的多层次价值与意义。

（六）批判视角：避免美化苦难的误区

在中国文化中，苦难常被视为锻炼意志、促进个人成长的重要途径。传统观念中流传着“吃得苦中苦，方为人上人”的说法，这种观点强调了经受苦难的必要性与价值，不少成功人士的故事都充满了从困境中崛起的励志叙述，塑造了典型的奋斗者形象。然而，这种叙事背后常常忽视了一个重要的问题：苦难的起因是什么？我们是否应该反思并努力改变造成苦难的社会环境？

尽管苦难可以激发坚强的意志，并在某些情况下促进个人成长，但苦难并非总能造就伟大。许多情况下，它会损害人的尊严，压抑创造力，甚至摧毁个体的潜力。中国历史中，许多人喜欢引用《报任安书》中的话，如“文王拘而演周易，仲尼厄而作春秋”，以此证明苦难带来了伟大的创造力。然而，这些引用者常常忽略了司马迁在前文中的提醒：“夫人情莫不贪生恶死，念父母，顾妻子。”换句话说，谁能断言，文王如果不被拘禁，便无法完成《周易》？或者，孔子如果不遭遇困厄，就不会写出《春秋》？把历史中的特定困境视为伟大成就的必然条件，是一种过度美化苦难的误区。

在现实中，苦难常常会抑制而非激发创造力。即便有人在逆境中取得了非凡成就，这也不能证明苦难本身具有内在价值。伟大的成就更多来自个体对苦难的反思和超越，以及社会环境的支持。例如，曹雪芹虽在贫困中写出了《红楼梦》，但谁能断言，如果他拥有更好的生活条件，不会创作出更为卓越的作品？成功不仅依赖于个人的才华与毅力，还受到机遇和环境的影响。将苦难美化为一种美德，往往掩盖了社会问题的根源，使我们忽视了应对苦难本质的必要变革。

诚然，苦难在生活中不可避免，但我们应当追求的是尽量减少不必要的苦难，并通过积极的态度和社会支持去克服困境。社会应减少不公和不平等，营造一个尊重个体尊严和权利的环境。

苦难虽然可能成为创造的催化剂，但并非必然，也不应被视为推动成功的必经之路。个人的成就源于他们对苦难的超越，而不是苦难本身。我们应当以批判的态度看待苦难，认识到真正的社会进步在于努力消除其根源。在面对苦难时，我们应当既保持对个体坚忍精神的尊重，也努力推动制度上的改革，以实现更公平和幸福的社会。

三、直面苦难的生命态度与价值

世间不少的苦难，尤其是自然灾害，是很难回避的，人类只能在苦难发生时被动地应对。回避不是解决苦难的办法。当整个生态危机已成事实，人类在其中必然要叹息劳苦了。正确的态度是直面苦难，切实地长期投入精力去恢复生态平衡。人类从苦难中学习和成长是一个深刻而复杂的过程，它涉及个体在面对困难和挑战时的心理适应、行为调整与个人价值的重塑。

（一）不赞美苦难：直面挑战的理性思考

1. 苦难不是生活的目的

苦难本质上是一种生活中的困境与挑战，而非个体应当主动追求的目标。在某些叙事中，苦难被赋予了过高的价值，甚至被视为通往成功与成长的必要途径。然而，将苦难视作值得推崇的存在，可能会遮蔽人生真正值得追求的价值——幸福、爱、成长与创造。需要明确的是，经历苦难并非必然造就成功，真正决定个体成长的，是他们在苦难面前所采取的应对策略、坚持的信念及外部环境提供的支持。苦难并不会自动赋予人生意义，其意义来自个体如何面对、反思与超越困境。在面对挑战时，大学生应当关注如何通过有效的学习与实践提高自身的适应能力，而非将经历苦难本身视为人生价值的体现。真正有意义的人生并不取决于经历多少苦难，而在于个体如何在各种经历中获得成长，提升自我认知，并将经验转化为推动自身前行的动力。苦难的存在不可否认，但它并非人生的核心目标。大学生应当树立正确的价值观，将生活的重心放在探索知识、培养创造力、发展健全人格以及实现个人价值上，而非单纯依赖苦难来定义自身的成长与成功。

2. 面对苦难应追求转化而非美化

当个体遭遇苦难时，更为重要的并非对其进行美化，而是如何以积极理性的方式加以应对，并通过有效的实践将其影响最小化。苦难所带来的痛苦与挑战是真实存在的，它本身并不具备值得推崇的属性。大学生在面对困难时，应注重培养建设性的思维方式，以理性分析问题，并采取科学合理的方法克服困境，而非简单地将苦难视为人生必经的历练。从心理学与教育学的角度来看，个体面对挫折时的反应模式，对成长的影响远远大于挫折本身。通过反思、学习以及自我调适，个体能够在挑战中提升自身的适应能力，培养更强的心理韧性，从而实现自我成长。换言之，苦难的价值不在于它本身，而在于个体如何运用合理的策略，使其成为成长的契机。

因此，在面对苦难时，大学生应当意识到，真正重要的是如何调整心态、寻求支持、提升自我认知，并采取有效行动来应对挑战，而非仅仅停留在对苦难的颂扬之中。美化苦难可能导致个体忽视其带来的真实痛苦，甚至误导人们将痛苦视为成就的重要前提，而这种观念既不符合现实，也可能影响个体健康成长。只有通过积极的转化，我们才能真正从苦难的经历中汲取经验，并将其作为提升自我、增强生命韧性的动力来源。

（二）积极接纳：情绪释放与心理调适

1. 接纳现实：成长的基石

接纳现实是个体从苦难中学习与成长的重要前提，它要求我们理性认知并正视所面临的困境，而非逃避或否认。虽然这一过程可能伴随着痛苦和不安，但唯有真正接纳现实，才能为积极应对挑战和寻找解决方案创造条件。

（1）认识苦难的必然性

人生中的苦难和挑战并非偶然，而是生命历程的一部分。每个人在成长过程中都会经历不同形式的困难，试图完全规避苦难是不现实的。对于大学生而言，学业压力、人际关系困扰、未来发展焦虑等问题都是常见的挑战。接纳现实意味着放下“为什么是我”这样的自怜情绪，避免陷入消极情绪，而是以更加理性和客观的态度看待问题。认识到苦难的普遍性，有助于我们减少过度焦虑，从而更冷静地分析和应对生活中的挑战。

（2）放下抵抗，主动接受现实

人们往往倾向于对不如意的状况产生心理抵抗，希望现实能够按照自身的期望发展。然而，这种抗拒并不能改变事实，反而可能导致更大的心理压力和情绪消耗。对于大学生而言，在面对学业压力、竞争压力或生活挫折时，过度抗拒现实可能会导致逃避心理，使问题进一步恶化。接纳现实并不意味着消极屈服，而是意味着停止无效的对抗，将注意力转向有效的应对策略。这种态度有助于减少不必要的心理消耗，使个体能够更加专注于解决问题的途径。

（3）培养内心的平静与认知清晰度

当个体真正接纳现实后，内心的紧张和焦虑会有所缓解，从而获得更清晰的认知。这种平静并不是消极顺从，而是一种理性主动的心理状态，使我们能够更准确地识别问题的本质，找到真正可行的解决方案。对于大学生而言，这意味着能够更加理性地规划学习计划、调整职业目标，或是在遭遇人际冲突时保持冷静，以建设性的方式处理问题。唯有在认知清晰的状态下，我们才能做出更加理智和可行的决策，推动问题的解决。

（4）从接纳到积极行动

接纳现实的最终目标是促使个体采取积极行动，而非仅仅停留在心理层面的调适。当个体接受了现状，心理资源便不会再被消极的抵抗与否认所消耗，而是可以用于思考如何改善当前处境。对于大学生而言，这意味着在面对学业压力时，能够主动寻求高效的学习方法，而非沉溺于焦虑；在面对职业规划的困惑时，能够积极探索实践机会，而非停滞不前。通过行动，我们才能真正将苦难转化为成长的动力，增强自身的应对能力与适应力。

总体而言，接纳现实是一种深刻的心理调适过程，它不仅有助于减轻内心的焦虑，还为个体寻找有效的应对策略提供了基础。大学阶段正是塑造个体世界观、培养心理韧性的关键时期，学会接纳现实不仅能帮助我们更好地面对学业、生活和未来的不确定性，还能促进个人成长，使我们更加成熟、自信和从容。真正的成长并非来自苦难本身，而是源于我们如何理性地面对苦难，并在其中找到突破的契机。

2. 情绪表达与管理：从苦难中汲取成长的力量

在面对苦难与挑战时，情绪表达与管理是个体心理调适的关键环节。大学生正处于人生观、价值观逐步成熟的阶段，学会识别、表达和调节情绪，不仅有助于缓解困境带来的心理压力，还能够提升自我认知能力，增强面对挫折的心理韧性。有效的情绪管理可以帮助个体更理性地看待问题，促进心理成长，为未来的挑战奠定良好的心理基础。

（1）识别和接纳情绪：理解自己的心理状态

情绪管理的第一步是准确识别和接纳自己的情绪。个体需要培养对自身情绪的敏感度，学会辨别情绪的类型、强度及其产生的原因。对于大学生而言，面对学业压力、未来的不确定性或人际关系的挑战，可能会产生焦虑、挫败、愤怒等情绪。认识到这些情绪的合理性，并承认它们的存在，是调节情绪的前提。接纳情绪意味着理解情绪是人类正常的心理反应，既包括积极的情绪（如喜悦、满足），也包括消极的情绪（如悲伤、焦虑）。负面情绪并不意味着脆弱，而是个体对外界刺激的自然反馈。关键在于不否认或压抑这些情绪，而是以理性的方式应对，使其不会对个体的心理健康造成长期影响。

（2）适当表达情绪：建立健康的情绪疏导方式

情绪的积压可能会加剧心理负担，因此找到合适的方式表达情绪尤为重要。大学生可以通过多种途径来释放和疏导情绪：第一，书写表达。通过写日记或记录情绪变化的方式，梳理自己的思绪，增强自我觉察能力。第二，艺术创作。绘画、音乐、舞蹈等艺术形式可以作为情绪表达的媒介，有助于释放内心压力。第三，运动与身体活动。适量的体育锻炼能够促进内啡肽的分泌，缓解焦虑和压力。社会支持。第四，向信任的朋友、家人或心理咨询师倾诉，能够在获得理解与支持的同时，帮助个体更全面地看待问题。在面对苦难时，情绪的合理表达不仅能够减少内心的负担，还能有效预防心理问题的积累。建立一个安全、开放的交流环境，使自己能够自由表达情绪，是情绪调节的重要策略。

（3）情绪管理与调节：培养积极的心理应对能力

情绪管理不仅仅是情绪的释放，更重要的是如何调整心态，使负面情绪不会影响个人的发展。大学生可以运用以下策略来调节情绪：第一，认知重构。调整对苦难的认知方式，将挑战视为成长的机会，而非单纯的挫折。例如，面对学业压力时，可以将其看作提升能力的契机，而非过度焦虑的源头。第二，心理调适技巧。通过冥想、正念训练、深呼吸等方式，缓解压力，提高情绪稳定性。第三，记录情绪变化。养成记录情绪的习惯，帮助个体更清晰地观察自己的情绪模式，从而找到适合自己的调节方式。情绪管理并不意味着压抑或忽视消极情绪，而是学会与情绪共处，找到合理的调节方法，使其不影响个人的判断与行动。

（4）长期的情绪管理策略：构建稳定的心理机制

良好的情绪管理并非短期的应对策略，而是一项长期的心理建设。大学生可以从以下方面入手，培养稳定的情绪管理体系：第一，自我反思。定期检视自己的情绪状态，总结情绪管理的有效方法，并不断优化自身的应对策略。第二，健康的生活习惯。规律的作息、均衡的饮食和适量的运动，有助于稳定情绪，提高抗压能力。第三，建立心理支持系统。在生活和学习中，培养良好的人际关系，寻求适当的社会支持，减少孤立感。

情绪表达与管理不仅是应对短期挑战的手段，更是塑造个体心理韧性的重要环节。大学阶段是个体心理成熟和社会适应能力提升的关键时期，掌握有效的情绪管理策略，能够帮助大学生更好地面对生活中的不确定性，提高心理调适能力。通过科学的情绪调节方法，个体可以更冷静地分析问题，更高效地解决困难，从而在成长的过程中保持心理的健康与稳定。

（三）深度反思：持续学习与自我提升

1. 深度反思：从苦难中学习与成长

深度反思是大学生在面对挑战和困境时，实现自我成长的重要环节。它不仅关乎对具体事件的回顾，更涉及对个人信念、价值观及生命意义的深入探讨。通过深度反思，个体可以超越表面的痛苦和困境，从更深层次的角度理解并汲取经验，实现心理和认知的成长。

（1）探寻苦难背后的意义

第一，进行自我内省。深度反思的第一步是进行自我内省，即通过回顾自身经历，理解自己的情感反应和心理变化。大学生在学习和生活中常会遇到学业压力、人际冲突或未来的不确定性，面对这些挑战，需要花时间思考：当时的情境如何？自己是如何应对的？产生了怎样的情感体验？这种内省有助于深入理解自己的思维模式和应对方式。

第二，连接个人成长轨迹。深度反思还涉及将当前的苦难与过往经历相联系，寻找相似的情境和反应模式。例如，大学生可能在适应新环境或面临重大决定时感到迷茫，通过回顾以往如何克服类似困难，可以发现自身已有的资源和应对策略。这一过程不仅能帮助识别个人的成长轨迹，还能增强对自身能力的信心。

（2）价值观与信念的检视

第一，挑战与重构信念体系。大学生的价值观和信念在成长过程中不断发展，而挫折和挑战往往会促使个体重新思考自己的核心信念。例如，在遭遇失败时，个体可能会质疑“努力就一定能成功”的观念，这时就需要思考：是否所有的成功都由个人努力决定？是否可以建立更加开放和弹性的信念体系，以适应未来的不确定性？

第二，探索生命的本质与目标。深度反思引导个体思考更深层次的问题，如人生的意义、个人的目标以及如何实现自我价值。大学阶段是价值观形成和调整的关键时期，个体可以通过阅读、交流和实践，不断调整对未来的期待，并探索自身的潜能。

（3）构建新的认知框架

第一，发展新的思维方式。个体在面对苦难时，仅依赖原有的认知方式可能无法有效应对，因此，个体需要构建新的思维框架。例如，在学业遇挫时，可以尝试从不同的角度审视问题，找到新的学习方法或调整目标期望，以更灵活的方式适应变化。

第二，进行意义重建。苦难经历不仅是挑战，也可能成为成长的契机。通过深度反思，大学生可以尝试赋予这些经历新的意义，例如将失败视为学习的机会，将困难视为磨砺意志的过程。意义重建有助于增强个体的心理韧性，使其能够更积极地面对未来的挑战。

（4）深化人际理解与社会责任感

第一，增强对他人的理解。深度反思不仅涉及自我成长，也包括对社会和人际关系的思考。通过审视自己的经历，大学生可以更深刻地理解他人的处境，提升共情能力。例如，在经历挫折后，更容易体会到他人的困难，从而在交往中展现更多的理解和尊重。

第二，培养共情与社会责任感。通过反思自己的困境，个体可以培养更强的同理心，并意识到社会支持系统的重要性。这种认识有助于推动个体积极参与社会事务，例如公益活动、志愿服务等，增强社会责任感，形成更具同理心的社会互动模式。

（5）持续学习与适应

第一，建立终身学习的态度。深度反思不应是一次性的，而应成为一种持续的思维习惯。在大学阶段，个体需要学会从每一次挫折和挑战中提炼经验，将其转化为未来成长的动力。保持开放的心态，愿意不断学习和调整，是适应快速变化的社会的重要能力。

第二，适应环境变化，提升应对能力。随着社会环境、技术进步和个人成长，个体需要不断调整自身的认知框架和适应策略。大学生应培养灵活应对挑战的能力，例如在面对新的学习方式或职业选择时，能够积极调整思维模式，以更好地适应社会的发展。

深度反思是个体从苦难中学习和成长的关键过程。对于大学生而言，这不仅是一种自我认识的方式，更是构建健康心态、提升适应能力、深化社会理解的重要途径。通过持续的深度反思，个体能够在困境中找到突破口，实现自我超越，并迈向更加充实和有意义的人生。

（四）目标设定：苦难中的成长指引

在面对苦难的过程中，设定可实现的目标是个体自我调适和成长的重要策略。目标的设定不仅能够提供方向感，帮助个体从混乱和痛苦中找到前进的动力，还能通过具体的行动促进心理恢复，增强面对挑战的信心。对于大学生而言，学习如何在困难时期制定合理的目标，不仅有助于个人发展，也能培养坚韧的心理品质，使其更好地适应未来生活中的不确定性。

1. 目标设定的重要性

在苦难或困境中，个体往往容易陷入无助感和迷茫，而设定目标能够帮助人们重新找到努力的方向。合理的目标设定主要有以下几个作用：

第一，提供明确的方向。目标设定能使个体在面对挑战时保持专注，避免陷入消极思维，从而形成更有条理的应对策略。

第二，增强内在动力。在达成一个个小目标的过程中，个体能够获得成就感，这种积极反馈能够激励个体继续向前。

第三，提升心理韧性。面对苦难时，能够拆解问题、逐步推进解决方案的能力，是增强心理适应力的重要方式。

对于大学生而言，无论学业压力、就业焦虑还是人际关系的挑战，合理的目标设定都能提供实际的帮助，使个体在困境中仍能保持成长的可能性。

2. 目标设定的有效策略

（1）遵循 SMART 原则

SMART 原则是目标设定的有效方法，它强调目标应具备以下五个特点：

第一，具体。目标应清晰明确，避免笼统和模糊的表达。例如，不要设定“我要变得更好”这样的模糊目标，而应具体到“我要每天学习 2 小时，提高期末考试成绩”。

第二，可度量。目标应当有衡量标准，使个体能够跟踪进度。例如，“我要在两周内完成论文初稿”比“我要尽快写完论文”更具可操作性。

第三，可实现。目标应在个体的能力范围之内，避免设定过于理想化的目标。例如，对于刚开始锻炼的人来说，每天跑 10 公里可能不现实，但每天快走 30 分钟则更可行。

第四，相关性。目标应符合个体的需求和长远规划，例如，一个希望提升职场竞争力的大学生，可以设定“每周阅读一本行业相关书籍”的目标，而不是追求与未来发展无关的任务。

第五，时限性。目标应设定明确的时间框架，如“在一个月内完成求职简历优化”，以避免拖延和执行力下降。

（2）将大目标拆解成小步骤

面对看似难以实现的长期目标时，可以将其分解为多个小目标，这样有助于降低心理压力，使任务更易管理。例如：

目标一：提高学业成绩

制订每天的学习计划，安排固定时间复习；

每周复盘，分析薄弱环节；

通过小测验或练习题检验学习效果。

目标二：提升心理健康

每天练习 10 分钟冥想或深呼吸；

每周至少与亲密朋友进行一次深入交流；

关注个人情绪变化，必要时寻求心理咨询。

小目标的设定不仅降低了“无法达成”的焦虑感，还使个体在每一次进步中获得成就感，为长期成长奠定基础。

3. 在苦难中如何设定有效目标？

在不同的苦难情境下，合理的目标设定可以帮助个体更快地恢复心理平衡，增强行动力。以下是几类常见困境下的目标设定示例：

（1）情绪管理目标

当个体经历情感痛苦、压力或焦虑时，设定有助于心理调适的目标，可以有效缓解负面情绪。例如：

短期目标：每天进行 10 分钟的深呼吸练习或正念冥想，以减轻焦虑情绪。

中期目标：每周至少进行 2 次运动，提高身体健康状态，从而间接促进情绪稳定。

长期目标：在 3 个月内形成积极的思维模式，例如通过阅读心理学书籍、参加心理咨询等方式提升自我觉察能力。

（2）学业与职业目标

面对学业困难或就业压力时，个体可以通过合理的目标设定，提高自我管理能力，并逐步达成预期成果。例如：

短期目标：制订合理的时间管理计划，例如每天固定学习 3 小时，完成课业任务。

中期目标：在学期内完成至少 3 份高质量的作业或论文，以提升学术表现。

长期目标：在 1 年内通过实习或科研项目积累实践经验，提高未来就业竞争力。

（3）自我提升目标

苦难也可以成为个体成长的契机，在挑战中培养新技能、提升自我认同。例如：

短期目标：每周阅读 1 本书，拓展知识面，提高思维深度。

中期目标：参加线上或线下的专业课程，学习新技能，如编程、设计、写作等。

长期目标：在 1 年内掌握一项新的专业能力，并应用于学业或职业发展中。

4. 目标实现的持续评估与调整

设定目标只是第一步，持续的评估和灵活调整同样重要。在实践过程中，个体可能会遇到各种现实挑战，因此需要定期审视进展，并根据情况进行调整。具体做法如下：

首先，定期回顾：每周或每月回顾目标完成情况，分析哪些部分进展顺利，哪些方面需要改进。

其次，灵活调整：如果某个目标因外部条件变化而难以达成，应及时调整策略，而不是固守原定计划。

最后，保持耐心：成长是一个长期过程，个体需要接受可能出现的挫折，并在失败中不断优化目标设定和执行方法。

5. 设定目标：从苦难到成长的里程碑

苦难并不会立即带来成长，但合理的目标设定能够为个体提供明确的方向，使其在恢复过程中逐步建立信心和希望。每一个实现的小目标，都是迈向更强大自我的一步，帮助个体在困境中找到意义，并培养出更加成熟的心态。

对于大学生而言，学会在苦难中设定合理目标，不仅是一种应对挑战的策略，更是一种塑造人生观、提高自我管理能力的重要方式。当个体在苦难中坚持目标、不断进步时，最终不仅能超越困境，也能收获更丰富的成长体验。

（五）寻求意义：苦难中的生命觉察

1. 苦难中的生命意义探寻

在生命的旅途中，苦难不仅是一种挑战，更是一种促使个体思考生命意义的重要契机。生命教育强调，人不仅要在顺境中寻求成长，也要在逆境中学会理解苦难，并在苦难中寻找超越自我的可能性。对于大学生而言，这一过程尤为重要。大学阶段是个体世界观、人生观、价值观逐步成熟的关键时期，如何看待和应对苦难，将深刻影响其未来的人生态度与发展方向。

苦难不仅仅意味着痛苦，它还承载着个体成长的可能性。当我们能够正视苦难，并从中汲取智慧，生命便不再只是被动地承受，而是主动的创造。在生命教育的视角下，探索生命的意义，是个体在苦难中获得成长、建立价值感的重要实践。

2. 生命意义的价值：苦难的转化与超越

生命的意义感（meaning in life）是个体面对苦难的重要心理资源。心理学研究表明，拥有清晰意义感的人，在面对困境时更具心理韧性，能够更快地调整状态，找到应对方案。因此，在苦难中探寻生命意义，不仅能帮助个体构建更成熟的人生观，还能提升其面对挑战的适应能力。

（1）生命意义提供心理支撑

当个体陷入困境时，生命意义能够作为精神支柱，帮助其在痛苦中保持方向感和动力。例如，一名考研失败的学生，如果能够意识到学习的真正价值不仅仅是“考上研究生”，而是为了获取知识、提升思维能力，他便能够更理性地调整目标，而非陷入消极自责之中。

（2）苦难的超越：从局限到可能

如果个体将苦难视为生命的一部分，而非全部，个体便能从更宏观的视角看待问题，超越当前困境。例如，在面对疾病、失业、家庭变故等挫折时，个体可以通过重新定义自身目标、调整生活方式、建立新的社会支持系统来实现自我修复。苦难的超越，不是消除痛苦，而是赋予其新的意义。

3. 在苦难中探寻生命意义的路径

生命的意义不是静态存在的，而是在个体的经历、思考和实践中逐步形成。大学生可以通过以下几种方式，在面对困难时探索自身的生命价值，并找到继续前行的动力。

（1）自我觉察与反思

深度的自我觉察是寻找生命意义的第一步。生命教育强调，个体需要主动思考自己的价值观、人生目标，以及影响自己最深的经历。例如：在成长过程中，哪些经历让我感到最充实和有价值？目前的困境带来了哪些新的思考？它是否促使我更深刻地理解人生？我希望以怎样的方式影响世界？这种反思不仅帮助个体更好地理解自身，也能让他们在未来的抉择中更加坚定。

（2）从生活体验中寻找意义

生命的意义往往隐藏在日常生活之中，而非仅存在于重大的决定或事件中。关注生活中的细节，例如帮助他人时的满足感、克服困难后的自豪感、与朋友家人共度时光的温暖，都是构成生命意义的重要线索。

此外，在大学生的生活中，学业挑战、社交关系、职业规划等问题，虽然可能带来焦虑，但同时也是个体不断认识自己、提升能力、调整方向的过程。当我们能从日常生活中发现价值，就能够更好地适应现实，并在苦难中寻找到前进的动力。

4. 赋予苦难新的意义：成长与社会责任

在生命教育的视角下，苦难不仅是个人的体验，也是一种能够转化为社会价值的经历。当个体能够从自身的困境中总结经验，并将其用于帮助他人，生命的意义感便得以深化。

（1）苦难作为成长的催化剂

许多时候，困难会促使个体发展新的能力，例如更强的情绪调节能力、更深刻的自我理解，甚至是更清晰的职业目标。与其将苦难视为生命的挫折，不如把它当作成长的催化剂，使其成为推动自身进步的动力。例如，一名在创业过程中失败的大学生，如果能够从失败中总结经验，不仅不会被挫折打倒，反而可能在下一次尝试中更加成熟；经历过人际矛盾的个体，如果能够从中学习到沟通技巧，未来的关系处理能力也会得到提升。

（2）从个人经历到社会贡献

生命的意义不仅仅关乎个体的成长，也与社会责任感息息相关。许多人在经历苦难后，会更加关注社会问题，甚至主动投身公益事业、教育、心理健康等领域，以帮助更多需要帮助的人。例如：经历过心理困境的个体，可能会致力于心理健康教育，帮助更多人理解情绪调节的重要性；曾经面对家庭经济困难的大学生，可能会更加关注社会公平，未来投身于教育或社会工作；在逆境中成长起来的个体，往往能对他人的苦难产生更深的共鸣，并以各种方式回馈社会。当个体能够将自身的经历转化为对他人的帮助，其生命意义感将得到更高层次的升华。

5. 实践生命意义：从思考到行动

探寻生命意义的最终目的是将其落实到实践之中，让意义感成为个体行为和选择的指引。

（1）设定与价值观相符的目标

个体可以根据自己的价值观，设立短期、中期和长期目标，以此作为实现生命意义的实践。例如：

短期目标：提升个人能力，如掌握新技能、改善沟通能力等；

中期目标：参与公益活动、社团组织，增强社会责任感；

长期目标：将自身的成长经验运用于职业发展，使个人价值和社会价值相结合。

（2）持续探索与调整

生命意义的发现并非一次性完成，而是一个不断调整、深化的过程。个体在不同阶段可能会对自身的意义感产生新的理解，因此，保持开放的心态，并根据自身成长不断调整目标，才能让生命意义持续丰富。

苦难不仅是挑战，也是寻找生命意义的重要契机。在生命教育的视角下，个体可以通过自我觉察和日常体验，发现自身真正的价值，并在困境中构建积极的人生态度。意义感不仅是个体心理韧性的支撑，更是促使其超越苦难、实现成长的重要动力。当个体能够赋予苦难新的意义，将其视为成长的催化剂，而非消极的负担，他们便能在面对挑战时保持主动性和适应力。同时，生命的意义并不局限于个体成长，还可以通过社会贡献得以深化——无论通过帮助他人、参与社会公益，还是在职业发展中践行自身价值观，这种超越个体层面的意义探索，能够让生命变得更加充实。最终，真正的成长不仅在于克服困难，更在于如何在苦难中找到新的可能性，并在探索与实践中使生命的意义得以延续和升华。

[聚焦提升]

苦难与生命本质的关联，在于它既是暴露人类脆弱性的棱镜，也是淬炼精神韧性的熔炉。个体在遭遇身体病痛、精神困顿或社会不公时，往往经历着双重觉醒：一方面深刻认知到生命在自然与社会洪流中的渺小，另一方面也在对抗苦难的过程中重塑自我认知。汉代司马迁承受宫刑之痛著就《史记》，王阳明于龙场绝境顿悟心学，这些事例印证着苦难如何迫使人们打破固有认知框架，在价值观的重构中发现内在潜力。这种转化并非被动承受，而是主动的意义建构——将挫折视为校准人生方向的契机，把创伤转化为理解生命复杂性的密钥。值得注意的是，苦难与幸福始终处于动态平衡中，正是对局限的超越让生命迸发出更深刻的力量。

然而，对苦难的审视需保持理性克制。传统文化中“艰难困苦，玉汝于成”的颂扬，若异化为对苦难的美化，反而会遮蔽主动消除结构性困境的责任。东西方哲学对此提供互补视角：西方文化将苦难视作救赎之路，儒家强调“天将降大任”的历练，道家追求“安时处顺”的豁达。这些多元智慧共同启示我们：真正的生命教育不在于歌颂苦难，而在于培养“与痛共存”的智慧——既要承认苦难催生觉醒的辩证价值，更需以社会进步减少非必要的创伤。唯有在个体坚韧与社会变革的双重维度中，苦难才能从命运的枷锁蜕变为照见文明高度的明镜。

[自主思考]

在本专题中，苦难被视为推动个人成长和自我觉醒的动力源之一。我们如何在生活中平衡对苦难的接受与减少苦难的努力？如果没有经历苦难，个体是否仍能实现深层次的成长？

苦难虽然能激发个人的坚韧与潜力，但在讨论其价值时，如何避免对苦难的过度美化？个体和社会应如何平衡承受与避免苦难之间的关系？

[课外拓展]

1. 安杰拉·达克沃思. 坚毅［M］. 安妮，译. 北京：中信出版集团，2017.

2. 维克多·弗兰克尔. 活出生命的意义［M］. 吕娜，译. 北京：华夏出版社，2018.

3. 纳西姆·尼古拉斯·塔勒布. 反脆弱［M］. 雨珂，译. 北京：中信出版集团，2020.

专题九
疾病与生命教育

疾病才是治愈我们的良药。

——尼采

[专题导语]

在东方文化的智慧启示中，疾病与生命的关系恰似一枚硬币的两面。生命的奇迹始于40亿年前的初级细胞，其进化历程既创造了复杂的生理系统，也埋下了疾病的种子——从感染到癌症，从外伤到中毒，这些威胁生命的因素本质上都是生命系统运行的失衡。其实，疾病是生命旅程中不可或缺的一部分，它既是生命的挑战，也是生命的教育。

面对疾病，我们能深刻体会到生命的脆弱和无常，认识到自身的渺小和无力，这让我们学会谦逊，更加珍视健康的日子，感恩生命的馈赠。疾病也让我们看到生命的顽强。人体的免疫系统就像一支忠诚的军队，时刻抵御着病菌的入侵，努力维持着身体的健康。在与疾病的斗争中，我们学会在困境中保持坚韧和乐观，这也体现了生命的顽强。同时，我们要重视养生与疾病的预防。良好的生活习惯和健康的生活方式不仅能增强身体的免疫力，还能降低患病的风险。

生命与死亡相互交织，疾病则是其中的重要变量。我们应该以更加开放和包容的心态去面对疾病，从中汲取生命的智慧和力量。让我们珍惜生命的每一刻，用心体验世界的美好与奇迹，因为活着本身就是一种无法言喻的奇迹。

[情境体验]

随着科技的发展，人类对于永生的追求愈发强烈，而数字生命作为一种可能的永生方式，引起了广泛关注。如果我们能永生，或者是将生命以记忆的方式存储在所谓永生不朽的钢铁身躯里，你是否会接受一个永不凋零的生命？科技带来的永生的本质是什么呢？请大家思考并分享自己的感悟。

[理论学习]

一、疾病与生命的运行

生命是一段丰富多彩且激动人心的历程，每个人都有机会扩展视野和认知领域。尽管其中会有痛苦和悲伤，但更多的是为实现情感、事业或物质方面的梦想而直面挑战的过程。如今医学的昌明将人类的寿命和生存质量都提升到了一个史无前例的水平，生活在这样一个时代，我们是非常幸福的。虽然说死亡还是不能完全预防的，但我们可以通过认识到生命得以延续的那套机能和运转过程是多么的脆弱，从而采用迷信等不靠谱的方式来降低死亡带来的恐惧感；而科学方法作为我们理解周围世界各种现象的最重要手段，它可以对死亡所涵盖的神秘现象进行解密，让我们以全新视角审视当今社会仍被视为忌讳的领域。

（一）永生是否“划算”

当我们站在科技的前沿展望未来时，一个古老而又永恒的话题——永生，始终萦绕在我们的心头。这似乎是一个令人向往的终极目标，在追求这一目标的道路上，我们是否真的理解了其含义与价值？

数字生命为我们理解“永生”提供了一个新的视角。从技术层面讲，数字生命是一种人造的、具有自然生命特征或行为的人工系统。它并非由碳水化合物构成，而是借助非生物的计算机媒介（如程序）来模拟生命。例如，数字生命能够在虚拟环境中展现出进化、遗传、生殖等自然生命的行为和特征。其实现依赖于算法和数据处理技术，人们把思维、情感信息数据化，输入计算机程序，通过算法分析、学习和处理，模拟出类似自然生命的复杂行为。数字生命的本质是利用计算机媒介模拟生命行为和特征的人工系统。它为我们探索生命本质提供了新视角，却也带来诸多待解决的问题。数字生命研究采用“合成”而非“还原”的方法论，其开拓者认为，地球上的生命只是特定载体（如碳基）的特定生命形式，完全可用计算机等其他载体构造新生命形式，赋予其生命特征，实现进化、遗传、生殖等功能。但需要强调的是，数字生命研究不是“克隆”生命，而是以计算机为媒介、以程序为“个体”来合成新的人工生命。

不论数字生命，还是生物克隆技术自身，从某种角度看，都涉及摒弃或“杀死”旧有的自我。这种生命延续并非传统意义上的自然延续，而是基于技术手段的复制或模拟。在数字生命情境中，创造出的虚拟、数字化生命体虽可能包含原生命的某些特征，但本质是全新存在。克隆技术通过复制生物体遗传信息产生几乎相同的个体，同样不是原生命的简单延续，而是新的生命体。

数字生命这一人工系统改变着我们对生命的认知，它利用非生物计算机媒介模拟自然生命行为和特征，为探索生命奥秘提供全新视角。数字生命打开了未知世界的大门，让我们看到生命的另一种可能，促使我们重新审视生命的定义和价值，也引发了一系列深刻的伦理和哲学问题，比如新生命的权利尊严、道德标准和行为准则等。

即便拥有追求永生的技术手段，其是否“划算”仍需深思。对一些人而言，永生意味着能无限制地追求梦想和目标，没有时间限制和压力，这种生活方式让他们能不断学习成长，很值得追求。然而，对另一些人来说，永生可能令人恐惧。他们会觉得生命失去意义和价值，无法像普通人一样经历人生自然过程。而且，永生还可能带来实际负面影响，如需要不断适应和应对生活变化与挑战，易导致精神疲劳和身体不适。所以，是否认为永生“划算”，取决于个人情况和价值观。

所以，即便有追求永生的手段，我们也应保持清醒头脑和理性思考，要认识到生命的真正价值在于质量和意义，而非单纯的长度。我们应用心感受每一个瞬间，珍惜每一次相遇，努力实现梦想和目标，理解死亡不应让我们恐惧或逃避，而应成为珍视生命、用心生活的动力。只有真正明白生命的脆弱和宝贵，才能珍惜当下，活出精彩人生。

（二）什么是生命

生命的定义是一个复杂而深刻的问题，它涉及众多学科领域，需要我们从多角度进行理解和探讨。从特定角度看，生命可以被视作一种具有本体感知能力的物体。这种感知能力并非一般意义上的感觉，而是生命体对于自身存在的一种觉察和认识。它使生命体能够意识到“自我”的存在，并对外界环境做出反应。同时，与之相匹配的是对外部环境的感知能力。

生命体不仅能感知自身，还能敏锐察觉外界环境诸如温度、湿度、光线等的变化。凭借这种感知能力，生命体得以与外界区分，形成独特的自我认知。更为关键的是，通过这两种感知能力的有机结合，生命体能够维持自身的有序状态。它们依据自身需求，从外界环境获取物质和能量，同时排除有害因素。这种自我调节和适应的能力，是生命得以生存和繁衍的核心要素。不过，生命的定义远不止于此，它在更深层次还涉及遗传信息传递、生物体生长发育、新陈代谢等多个方面，这些共同造就了生命的复杂性与多样性，让生命成为宇宙中最为神奇且宝贵的存在。所以，要真正认识生命的起源，我们必须从多个角度进行探索和理解。不管是从哲学角度思考生命的本质与意义，还是从科学角度揭示生命的起源和演化过程，都需要我们怀有敬畏之心，保持开放的态度。唯有如此，才能更好地认识和理解生命这一永恒的奇迹之源。

哲学家、物理学家、化学家和生物学家从各自的专业领域出发，对生命给出了不同的定义和解读，这展示了生命这一概念的丰富性和多元性。

哲学家的观点：哲学家着重强调运动和变化在生命中的重要意义。他们认为，生命本质上是持续不断的变化和运动过程，大到宇宙万物的流转，小到生物体的生长、繁衍及应激反应，都体现出生命的动态特征。这一定义突出了生命的活力与流动性，深刻揭示了生命与变化之间的紧密联系。

物理学家的观点：物理学家从能量角度审视生命，他们将生命体视为能维持自身低熵值状态的有机体。生命体通过不断与外界进行能量交换，来抵抗无序和混乱的趋势。这一定义揭示了生命体在维持自身有序状态时所付出的努力与展现出的智慧，也体现出生命与能量之间的密切关联。

化学家的观点：化学家关注生命体的结构特征，认为生命是远离平衡态的耗散结构。它需要不断与外界进行物质、能量和信息的交流，以此维持自身的相对稳态。这一定义强调了生命体的开放性和交互性，同时也揭示了生命在维持自身结构和功能方面的复杂性与精妙性。

生物学家的观点：生物学家从生物学角度把生命定义为具有新陈代谢、生长、繁殖和对刺激做出反应能力的有机体组合。这一定义着重突出了生命体的物质基础和生物功能。

生命的意义和价值并非仅局限于物质层面，生命更是一种永恒的精神，或者说拥有无限长度的灵魂，它承载着人类的思想、情感和意识。此外，还有观点认为生命是一种神秘现象，超越了物质存在，它可能是灵魂与物质的结合，或是宇宙能量的一种表现。这些观点都试图从更深层次去理解生命的本质和意义。

因此，生命的定义是一个多维度、多层次的概念。它既涵盖生物体的物质基础和生物功能，又涉及精神、意识和价值观等方面。所以，我们不能用单一的定义去概括生命的全部意义。生命是永恒的奇迹之源，在宇宙中不断创造和演化，为我们带来了无尽的探索和思考空间。这些不同角度的定义相互补充，共同构建起我们对生命的全面理解。生命是复杂而神秘的现象，它兼具物质与精神属性，既是运动的又是有序的，既与能量相关又具备独特结构。我们只有从多个角度去理解和探索生命，才能更好地认识它、尊重它，并与生命和谐共处。

（三）死亡为什么是必然的

从生物学的角度出发，生命确实是由核蛋白等物质构成的复杂分子体系，这一体系不仅具备代谢、繁衍和应激等综合能力，还展现出出生、成长、衰老和死亡等多重特征。在这些特征中，新陈代谢尤为关键，可以说是生命的基本特征之一。

新陈代谢是生物体与外界环境进行物质和能量交换的过程，它包括同化作用和异化作用两个方面。同化作用也称为合成代谢，是生物体吸收外界物质（如水分、无机盐、氧、二氧化碳、食物等等）使之转化成组织细胞的原生质；异化作用也称为分解代谢，是生物体将原生质分解成简单的物质（如二氧化碳、尿素和水分等）并释放能量。这两个过程相互依存、相互促进，共同维持着生物体的生命活动。

新陈代谢的正常进行对于生命机制至关重要。它保证了生物体能够获取必要的营养物质和能量，维持细胞的正常结构和功能，也帮助生物体排除代谢废物和毒素，保持内部环境的稳定。如果新陈代谢出现障碍，生物体的生命活动就会受到严重影响，甚至可能导致疾病的发生。因此，从生物学的定义出发，我们可以理解到新陈代谢在生命机制中的核心地位。它不仅是生命的基本特征之一，还是维持生命活动的基础和关键。对于疾病的预防和治疗，调节和维持新陈代谢的正常进行也是非常重要的一个方面。

在适宜的环境条件下，生物体会积极吸收外界的营养物质，并依照其特有的代谢方式进行活动。当生物体摄取的营养物质超出其消耗时，即同化作用超越异化作用，生物体的原生质会逐步累积，体积亦随之扩张，这一过程我们称之为“生长”。简而言之，生长是生物体在组成与结构上的数量增加。而生命的维持，关键在于能量的持续供给。生命的存在其实是一连串生化反应的持续进行，这些反应被统称为代谢。在进行这些化学反应时，生命体依赖于外界的能量输入，用以构建和维护其内部复杂而有序的结构，并在细胞层面实现自我复制。因此，能量的获取对于生命体的代谢过程而言至关重要。然而，维护这种结构秩序所付出的代价相当高昂，它需要不断地消耗能量来对抗物质自然混乱无序的倾向。随着时间的推移，这种能量的消耗会对细胞造成累积性的损害，使其难以长久保持原有的有序状态。

从物理学的视角来看，生命体可以被视作一个开放的热力系统，这意味着它不断地与外部环境进行能量交换。为了估算维持这样一个系统所需的成本，我们可以想象在寒冷的天气中，尽管开着几扇窗户，仍试图维持房间的温暖。在这种情况下，为了保持恒定的温度，加热系统必须持续运行，以补偿从窗户不断进入的冷空气，但即便是最高效的供热系统，也无法保证永远运作下去。总有一天，热源会耗尽，内外空间最终达到温度平衡，即内外温度一致。

类似地，细胞功能的维护也需要能量供应，以应对外部环境的混乱。然而，这种持续的供应最终只会导致细胞走向衰竭。生命本质上是个体与外部环境之间的一种非平衡状态，它是与万物趋向平衡的自然倾向相悖的。根据热力学定律，死亡代表着这种自然界平衡的回归，因此是不可避免的。

其实，无论我们从生物学的视野、物理学的维度，还是从进化论的视角来审视永生这一观念，在生命的进化过程中，并不是一个明智或划算的选择。或许正是这个原因，在生命发育的初期，那些存活期并不长久但繁衍速度极快的细胞，对生命的进化起到了关键的推动作用。这些细胞在有限的生命周期内能够迅速完成繁殖任务，从而创造出更年轻、更有活力的新一代生命体，这些新一代生命体能够更好地适应不断变化的外部环境条件。这种繁殖机制，无疑是进化过程中真正的原动力。试想，如果第一个原始细胞不是选择培育其生殖繁衍的能力，而是将全部的能量都投入对抗因时间流逝而导致的损耗上，试图实现长生不老的目标，那么我们人类这样的生命形态可能无法出现在这个世界上。

正因为生命体拥有死亡的特性，我们的生命才得以出现，并在漫长的进化历程中不断适应，最终走到今天。尽管这听起来有些不可思议，但事实确实如此。生命的美丽与奇迹，正是在于这种有限与无限、生与死之间的奇妙平衡与转换。

生命是一幅绚丽多彩的画卷，其美妙之处在于，一个微小的卵子和精子，竟能孕育出一个由数亿个功能各异的细胞共同构成的复杂人体。这个过程宛如一部传奇，承载着我们称之为生命的奇迹。

在科技的浪潮中，我们时常为那些日新月异的发明所着迷，为那些小巧玲珑、功能多样的物品所吸引。然而，我们往往忽视了身体内部那些微小而完美的细胞，正是它们支撑着我们的一切活动，它们默默无闻却又至关重要，是真正的生命之基。生活中的一些看似微不足道的日常行为，如刷牙、穿针、用榔头敲打钉子，背后都需要调动数以万计的神经信号来协调视觉、肢体定位及肌肉收缩强度。这些信号的传递与处理，无不彰显着生命的复杂与精妙。然而，遗憾的是，我们往往只有在衰老或患病时才会真正感受到生命的可贵，才会深刻体会到健康体魄的重要性。

（四）如何延长生命的价值

既然死亡是不可避免的，而生命的旅程又如此美妙，那我们能为自己的生命做些什么来延长其价值呢？或许，我们可以更加珍惜每一天，充实自己的生活，关爱身边的人，追求内心的平静与满足。这样，即使生命走到尽头，我们也能留下一段无悔的旅程，让生命的价值得以延续。

拓宽生命宽度是人生一大课题，多交往、拓视野、常体验乃其不二法门。通过广泛的社交，我们可以邂逅形形色色的人，从这个过程中汲取不同的思想与文化，进而拓宽自身的认知边界。在每一次的体验中，我们都能收获新的感悟与成长，使生命之树更加枝繁叶茂。

延展精神生命同样至关重要，多行慈善、广积德、传精神乃精神生命的最佳滋养。当我们以善良之心待人接物，以无私之举回馈社会时，我们的内心便会充满喜悦与满足，精神生命亦随之得到升华。而我们所积累的德行与善举，将成为留给后代的宝贵财富，激励他们继续传承与发扬。

在人生的道路上，我们不必太在乎奋斗的结果，而应更加关注奋斗的过程及一路艰辛带给我们的感悟。因为正是这些过程中的磨难与挫折，塑造了我们坚韧不拔的品格，让我们更加成熟与睿智。而当我们回首往事时，那些曾经的付出与努力，都将成为我们生命中最宝贵的财富。

自然生命固然有限，但我们可以设法拓展自己的生命宽度，延展自己的精神生命。通过不断的学习与成长，我们可以丰富自己的内心世界，提升自己的人生境界。同时，我们可以通过为他人、为社会做出贡献，实现自我价值的最大化。

只有把生命长度、生命宽度和生命高度统合起来，我们的生命才会展现出无尽的魅力，体现出无可估量的价值。让我们珍惜每一个瞬间，努力拓展自己的生命领域，让生命之花在阳光下绽放出最绚丽的光彩。

二、病理与生命的脆弱

生命，这个奇妙而复杂的存在，常常让我们惊叹于它的神奇与美丽。然而，在生命的旅途中，我们也不得不面对一个事实：生命是极其脆弱的。这一脆弱性在疾病的机理中得到了深刻的体现。

（一）疾病是如何发生的

疾病作为生命体面临的一大挑战，其机理往往涉及多个层面的复杂因素。从生物学的角度来看，疾病的发生往往与细胞、组织、器官的功能失调密切相关。当生命体的某个部分出现异常时，整个生命系统都可能受到波及，从而导致一系列病理反应。然而，疾病的机理并不仅仅局限于生物学层面。它还涉及心理、社会、环境等多个方面的因素。心理压力、社会压力、环境污染等都可能成为疾病的诱因，使生命体在应对外部挑战时显得力不从心。

生命的脆弱性如同一幅细腻的画卷，在生命的每一个阶段都展现得淋漓尽致。新生儿的免疫系统尚未健全，如风中摇曳的嫩芽；老年人的身体机能逐渐衰退，如日落时分的余晖；而青壮年在面对生活压力时也可能出现身心疾病，如同被风霜侵蚀的树木。生命的这种脆弱性，是对我们每一个健康瞬间的珍贵提醒，也是对我们追求健康生活方式的强烈呼唤。

生命的脆弱并不是一种缺陷，而是一种真实的状态。它让我们更加珍惜生命的每一个瞬间，更加追求健康与幸福。同时，生命的坚韧与希望也在疾病的机理中得以展现。无论面对何种挑战和困难，我们都应保持敬畏与珍惜的心态，以积极与勇敢的态度应对疾病，共同书写生命的传奇篇章。

据《中国居民营养与慢性病状况报告（2020 年）》显示，中国成年居民超重肥胖率超过 50%，6 至 17 岁的儿童青少年超重肥胖率达到 19%，6 岁以下的儿童超重肥胖率达到 10. 4%。这一数据令人震惊，凸显了超重肥胖问题的严重性。同时，专家指出，能量摄入和能量支出不平衡是导致个体超重肥胖的直接原因。这提醒我们，在日常生活中要关注饮食健康，合理搭配食物，控制能量摄入，增加身体活动，以维护健康的体重。除了超重肥胖问题，报告还指出了中国居民慢性病患病、发病呈上升趋势的严峻现实。高血压、糖尿病、慢性阻塞性疾病等慢性病的患病率不断上升，给居民的健康带来了严重威胁。这些慢性病的发病与不良生活习惯密切相关，如吸烟、饮酒、高钠摄入等。因此，我们需要加强健康教育，引导居民养成健康的生活方式，减少不良生活习惯对健康的危害。此外，报告还提到了居民在外就餐比例不断上升的现象。随着生活节奏的加快和餐饮服务的便利化，越来越多的人选择在外就餐，而这也带来了新的问题。食堂、餐馆、加工食品中的油、盐含量往往较高，长期摄入过多的油盐会增加患慢性病的风险。因此，我们需要关注在外就餐的健康问题，选择健康的食物和饮品，避免过度摄入油盐。

国家卫生健康委前副主任李斌表示，随着慢性病患者生存期的不断延长，加之人口老龄化、城镇化、工业化进程的加快，以及行为危险因素流行对慢性病发病的影响，中国慢性病患者基数仍将不断扩大，防控工作依然面临巨大挑战。这份报告基于大量的调查数据和科学研究，为我们揭示了中国居民在营养和慢性病方面的真实状况，也为我们提供了深入了解居民健康水平的窗口。

生命是宝贵的，健康是无价的。如果我们在日常生活中能够养成良好的生活习惯，其实就可以最大限度地避免多种致人失能的慢性疾病，如癌症、心脑血管疾病、糖尿病等，就可以让我们充分地享受“加强版人生”带来的一切丰盈体验。所有这些预防手段，加上现代医药强大的修复功能，不仅能延长我们的寿命，提高生命质量，还能让我们得以更深刻地感受生命中的每一时刻，并亲身参与我们所生存其中的社会的每一步演变。

（二）疾病的形成机制是怎样的

除了之前谈及的慢性疾病，传染性疾病也是我们非常恐惧的一类疾病。在希腊神话中，潘多拉因好奇心打开了厄庇米修斯结婚时收到的封印盒子，从中逃出了人类所有的灾祸，包括病痛、战争、饥饿、悲哀、疯狂、恶意、欺骗和冲动等。这些瘟神迅速遍布世界各地，给人类带来了无尽的痛苦和折磨。这个传说反映了人类在面对生存挑战时的不安与恐惧。而从这个潘多拉盒子里逃出的瘟神疾病，就包括传染性疾病，这无疑是我们人类文明所必须面对的严峻考验。

很长一段时间里，人们将这种疾病视为神灵的惩罚，用以表达对有罪或不服从者的不满。尽管如今我们已经对造成这些疾病的微生物有了深入了解，但突然爆发的传染性疾病仍然能够迅速吸引公众的关注。例如，21 世纪初的非典型性肺炎、禽流感和甲型 H1N1 流感等，虽然它们的实际致死人数相对较少，但受到的公众关注度却远超过其实际影响。而近年来，我们更是亲身经历了长达 3 年的新冠疫情，这场疫情给全球人民的生活带来了前所未有的冲击。疫情初期，病毒迅速传播，感染范围广泛，导致许多地方医疗资源紧张，社会秩序受到严重冲击。人们不得不采取各种应对措施，如居家隔离、限制出行等。同时，疫情的不确定性也给人们带来了巨大的心理压力和焦虑情绪。

然而，除了这些广受关注的特殊事件外，我们对传染病的恐惧是合情合理的。这些疾病对地球上大部分地区的居民构成了巨大的威胁。微生物确实是人类的致命天敌，具有巨大的破坏力。但尽管生命脆弱，一旦失去就无法重来，我们的身体却始终在努力维持生命，抵抗各种疾病。

许多人可能会认为疾病是突然发生的，但事实并非如此。大部分疾病都是在长期的发展过程中逐渐形成的。有些微生物可能在引起明显症状之前已经在人体内潜伏多年，例如 HIV 病毒可以有长达 10 年的潜伏期。当最初的症状终于出现时，人们往往期望能够迅速治愈，但治疗过程中却很少有立竿见影的效果。正如细菌和病毒需要时间来繁殖并克服人体的防御机制一样，人体的免疫系统也需要时间来应对它们的入侵。此外，人体还需要时间来修复被入侵者损害的组织和器官。

三、免疫与生命的顽强

在人生的漫长旅途中，疾病往往是难以避免的挑战，正是这些挑战，让我们更加珍惜生命的顽强与宝贵。疾病的疗愈不仅是对身体的恢复，更是对心灵的一次洗礼和成长。而在其中，免疫系统扮演了至关重要的角色。它堪称人体的坚强卫士，并非仅存在于身体的某一特定部位，而是由细胞、分子、组织和器官共同构筑的一个大家庭。在这个大家庭中，每一个成员都发挥着不可替代的作用，彼此间相互协作，共同捍卫着我们的健康。这道由免疫系统构筑的防线坚实而可靠，能够抵御包括癌症在内的各种感染与疾病，为我们的生命保驾护航。

（一）免疫系统的结构是什么样的

免疫系统分为两大分支：先天免疫系统和适应性免疫系统。先天免疫系统如同一道坚固的城墙，为身体提供对常见病原体的初步防御，无论细菌、病毒还是其他致病微生物，它都能迅速做出反应，因此也被称为非特异性免疫。而适应性免疫系统更为精准，它如同训练有素的特种部队，针对特定的威胁进行精确打击，不断学习如何对已经接触过的病毒或细菌发起致命一击。在这个庞大的免疫系统中，各种细胞如同英勇的战士，共同对抗感染和疾病。它们各司其职，有的负责识别有害细胞，有的负责标记并攻击这些入侵者，共同维护着身体的安宁。

2018 年，《美国国家科学院院刊》发表了一篇文章，清晰地说明：免疫力衰退是肿瘤发生的根本原因。随着年龄的增长，免疫细胞及其功能在逐渐衰退，也就意味着人体免疫监视和免疫清除能力在下降。而肿瘤的发生，随着年龄的增长出现逐渐增高的趋势，是一个明确的正相关。实验室的研究结果为我们揭示了一个不容忽视的事实：免疫力低下往往是癌症发生的先兆。癌症，这个狡猾而强大的敌人，比我们想象的要复杂得多。想要战胜它，我们必须依靠自身强大的免疫力。一个强大而健康的免疫系统如同一个坚不可摧的国防军事力量，保护我们免受疾病的侵袭。它不仅能够消除已经形成的肿瘤组织，还能在日常生活中抵御各种病原体的入侵。

人体，这个精妙绝伦的王国，无时无刻不在与外界的威胁进行一场无声的较量。在这场较量中，守护我们旺盛生命力和健康的关键，便是那强大的免疫力。免疫力如同一道无形的屏障，保护着我们的身体免受疾病的侵袭。在这场战斗中，免疫细胞无疑是最为英勇的战士，它们如同我们王国的军队、警察，对内清扫着恶性毒瘤，纠正着不良行为；对外则筑起坚固的防御屏障，抵御着外来侵略者的侵袭。这些免疫细胞时刻保持警惕，一旦发现有害物质或病原体入侵，它们便会迅速行动起来，进行精准的打击和清除。

在免疫系统中，众多不同类型的细胞共同协作，以对抗感染和疾病。它们如同一支训练有素的军队，各司其职，紧密配合。每一种细胞都在识别、标记和攻击有害细胞的过程中发挥着至关重要的作用。它们共同维护着人体的健康与安宁，确保我们的身体能够在这个充满挑战的世界中保持健康和活力。因此，我们应该珍惜并保护好这个强大的免疫系统。通过保持健康的生活方式、均衡的饮食和适度的运动，我们可以为免疫系统提供足够的支持，使其保持最佳状态。我们也应该注重个人卫生和环境卫生，减少病原体的入侵机会。只有这样，我们才能在这个充满挑战的世界中保持健康和活力，享受美好的生活。

（二）如何保持免疫系统旺盛的生命力

每个人都关心如何保持身体强健与免疫力旺盛，前谷歌全球副总裁、创新工场董事长李开复的抗癌故事，能为我们带来宝贵启示。李开复在《向死而生：我修的死亡学分》一书中，详细记录了自己的抗癌历程。2013 年，52 岁的他宣布患上第四期淋巴癌，震惊众人，然而两年后他却宣布完全康复，体内肿瘤消失。

李开复分享的抗癌心得，为我们提供了保持免疫系统旺盛生命力的方法。睡眠至关重要，大病后的他意识到睡眠是身体修复和增强免疫力的关键，研究也表明充足睡眠对预防或限制肿瘤生长具有广泛作用，所以我们要养成良好睡眠习惯，保证充足睡眠时间。心情和压力也影响健康，他选择适当运动来缓解压力，运动不仅促进身体健康，还能提高免疫力，帮助身体抵御疾病。饮食同样关键，他强调均衡饮食的重要性，分享了通过饮食调理增强免疫力的方法，我们应注重营养摄入，多吃新鲜水果、蔬菜等富含抗氧化物质的食物。此外，幽默感在治疗中也有积极作用，乐观、幽默的心态能帮助我们更好地应对困难和挑战，进而增强免疫力。

从李开复的故事中，我们得到了很多宝贵的启示。保持健康、强化免疫力并不是一件遥不可及的事情。只要我们注重睡眠、调节心情、适当运动、均衡饮食并保持乐观的心态，就能够拥有强健的身体和旺盛的免疫力，享受健康、快乐的生活。面对疾病，我们首先需要正视它，勇敢地面对现实。无论轻微的感冒还是严重的癌症，疾病都是身体发出的警告信号，提醒我们要关注自己的健康状况。因此，我们应该积极寻求医疗帮助，听从医生的建议，配合治疗。

所以，疗愈疾病并不仅仅依赖于药物和手术。更重要的是，我们需要调整自己的生活方式，培养健康的生活习惯。均衡的饮食、适度的运动、充足的睡眠及良好的心态，这些都是提升身体免疫力、预防疾病的重要因素。我们也要学会珍惜生命，感恩每一个健康的时刻。当我们从疾病中恢复过来时，我们会更加深刻地认识到生命的脆弱和宝贵。我们会更加珍惜与家人、朋友的相处时光，更加热爱自己的工作和生活。

此外，在疾病疗愈的漫长旅程中，坚强与勇敢是我们不可或缺的精神支柱。当病痛的阴影笼罩、治疗的道路布满荆棘时，我们要以积极乐观的态度去面对，深信自己拥有战胜一切困难的力量。面对病痛的折磨，我们要学会保持冷静与理智，不让恐惧和绝望占据心头。每一次的治疗都是对生命的坚守，每一次的坚持都是对自我的超越。我们要相信医学的力量，相信医生的专业，更要相信自己的毅力与勇气。

在疗愈的过程中，我们也要学会倾听内心的声音。病痛虽然给我们带来了痛苦，但也让我们有机会重新审视自己的内心世界。我们可以在独处时寻找心灵的寄托，在冥想中寻求安慰与力量。那些温暖的回忆、真挚的情感，都是我们战胜病魔的宝贵财富。

此外，我们还要明白，疾病的疗愈并非一蹴而就的事情，它需要我们付出时间、耐心和毅力。在这个过程中，我们可能会经历反复与波折，但每一次的挫折都会让我们变得更加坚强。同时，我们也要根据身体的恢复情况不断调整自己的生活方式和心态，让自己逐渐适应新的生活节奏。

因此，让我们以坚强的意志和乐观的心态去迎接疾病疗愈的挑战，只要我们心中有爱、有信念、有勇气，就一定能够战胜病魔，重新拥有健康与幸福的人生。

四、养生与疾病的预防

在这个瞬息万变的现代生活中，我们常被忙碌与快节奏推着走，如同不停旋转的陀螺，往往忽视了身体内部那些细微而重要的变化。我们深陷于工作与生活的琐碎之中，直到疾病如潮水般汹涌而至，才猛然间从梦中惊醒，但往往已错过最佳时机，只能空留遗憾。然而，在追求健康与福祉的道路上，我们并非孤军奋战。养生与疾病预防，这两大守护健康的卫士，如同并蒂绽放的双莲，紧密相连，共同构建起一道坚不可摧的生命防线。养生，这门蕴含千年智慧的古老学问，教会我们如何顺应自然，以最简单纯粹的方式滋养身心，让生命之树在时间的洪流中依旧保持勃勃生机，常青不败。疾病预防则是我们在健康旅途中不可或缺的智慧之选。它提醒我们要有前瞻性的眼光，通过科学的方法和持之以恒的良好生活习惯，将疾病的威胁扼杀在萌芽状态，确保我们的身体与心灵都能得到最坚实的保护。

（一）如何进行生命的护理

生命的护理需要我们从日常生活点滴入手，培养如均衡饮食、规律作息、适量运动等健康生活习惯，这些看似平常的行为，实则是构筑强健体魄的根基。同时，我们要学会倾听身体的声音，定期进行健康检查，及时发现并处理潜在健康问题，防止小病发展成大病，让生命之树保持繁茂。

史铁生 38 年的轮椅生涯为“生命护理”提供了极具启示性的实践范本。这位历经双腿瘫痪与尿毒症双重折磨的作家，以科学管理与精神超越的双重智慧，将疾病护理升华为生命价值的重构。面对每周 3 次、每次 4.5 小时的血液透析，他将治疗程序转化为严苛的生命纪律：透析日禁水、非透析日限量饮水，甚至独创“透析文学”写作法——左手扎针维持治疗，右手执笔完成创作，将病床化为书桌，把生理局限转化为精神自由的催化剂。这种将医疗规范与创造活动深度融合的实践，印证了他在《病隙碎笔》中的哲思：生命是一个不断超越自身局限的过程。史铁生以 350 万字的著作证明，疾病护理不仅是生存技术，更是通过自律与智慧重构生命意义的系统工程。

在《我与地坛》构建的“生理—心理—精神”三维护理系统中，史铁生展现出身心协同的深度智慧①。在生理层面，他通过每日轮椅巡游地坛、观察草木荣枯建立生物节律；在心理层面，以“差别即要务”的哲学消解苦难，从拾荒者、长跑者等生命形态中汲取韧性；在精神层面，则将透析器戏称为“人工肾兄弟”，用黑色幽默对抗病痛，在治疗室开辟“第二工作室”。这种多维度的自我疗愈，揭示了生命护理的本质：它不仅是维护身体，更是通过环境互动与认知重构建立抗压系统。史铁生以他的生命轨迹深刻诠释了“忽视小恙终酿大疾”的教训，以及定期检查对构筑生命防线的重要性。

---

① 程胜，康东堰. 地坛与史铁生的生命哲学［J］. 巢湖学院学报，2021，23（2）：71-75.

终极意义上的生命护理，必然指向价值重构与精神超越。史铁生将器官捐献视为生命延续的仪式，临终前强忍病痛 9 小时等待移植，让衰竭的躯体成为他人生命的火种。这一行为超越了传统医学范畴，展现了“向死而生”的终极关怀——疾病护理从被动治疗升华为主动的价值创造。他的实践启示我们：真正的生命护理需建立“接纳局限而不困于局限”的认知框架，在疾病与健康的辩证关系中，让每一次呼吸、每一刻坚持都成为滋养生命之树的养分。这种护理观不仅适用于个体，更构成了对现代医疗范式的哲学反思：当技术延长生命长度时，唯有精神追求能拓展其深度与温度。

（二）有哪些良好的养生习惯

养生，简而言之，就是通过各种方法调养身心，增强体质，预防疾病，以达到健康长寿、提升生命质量的目的。它涵盖了合理的饮食搭配、适度的运动锻炼、良好的生活习惯、平和的心态调节及顺应自然规律的生活方式等多个方面，强调人与自然的和谐共生，以及身心健康的全面维护。

良好的养生习惯，首先源于对饮食的深刻认识与精心调配。我们深知，食物不仅是满足口腹之欲的媒介，更是滋养身体、培育生命能量的源泉。因此，我们倾向于选择天然、新鲜、多样化的食材，确保每一餐都能摄入均衡的营养。我们学会了倾听身体的声音，懂得何时该节制，何时该补充，让饮食成为滋养而非负担。与此同时，规律的作息也是我们养生之道的重要组成部分。我们深知，睡眠是身体自我修复与充电的黄金时期。因此，我们要努力调整自己的生活节奏，避免熬夜与过度劳累，确保每晚都能拥有足够的睡眠时间。清晨的第一缕阳光伴随着我们醒来，夜晚的宁静则引领我们进入甜美的梦乡。在这样的作息规律中，我们的身心能够得到充分的休息与恢复。

运动，则是我们养生习惯中不可或缺的一环。我们明白，适量的运动能够增强体质、提高免疫力、缓解压力。无论晨跑时的微风拂面，还是瑜伽垫上的静谧时光，都是我们与身体对话、释放活力的方式。运动让我们感受到生命的活力与力量，也让我们更加珍惜与爱护自己的身体。

在精神层面，我们同样要注重养生。我们要学会如何调整心态、保持平和与乐观。面对生活中的种种挑战与困难，不要逃避或抱怨，而是选择积极面对、勇敢解决。我们要懂得欣赏生活中的美好瞬间，珍惜与家人、朋友的相聚时光。在这样的心态下，我们的心灵能够得到滋养与成长，也让我们更加热爱生活、珍惜当下。

良好的养生习惯并非一朝一夕之功，而是需要我们持之以恒地实践与坚持。在这个过程中，我们或许会遇到挫折与困难，但只要我们保持坚定的信念与决心，就一定能够收获健康与幸福的人生。让我们从现在做起、从点滴做起，将良好的养生习惯融入生活的每一个细节中，共同迈向一个更加健康、美好的未来。事实上，每个人的身体都是一座精密的“城堡”，其内部的各个组织、器官、细胞之间相互依存，共同维持着生命的平衡与和谐。然而，随着时间的推移，这个城堡却不断受到各种内外因素的侵蚀。这些因素可能来自不良的饮食习惯、缺乏运动、长期熬夜等，对维持生命的基本功能施加着越来越大的压力。在这个过程中，人体各个组织之间的微妙均衡状态开始逐渐瓦解并失效。就像精心构建的城堡，在风雨的侵袭下，逐渐出现裂缝、坍塌。原本坚实的城墙开始松动，原本清晰的护城河开始干涸，原本繁茂的花园开始枯萎。我们的身体，也在这种失衡的状态下，逐渐失去了往日的活力与健康。

值得庆幸的是，我们并非无能为力。通过改变不良的生活习惯，我们可以重建身体的平衡。健康的生活方式、均衡的饮食、适度的运动和充足的休息都是我们对抗疾病、维护健康的有力武器。只要愿意付出努力，我们就一定能够重新找回那个充满活力与健康的自己。因此，我们必须认识到，生命的护理不仅仅是对疾病的应对与治疗，更是一种积极的生活态度，是对自己生命的尊重与呵护。但是，生命的脆弱性恰恰提醒我们，无论内在自然损耗导致的衰老，还是因无法抵御微生物的侵犯而引发的死亡，其进程往往异常迅速，令人措手不及。它们如同黑夜中的狂风骤雨，无情地摧毁着生命的防线，让人在惊恐中体验着生命的脆弱与短暂。但即便如此，我们并非毫无对策。采取积极健康的心态，通过改变生活方式和习惯，可以有效地降低多种病症发生概率。这不仅是改善生活质量的重要手段，更是我们守护生命、获得体面生活的关键。

通过做好疾病防控、营养管理、食品安全及定期体检，我们可以为自己的健康保驾护航。健康并非一蹴而就的事情，而是需要长期的维护与保养。因此，我们养成定期检查身体的好习惯，及时发现并处理潜在的健康问题。同时，我们也要注重个人卫生与环境保护，努力为自己和家人创造一个健康、舒适的生活环境。

（三）预防疾病需要注意哪些事项

在当今社会，疾病预防已成为公共卫生领域的重要组成部分。通过科学的方法和合理的措施，我们可以有效地减少疾病的发病率，提高人们的生活质量。

1. 传染病的预防

传染病的预防是疾病预防中的重要一环。根据《谈谈流行病的预防》一文，传染病的预防策略应当全面而系统地围绕三个关键环节展开：控制传染源、切断传播途径及保护易感人群。以流感病毒引发的流行性感冒为例，通过广泛推广疫苗接种计划，能够激发人体免疫系统产生特异性抗体，从而在病毒侵入时迅速识别并清除，达到预防疾病发生的目的。此外，个人卫生习惯的养成，如勤洗手以减少手部病毒细菌数量、在人群密集场所佩戴口罩以减少飞沫传播等，也是防止呼吸道传染病蔓延的有效手段。这些措施的实施，不仅需要政府的政策引导和支持，更需要公众的广泛参与和积极配合。

2. 慢性非传染性疾病的预防

慢性非传染性疾病作为当前全球面临的重大公共卫生挑战之一，其预防工作同样不容忽视。这类疾病的发生往往与不良生活方式紧密相关，烟草的过度使用、不均衡的饮食习惯、缺乏规律性的体育活动，以及有害酒精的滥用，均是其重要的致病因素。因此，针对这些风险因素采取积极有效的干预措施，对于预防慢性非传染性疾病的发生和发展具有决定性的意义。具体来说，包括实施全面控烟政策、推广健康饮食指南、鼓励民众参与体育活动及开展酒精危害教育等，都是改善生活方式、降低疾病风险的重要途径。同时，政府、社区、医疗机构及个人等多方力量的协同合作，也是实现这一目标的关键所在。

综上所述，无论传染病的预防还是慢性非传染性疾病的防控，都需要我们采取科学、系统且全面的策略和方法。通过加强公共卫生体系建设、提升公众健康素养、改善生活环境及促进健康行为养成等多方面的努力，我们完全有能力将疾病的发生风险降到最低，为人类的健康福祉保驾护航。

养生之道，实则是对生命的深度敬畏与精心培育。它超越了简单的身体保养范畴，是对生命质量的全面提升与珍视。这要求我们不仅在生活习惯、饮食结构、运动锻炼上做出积极而细致的调整，力求身体机能达到最佳状态，这更是一种生活哲学的实践，倡导着平衡、和谐与健康的生活方式。在养生的旅途中，疾病预防扮演着至关重要的角色。它提醒我们，健康并非理所当然，而是需要通过日常的悉心呵护与科学预防来维护。通过定期体检、了解自身健康状况、及时接种疫苗、避免不良嗜好、保持环境卫生等措施，我们能够有效抵御疾病的侵袭，为身体筑起一道坚实的防线。

同时，养生与疾病预防也是对家人深沉爱意的体现。一个强健的体魄，是我们能够长久陪伴家人，共同编织幸福生活的坚实基石。因此，我们应将养生融入日常生活，使之成为一种自然而然的习惯，不仅为了自己，也为了那些我们深爱的人。

然而，尽管有这些理论和实践的支持，现实中的挑战依然存在。例如，中国慢性非传染性疾病预防控制能力评估显示，各级慢性病防控政策能力呈稳步提高趋势，但总体仍较为薄弱；县（区）级 CDC 慢性病防控能力与省和地（市）级仍有较大差距，亟待提高；开展慢性病管理工作的基层医疗卫生机构比例较高，但管理效果不佳。此外，联合国关于非传染性疾病的讨论强调了生活方式的重要性，但也指出了除了个人行为和生活方式之外，还有许多不可改变的风险因素，如环境污染、贫困或遗传易感性等。

因此，我们需要采取更加综合和多元化的策略来应对这一挑战。这包括但不限于加强公共卫生体系建设、提升公众健康素养、改善生活环境以及促进健康行为养成等方面的努力。通过这些措施，我们可以有效地降低疾病的发生风险，为人类的健康福祉保驾护航。

[聚焦提升]

了解生命的起源是认识疾病之源的基石。生命的诞生与演化极为奇妙复杂，疾病作为生命体的异常状态，其根源与生命本质紧密相连。学习生命起源，能让我们更好地理解疾病产生的根本原因，全面认识生命与疾病的关系。这不仅利于疾病预防，还能让我们在面对疾病时保持冷静和理性，避免盲目恐慌与过度治疗。

承认生命的脆弱性是理解疾病机理的前提。生命虽有顽强的生存能力，却也十分脆弱，疾病常趁生命体薄弱时入侵，带来极大威胁。所以我们要正视生命的脆弱，深入了解疾病的发病机理与传播途径，制定有效的防治措施。这也能让我们更加珍惜生命，增强对生命的敬畏，以积极态度面对疾病的挑战。

珍惜生命的顽强是实现疾病疗愈的关键。生命有着惊人的适应和恢复能力，即便患病，也能通过自身调节和修复逐渐康复。我们要保持乐观心态，积极配合治疗，同时关注身体健康，调整生活和饮食习惯，提高免疫力，为康复创造条件。

重视生命的护理是预防疾病侵袭的重要举措。生命健康需全面护理，包括合理饮食、规律作息、适度运动等。还要注意个人和环境卫生，避免接触传染源，以此有效预防疾病，维护生命的健康与安全。

［自主思考］

《中国医生》是一部由刘伟强执导、2021 年上映的抗疫题材电影，它以武汉金银潭医院为原型，聚焦新冠疫情初期医护人员与患者的真实故事。影片通过张涵予饰演的院长张竞予、袁泉饰演的文婷医生等角色，展现了在医疗资源短缺、防护不足的极端环境下，医护人员舍生忘死的救治场景，以及患者与家属的生死考验，诸如渐冻症院长带病坚守、年轻医生成长等情节深刻诠释了“生命至上”的主题，引发人们对生命尊严与责任的深刻思考。

影片中呈现了患者与家属在生死考验下的种种表现，从这些情节出发，探讨我们应如何在日常生活中开展有效的生命教育，帮助身边的人正确认识疾病与生命？

［课外拓展］

1. 保罗·卡拉尼什. 当呼吸化为空气［M］. 何雨珈，译. 杭州：浙江文艺出版社，2016.

2. 阿图·葛文德. 最好的告别：关于衰老与死亡，你必须知道的常识［M］. 彭小华，译. 杭州：浙江科学技术出版社，2023.

3. 弗兰克·M. 斯诺登. 流行病与社会［M］. 季珊珊，程璇，译. 北京：中央编译出版社，2022.

专题十

仪式与生命教育

仪式感是一种信仰，是对生活的尊重。

——林清玄

[专题导语]

生命教育视野下的仪式教育，不是将仪式作为一种外在的思想或行为教化，而是强调其内在的濡化功能，即个体的文化适应过程。无论建立在不同民族历史文化传统意义上的风俗仪式，还是学校日常生活中开展的升旗仪式、开学或毕业典礼、青少年的成长礼、成人礼等，都具有记录和传承民族历史，以及个体生命历程的意义和价值，而这些意义和价值需要通过一系列仪式化的活动，通过不断重复形成一定的生命印记。

本专题内容探讨了仪式与生命之间的关系，首先定义了仪式及其分类、特征和功能，指出仪式是人类文化的重要组成部分，承载着生命的意义与价值；回顾了中外成人礼的历史，特别是中国古代成人礼的具体仪程，强调其在个体成长与社会认同中的重要作用，既反映了不同文化对成年的认同，也蕴含着深厚的生命意蕴；此外，探讨了仪式感的定义及其在生活中的意义，指出通过创造仪式感，可以为日常生活注入温情与深度，促进个体的心理发展与生命成长；最后，提出如何有效营造仪式感，以促进生命的全面成长，强调仪式感在现代生活中的重要性和实践方法。

[情境体验]

仪式，宛如人类食物中不可或缺的盐，它不仅为生活增添了无尽的滋味与色彩，更如同无形的纽带，将人们的心紧紧相连，使彼此在共同的经历中相互联结，共筑情感的桥梁。在人生的长河中，我们每个人都要经历形形色色的仪式，它们或庄严，或温馨，或标志着成长的节点，或铭记着重要的转折。对你而言，印象最深刻的仪式是哪一次？你有怎样的感受与思考？

[理论学习]

一、仪式与生命的关系概述

仪式，一种在人类社会中普遍存在的文化现象，是特定文化背景下人们共同遵循的行为准则和象征性活动。它不仅仅是一种简单的形式化行为，更是一种具有深厚内涵和多重功能的文化表达。作为一种具有深刻文化内涵和社会功能的活动，仪式与个体生命的关系就像蛋糕上的糖霜和蛋糕本身一样，既相互独立又紧密相连，共同构成了丰富多彩的人生体验。

（一）什么是仪式

《简明文化人类学词典》中解释说：仪式是指按一定文化传统将一系列具有象征意义的行为集中起来的安排或程序。

“仪式”通常被看作规范化行为的一个类型，它象征或表现了某种东西，而且由此与个人意识和社会组织形成了不同的联系。

人类学家涂尔干认为，“仪式”是在集合群体之中产生的行为方式，它们必定要激发、维持或重塑群体中的某些心理状态。

从以上学术著作和学者对“仪式”的论述中我们可以看到，仪式作为在群体之中发生的规范化的程序性行为，具有历史传承性和一定的象征意义，是文化传统的载体。

法国童话故事《小王子》中的小王子在和狐狸的对话中对仪式也有解释（小王子问狐狸：“什么是仪式”？狐狸对小王子说：所谓的仪式，它就是使某一天与其他日子不同，使某一时刻与其他时刻不同）。

从童话的视角看“仪式”，我们发现仪式能使某些时刻变得与平时不同，这些时刻往往让人终生难忘。

（二）仪式的定义

广义上看，仪式是指典礼的秩序形式，为“礼”所服务，是传播社会文化价值观的载体和表现形式。狭义上看，仪式是手段与目的并非直接相关的一套标准化行为。也就是说，仪式中所表现的行为经常是另有更深远的目的或企图。

仪式作为人类社会文化的重要组成部分，伴随着人类文明的演进，经历了漫长而复杂的历史进程。随着历史的变迁，仪式蕴含的内容与价值也不断丰富。从原始社会到现代社会，仪式在不同的历史阶段都扮演着重要的角色，反映了人类社会的变迁和发展。在原始社会时期，仪式主要表现为祭祀和巫术活动。原始人类通过祭祀和巫术仪式来祈求神灵的保佑，以求生存和繁衍。这些仪式通常具有神秘和崇高的意义，成为原始人类生活中的重要组成部分。在这一阶段，仪式的主要功能是加强群体凝聚力，维护社会秩序，以及沟通人与自然、人与神灵的关系。随着社会的进步和文明的发展，仪式的形式和内容逐渐丰富和多样化。在农业文明时期，仪式与农业生产和季节变换密切相关，如春耕仪式、丰收仪式等，都是人们祈求丰收和感恩自然的表现。在这一阶段，仪式的主要功能是促进农业生产的发展，维护社会的稳定，以及传承和弘扬农耕文化。到了工业文明时期，仪式逐渐脱离了宗教和农业生产的束缚，开始融入人们的日常生活和社交活动中，如婚礼、葬礼、庆典等，成为人们表达情感、传递文化、建构认同的重要手段。在这一阶段，仪式的功能更加多样化，不仅具有社会意义，还承载着人们的情感和价值观。进入现代社会，仪式的形式和内容继续发生变化。随着科技的发展和全球化的深入，仪式逐渐超越了地域和文化的限制，成为跨越国界和人类命运共同体的文化现象。例如，奥运会开幕式、国际会议等现代仪式活动，不仅展示了不同文化的魅力，也促进了人类社会的交流与合作。在这一阶段，仪式的功能更加突出其文化交流和人类命运共同体的建构作用。

综上所述，仪式的历史文明进程是一个漫长而复杂的过程。从原始社会的祭祀，到现代社会的跨文化交流，仪式在不同的历史阶段都扮演着重要的角色。它们不仅反映了人类社会的变迁和发展，也承载着人们对自然界、神灵、文化等方面的认知和尊重。在未来的发展中，我们应该继续重视仪式的作用和价值，让其在推动人类文明进步和构建和谐社会中发挥更加积极的作用。对于个体生命而言，了解仪式也是修养良好个人素质、协调和谐人际关系、塑造文明的社会风气、进行社会主义精神文明建设的渠道。

（三）仪式的分类

仪式作为人类文化的一种表现形式，其分类多种多样，根据不同的标准和角度，可以将仪式划分为不同的类型。以下是对仪式进行分类的几种常见方式：

1. 按照功能划分

宗教仪式：与宗教信仰相关的仪式，如祈祷、祭祀等，旨在表达信仰和敬畏。

社会仪式：涉及社会交往和群体活动的仪式，如婚礼、葬礼、庆典等，旨在加强社会联系，传递社会规范和文化价值观。

政治仪式：与政治权力、国家庆典等相关的仪式，如就职典礼、阅兵等，旨在展示政治权威，增强国家认同。

2. 按照场合划分

生命周期仪式：与人生重要阶段相关的仪式，如出生仪式、成年礼、结婚仪式、葬礼等，标志着个体在生命周期中的转折点。

节日庆典仪式：与特定节日或庆祝活动相关的仪式，如春节、国庆节等，旨在纪念历史事件，弘扬文化传统。

日常仪式：日常生活中定期或不定期进行的仪式，如喝茶仪式、晚餐仪式等，有助于维持日常生活的秩序和意义。

3. 按照表现形式划分

表演性仪式：具有明显表演成分的仪式，如舞蹈、戏剧、音乐等，通过艺术化的形式展现仪式的神圣和庄重。

实践性仪式：以实际操作为主的仪式，如农耕仪式等，强调参与者的亲身体验和实践。

象征性仪式：通过特定的符号、物品或行为来象征某种意义或价值的仪式，如升旗仪式、授勋仪式等，旨在传达深层次的价值观。

4. 按照文化背景划分

地方性仪式：与特定地域或民族文化相关的仪式，反映了地方文化的独特性和多样性。

全球性仪式：跨越国界和文化背景的仪式，如奥运会开幕式、国际会议等，体现了人类文化的交融和交流。

综上所述，仪式的分类多种多样，可以根据不同的标准和角度进行划分。这些分类方式有助于我们更全面地了解仪式的多样性和复杂性，从而更好地认识和理解人类文化的丰富性。

（四）仪式的特征

仪式作为人类社会中一种独特的文化现象，具有其鲜明的特征。这些特征使得仪式在社会生活中扮演着重要的角色，成为人们表达情感、传递文化、建构认同的重要手段。以下是对仪式特征的探讨：

1. 规范性

仪式的规范性是其最显著的特征之一。仪式通常遵循一套固定的程序和规则，这些程序和规则在特定的文化和社会背景下形成，并被广泛接受和传承。参与者需要遵循这些规则，按照规定的时间和方式行动，以确保仪式的正确性和有效性。这种规范性使得仪式在社会生活中具有一定的秩序性和稳定性，成为人们共同遵守的行为准则。

2. 象征性

仪式通常具有象征性。通过象征性的符号、动作和物品，仪式传达着特定的意义和价值。这些符号和物品往往代表着某种抽象的概念或情感，如权力、荣誉等。参与者在仪式中通过模仿和表演这些象征性的行为，来表达自己的情感和认同，同时也传递着文化的价值观和社会规范。

3. 神圣性

仪式往往被赋予神圣性的特征。在某些文化中，仪式被视为与神灵或超自然力量沟通的方式，具有神秘和崇高的意义。仪式的神圣性使得参与者在参与过程中感受到一种庄重和敬畏的情感，从而更加尊重和重视仪式的意义和价值。这种神圣性也加强了仪式的权威性和影响力，使得人们更加愿意遵守和传承这些仪式。

4. 集体性

仪式通常是一种集体性的行为。它需要多个人的参与和合作，以共同完成一系列的动作。这种集体性使得仪式成为一种社会性的活动，加强了人与人之间的联系和互动。通过共同的参与和分享，仪式促进了社会的团结和凝聚力的形成，使得人们更加具有归属感和认同感。

5. 文化性

仪式是文化的重要组成部分，具有鲜明的文化性特征。不同的文化和社会背景孕育了丰富多彩的仪式形式和内容。这些仪式反映了人们的信仰、价值观、历史传统等方面的特点，成为文化传承和发展的重要载体。通过仪式的实践和参与，人们能够更好地理解和体验文化的内涵和价值，从而增强对文化的认同感和归属感。

综上所述，仪式的特征包括规范性、象征性、神圣性、集体性和文化性。通过深入了解和参与仪式活动，我们能够更好地理解和体验人类社会的多样性和复杂性。

（五）仪式的功能

仪式作为人类社会文化的重要组成部分，承载着多重功能。它不仅仅是一种形式化的行为，更是一种具有深刻内涵的社会现象。仪式的功能体现在多个方面，包括社会整合、文化传承、心理调适及身份认同等。

1. 社会整合功能

通过一系列的仪式活动，人们能够聚集在一起，共同参与并分享这些活动所带来的意义。这种聚集和分享的过程不仅加强了人们之间的联系和沟通，还促进了社会的团结和稳定。仪式作为一种社会黏合剂，能够将不同背景、不同信仰的人们凝聚在一起，形成一个共同的文化认同和社会共识。

2. 文化传承功能

许多文化传统和历史记忆都是通过仪式得以传承和延续的。通过参与仪式活动，年轻一代能够了解和学习前人的智慧和经验，继承并发扬优秀的文化传统。仪式成为文化传承的媒介和桥梁，将一代又一代的人们紧密地联系在一起，共同守护和传承着宝贵的文化遗产。

3. 心理调适功能

在人生的不同阶段和面临不同挑战时，仪式能够为人们提供一种心理上的安慰和支持。比如，在遭遇困难和挫折时，人们会通过某种仪式来祈求好运和顺利；在重要的人生转折点上，仪式则能够给予人们勇气和信心，让他们更加坚定地走向未来。仪式作为一种心理调适的工具，能够帮助人们调整心态、平衡情绪，更好地面对生活的挑战和变化。

4. 身份认同功能

在不同的社会和文化背景下，仪式往往与特定的身份和角色相关联。通过参与和完成一系列的仪式活动，人们能够确认自己的身份和角色，获得归属感和认同感。在民族节日庆典中，人们通过共同参与和分享来强化民族认同和文化认同。

综上所述，仪式在社会整合、文化传承、心理调适和身份认同等方面都具有重要的功能。通过仪式的实践和参与，人们能够加强彼此之间的联系和沟通，传承和发扬优秀的文化传统，调整心态和情绪，以及确认和强化自己的身份和角色。在未来的发展中，我们应该更加重视仪式的功能和价值，让其在现代社会中发挥更加积极的作用。

（六）仪式与生命的关系

1. 仪式：生命旅程的里程碑

仪式，作为人类社会文化的重要组成部分，常常成为生命起点与终点的见证者。婴儿的诞生，伴随着洗礼或满月宴等仪式，不仅标志着新生命的到来，也寓意着家庭与社会的欢迎与接纳。同样，当生命走向尽头，葬礼成为对逝者一生的总结与告别，它不仅是对逝者的尊重与怀念，也是生者面对死亡、思考生命意义的契机。除了生命的起点与终点，仪式还贯穿于人生的各个阶段，如成年礼、婚礼等。成年礼是个体从儿童向成人过渡的重要仪式，它标志着个体开始承担社会责任、行使公民权利。而婚礼则是两个人决定共度一生的神圣时刻，它见证了爱情的成熟与承诺的坚定。这些仪式不仅为个体生命历程中的关键时刻增添了庄重与神圣感，也促使个体更加深刻地认识自我、理解生命的意义与价值。

2. 仪式：生命意义的诠释与传达

仪式作为文化的重要载体，承载着丰富的历史信息与价值观。在仪式中，人们通过特定的行为、语言和符号来传达对生命的敬畏、尊重与感激之情。这些仪式行为不仅反映了人类社会的历史传承与文化传统，还体现了人们对生命本质的深刻思考与探索。通过参与仪式活动，个体可以学习到社会所倡导的价值观与行为规范，从而形成正确的世界观、人生观与价值观。仪式还具有强烈的情感共鸣与心灵慰藉作用。在特定的仪式场合中，人们可以通过共同的行为、语言与符号来分享彼此的情感体验与心灵感受。这种情感的共鸣与相互支持不仅有助于个体释放内心的压力与焦虑，还能让其感受到来自他人的关爱与温暖。尤其是在面对生命中的重要转折点时，仪式中的情感共鸣与心灵慰藉更是成为人们寻求精神支撑与力量源泉的重要途径。

3. 仪式：生命体验的丰富与深化

仪式感是仪式活动中的重要组成部分，它通过特定的程序、环境与氛围来营造一种独特的情感体验与心理感受。在仪式中，人们往往会被一种庄重、神圣或温馨的氛围所包围，这种氛围不仅让个体更加专注于当下的体验与感受，还能激发其内心深处的情感共鸣与思想启迪。因此，仪式感的营造不仅有助于增强生命体验的深度与广度，还能让个体在参与过程中获得更加丰富而深刻的生命感悟。

参与仪式活动不仅是对外在形式的遵循与模仿，更是对内在生命意义的探索与追求。在仪式中，个体通过特定的行为、语言与符号来表达自己的情感、态度与价值观。这些行为不仅是对社会规范的遵守与内化，更是对自我认知与生命意义的深刻反思与探索。通过参与仪式活动，个体可以更加清晰地认识自己的内心世界与生命追求，从而找到属于自己的生命价值与意义所在。

4. 仪式与生命的互动与共生

仪式作为一种文化现象与社会行为，对生命产生了深远的影响与塑造作用。它不仅为生命中的重要时刻增添了庄重与神圣感，还通过文化传承、情感共鸣与心灵慰藉等方式丰富与深化个体的生命体验。同时，仪式还通过特定的行为规范与价值观导向引导个体形成正确的世界观、人生观与价值观，从而对其未来的生活与发展产生积极的影响与促进作用。生命作为仪式的主体与源泉，对仪式产生了强烈的需求与创造力。在生命的不同阶段与情境中，人们会根据自身的需求与愿望来创造各种形式的仪式活动。这些仪式活动不仅是对生命重要时刻的庆祝与纪念，更是对生命意义与价值的探索与追求。同时，生命还通过不断的进化与发展来推动仪式的创新与变革，使其更加符合时代的需求与人们的期望。

综上所述，仪式与生命之间存在着复杂而深刻的联系与关联。它们相互交织、相互影响，共同构成了人类丰富多彩的生活世界。仪式作为生命旅程的里程碑、生命意义的诠释者和生命体验的丰富者，在个体的成长与发展中发挥着不可替代的作用。同时，生命作为仪式的主体与源泉，也为仪式的创造与发展提供了源源不断的动力与灵感。因此，我们应该珍视与尊重仪式在生命中的重要地位与作用，积极参与并体验各种仪式活动，以更加深刻地理解生命的价值与意义。

二、成人礼仪式的生命意蕴

（一）中外成人礼介绍

成人礼，顾名思义，是一个标志个体从青少年转变为成年人的仪式。在各个文化和国家中，它都有着悠久的历史和传统。在中国古代，传统的成人仪式以“冠礼”和“笄礼”为代表，这两种仪式分别针对男性和女性，标志着他们成长为成年人。冠礼是男性的成人礼，旨在通过一系列庄重的仪式，使男子意识到自己已经成年，需要承担起家庭和社会的责任。在冠礼中，男子会经历“三加”仪式，即分别加戴三种不同材质和寓意的帽子，象征着其身份和责任的逐步升级。同时，冠礼还包括取字仪式，即长辈或宾客为受礼者取一个表字，作为其在社会交往中的正式称呼。笄礼则是女性的成人礼，通常在女子15岁时举行。在笄礼中，女孩会改变发式，由家长或正宾为其插上发笄，表示她已经从少女成长为可以婚嫁的成年人。笄礼同样注重礼仪和庄重性，通过一系列仪式来强化女性的身份认同和社会责任感。此外，随着时代的发展，中国的成人仪式也发生了一些变化。当代社会，中国共产主义青年团发起的“18岁成人仪式教育”成为主流的成人仪式之一。这种仪式通常在学校或社区等场所举行，通过宣誓、颁发成人证书等环节，引导青少年树立正确的世界观、人生观和价值观，增强其公民意识和社会责任感。

在许多国家，18岁生日被视为重要的成人标志。在这一天，年轻人会举行各种庆祝活动，如派对、舞会等。一些国家还有专门的成人礼仪式，如美国的“成人宣誓日”，在这一天，青少年会在宣誓仪式上宣读誓言，承诺履行公民义务和责任。在日本，每年1月的第二个星期一是“成人节”，这是为在上一年里度过自己20岁生日的年轻人设立的节日。在这一天，年轻人会穿着正装或传统和服参加各种庆祝仪式和活动，包括地方官员的致辞、名人嘉宾的讲话、宣读成人誓约及赠送纪念品等。仪式结束后，还会举办各种传统文娱活动。在墨西哥，女孩的成人礼被视为一生中最重要的节日，标志着她从女孩变成女人。这一天，她的家庭会为她隆重操办，就像中国女儿出嫁那样隆重。女孩会穿上漂亮的衣服，接受亲朋好友的祝福，并参加各种庆祝活动。而在韩国，虚岁20岁即为成年。韩国成人礼深受中国儒家传统文化礼仪的影响，在古代就有了分别为男女青年举行“冠礼”和“笄礼”的风俗。在成人礼上，参加典礼的学生们会身着传统韩服，男子头戴斗笠行“冠礼”，女子将头发挽成髻插上簪子行“笄礼”，同时向来宾们行跪拜及“祭”“祝”等传统礼仪。在肯尼亚，马赛部落的男子成人礼是捕猎草原之王——狮子。黎明时分，未来的勇士会悄悄起身，带上矛、盾和勇气从村子出发，进行捕猎。这一仪式不仅考验了年轻人的勇气和技能，也象征着他们正式成为部落的守护者。在拉丁美洲的一些国家，参加社交舞会是传统的成人礼活动之一。年轻人在舞会上与异性共舞，接受社会的认可和祝福，标志着他们正式进入成人社会。还有一些国家和地区的成人仪式更为特别，如巴西亚马孙 Satere-Mawe 部落的男孩在成人礼时必须戴一个爬满子弹蚁的手套来跳舞；澳大利亚一些土著人的男子要将门齿折断、断食并接受成年男子的挑战等。

这些成人仪式不仅是对年轻人成长的肯定和鼓励，也是文化传承和社会发展的重要体现。它们通过不同的形式和程序，传达着各自文化中的价值观和社会规范。虽然方式方法不同，但都体现着对个体人生重大转折的关注与重视，其差异主要源于文化、历史和地理等多方面的因素。例如，在一些文化中，成年礼更注重家庭和社会的期望与责任，而在另一些文化中，它更多地关注个人的成长和自我实现。这些差异使得成人礼成为了解不同文化和价值观的重要窗口。随着现代社会的变迁，成人礼在形式和意义方面也发生了相应的变化。一方面，许多传统习俗逐渐被简化或现代化，以适应现代生活的节奏和需求。另一方面，新的成人礼形式也在不断涌现，如在线庆祝、社交媒体分享等，这些都反映了现代社会对成人礼新的期待和理解。作为一种文化传统，成人礼所传达的价值观与期望是多方面的。首先，它强调了个人成长和自我实现的重要性。其次，它也体现了家庭和社会的期望与责任，强调个体在成年后应该承担更多的社会责任和义务。

（二）中国古代成人礼仪程

为了使青少年意识到成人的必然性，古代先贤创立了隆重的成人礼仪式，告知他们成人的不可避免性，并要求他们做好成人的准备。传统成人仪式活动一般根据部落成员的生理周期来体现个体的生命周期，标志着个体成人权利实现的可能与成人义务的履行。从本质上说，成人仪式具有一种标志生命周期的过渡功能。众所周知，成人及其过程在人的一生中具有重要的意义，是人生的一个重要转折点，在这一过程中将要实现自我角色的重要转化，是一个人确立自我、走向社会、发展自我的关键时期。人只有经历了这个社会化的人生转变，才能真正意识到自己已经成人，才算真正达到了成人的标准。到了这个阶段，才可以说是真正意义上的人生起始，即进入了成人社会的人生阶段。

1. 中国古代男性成人仪式——“冠礼”

在中国古代，男子成人仪式名为“冠礼”。“冠”意为帽子，古代男子戴帽后便意味着可以成婚，且有义务担负起家庭重担，这是其成年的标志。该仪式据记载可以追溯到周代。冠礼表示男青年至一定年龄可以婚娶，并从此作为氏族的一个成年人，参加各项活动。冠礼的仪式非常讲究，过程烦琐且复杂，通过具体的仪式来表达冠礼的严肃性和对一个成年男子道德方面的意义。在古代，男子通常在 20 岁举行冠礼，这标志着他们正式进入成年，开始承担更多的社会和家庭责任。在冠礼仪式中，男子需要穿上特制的礼服，经过一系列的仪式流程，最终戴上代表成年的帽子，即“冠”。在这个过程中，还会进行一些象征性的行为，如取字、敬酒、拜祖等，以表达对祖先和传统文化的尊重。完成冠礼后，男子就可以正式参加社会活动和承担家族责任，也标志着他们开始进入人生的新阶段，需要更加注重道德修养和人格塑造。总之，古代男子成人礼冠礼是中国传统文化中非常重要的一个组成部分，它不仅代表着男子的成年和成长，更是体现了中国传统文化中对于家庭、社会、道德等方面的重视和传承。主要仪程如下：

仪式前期准备

筮日与筮宾：在冠礼前三天，主人（通常是冠者的父亲或家族长辈）通过筮法选定举行冠礼的吉日和主持冠礼的正宾。

戒宾：主人前往正宾家中，邀请正宾担任冠礼的主宾。正宾通常会谦虚辞让，但最终会接受邀请。

宿宾：在冠礼前一天，主人再次邀请正宾，确认正宾的出席。

陈设：在举行冠礼的场所（通常是宗庙或厅堂）布置好盥洗设备、巾帕、帷幕等，并在东房中准备好冠者的服饰。

冠礼当天流程

宾至迎宾：正宾到达后，主人出门迎接，行礼后一同进入冠礼场所。

初加冠：冠者出房，正宾为其戴上冠巾（或缁布冠），并念诵祝词，祝愿冠者成年后能具备美德。冠者随后进入东房，更换深衣。

再加冠：冠者再次出房，正宾为其戴上帽子（或皮弁），再次念诵祝词，冠者更换皂衫革带。

三加冠：冠者第三次出房，正宾为其戴上幞头（或爵弁），并念诵祝辞，冠者更换公服革带、纳靴等。

醮子：在堂中间设醮席，正宾为冠者斟酒，念诵祝词，冠者饮酒并答谢。

字冠者：正宾为冠者取字，冠者表示感谢并承诺努力践行。

见尊长：冠者依次拜见父母、尊长、乡先生及父之执友等，众人皆答拜。

礼宾：主人设宴款待正宾及赞者，以币酬谢。

礼成：主人宣布冠礼完成。

古代冠礼即通过以三次加冠为核心的仪节，展示成人所应具备的容貌、颜色与辞令，以别于儿童时期的服饰装扮、举止行为。而容体、颜色、辞令虽皆是生活之微文小节，但深受儒家重视，可知儒家是要求个人从日常生活中培养礼义的。只有当一个人做到了“正容体，齐颜色，顺辞令”，才可称作礼义具备，才能谓之成人。人又是社会中的人，千千万万的成人是社会和谐的重要因素。“礼义具备”的成人，方能使朝廷中君臣上下各安其位，家庭中父母子女互亲互爱、平辈间长幼和睦。由此，冠礼的重要性可见一斑，“冠者，礼之始也”的意义亦由此彰显。《仪礼》的首篇就是《士冠礼》，亦折射出冠礼在古代礼仪中的重要地位。

冠礼仪式隆重而周密，庄严而有序，每个仪节中都体现着成人之道。

首先，在着装规范上，冠礼将人分为两个阶段，冠礼前为童子，冠礼后为成人。古代童子都是身穿带有彩色的衣服，而到行冠礼时，一加缁衣冠后所穿着的就是成人的服装。衣服具有烘托身份的作用，所以从这一天起，成人的衣服穿到身上，冠者自会感觉到人生一个新阶段的开始，并且身着整整齐齐的成人服装，也会自觉地以成人的标准要求自己，注意仪表风度，在言辞、举止上谨慎守礼。

其次，“冠而字之”作为冠礼中一个重要环节，对冠者的成长有着重要意义。取字后，冠者的称呼就此发生改变，以别于童年时期大家直呼名的习惯，这有助于其尽快走出童年，进入社会。“以字代名”，于冠者可谓一个重要的转折点。通过这一社会化模式，冠者可在各种交际往来之中体会到别人对自己的礼敬，自己也会随时随地自我约束、自尊自重，努力展现成年人应有的仪度风范。故《礼记·冠义》云：“已冠而字之，成人之道也。”

再其次，“醮于客位”作为冠礼中所用的敬酒方式，亦让冠者深深体会到作为成人的尊重。在冠礼中，由站在东边主位的贵宾敬酒，站在西边客位的冠者接受敬酒，喝后并不需要回敬。如此安排，一方面冠者能够知悉以成人身份去做客如何接受敬酒的礼节，另一方面也使冠者在与正宾的互动中获得真实而强烈的成人体验，身心受到礼仪的熏陶。

最后，出门拜见国君、乡大夫和乡先生，皆意在让加冠者以成人的身份见识场面、增进阅历，尽快熟稔各种礼仪，使其心智成熟起来。

2. 中国古代女性成人仪式——“笄礼”

中国古代女子成人仪式为“笄礼”；“笄”意为女子头上戴的发钗，在古代女子盘发戴上发钗，就意味着该女子已经到了可以成婚的年纪；一般在女子 15 岁时举行，标志着女子已经成年，可以开始参与社会生活和婚姻活动。在笄礼仪式中，女子会将发辫盘至头顶，用簪子插住，以示成年。同时，女子还会换上成人的服饰，完成从女孩到女人的社会角色转变。与男子的冠礼流程相似，女子笄礼时的服饰也要“三加”，由童子服、双鬟髻经过初加、再加、三加后，戴上发笄、发簪、钗冠，在素色襦裙外加上曲裾和正式大袖长裙礼服，再佩戴上佩绶等饰物。笄礼的主持者通常为女性家长，她们会教导女子如何成为一个合格的成年女性，包括如何管理家庭、如何为人处世等方面的知识和技能。女子“笄礼”一共分为17个步骤，仪式的礼成便代表着个体人生阶段转化的完成。主要仪程如下：

迎宾：主人立于东面台阶位等候宾客；有司托盘站在西面台阶下；客人立于场地外等候；笄者（沐浴后），换好采衣采履，安坐在东房（更衣间）内等候。

就位：有严格的顺序。正宾来到，父母亲上前迎接，相互行正规揖礼后入场，主宾落座于主宾位；客人就座于观礼位；宾客都落座后主人才就座于主人位。

开礼：主人（父亲）起身，简单致辞。

笄者就位：赞者先走出来，以盥洗手，于西阶就位；笄者走出来，至场地中，面向南，向观礼宾客行揖礼。然后面向西正坐（就是跪坐）在笄者席上。赞者为其梳头，然后把梳子放到席子南边。

宾盥：就是正宾洗手做准备。正宾先起身，主人随后起身相陪。正宾于东阶下盥洗手，拭干。相互揖让后主宾与主人各自归位就座。

初加：笄者转向东正坐；有司奉上罗帕和发笄，正宾走到笄者面前；高声吟诵祝词，后跪坐下（膝盖着席）为笄者梳头加笄，然后起身，回到原位。赞者为笄者象征性地正笄。笄者起身，宾向笄者作揖祝贺。笄者回到东房，赞者从有司手中取过衣服，去房内更换与头上发笄相配套的素衣襦裙。

一拜：笄者着襦裙出房后，向来宾展示。然后面向父母亲，行正规拜礼。这是第一次拜，表示感念父母养育之恩。

二加：笄者面向东正坐；正宾再洗手，再复位；有司奉上发钗，正宾接过，走到笄者面前；高声吟诵祝辞曰：“吉月令辰，乃申尔服。敬尔威仪，淑慎尔德。眉寿万年，永受胡福。”赞者为笄者去发笄。正宾跪下，为笄者簪上发钗，然后起身复位。赞者帮笄者象征性地正发钗。宾向笄者作揖。笄者回到东房，赞者取衣协助，去房内更换与头上发钗相匹配的服饰。

二拜：笄者行正规拜礼，表示对师长和前辈的尊敬。

三加：正宾为笄者笄者着幞头（加钗冠）。

三拜：笄者面向国旗，行正规拜礼，表示传承文明、报效祖国的决心。

置醴：有司撤去笄礼的陈设，在西阶位置摆好醴酒席。

醮子：笄者跪着把酒撒些在地上作祭酒。然后持酒象征性地沾嘴唇，再将酒置于几上，有司奉上饭，象征性地吃一点。

字笄者：给笄者取“字”。

聆训：笄者跪在父母面前，由父母对其进行教诲。

揖谢：笄者向在场所有参礼者行揖礼以示感谢。

礼成：笄者与父母并列，全体起立。父亲面向全体参礼者宣布礼成。

虽然古代的笄礼建立在男尊女卑的基础之上，但它仍然是一个重要的社会仪式，标志着女子从童年到成年的过渡，也为女子在社会中的地位和角色的转变提供了重要的机会和平台。我们不应该以时代的限制为由就放弃仪式本身的神圣和象征作用，完全可以在此基础上赋予时代的新意。我们会发现，笄礼的象征意义和冠礼一样重大，同样是对人生责任、社会角色的提醒。

中国古代女性成人仪式——“笄礼”的社会意义首先体现在身份转变与角色定位上。笄礼是古代女性成年的标志，象征着她们从少女步入成年，具备了成为贤妻良母的条件。这一仪式不仅标志着女性生理上的成熟，更意味着她们即将承担起家庭和社会的责任。通过笄礼，女性被赋予了婚姻权，被视为可以出嫁的年龄。这种仪式强化了女性在家庭中的角色定位，体现了家庭对女性成长的认可和期望。

其次体现在家庭荣誉与社会认同上。笄礼不仅是女性个人的成年礼，也是家庭荣誉的体现。一个家庭的女子能否顺利举行笄礼，往往会影响到家族的声誉。因此，笄礼在一定程度上反映了家庭对女性教育和成长的重视，也体现了家族对女性未来的期望和祝福。通过笄礼，家庭对女性进行道德和礼仪教育，希望她们在成年后能够遵循社会规范，维护家族的荣誉。

最后体现在文化传承与社会教化上。笄礼作为中国古代重要的礼仪之一，承载了丰富的文化内涵。它不仅是女性成年的标志，也是传统文化的重要组成部分。通过笄礼，古代社会传递了对女性角色的期待和规范，也传承了诸如“妇德、妇容、妇功、妇言”等传统美德。尽管随着时代的发展，笄礼的形式和内涵有所变化，但它所蕴含的文化价值仍然对现代社会产生着影响。如今，许多地方仍然保留着类似的成年礼俗，作为对传统文化的传承和发扬。

（三）中国古代成人仪式的生命意蕴

成人仪式是一种“成人”教育，是对即将成人的青少年所实施的教育活动，作为人生的一个重要转折点，对于青少年一代进入成年及其转换角色意义十分重大，是人类历史上特有的一种文化现象，是一种古老的青年教育的方式，成人仪式中所具有的合理的教育成分，能唤起青少年成人的意识，让他们做好成人的思想准备，感受到生命的可贵，有助于青少年健康地步入成人社会，对青少年正在形成的道德观、人生观、价值观都会产生积极的影响。作为人生发展阶段的标志性仪式，成人礼在人类族群之中不同程度地存在着，其社会文化意义随着历史社会情境的变化而变化。在部落社会，它是补充部落成员的必要集体性仪式，在文明社会，它主要是对个体进行文化模塑与生命关怀。可以说，传统成人仪式积淀着一个民族的古风遗俗，教育即将成年的青少年告别过去，展望未来，因而具有丰富的生命教育意蕴。

中国古代成人仪式不仅是一种社会礼仪，更是一种深刻的生命教育。它通过仪式化的过程，帮助个体形成对生命、责任、身份和价值的认知，具有丰富的教育意蕴。

1. 生命阶段意识的觉醒与意义的明确

成人仪式标志着个体从少年步入成年，明确划分了生命的不同阶段。通过仪式，个体意识到自己不再是孩童，而是需要承担责任的成年人。这种阶段意识的觉醒，帮助个体更好地理解生命的连续性和阶段性，从而对未来的生活做好准备。

教育意蕴：仪式促使个体反思生命的意义，认识到成长是一个不断进阶的过程，每个阶段都有其独特的责任与使命，从而更好地规划未来，实现生命的持续成长。

2. 社会责任感的培养与生命的赋予

成人仪式强调个体从家庭走向社会，从被保护者转变为社会责任的承担者。仪式中，取字、加冠等环节都象征着个体被赋予社会角色和义务。

教育意蕴：仪式教育个体认识到，生命不仅属于自己，也属于家庭和社会。通过仪式，个体学会将个人生命与社会责任联系起来，培养奉献精神和担当意识从而在未来的生活中更好地实现自我价值和社会价值。

3. 身份认同的建构与生命价值的自我实现

成人仪式通过赋予个体新的身份（如取字、加冠），帮助其建立清晰的自我认同。这种认同不仅是个体对自我角色的认知，也是对社会期望的回应。

教育意蕴：仪式强化了个体对自我身份的认同，使其明确自己在家庭、社会和文化中的位置，从而更好地融入社会，实现个人价值。

4. 生命价值的启蒙

成人仪式通过庄重的礼仪和象征性的环节（如醴酒、加冠），传递了对生命价值的尊重和敬畏。仪式中，长辈的教诲和宾客的见证，都体现了对个体生命价值的肯定。

教育意蕴：仪式教育个体认识到生命的宝贵和独特性，激发其对生命的热爱和尊重，从而形成珍视生命、敬畏生命的态度。

5. 道德伦理的内化传承

成人仪式是儒家礼教文化的重要组成部分，强调孝道、尊长、礼仪等道德规范。通过仪式，个体被教导如何以合乎伦理的方式对待生命、家庭和社会。

教育意蕴：仪式将道德伦理内化为个体的行为准则，帮助其形成正确的价值观和人生观，从而在未来的生活中践行儒家提倡的“修身、齐家、治国、平天下”理念。

6. 生命共同体的意识

成人仪式不仅是个人成长的标志，也是家族和社会共同参与的活动。通过仪式，个体能够意识到自己是家族血脉和社会网络的一部分，生命的意义在于与家庭、社会的紧密联系。

教育意蕴：仪式教育个体认识到生命的共同体属性，培养其对家庭、社会和文化的归属感，从而增强集体意识和社会责任感。

7. 生命仪式感的体验

成人仪式通过庄重的程序和象征性的动作，赋予生命以仪式感。这种仪式感不仅是对个体成长的庆祝，也是对生命神圣性的敬畏。

教育意蕴：仪式感帮助个体形成对生命的敬畏之心，使其在未来的生活中更加注重礼仪和规范，从而提升生命的品质与意义。

中国古代成人仪式对个体生命价值的教育意蕴深远而丰富。它不仅帮助个体认识到生命的神圣性和责任感，还培养了其对家庭、社会和文化的归属感。通过仪式，个体被引导去思考生命的价值与意义，从而在未来的生活中更好地实现自我价值和社会价值。这种教育方式不仅具有文化传承的意义，也为现代生命教育提供了重要的借鉴。

当然，中国社会发展到今天，由于各种原因，丢失了很多可以承载民族人文品格和精神气度的传统。"成人礼"就是其中之一。"礼"是中华传统文化的核心要素，是一种寓教于"美"的文明教化方式，是我们民族特有的人文传统。礼乐文化强调秩序与和谐，这一民族文化传统的回归，无疑会给我们庞大的民族带来屹立风雨的底气，给庸俗文化有泛滥趋势的当今，带来一股雅正的新风。

自然，古人追求的"礼仪"我们并不需要完全照搬，而且，按照"礼"的内涵，讲的是"恰如其分"，而不是一味恭敬。作为文明的传承者，我们需要在尊重文明传统、汲取既有文明合理内核的基础上，为传统冠礼注入新的时代精神。我们现在学习、创新和实践新的冠礼，就是为了继承这一份珍贵的历史文化遗产、为了让民族传统礼仪对振奋民族精神、弘扬民族文明、激励青年人的成长发挥应有的作用。在继承传统冠礼对青年人负责、仁义、孝廉等正面激励价值的基础上，我们更应积极寻求通过适当方式，在冠（笄）之礼中启发青年人爱国、进步、理性、奋进等应有的精神品格。

三、点燃生命温情的仪式感

在忙碌的现代生活中，我们常常为了追求更高的生活质量和幸福感而努力。而仪式感，作为生活中的一种独特体验，却常常被我们忽视。仪式感，它不仅仅是一种形式，更是一种生活的态度，它让我们在平凡的生活中，感受到非凡的温暖和美好。

什么是仪式感？仪式感是人们表达内心情感最直接的方式，赋予看似平凡的生活以新的定义，是一种生活态度的表现。作家洛蕾利斯说："有仪式感的人生，才使我们切切实实有了存在感。《东邪西毒》经典台词所说："每个人都会为一些东西而坚持，其他人觉得是浪费时间，但是他却觉得很重要。"自己觉得很重要，就是仪式感存在的理由。

（一）仪式感的定义

仪式感是指将日常生活中的某个时刻或某个行为赋予特殊的意义，通过精心策划和执行，使其成为一种令人难以忘怀的体验。它可能是一顿精心准备的晚餐，一次与朋友的欢聚，一场仪式感满满的节日庆祝，甚至是一次简单的自我欣赏。

1. 仪式感是历史流转的记忆

仪式感是历史流转的记忆，它通过特定的仪式和程序，将过去的文化、传统和价值观传递到当下，成为连接过去与现在的桥梁。通过仪式感，人们能够更好地了解历史，传承文化，增强社会凝聚力，记录生命历程，激发历史情感。仪式感让历史的记忆在现代社会中得以延续，使人们能够更加从容地面对生活的挑战，享受生活的美好。

首先，仪式感是文化的传承。通过特定的活动，将传统文化代代相传。例如，古代的冠礼和笄礼，不仅是成年的标志，更是儒家礼仪文化的重要体现。这些仪式通过一代代的传承，让传统文化得以延续。通过这些仪式，年轻人能够了解和学习祖先的智慧和价值观，从而增强文化认同感。在此基础上，仪式感通过仪式的形式，保存了历史的记忆。例如，传统节日如春节、中秋节等，通过贴春联、守岁、赏月、吃月饼等习俗，保存了这些节日的历史意义和文化内涵。这些习俗不仅是对过去的纪念，也是对未来的传承，让历史的记忆在现代社会中得以延续。

其次，仪式感是社会凝聚的纽带，更是历史记忆在集体层面的生动再现。当人们共同参与仪式时，他们不仅在强化当下的社会联结，更在无意识中复现着历史长河中的集体记忆场景。古代“乡饮酒礼”便是一个典型例证，《周礼》记载的这种地方性仪式，通过严格的座次安排和献酬流程，既维系了当时的社会秩序，又将“长幼有序、尊贤尚齿”的伦理观念镌刻进参与者的文化记忆。这种仪式虽形式嬗变，但其核心精神仍能在今日社区的重阳敬老活动中寻得回响。法国社会学家涂尔干所称的“集体欢腾”现象，在端午龙舟竞渡中得到充分体现：当鼓声与号子声响起，参与者与观众共同进入一种超越日常的历史情境，仿佛与千百年来沿江而居的祖先们产生了跨越时空的情感共鸣。这些仪式如同历史记忆的活态档案馆，让流动的时间在特定时刻暂时凝固，使今人得以触摸过往集体经验的温度，从而在变幻莫测的现代社会中保持文化根基的稳定性。

最后，仪式感是历史教育的载体。仪式感通过特定的仪式，传递了历史知识和文化信息。例如，历史博物馆中的纪念活动、学校的历史教育仪式等，通过庄重的程序和规范，让参与者了解历史事件和文化传统。这种历史教育不仅丰富了人们的知识，还增强了他们对历史的尊重和理解，与此同时激发了人们的历史情感；例如，纪念抗战胜利的仪式、烈士纪念日的活动等，通过庄重的程序和规范，让参与者感受到历史的沉重和伟大。这种历史情感不仅增强了人们对历史的敬畏，还激发了他们对未来的责任感。

2. 仪式感是掌握生活的坐标

仪式感是掌握生活的坐标，它为人们的生活提供了方向、节奏和意义，同时规范了行为，促进了社会的和谐与稳定。通过仪式感，人们能够更好地规划人生，调节情绪，增强文化认同感，丰富精神生活。仪式感让生活不再单调和乏味，而是充满了意义和仪式美，使人们能够更加从容地面对生活的挑战，享受生活的美好。

首先，仪式感通过特定的仪式，帮助人们明确人生的不同阶段和目标。例如，成人礼标志着从少年到成年的转变，提醒个体要承担起成年的责任；婚礼仪式标志着从单身到婚姻的转变，提醒个体要履行婚姻中的义务。这些仪式为个体的生活提供了明确的方向，使他们能够更好地规划未来。

其次，仪式感通过特定的时间节点和程序，为生活划分出不同的阶段和节奏。例如，传统节日春节、中秋节等，为人们的生活带来了周期性的节奏。这些节日的庆祝活动不仅丰富了人们的生活，还让人们在忙碌的生活中找到休息和团聚的时刻。

再其次，仪式感通过特定的活动和形式，帮助人们调节情绪和心理状态。例如，婚礼仪式中的喜庆氛围，能够缓解新人的紧张情绪，让他们感受到幸福和喜悦；葬礼仪式中的庄重氛围，能够帮助生者表达哀思，获得心理慰藉。这种情绪调节作用帮助人们在生活的起伏中保持平衡。

最后，仪式感通过特定的程序和形式，为生活中的重要事件赋予了特殊的意义。例如，毕业典礼不仅是学业完成的标志，更是对过去学习生活的总结；入职仪式不仅是进入新工作的开始，更是对未来职业生涯的展望。这些仪式让生活中的每一个重要时刻都充满了意义，使人们更加珍惜生活。

3. 仪式感是超越现实的诗意

仪式感是超越现实的诗意，它为平凡的生活注入了非凡的意义和美感，让人们在日常的琐碎中感受到生活的美好与深远。通过仪式感，人们能够从日常的平庸中解脱出来，感受到生活的非凡意义，传递深厚的情感，增强情感共鸣，提供精神寄托，赋予生活深度与厚度，增强文化认同与归属感。仪式感让生活不再单调和乏味，而是充满了意义和仪式美，使人们能够更加从容地面对生活的挑战，享受生活的美好。

仪式感为日常生活中的普通事件也赋予了特殊的意义和美感。例如，生日庆祝、纪念日等仪式，通过布置场地、准备礼物、分享祝福等活动让这些日子从普通的日子里脱颖而出，成为充满情感和意义的时刻。生日庆祝不仅仅是一个简单的聚会，而是一个创造独特的体验充满爱和关怀的仪式：通过精心设计的活动，创造出独特的体验，让人们在这些时刻感受到生活的美好。同时，仪式感通过特定的仪式，传递了深厚的情感和价值观。例如，葬礼仪式通过庄重的程序和亲人的参与，帮助生者表达哀思，获得心理慰藉。这种仪式感不仅有助于个体应对情绪的波动，还能增强他们的心理韧性。通过仪式，人们能够更好地表达和传递爱、尊重、怀念等情感，增强情感共鸣；例如，传统节日的庆祝活动，如春节、中秋节等，通过共同的仪式和习俗，让家庭成员和社会群体感受到彼此的关爱和支持。这种情感共鸣不仅丰富了人们的精神生活，还促进了社会的和谐与团结。仪式还能够为人们提供精神寄托。例如，婚礼仪式中的誓言和承诺、戒指交换等环节，让新人感受到婚姻的神圣和责任。这种精神寄托不仅帮助人们在面对生活的困难时保持乐观，还让他们在平凡的生活中找到意义和价值；与此同时，也让在场的每一位嘉宾感受到幸福和温暖。这种独特的体验超越了日常生活的平淡，成为人生中难忘的瞬间。

4. 仪式感是精心设计的状态

仪式感是一种精心设计的状态，它通过形式与内容的统一、情感与意义的传递、生活美学的体现等，为生活中的重要时刻赋予了特殊的意义和美感。通过仪式感，人们能够更好地表达情感，提升生活的美感，增强对生活的热爱和尊重。这种精心设计的状态不仅丰富了人们的精神生活，还提升了生活的质量，使人们能够在平凡的生活中感受到非凡的意义。

首先，仪式感是形式与内容的统一。通过精心设计的形式，仪式感为生活中的重要时刻赋予特殊的意义。例如，婚礼仪式中的布置、流程、誓言等环节，都是经过精心策划的。从场地的选择到装饰的细节，从音乐的选择到仪式的流程，每一个环节都经过精心设计，以营造出庄重、浪漫和温馨的氛围。而仪式感不仅注重形式，更注重内容的表达。例如，婚礼中的誓言和戒指交换，不仅仅是形式上的环节，更是对爱情的承诺和对未来的期待。通过这些精心设计的形式，仪式感传达了深刻的情感和价值观，使参与者感受到仪式的真正意义。

其次，仪式感是情感与意义的传递。通过精心设计的环节，仪式感传递了深厚的情感。例如，葬礼仪式中的哀乐、默哀、献花等环节，都是为了表达对逝者的哀思和怀念。通过这些精心设计的环节，仪式感不仅帮助生者表达情感，还为他们提供了心理慰藉。通过精心设计的仪式，如校长致辞、颁发毕业证书、拨穗等环节，毕业典礼成了一个充满意义的时刻，让毕业生感受到自己的成长和进步。

最后，仪式感是生活美学的体现。通过精心设计的细节，仪式感提升了生活的美感。例如，传统节日中的贴春联、挂灯笼、包饺子等习俗，都是经过精心设计的活动。这些活动不仅丰富了人们的生活，还让生活充满了仪式感和美感。

（二）仪式感的意义

仪式感是一种通过特定的仪式、程序或象征性行为，赋予某件事或某个时刻以特殊意义和价值的心理体验及文化现象。它不仅仅是一种形式上的行为，更是一种深层次的情感表达和文化认同。仪式感的意义可以从个人、家庭、社会等多个层面进行阐述。

1. 对个人的意义

（1）赋予生活以意义

仪式感通过将日常行为转化为具有特殊意义的活动，帮助个体在平凡的生活中找到美感和价值。例如，早晨喝一杯咖啡、睡前阅读、周末家庭聚餐等小仪式，能够让人感受到生活的节奏和温度；让个体在快节奏的现代生活中找到停顿和反思的机会，从而更好地理解生活的意义。

（2）增强自我认同

仪式感通过确认个体的身份和角色，帮助其建立清晰的自我认同。例如，生日庆祝、毕业典礼、升职仪式等，标志着个体在生命不同阶段的成长和转变。这些仪式让个体感受到自己的成长和进步，从而增强自信心和自我价值感。

（3）提供心理安慰

仪式感通过庄重的程序和象征性的行为，帮助个体在情感上获得安慰和支持。例如，葬礼、纪念日、告别仪式等，能够帮助个体缓解失去亲人的痛苦。它让个体在面临压力和挑战时，找到心理上的平衡和力量。

（4）促进目标实现

仪式感通过规范化的行为和程序，帮助个体更好地实现目标。例如，制定新年计划、每周复盘、完成项目后的庆祝仪式等，能够增强个体的执行力和成就感。它让个体在追求目标的过程中，感受到阶段性的成就和动力。

2. 对家庭的意义

（1）增强家庭凝聚力

仪式感通过共同参与和情感共鸣，增强家庭成员之间的情感联系。例如，春节团圆饭、中秋赏月、家庭旅行等，能够强化家庭成员之间的归属感和亲密感；让家庭成员在共同参与中感受到彼此的支持和关爱。

（2）传承家庭文化

仪式感通过代代相传的家庭传统，帮助家庭成员传承文化和价值观。例如，家族祭祀、家训宣读、节日习俗等，能够将家庭的历史和文化传递给下一代。它让家庭成员更好地理解自己的根源和身份，从而增强对家庭文化的认同感。

（3）促进亲子关系

仪式感通过亲子共同参与的活动，增强父母与孩子之间的情感联结。例如，睡前故事、生日庆祝、家庭游戏等，能够让孩子感受到父母的关爱和陪伴，使亲子关系在共同参与中得到深化和巩固。

3. 对社会的意义

（1）增强集体认同

仪式感通过共同参与的社会活动，增强社会成员之间的集体认同感。例如，国庆阅兵、奥运会开幕式、社区庆典等，能够激发国民的爱国情怀和集体荣誉感，使社会成员感受到集体的力量和荣耀，从而增强社会凝聚力。

（2）促进社会整合

仪式感通过规范化的程序和规则，促进社会成员之间的合作与和谐。例如，婚礼、葬礼、毕业典礼等，能够帮助社会成员在重要时刻形成共识和凝聚力；它让社会成员在共同参与中感受到秩序和稳定，从而促进社会的和谐与合作。

（3）传承文化传统

仪式感通过文化庆典和传统活动，帮助社会传承历史和文化。例如，春节、清明节、端午节等传统节日的庆祝活动，能够将文化价值观代代相传。它让社会成员更好地理解自己的文化根源和身份，从而增强对文化传统的认同感。

仪式感的意义深远而广泛，它不仅帮助个体在个人生活中找到意义、增强自我认同、缓解压力并促进目标实现，还在家庭生活中增强凝聚力、传承文化并促进亲子关系。在社会生活中，仪式感能够增强集体认同、促进社会整合、传承文化并提升社会责任感。在文化层面，仪式感是文化传承的载体、文化认同的体现和文化创新的基础。在心理与情感层面，仪式感能够提供情感联结、促进自我反思并增强生命敬畏。仪式感不仅是文化传统的延续，更是现代人寻找意义、归属感和情感联结的重要方式。通过仪式感，个体和社会能够在快节奏的生活中找到平衡、方向和动力，从而实现个人和社会的共同进步和发展。

仪式感是一种生活的态度，它让我们在平凡的生活中感受到非凡的美好。通过创造仪式感，我们可以提升生活品质，增强情感体验，培养积极心态。让我们在忙碌的生活中，不忘给自己创造一些小确幸，感受生活的美好。无论在家庭、社交还是个人生活中，我们都可以通过规划时间、设定主题和用心准备来创造属于自己的仪式感。

当我们开始关注生活中的仪式感时，我们会发现，那些曾经被忽视的瞬间和细节，其实都蕴藏着生活的智慧和美好。让我们从此刻开始，用心去感受和创造生活中的仪式感，让每一个瞬间都充满温暖和幸福。这样，我们的生活将变得更加丰富多彩，更加充实和有意义。

四、以仪式感促进生命成长

生命成长是一个从稚嫩到成熟、从无知到有知的过程。而仪式感，就像是这个过程中的催化剂，它能够加速我们的成长，让我们在经历中更加深刻地理解和体验生命的真谛。通过仪式感，我们学会了自我反思和自我提升。每一个仪式都像是一次心灵的洗礼，让我们在庄重和神圣的氛围中重新审视自己的过去、现在和未来。这种反思和审视能够帮助我们更好地认识自己，明确自己的方向和目标，从而更加坚定地走向成长的道路。

（一）仪式感如何促进生命成长

1. 增强自我意识与自我认同

在特定的仪式中，我们往往被要求集中注意力，关注自己的内心感受。这种关注能够让我们更加清晰地认识到自己的存在和价值，从而增强自我意识。通过参与和完成仪式，我们能够感受到自己的成就感和满足感。这种积极的情感体验能够巩固我们的自我认同，让我们更加自信地面对生活中的挑战和困难。

首先，仪式感通过特定的仪式活动，帮助个体明确自己在社会、家庭或文化群体中的身份与角色。并且，参与具有仪式感的活动，往往伴随着对个体价值的肯定与赞美。无论生日宴会、毕业典礼还是婚礼庆典，这些仪式都在向参与者传达一个信息：你是重要的，你的存在是有价值的。这种正面的反馈能够极大地提升个体的自我价值感，让他们更加自信地面对生活中的挑战和困难。仪式感能够引发个体与群体之间的情感共鸣，增强归属感。在共同的仪式活动中，人们分享着相似的情感体验和价值观，这种共鸣让他们感受到自己不是孤单的个体，而是与群体紧密相连的一部分。这种归属感有助于个体建立稳定的心理支持网络，增强自我认同和安全感。同时，仪式感还能够提供反思与自我发现的机会。仪式感往往伴随着一定的仪式程序或流程，这些程序要求个体在特定的时间和空间内集中注意力、深入思考。

长期的仪式感体验能够塑造个体的积极心态和行为模式。当个体习惯于在重要时刻或日常生活中保持仪式感时，他们会更加珍视自己的经历和感受、更加积极地面对生活。这种积极的心态和行为模式有助于个体在遇到困难时保持坚韧不拔的毅力、在成功时保持谦逊和感恩的心态。例如：每年的生日庆祝，就是一个很好的仪式感体现。在这一天，我们会被家人和朋友围绕，收到祝福和礼物。这种被重视和关爱的感觉，能够让我们更加深刻地认识到自己的独特性和价值所在，从而增强自我认同。还有，在冥想、祈祷或写日记等个人仪式中，个体有机会反思自己的内心世界、审视自己的行为与价值观。这种反思过程有助于个体更深入地了解自己、发现自我潜能并明确未来的发展方向。

2. 促进情感交流与人际关系

情感的传递与共鸣：仪式感往往伴随着情感的交流和表达。在特定的仪式中，我们与他人分享喜悦、悲伤、感激等情感，这种情感的传递能够加深我们之间的联系，拉紧情感纽带。人际关系的构建与维护：通过参与共同的仪式活动，我们能够结识志同道合的朋友，建立深厚的人际关系。同时，定期的仪式活动也能够帮助我们维护和巩固已有的关系，让彼此之间的情感更加牢固。

想象一下，在平凡的日子里，突然有了一场精心准备的庆祝活动，比如纪念日、节日或者仅仅是两个人的约会。这种突如其来的仪式感，就像是给情感交流穿上了一件华丽的礼服，让每一次的交流都充满了期待和惊喜。在这样的氛围下，人们更容易敞开心扉，分享内心的感受，加深彼此的了解和信任。另外，仪式感能够强化人际关系。在共同的仪式活动中，人们会经历相似的情感体验，这种共鸣会让他们感受到彼此之间的紧密联系。再者，仪式感还能够解决人际关系中的矛盾和冲突。有时候，人际关系中会出现一些误会和矛盾，这时候，一场有仪式感的和解或道歉行为就显得尤为重要了。比如，通过一封手写的道歉信、一束鲜花或者一次面对面的坦诚交流，都能让对方感受到自己的诚意和决心。这种仪式感不仅能够缓解紧张的氛围，还能够为双方提供一个重新建立信任和沟通的机会。仪式感还能够提升人际关系的品质。在快节奏、高压力的现代生活中，人们往往忽略了与他人的情感交流和人际关系的建设。而仪式感像一股清流，让人们重新关注到人际关系的重要性。通过定期的聚会、庆祝活动或者共同的兴趣爱好等蕴含仪式感的活动，人们能够更加深入地了解彼此、关心彼此，从而建立起更加紧密和深厚的人际关系。

例如婚礼，在这个仪式中，新郎新娘向彼此许下承诺，亲朋好友共同来见证这一美好时刻。这种情感的传递和共鸣不仅能够加深新郎新娘之间的爱情，也能够让他们的亲朋好友感受到家庭的温暖和幸福。同样，在家庭聚会、朋友聚会等场合中，仪式感也能让参与者感受到彼此的关心和支持，从而增强人际关系的稳定性和持久性。

3. 激发潜能与创造力

仪式感能够激发我们的潜能和动力。在特定的仪式中，我们往往会被赋予某种使命或责任，这种使命感和责任感能够激发我们的潜能和动力，让我们更加努力地追求自己的目标。创造力的激发与培养：仪式感的多样性也为我们提供了广阔的想象空间。在参与和创造仪式的过程中，我们能够发挥自己的创造力，设计独特而富有意义的仪式内容。这种创造力的激发和培养不仅能够丰富我们的生活体验，也能够为我们的成长和发展注入新的活力。

仪式感通过一系列精心设计的活动和程序，为个体提供了积极的心理暗示。这种暗示能够激发个体内心深处的潜能，让他们相信自己能够超越现状，实现更高的目标。在参与仪式的过程中，个体感受到的庄重、正式和特殊感，会促使他们更加专注于当前的任务，从而发挥出更大的潜力。仪式感往往伴随着对个体成就的肯定和赞扬。这种肯定不仅让个体感受到自己的价值和能力，还增强了他们的自我认同和自信心。当个体对自己的能力和价值有了更清晰的认识时，他们更有可能勇于尝试新事物，挑战自我，从而激发出更多的创造力。仪式感中的许多环节都需要个体运用创新思维和想象力来构思和完成。在学习和工作中，仪式感同样能够激发潜能与创造力。通过制定科学合理的学习计划、设定明确的目标、举行庄重的开学或开工仪式等，可以为学生或员工营造一个积极的学习或工作氛围。这种氛围能够激发他们的学习热情和动力，让他们更加专注于学习和工作，从而不断提高自己的能力和水平。仪式感还能够激发团队中的潜能与创造力。在团队活动中，通过举行庆祝仪式、表彰优秀成员等方式，可以增强团队成员之间的情感共鸣和凝聚力，让他们更加积极地为团队目标贡献自己的力量。同时，团队成员之间的相互启发和协作也能够进一步促进创新思维和创造力的产生。

例如：在学校的毕业典礼上，学生们通常会穿上统一的服装、戴上学位帽、抛学士帽等。这些仪式不仅让学生们感受到毕业的庄重和喜悦，也激发了他们对未来的憧憬和创造力。他们可能会思考如何将自己的所学应用到未来的工作和生活中去，如何为社会做出更大的贡献等。在庆祝活动中设计独特的装饰、编排新颖的节目等，都需要个体发挥想象力和创造力。这种实践不仅锻炼了个体的创新思维和想象力，还让他们在实践中不断积累经验和灵感，为未来的创造活动注入源源不断的动力。

4. 培养责任感与担当精神

仪式感并不仅仅是一种形式或习惯，更是一种能够触动心灵、激发潜力的力量。首先，仪式感让我们对某件事情或某个时刻产生特别的认知和重视。当我们以一种庄重、认真的态度去对待某个任务或责任时，我们就会更加投入地去完成它。这种投入不仅提高了我们的工作效率，也让我们更加深刻地理解了责任与担当的重要性。并且，.在完成任务的过程中，我们能够逐渐培养出一种担当精神。这种担当精神不仅能够帮助我们在面对困难和挑战时保持冷静和坚定，也能够让我们在团队中发挥出更大的作用和价值。其次，仪式感能够强化我们的身份认同和归属感。在仪式感中，我们通常会明确自己的角色和位置，这种明确性让我们更加清晰地认识到自己的责任所在。最后，仪式感也能让我们感受到集体的力量和温暖，从而更加愿意为集体付出努力、承担责任。并且，仪式感还能激发我们的荣誉感和使命感。当我们通过某种仪式获得某种荣誉或承担某种使命时，我们就会更加珍视这份荣誉或使命，从而更加努力地去履行自己的责任和义务。这种荣誉感和使命感会成为我们不断前进的动力源泉。可以说，仪式感是培养责任感与担当精神的有效途径之一。它让我们在庄重、认真的氛围中感受到责任与担当的重量和价值，在集体和归属感的驱动下更加积极地履行自己的责任和义务，在荣誉感和使命感的激励下不断追求卓越、勇攀高峰。

例如：在军队的入伍仪式中，新兵们会接受严格的训练和考验。这种仪式不仅考验了他们的身体素质和意志力，也培养了他们的责任感和担当精神。他们知道自己肩负着保卫国家和人民安全的重任，因此必须时刻保持警惕和专注，为国家和人民的安全贡献自己的力量。

（二）如何在个人生活中营造仪式感

仪式感是日常生活中不可或缺的一部分，它让普通的日子变得特别，为我们的生活增添色彩和意义。那么，如何在个人生活中创造仪式感呢？

1. 仪式感与日常生活

将仪式感融入日常生活的每一个环节，可以让我们更加热爱生活。在饮食方面，我们可以尝试为自己准备一顿精致的早餐，或是冲泡一杯香气四溢的咖啡，让每一天都从美好的味觉体验开始。在穿着上，我们可以选择一套自己喜欢的衣服，搭配一些独特的饰品，让自己看起来更加自信和出众。在工作和休闲方面，我们可以为自己设定一些小目标，每完成一个就给予自己一些奖励，让自己始终保持积极向上的态度。

2. 营造特别的时刻

通过精心安排和布置，我们可以创造一些特别的时刻和场景来增强仪式感。比如，在周末的下午，我们可以选择在一个安静的角落，放上自己喜欢的音乐，享受一段宁静的时光。或者，在生日、纪念日等特殊日子里，我们可以邀请亲朋好友一起庆祝，共同分享欢乐和感动。

3. 自我表达与沟通

通过各种形式来表达自己和与他人沟通情感，也是创造仪式感的重要方式。我们可以写日记来记录生活中的点滴，写信给远方的朋友分享自己的心情，或是通过艺术创作来表达自己的思想和感受。这些方式都可以让我们更好地了解自己，也让我们的情感得到释放和升华。

4. 设定计划和目标

利用仪式感帮助自己制定目标并付诸实践，可以让我们的生活更加有条理和目的性。我们可以为自己设定一些短期和长期的目标，并为每个目标制定一个具体的计划。每当完成一个目标时，我们可以给自己一些奖励，让自己保持动力和激情。这样，我们不仅可以实现自己的梦想，还可以在过程中感受到成长的喜悦。

5. 利用身边资源

利用身边资源和人脉举办具有特色且称之为“例行项目”来增添归属感，也是创造仪式感的有效途径。我们可以利用自己所在的城市或社区的特色资源，参加一些有意义的活动或社团，与他人建立联系和互动。这样，我们不仅可以拓宽自己的视野和经历，还可以结交志同道合的朋友，增强自己的社交能力和归属感。

6. 反思和总结经验

在尝试创造仪式感的过程中，我们需要不断反思和总结经验教训。我们需要思考哪些方法有效，哪些方法需要改进，并根据实际情况调整自己的策略。只有这样，我们才能更好地创造属于自己的仪式感，让生活变得更加美好和充实。培养个人生活的仪式感对于提升我们的生活质量和幸福感具有重要意义。通过将仪式感融入日常生活、营造特别的时刻、自我表达与沟通、计划和目标设定、利用身边资源，以及反思与总结经验教训等方式，我们可以让自己的生活变得更加丰富多彩和有意义。因此，我们应该关注自己身边的小事情，努力创造属于自己的仪式感，让每一天都充满惊喜和期待。

“以仪式感促进生命成长”，通过仪式感的培养和实践，能够增强自我意识与自我认同、促进情感交流与人际关系、激发潜能与创造力以及培养责任感与担当精神等方面得到全面的提升和发展。然而，仪式感的培养和实践并非一蹴而就的事情。它需要我们持之以恒地付出努力和关注，不断地探索和创新。只有这样，我们才能真正让仪式感成为我们生命成长中的重要推手，助力我们走向更加美好的未来。

展望未来，我们期待更多的人能够关注到仪式感的重要性和价值所在，积极投身于仪式感的培养和实践中去。同时，我们期待社会能够为人们提供更多的资源和平台来支持和推动仪式感的发展和创新。相信在大家的共同努力下，仪式感一定会在我们的生活中绽放出更加绚丽的光彩！

[聚焦提升]

仪式与生命教育的核心，在于通过仪式这一文化载体，将个体的生命历程与集体记忆、文化传统相联结，在庄重的仪式感中唤醒生命自觉，深化对生命价值的认知与追求。这种文化智慧启示我们：仪式并非简单的形式重复，而是通过“身体在场”的沉浸体验，让个体在“角色转换”中完成从生物生命向社会生命、精神生命的跃迁。

现代社会中，仪式感的塑造需兼顾传统内核与时代精神。一方面，仪式感的本质在于“使某一时刻与其他时刻不同”，它可以是传统节日的文化传承，亦可是个人生活中的微小确幸，其核心在于以“精心设计的状态”对抗生活的碎片化与庸常化。另一方面，仪式感的教育功能正从“文化濡化”转向“生命赋能”。在生命教育中，我们通过“自然生命周期”的种植仪式、“临终关怀”的角色模拟，在反思性实践中理解生命的脆弱与坚韧；通过“成长纪念册”“家庭感恩日”等创新形式，帮助个体在情感联结中建构生命意义。这种教育模式打破了传统说教的桎梏，让生命教育从“认知传递”升华为“体验生成”，真正实现“以文化人，以礼立心”。

面向未来，仪式与生命教育的融合可立足三个维度：其一，在文化传承中激活传统仪式的现代价值，如将冠礼的“责任意识”转化为青年公民教育，将笄礼的“角色认同”延伸至女性自我价值实现；其二，在跨学科视野中创新仪式设计，结合心理学、艺术治疗等手段，开发“生命叙事剧场”“生态葬仪体验”等新型教育载体；其三，在技术赋能中拓展仪式边界，利用虚拟现实技术重现文化场景，通过数字档案记录生命轨迹，使仪式感突破时空限制，成为连接过去与未来的精神纽带。唯有将仪式感内化为生命自觉，外显为文化行动，方能让人在纷繁世界中始终保持对生命的敬畏、对成长的笃定，最终实现“以礼养德，以仪塑魂”的生命教育理想。

[自主思考]

仪式感既可以是国家庆典的庄严肃穆，也可以是个人晨间的一杯清茶。《小王子》中狐狸对“仪式”的定义揭示了其本质：通过“使某一时刻不同”对抗生活的重复与庸常。但在消费主义与数字化冲击下，仪式感常被简化为“拍照打卡”或商业营销。你认为当代人应如何在日常生活中构建“有温度”的仪式感？请结合自身经历或社会现象，探讨如何避免仪式感的异化，使其真正成为“生命意义的锚点”。

[课外拓展]

1. 莱斯利·马蒙·西尔科. 仪式［M］. 徐颖，译. 杭州：浙江文艺出版社，2023.

2. 英国 Breathe 编辑部. 呼吸：小小仪式，让平凡成为独特［M］. 北京：中信出版社，2024.

3. 李思圆. 生活需要仪式感［M］. 济南：山东文艺出版社，2017.

专题十一

自然与生命教育

我们往往只欣赏自然，很少考虑与自然共生存。

——克劳迪安内斯

[专题导语]

挖土竟然可以治疗精神疾病！这个看起来十分离谱的结论出自精神医学先驱、美国独立宣言的签署人之一本杰明·拉什。事实上，把挖土和除草这些园艺活动当作养生和精神治疗的传统由来已久，不论在东方还是在西方都有相关的记录。近代的“交叉学科生态心理学”为这种自然疗法提供了相应的理论支持——人类对自然有一种与生俱来的亲和力。

为什么自然对人的生命有如此重要的作用？自然无比包容，无比丰富，无所不能，我们需要的一切这里都有，音乐、图画、故事，而且最重要的是，亲近自然是生命和生命之间的交融，它会产生化学反应，从而产生新的东西。回想一下，当我们看到开阔的草原、森林、河流、湖泊、天空等自然美景，或者看到那些可爱的动物，是不是心中会自然而然有积极的情绪产生。甚至有研究表明，高血压病人在借助鱼缸赏鱼时，血压都会显著降低。正如雷切尔·卡森在其著作《寂静的春天》中写到的，那些感受大地之美的人，能从中获得生命的力量，直至生命的尽头。

[情境体验]

校园人里，学校管理员定期喷洒除草剂清除“杂草”，导致蜻蜓幼虫死亡。我们可以想一想，当人类以秩序之名干预自然时，是否在破坏生态的自我平衡？被定义为“杂草”的植物，是否在人类的价值体系外仍有其生命意义？

[理论学习]

在 20 世纪 40 年代，一位杰出的物理学家埃尔温·薛定谔以其深邃的思考和开创性的著作《生命是什么》引发了科学界和哲学界的广泛关注。在这本书的开篇，薛定谔便提出了一个极具挑战性的问题：在一个有机体的空间范围内，在时空中发生的事件究竟该如何用物理和化学来描述？他谨慎地给出了一个初步的答案：尽管当今的物理和化学在描述这些复杂的生命事件上仍显得力不从心，但这并不意味着这些事件无法被科学所解释。薛定谔的思考不仅为生命科学的未来发展埋下了伏笔，也为后来的分子生物学和遗传学研究开辟了新的道路。

2005 年，另一位伟大的创新者史蒂夫·乔布斯在斯坦福大学的毕业典礼上发表了令人深思的演讲。他以一种坦诚而深刻的方式探讨了死亡与生命的关系。乔布斯指出，尽管没有人愿意面对死亡，但死亡是生命的必然终点，是生命循环中不可或缺的一部分。他甚至认为，死亡可能是生命“最好的发明”，因为它为生命的更新和变革提供了空间，清除了衰老的个体，让新生的事物得以诞生。乔布斯的话语虽然直白，却蕴含着深刻的哲理：正是因为生命的有限性，生命才显得如此珍贵，值得我们去珍惜和深入探讨。

然而，现代大学教育往往以学科知识为本，将知识分割成一个个独立的领域，难以帮助学生形成系统的、整合的知识体系，更难以引导他们过上一种幸福而充实的生活。这种教育模式的局限性，让我们不得不思考如何通过教育帮助学生理解生命的完整性和价值性。本专题将带领学生深入探讨生命与自然的关系，揭开生命旅途中的奥秘，帮助我们更好地理解生命的意义，在有限的生命中创造无限的价值。

一、溯源：自然主义的教育

黑格尔曾说：“真正的思想和科学的洞见，只有通过概念所做的劳动才能获得。”每一个概念都是一种本质的涌现、神圣的道说，“自然”这个复杂多义的概念更是如此。如同海德格尔所认为的，词语在日常的使用中不免遮蔽了它原始的意蕴。因此，在谈论自然教育之前，有必要对“自然”进行“查阅”“考古”“追溯”，厘清自然概念的意义。

（一）自然

在中西方哲学中，“自然”都是一个极为重要的概念。在中国，作为哲学范畴，“自然”一词最早始于老子，庄子沿用之，后经王充、王弼的发展至郭象而至其极。学者对“自然”一词做了种种考证和研究，大都认为该词的基本含义就是“自己如此”或“自然而然”，强调依靠内在力量，不受外力影响，与“人为”相对。也有人认为“自然”指事物的天然、本然状态、本性或本质。

英文“自然（nature）”一词的词源可以追溯至希腊语中的“physis”。“physis”源于动词“phyein”，其主动形式的意思是“产生”或“使……生长”，而被动形式的意思是“出生”“生长”“成为”等。因此，名词形式的“physis”指的是“诞生”“成长”，同时指“天性”或者“天生的本性”，由此也衍生出了“自然本性”的含义①。关键在于，自然与人为相对立。例如，柏拉图在对话篇《克拉提洛斯》中提出了言辞是“physis”（自然本性）还是“nomos”（人为）的问题，并对其展开了讨论。海德格尔的哲学观念便是建立在不断地回溯与重构“自然”内涵的基础之上。按照他的考证，“自然”一词“蕴含着早期的希腊语 cpucjis 的意义，也与我们译为生命的词相当”。在《形而上学导论》一书中他指出，希腊源初意义上的 Physis，即“自然”意味着生命，其含义乃是“依靠自己的力量生长、涌现和出现”。它源出于“神圣”，以“神圣”为本质，只有在作为澄明之“自然”中万物才能现身当前。海德格尔后期也对自然概念的演变给予了极大关注，并对自然概念进行了深入考证。从荷尔德林那里收受灵感的海德格尔由对存在的追问转向对自然原始的阐发，实际上是对古代自然“意义”的重新

---

① 储昭华．大地的涌现：关于自由与自然之间关系的思考［M］．北京：中国社会科学出版社，2003.

发掘，使已被近代工具理性和二元对立的世界观所遮蔽的自然重新焕发其固有的生命力，以此达到人与自然、天道与人道更深入、更彻底的统一。霍尔姆斯·罗尔斯顿在《哲学走向荒野》一书中也指出，也许从物理学并不能学到一切，也许物理学虽是很基本的，但并没有真正地研究到自然的本质。拉丁语“natura”的希腊语词根“gene-”也表示“使……出生”，以及“生长于”，也就是说，它有生命的含义。从中可以看到，“自然”具有一种动态的生成之义。另外，国内古希腊哲学研究专家陈村富对“是”一词的考证中为上述论断提供了更具体的线索说明：在印欧语系中，physis（“自然”“本性”）一词源自“是”的两个词根之一“bhu”“bheu”，原来的意思是“依靠自己的力量，能自然而然地生长、涌现、出现”，后演化为本性上就有力量成为“本来如此”的东西，与“techne”（人工造成的）相对。也就是说，“自然”最初的含义是生长、涌现，带着一种强烈的生命力。追溯词源发现，无论在中国还是在西方，“自然”最初都蕴含一种创生的“力”，一种生长，并且指明了生长的动力来自本性内部。在此，我们看到了“自然”意涵的原始之光。那么，“自然”意涵如何变化的？这需要进一步追溯哲学中对“自然”的理解。

柯林武德在《自然的观念》一书中梳理了不同历史时期思想家“自然”观念的演化过程。他认为，在现代欧洲语言中，“自然”一词总的来说是更经常地在集合的意义上用于事物的总和或聚集。当然，这还不是这个词常常用于现代语言的唯一意义，还有另一个意义，我们认为是它的原义，严格地说是它的准确意义，即本源。然而，“自然”的含义却在后来不断地演化，其演化图景是这样的：从生长、生成、诞生、起源，到本性、本质、本原、原则，以及宇宙万物之整体、自然物的集合、自然力、规律等。不过，这些含义往往是交织在一起的，只是在不同的历史时期侧重点不同而已。通过对“自然”的“考古”，我们发现，“自然”一词的意韵在走向近现代的过程中逐渐窄化了，甚至说“现代人往往把‘自然’概念理解成‘自然物’或‘自然界’（自然物的集合）”。自然成了场域，甚至是物质，不仅失去了无穷的魅力，更失去了深邃的精神意蕴。自然的“去魅”，在人类对自然的“解剖”中，潜伏着人类不自知的骄傲、狂妄、狭隘、偏执。在人类思想的发展中，尤其是随着近代科学理性的发展，“自然”逐渐被封闭、被肢解、被窄化了。

（二）自然教育

在理解自然教育时，我们需要首先厘清自然教育和自然主义教育两种与之相似的表述。关于自然主义教育，有研究者认为，自然主义教育思想核心是人的自然发展和教育问题，其主要特征是依据人的自然本性全面论述教育的过程，以揭示人的发展和教育活动的本质，为人的发展和教育创造有利条件。一般来说，研究界将自然主义教育看作一种思想观念或是历史思潮。称之为“主义”，是对自然教育的一种概括，使之与其他“主义”平行于教育思想史的空间。自然教育接续自然主义教育，也吸收自然主义教育的营养，然而并不是对自然主义教育的历史探讨，而是站在教育理论的哲学维度，通过对自然的理解与追溯，以寻求作为教育信念与情怀的自然教育。如果将自然教育中的“自然”理解为自然界或自然环境，便窄化了自然教育，将自然等同于外在的环境，外在的自然便成了教育的目的。这里的自然教育则是以个体身上的自然为起点与目的而展开的教育。自然教育首先在个体身上看到“自然”，并以此为教育的逻辑起点。由此，教育打开一个新的方向。从前面对“自然”的追溯可以得知，遵从个体的自然与外在的自然之间有着一定的重叠性与契合性。在一个更为宽广的意蕴空间里，个体身上的自然与自然物都指向了原始的自然，作为道之运行的自然。自然物的存在指向更高的自然，同时个体的存在本身也指向更原始的自然。在动态的生的自然观中，一切源于自然。自然教育便是追溯自然的原始意蕴，在一种“大”自然观中去理解教育，围绕着个体，教育的方向发生转变。所以，自然教育并不止于自然环境教育，前者的意涵空间远远大于后者。通过追溯自然的内涵我们知道，原始的自然、个体身上的自然与外在的自然之间存在着“三位一体”的关系。原始的自然是一切之源，不仅具有超越性与神圣性，而且具有创生力。个体身上的自然与外在的自然皆“分有”原始自然。因此，个体的存在是神圣的，具有绝对的目的性，个体也具有生长力。个体身上的自然是教育的根基，自然教育发现了个体身上的自然。个体的生命源自自然，也只有在自然的原则下才能真正的绽放。由此，教育的一切围绕着此根基而展开。将教育放在一个更为庞大、深远和整合的自然系统中，将教师、文化也看作自然的一部分。教师、自然、文化由于个体身上的自然而共同打开了一个崭新的场，从而生成了新的教育，即自然教育。

二、体味：生命的自然答案

每个人的生命都很可贵。自从150亿年以前的一次大爆炸，才有了今天的宇宙。经过了这150多亿年，到了现在，你、我、他才出现，没有任何一个人是一个数字、一个符号。每一个人都是独一无二的，没有任何人可以替代你。而水，是生命的源泉，它孕育了万物，维系着地球上的生命。生命离不开水，水是生命的基础。人体超过60%的成分是水，水参与了人体的新陈代谢、体温调节、营养物质运输等生命活动。“水质”的好坏直接关系到人类的健康和生命安全。让我们一起揭开生命的密码。

（一）水知道生命的答案

在古希腊哲学的曙光中，泰勒斯以他深邃的智慧提出了“水是万物的本原”这一观点，仿佛为人类对生命与世界的探索点亮了一盏明灯。水，这一看似平凡却又神秘的物质，与生命之间存在着千丝万缕的联系，从古至今，始终是人类思考生命奥秘的关键线索。

在地球漫长的历史中，生命的起源之谜至今仍吸引着无数科学家去探寻答案，而水始终是其中不可或缺的重要因素。远古的海洋，那浩瀚无垠的蓝色水域，为生命的孕育提供了独特的环境。在水中，各种简单的有机物得以相互碰撞、结合，经过漫长岁月的演变，逐渐形成了复杂的生命分子，最终孕育出了最早的生命形式——单细胞生物。这些微小的生命体在水中开启了生命的历史篇章，从海洋到陆地，生命不断演化、繁衍，而水始终伴随着生命的每一步发展。无论深海中的珊瑚礁，还是陆地上的森林草原，水都是生命得以存活的基础，它为生命提供了必要的生存空间和物质交换的媒介。

人体的构成中，水占据了极大的比例，占体重的60%~70%。在细胞内，水是各种生物化学反应的舞台，细胞内的营养物质运输、代谢废物的排出，都离不开水的参与。血液，这生命的河流，其主要成分也是水，它在血管中奔流不息，将氧气和营养物质输送到身体的每一个角落，同时将二氧化碳和废物带走。水的流动，维持了人体内环境的稳定，调节着体温、酸碱平衡等诸多生理功能。当人体缺水时，生命活动会受到严重影响，甚至危及生命。植物同样依赖水来维持生长，水是植物光合作用的原料之一，通过根系吸收水分，植物才能将二氧化碳转化为有机物，释放出氧气，为地球上的生命提供源源不断的能量和氧气。可以说，没有水，生命的一切活动都将无从谈起。

不同的水域环境孕育出了丰富多样的生命形态。淡水湖泊中，有着各种鱼类、水生植物和微生物，它们相互依存，形成了独特的生态系统；河流奔腾不息，河岸两侧的湿地为众多鸟类和两栖动物提供了栖息地，它们在河流的滋养下繁衍生息；海洋更是生命多样性的宝库，从浅海的珊瑚礁生态系统，到深海的黑暗世界，无数奇特的生物在其中生存，它们适应了不同的水温、盐度、压力等环境因素，展现出生命惊人的适应能力和多样性。水的流动性也促进了物种的传播和基因的交流，河流的流向、海洋的洋流，都使得生命在广阔的地域间得以扩散和演化，进一步丰富了生命的多样性。

日本科学家江本胜博士的科学实验“水知道答案”向世人展示了一项独一无二的科学观察：水能听，水能看，水知道生命的答案！水有灵性，万物皆有灵性。天地与我同根，万物与我一体。证明了古人所说的“相由心生、境随心转”这八个字的内涵。“水知道答案”的数百万次实验证明：人的意念能够改变物质，唯物论并不科学。因为宇宙的能量是贯通的，宇宙是全息对应的，它和两千多年前中国的老子所讲完全一样：“人法地，地法天，天法道，道法自然”。

享誉世界的日本科学家江本胜，10 多年来所做的几百万次的水实验，震撼了全世界，他们的实验成果被翻译成许多种语言，在全世界 70 多个国家出版发行，中文版图书的名字叫《水知道答案》。江本胜还被邀请到联合国做专题汇报，主题就是世间万物都是可以沟通的，人类的想法决定着周围的环境，人类心里的念头，包括说出来的话和写出来的文字，会对水产生意想不到的影响。

这些实验不仅说明水具有感知能力，扩大实验对象后，人们发现树木、米饭等物质也都有感知能力。量子物理学家进一步从理论物理的角度论证了万事万物都有类似的感受功能，正如古人所说的“人心生一念，天地尽皆知”“你善它就善，你恶它就恶”。

江本胜团队所做的这些实验既有意思又着实令人震惊，自然界的一切的确是一个整体，根本无法分开，你的心好了，它们也就好了，你的心坏了，它们也就坏了。善的能量能让你周围的一切更美好，恶的能量能毁灭掉你周围的一切。万物有灵的意思是世间万物都是活的，都有灵性，山河大地、草木鱼虫，没有一样不与人的内心息息相通、息息相关。

然而，在现代社会，水与生命的关系面临着诸多挑战。随着工业化和城市化的快速发展，水资源的污染问题日益严重。工业废水、生活污水未经处理直接排放，使得许多河流、湖泊和海洋受到污染，水生生物的生存环境遭到破坏，许多物种面临灭绝的危险。此外，全球气候变化导致的降水分布不均、冰川融化等问题，也对水资源的可持续利用构成了威胁。缺水地区的人们面临着生存困境，农作物因干旱而减产，生态系统因缺水而失去平衡。人类对水资源的过度开发和不合理利用，也在不断消耗着地球的水资源储备，长此以往，生命赖以生存的水环境将不复存在。

（二）植物知道生命的答案

表面上看，植物不会运动、不会说话。但科学家研究认为，植物对周围的视觉、气味、触碰甚至过去的经历都有意识，能“看到”“闻到”“尝到”“听到”“记住”，只是不为人知罢了。从这个角度说，植物在地球上已生存了32亿年历史，远远长于人类的进化文明史。我们的生存完全依赖植物。我们住在用森林木材建造的房屋里，醒来喝着咖啡豆烹制的咖啡，穿上由棉花制成的T恤衫，在用桉树制造的纸上打印报告，出行汽车的轮胎由橡胶制作，使用的燃料则是汽油，也是由亿万年前死去的苏铁植物转变而成的。从植物中提取的化学物质可以退热（阿司匹林）或治疗癌症（紫杉醇）。小麦引发了一个时代的结束和另一个时代的开始，而其貌不扬的马铃薯引发了大规模移民。而且，植物一直在激发我们的情绪，让我们吃惊：硕大的巨杉是地球上最大的单一生物体，一些藻类却跻身最小的生物之列，而玫瑰毫无疑问能让所有人微笑。

在中国传统文化中，植物不仅是自然的一部分，更是生命哲学和文化精神的重要载体。从《诗经》中的“桃之夭夭，灼灼其华”到《楚辞》中的“兰芷变而不芳兮，荃蕙化而为茅”，从唐诗宋词到明清小说，植物成为表达情感和哲理的重要工具。这些文学作品不仅描绘了植物的自然之美，更通过植物传达了对生命、对自然的深刻感悟。

在中国传统文化中，许多植物被赋予了丰富的象征意义，成为表达情感和哲理的重要符号。例如，松树象征着坚韧不拔和长寿，梅花象征着高洁与坚韧，竹子象征着虚怀若谷和高风亮节，兰花象征着高雅与幽静。这些植物不仅在自然中生长，更在文化中“生长”，成为人们精神世界的寄托。如“岁寒三友”（松、竹、梅）常被用来象征君子的品德，即使在严寒中也能保持高洁。

植物蕴含着深刻的生命教育理念。植物的生长过程象征着生命的历程，从萌芽到凋零，从繁盛到衰败，植物的生命历程启示人们要敬畏自然、感恩生命。例如，莲花“出淤泥而不染”的品质，象征着生命的纯洁与坚韧，激励人们在困境中保持高尚的品德。这种以植物为媒介的生命教育，不仅关注个体生命的成长，更强调生命的伦理和社会价值。

在民间文化中，植物常常被赋予神秘的色彩和特殊的意义。例如，民间婚礼中常以红枣、花生、桂圆、莲子等寓意“早生贵子”，松树则常被用来象征长寿。这些植物不仅在日常生活中被广泛应用，更在民间信仰中占据重要地位，成为人们与自然沟通的桥梁。

中国传统文化中的“天人合一”思想，强调人与自然的和谐共生，植物在其中扮演了重要角色。植物的生长与变化象征着生命的自然规律，提醒人们要顺应自然、尊重生命。例如，庄子在《逍遥游》中提到“大椿以八千岁为春，八千岁为秋”，以植物的长寿来比喻生命的永恒。植物与生命的紧密联系，不仅体现在文学创作、民间信仰和哲学思想中，更体现在人们对自然的敬畏和对生命的感悟中。通过植物，古人传达了对生命的尊重、对自然的感恩，以及对和谐共生的追求。这种以植物为媒介的文化传承，不仅丰富了中华文化的内涵，也为现代人提供了关于生命和自然的深刻启示。

西方人很早就发现，白柳的树皮制剂可以镇痛、退热，在古希腊医学家希波克拉底、古罗马博物学家老普林尼和医学家盖伦的著作中都有相关记载。尽管很多西方传统草药的药效后来都经不起基于概率论和数理统计的现代药效检验原则的检验，但白柳却的确是少数几种疗效显著的草药之一。也正因为如此，早在 19 世纪，欧洲的药学家就成功地从白柳树皮中提取出了其中镇痛退热的有效成分——水杨苷。它由一分子葡萄糖和一分子水杨酸组成，水解之后就可以放出游离的水杨酸，具有镇痛退热的效果，而且可以用煤焦油之类原料进行大规模人工合成。然而，水杨酸对消化道的刺激太大，不适合口服，德国拜耳公司的化学家就对它的分子做了改造，接上一个乙酰基团，成为乙酰水杨酸。拜耳公司为这个化合物另外起名为“阿司匹林”（Aspirin），世界药物史上最著名、最辉煌的药物名称之一就这样问世了。今天，在镇痛和退热方面虽然已经有了更好、副作用更小的新药，但阿司匹林却因为还具备其他多方面的药效而继续在全世界大规模生产和服用。

从红豆杉树皮和枝叶中提取的紫杉醇，是国际上公认的防癌抗癌的药剂，紫杉醇用于治疗晚期乳腺癌、肺癌、卵巢癌及头颈部癌、软组织癌和消化道癌。红豆杉枝叶用于治疗白血病、糖尿病、肾炎、糖肾炎浮肿、小便不利、淋病及多囊性肾病，具有利尿消肿、温肾通经、治疗月经不调、产后瘀血、痛经、利尿等功效。红豆杉不仅可以吸收一氧化碳、二氧化硫、尼古丁、甲醛等有毒物质，而且由于其枝条和叶片表面粗糙、分泌物丰富，还可有效过滤空气中的细小颗粒物，降低 PM2. 5 浓度。

红豆杉在园林绿化、室内盆景方面也具有十分广阔的发展前景，如利用珍稀红豆杉树制作的高档盆景，在北京、上海、深圳等地卖到 30 万元/盆，成为城市绿化和家居美化新贵，被人们形象地称为珍贵的“摇钱树”。

据报道，在美国西部的一片原始红豆杉林林边有一个村庄有 100 多户人家。村里过世的老人最年轻的是 95 岁。全村人有个习惯，喜欢到红豆杉林中去做“森林浴”——散步、跳舞等。全村没有人患过癌症、糖尿病和高血压，是美国人均寿命最高的地方。

可见，在中西方，植物不仅是自然的一部分，更是承载着深厚文化内涵和象征意义的重要元素。它们不仅美化了环境，提供了物质资源，还成为人们情感寄托、道德寓意和哲学思考的重要载体。

（三）食物知道生命的答案

只有包含生命的，才能称作食物。在德文里，“食物”一词“Lebensmittdel”的字面意思就是“生命的媒介”，意思就是说：人透过吃所获取到的东西就是生命。生命是一种力量的特殊形式，只能与某些特定的物质联结在一起。食物真正重要的不是物质中含有多少卡路里，而是当中含有的生命。

生命来自太阳光，生命就是转化过的光。我们所要面对的，是影响整体生命的长期效应。生命本身就是一种力量，而且只在有限的一段时间内才与物质联结。列维-斯特劳斯在他的《生与熟》当中告诉我们，世界上大部分的文明都持有类似的观点，即烹饪是“建立起人兽之隔的具有象征性意义的活动”。对列维-斯特劳斯来说，烹饪隐喻着人类从茹毛饮血到文明开化的转变。但是自《生与熟》出版以来，越来越多的人类学家开始认真地对待这一观点，他们认为烹饪也许真的就是进化过程中开启人类文明大门的那把钥匙。烹饪为我们的先祖们提供了能量更高、更易消化的食物，让他们的大脑能够进化得更大（大脑可是有名的高能耗器官），而肠道开始缩小。

烹饪，究其结果也算是咀嚼和消化的一部分，借助外力在体外完成。此外，烹饪可以解除多种潜在食物源的毒性，因此新的烹饪技巧还为我们开启了其他生物完全不能使用的卡路里宝库。人们再也不需要寻觅大量生食然后（反复）咀嚼，因此可以把他们的宝贵时间和代谢资源用于其他目的，例如创造文化。

烹饪不仅为我们提供了美食，也为一些重大场合创造了条件——在特定的时间和地点一起进餐。无论饭桌是圆是方，是大是小，面对饭桌上的食物是每个人的日常，却又肯定超出了食物本身。但是即使是家常便饭，当中那些眼神的交流、食物的分享、自我行为的约束，点点滴滴都让我们变得文明开化。“民以食为天”，饮食文化是中国文化的重要组成部分，它不仅反映了人民的生活方式和价值观念，也是中华民族的重要文化遗产之一。

《舌尖上的中国》是中国中央电视台推出的美食类纪录片，该片以食物为线索，介绍了中国各地的美食生态，将中国各地不同的地理气候、风俗礼仪、生活状态等一路铺开，全方位展示博大精深的中华美食文化。每一集从画面，到解说，到最后的落点，都体现出了中国深厚的美食文化。家是生命开始的地方。在同一屋檐下，我们生火、做饭，用食物凝聚家庭、慰藉家人。平淡无奇的锅碗瓢盆里，盛满了中国式的人生，更折射出中国式的伦理，人们成长、相爱、别离、团聚，家常美味也是人生百味。

桌椅出现之前，中国人吃饭是分食制，经过了 1400 多年，才开始围桌合餐。尽管是最普通的家常饭菜，也要讲究落座的顺序和朝向，这是传统中国长幼尊卑的秩序。无论天南海北，只要属于家庭的重要时刻，中国人都会团聚在餐桌周围，感受着血缘亲情的凝聚和抱团求生的力量，这也是一个家族生生不息的奥秘。

迈克尔·波伦在他的著作《烹》中探究了如何运用火、水、气、土这四个经典元素，把自然界的生鲜食材转变成餐桌上可口的食物，同时从社会分工、人际关系、族群凝聚力等方面来谈论烹饪在人类文明中扮演的角色。与其他介绍美食文化的书籍不同，《烹》根据烹饪方法——火、水、空气、土（发酵）分为四大部分，分别介绍了烤肉、汤锅、面包和发酵食物。本书并非专注于烹饪技法，也非集中探讨世界上某种烹饪文化，而是从更广泛的角度来探讨人类历史上烹饪的形成及现代社会烹饪文化的走向，有助于理解生命、自然与文明相辅相成的关系。

作者不仅仅专注于学习厨艺的过程，也在穿插中探讨了烹饪文化在近些年的变化。无论在美国还是在中国，烹饪文化都发生了极大的变化，亲自下厨的人越来越少，大家更热衷于吃快餐或者是现成的食品。从前的人想吃菜，就必须得自己种菜，自己收菜，自己炒菜，而现在还有谁会这样？在《烹》的“水”篇中，波伦一开始就回忆了他擅长做菜的母亲和母亲用来做炖菜的绿色砂锅。对他来说，用水烹饪就代表着一家人齐聚一堂，其乐融融。很大一部分中国人也有相似的记忆，一家人坐在一起，围着汤盆或者汤锅，分享同一种食物，聊天说笑。尤其是过年时的寒冬，带着浓浓爱意的一碗热汤会让整个人都暖和起来。

今天，当越来越多加工成型的包装食物呈现在消费者面前的时候，食物与自然、人类劳作的关系变得难以想象。食物变成了一种抽象概念，即使厂商诚实标记也不知何许的化学成分。

在社会的发展过程中，我们和自然的关系逐渐疏离。自然从母亲的形象逐渐沦为需要特殊保护的景观，人类对她的热爱不再自然而然。社会的进步过程，也无意间促成了疏远自然的过程。

在现代文明中，职业分工早已形成行业来支撑我们的生活。但职业分工也吞噬了我们对于食物的想象力。食物的采摘过程不再可视化，使我们忘记了在种植与收获的过程中人和土地的亲近。

三、探寻：自然教育的奥秘

在这个数字化时代，孩子们的生活被屏幕和虚拟世界所包围，他们越来越少地有机会亲身体验大自然的奇妙。理查德·洛夫在《林间最后的小孩》中提出了“大自然缺失症”，即人类因疏远自然而产生的各种表现，如感觉迟钝、注意力不集中、生理和心理疾病的高发等，这一现象引起了全球对个体与自然关系的关注。自然不仅能够提供无尽的乐趣，更是孩子们身心发展的重要源泉。为了回应这一挑战，我们更应该帮助孩子们重新连接自然，让他们在探索中学习和成长。

（一）藤幼儿园：与自然共生

日本藤幼儿园，由享有盛名的加藤积一和加藤久美子夫妇创办，一经落成便吸引了全世界的目光，并被经济合作与发展组织（OECD）评为世界上最优秀的教育建筑。这个奇异建筑无墙壁、无阻隔、无界限，让孩子们在“嘈杂”的环境中专心上课，在“甜甜圈”房顶上自由奔跑，在百年大树下尽情嬉戏……不论在幼儿园建筑设计、幼儿园管理、师生互动环节的设计、对现代生活与文化传承的思考、对个体的需要、对现代生活的预备等方面，都跳出了传统幼儿园的框架。

我们需要回顾一下蒙台梭利教育理念的主要特点。一是以个体为本：为孩子打造一个以他们为中心，让他们可以独立“做自己”的“个体世界”。二是提供充分的教具：孩子是靠感官来学习的，幼儿园提供给孩子的良好刺激愈多就愈能激发其内在潜能。蒙台梭利为孩子设计丰富的教材教具（包括自然的、人文的），以诱发孩子自我学习的乐趣。三是不“教”的教育：反对传统以教师为中心的填鸭式教育，主张提供“有准备的学习环境”，让个体在环境中主动去接触、探索、研究，形成智慧。四是把握敏感期的学习：0—6岁的个体，在不同的成长阶段，会出现对不同事物的偏好，也就是所谓的“个体敏感期”。蒙台梭利强调针对个体不同的“敏感期”，给予孩子恰当的引导。五是教师为辅：教师必须放弃传统的自以为是的教育方式，从旁适时地给予个体协助与引导，让个体成为教育的主体，使他们开动脑筋、挖掘潜力。

蒙台梭利教育以个体为主，培养个体健全人格，有着完整的教学体系。那么，“藤”到底是怎样的一个教育环境呢？有别于其他幼儿园该有的方方正正的样子，藤幼儿园将校舍设计成了超现代的椭圆形。其设计出自设计过“优衣库”和“7—11”的著名设计师手冢贵晴。手冢贵晴认为，人类对于圆是有执念的。有孩子的家长都应该知道，小朋友更喜欢绕着圈圈跑，而圆形的设计可以完全激发小孩子骨子中奔跑的天性。

不知道从何时开始，孩子不能受伤成为考核幼儿园的一项硬性标准。因为孩子被一个积木所伤，就禁止所有幼儿园都使用木制玩具；因为孩子在操场奔跑受伤，就要求孩子课间不许出教室。但安全与风险本就不是站在对立面的两个概念。藤幼儿园就是反其道而行之的典例，有意设计一些有风险的场景。天窗是金属的，没有经过打磨成安全圆润的边角。院长加藤积一认为，只要告诉孩子碰上去会很疼，孩子就会自己注意，细品之下，不无道理。幼儿园中间的空地不是塑胶跑道，而是特意设立了几个地势不平的小土包，孩子就算摔倒受点伤也没关系，下次他们就会记住在不平整的地面上奔跑时一定要注意安全，别再摔倒。人类不就是在一次又一次的跌倒受伤中吸取教训，不断进化，最终才站上了食物链的最尖端吗？

当孩子们在尘土中玩闹之余，一定会洗一下自己脏兮兮的小手。园中随处可见的水池，没有感应水龙头，高高的水龙头下也没有遮挡的水槽，持续流淌的水会将泥点溅到小朋友的衣服鞋子上，他们会下意识地关紧水龙头，节约水资源。

幼儿园建有自己的农场，孩子会与老师共同种植蔬菜，享受着丰收带给自己的喜悦。园长加藤认为饮食是孩子感受世界的重要方式。幼儿园的午餐涵盖了多国、多文化的料理。单单主食大米就包含了日本能买到的所有种类。甚至会将 300 年前的日本料理带上餐桌，让孩子去体验。

其实早在 1984 年日本文部省就决定，在中小学实行并推进“自然教室”的活动，要求每个学生在每个学期都要过一个星期左右的自然教室生活。自然教室生活，即组织学生在自然环境中过有规律的集体住宿生活，获得平时在学校生活中无法得到的某种体验。通常一年组织四次活动，第一次是每年 5 月 5 日至 6 日，让孩子们到农村去翻地、播种，到森林里去采集野菜。第二次是 7 月 26 日至 30 日，在家庭的配合下，让学生做单独旅行，到达目的地后，集体野营，登山，到田间拔草，观察农作物的生长情况。第三次是 10 月 13 日至 14 日，让学生去收获农作物，采集能吃的野生植物。第四次是 2 月 9 日至 11 日，把学生集中到自然俱乐部，让学生观察兔子和小鹿留在雪地上的足迹、动物的粪便等。

（二）朱赢椿：自然蕴含一切生命问题的答案

朱赢椿是南京师范大学教师、南京著名图书设计师。其设计的作品不仅多次获得“世界最美的书”“中国最美的书”等奖项，还曾在德国、英国、捷克、韩国等国家巡回展出。代表作有《不裁》《虫子旁》《虫子书》《设计诗》《便形鸟》《蜗牛慢吞吞》等。

“在我们中国人的餐桌上，除了红烧肉，最常见的一道菜就是豆腐了。当大家吃完油腻腻的肥肉后，换个清淡的口味尝尝也是挺好的。这个念头就这样冒出来了，‘我要做一本豆腐’，而且就得是豆腐的样子。”在朱赢椿看来，今天的人们，饮食面临着更多选择，这个时候，食物所承载的乡愁在慢慢变淡，正需要一种别开生面的形式，唤醒中国人寄托在豆腐上的文化基因与情感密码。

从《肥肉》到《豆腐》，这一等就是 8 年。“还是做豆腐最安全，做硬了是豆腐干，做稀了是豆腐脑，做薄了是豆腐皮，做没了是豆浆，放臭了是臭豆腐！”作为中国人的传统食物，豆腐配合各种烹饪工艺，更是呈现出千变万化的佳肴。“它已经不只是一种简单的食物，更是一个代表了历史、饮食、文化的精神符号。”朱赢椿表示，对他自己而言，白菜炖豆腐这道菜，则是味蕾深处非常强烈的记忆。

细节之处尽显书籍之美，这也使得这本“豆腐”书显得好玩、好看，又好“吃”。

正如朱赢椿所说："书装设计的灵魂在于自然而然，像不动声色地从书里长出来一样。"在他看来，"无风格"才是最独特的风格。书的设计是整体的，字体、字号、行距、字距、墨色、纸张的舒适度等，都体现了这本书的气质。

《豆腐》是朱赢椿践行本真设计的一次回归。据介绍，为了达到以假乱真的效果，他特意买来豆腐进行拍照、观察和比对，并将制作豆腐使用的纱布纹理扫描到电脑里，用作封面底纹；为了还原豆腐表面细微的凹凸不平的颗粒感，他还进行了多次试验，最终选择了浮雕工艺；字体则选用普通的楷体，既柔和又质朴，看不出有任何装饰。

朱赢椿的另一本书——《虫子书》被大英图书馆永久收藏，虫子画缘起于一次偶然。有一天，朱赢椿在自己的院子里写生，一只小虫子跳到了他未干的纸墨上，小虫子翻滚爬行留下了一幅抽象的水墨画。为了邀请更多的虫子来画画，他还调制了特别的"墨汁"，是用桑葚、山竹等深颜色的果汁捣成的一种颜料，这样既不会伤害小虫子，还能让它们边吃边爬。

朱赢椿尤其偏爱天牛的绘画风格，认为天牛运笔的最后一抹飞白是点睛之笔，于是他固执地称天牛为大师"牛宾虹"。在虫念展现场，展示着天牛与朱肩丽叩甲的原作，细看还能辨析出纸墨上不经意的厚重感。

虫子们无序偶然的脚印让他着迷，在这过程中他基本不干涉虫子们的行为，只静静地等待，任由虫子们留下生命中每个当下的时刻。

蚂蚁也许是朱赢椿最喜欢的虫子邻居，他曾经为一只蚂蚁绘画著书，宛如传记一样记录了一只微小蚂蚁波澜壮阔的一生。这个方寸之间的小箱子里生活着一个生态世界，里面住着蚁后、工蚁及刚刚出生的蚂蚁宝宝，它们的生活井井有条，有粮仓有水源还有盛放垃圾的地方。

外出取食的小蚂蚁，游走在留白的纸页之上，与书籍中的蚂蚁形成了呼应。如果你想看清一只小蚂蚁的生活，请你慢慢地、轻轻地俯下身来，把自己放低，仿佛化身成为游走在书页上的那只小蚂蚁。

[聚焦提升]

在当今时代，自然与生命本身都已成为信息的制造者与操纵者。基因学的突破让科学家能够跨越物种界限，实现不同生物的融合；而生物、动物与人类，甚至人类与机器的整合也变得愈发可能。启蒙运动曾梦想着通过科学、技术与资本的结合，使人类成为自然的主宰。这一梦想在历史上曾带来无与伦比的成就，为大多数人提供了前所未有的舒适、奢侈与安全。然而，这种对自然的技术性主导和对利益的追逐，也带来了诸多灾难性的后果：生态破坏、贫困、绝望，以及地球上一半人口面临的人类不安全状况，还有全球核毁灭的潜在威胁。工业化带来的人为全球变暖和强制性迁移，给自然带来了巨大变革。人口的快速增长也对生态稳定性造成了重大影响，这使得自然不再是一个与人类分离的独立存在。

学校本应成为未来公民学习如何与自然和谐相处的场所，如今却与人类社会紧密结合在一起。然而，在当前形势下，职业化导向的学校通过所谓的 STEM 课程（科学、技术、工程和数学），将学习与这些技术学科的社会意义割裂开来，对技术的无约束使用仍在继续恶化环境，同时牺牲了真正的科学知识和公众利益。这种将个体生命融入宇宙大化的自然主义教育理想，既是对工具理性教育的超越，也为构建具有中国特色的教育制度提供了范式。在人类文明面临深刻转折的今天，重新思考自然主义教育智慧，不仅关乎教育本质的重构，更是对生命存在意义的根本追问。

[自主思考]

党的二十大报告指出，尊重自然、顺应自然、保护自然，是全面建设社会主义现代化国家的内在要求。必须牢固树立和践行绿水青山就是金山银山的理念，站在人与自然和谐共生的高度谋划发展。自然教育是我国青少年素质教育中的重要一环。认识自然、爱护自然，以及培养人与自然和谐共生的理念是青少年自然教育的出发点和落脚点，也是国家大力推动自然教育的初衷。开展青少年自然教育，让青少年走进森林、湿地、草原等自然生态系统，可以培养青少年地球命运共同体观念。思考学校教育如何将自然教育融入校园各个角落，激发学生对美好事物的探索欲和成长内驱力，促进学生全面和谐可持续发展。

[课外拓展]

1. 洛夫. 林间最后的小孩：拯救自然缺失症儿童［M］. 自然之友，王西敏，译. 北京：中国发展出版社，2014.

2. 杜威. 民主主义与教育［M］. 王承绪，译. 北京：人民教育出版社，1990.

3. 方东美著，李溪编. 生生之美［M］. 北京：北京大学出版社，2009.

第四篇

扩展生命

步入第四篇的璀璨殿堂，我们踏入了一个由音乐、舞蹈、绘本、美术与影视编织而成的梦幻世界。这些艺术形式如同五彩斑斓之翼，不仅装饰了我们的日常生活，而且深刻地扩展了我们的精神边界与生命体验。

音乐以其独特的旋律与节奏，触动心灵的深处，引领我们跨越时空的界限，感受情感的共鸣；舞蹈则是身体的语言，通过优雅或狂野的姿态，表达生命的激情与力量；绘本与美术，则以静谧的画面，激发想象，启迪智慧，让我们在色彩的海洋中遨游，寻找灵感与创造力；而影视像一扇窗口，展现不同文化的碰撞与融合，让我们在光影交错间，体验百态人生，领悟生命的多样与复杂。

在这一篇章中，艺术成为我们扩展生命的钥匙，它让我们得以超越现实的束缚，探索灵魂的更广阔天地，感受生命无限的魅力与可能。

专题十二

音乐与生命教育

如果把各种优美的音调融合在一起，就能使各种莫名其妙的妒忌、行为等缺点转化为美德。

——毕达哥拉斯

[专题导语]

作为人类文明的瑰宝，音乐早已超越了单纯的艺术形式，成为表达情感、交流思想的重要媒介。自古以来，音乐便以其独特的魅力，深深影响着人类社会的发展。从古希腊的抒情诗歌到中国的古琴曲，音乐不仅是艺术的呈现，还是文化传承的重要载体。

音乐是生命的良师益友，它不仅丰富了我们的生活，还在教育中发挥着重要作用。通过音乐教育，可以培养学生的艺术素养、情感管理能力、社会技能和道德观念。另外，通过本专题的学习，我们希望能激发大家对音乐与生命教育的深入思考，推动音乐教育在现代社会中的广泛应用，让每个人都能在音乐的陪伴下享受更加丰富和充实的人生。

生命教育是一个相对广泛的概念，它不仅包含对生命本身的认识和尊重，还包含着对个体成长、社会关系和精神追求的全面关注。音乐作为生命教育的重要主题，能够以其独特方式促进生命个体的情感、社会交往能力及创造力的发展。本专题内容旨在探讨音乐如何与生命教育相结合，通过音乐的力量激发个人的内在潜能，促进身心健康，塑造健全人格。我们希望通过对音乐教育的深入研究和实际案例的分析，为教育工作者、家长和学生提供有益的启示和指导，让音乐成为每个人生命中不可或缺的一部分。

[情境体验]

在我们的生活中，音乐是我们的精神食粮，有些音乐让你欢乐和喜悦，有些音乐让你平静与安宁。在你的生命中，有没有一段动人的旋律在某一个瞬间治愈或影响过你呢？请试着将自己与音乐的故事分享出来，让我们一起跨越时空的界限，寻找那些触动心灵的音乐，并将它们化为美好的回忆。

[理论学习]

一、音乐与生命的奇妙交响

在人类浩如烟海的历史长河中，音乐宛如一条奔腾不息的河流，贯穿了各个时代的文明。它不仅仅是一种艺术表达形式，更与生命紧密相连，宛如灵魂的低语，奏响了一曲曲震撼人心的交响乐。

（一）音乐的时光之河

音乐是何时出现的？又是如何演变成现今的各种风格的？音乐的起源，犹如隐匿在远古迷雾中的神秘传说，虽难以确切考证，但种种迹象表明，它在人类诞生之初便已悄然萌芽。原始社会，人们在劳作中发出的有节奏的呼喊，或许是音乐最质朴的雏形。为了庆祝狩猎成功、祈求丰收，他们围绕篝火，击打着兽骨、石块，哼唱着简单却充满力量的曲调，那声音中饱含着对生活的热爱与对未知的敬畏。

渐渐地，随着时间的推移，音乐在不同地域生根发芽，绽放出独特的花朵。在古埃及，音乐与宗教仪式紧密相连，庄严的圣歌回荡在神庙的长廊，寄托着人们对神灵的虔诚与祈愿。古希腊人则赋予音乐崇高的地位，认为它是宇宙和谐的象征，毕达哥拉斯则发现了音乐与数学的奇妙联系，为音乐理论奠定了基础。在中国，古老的编钟奏响了中华大地的旋律，从宫廷雅乐到民间小调，音乐记录着朝代的更迭、百姓的悲欢。

在中世纪的欧洲，宗教音乐占据主导地位。而在中国，唐朝的音乐发展到了空前的高度，宫廷燕乐融合了各民族的音乐特色，呈现出一派繁荣昌盛的景象。随着城市的兴起，世俗音乐逐渐崭露头角，吟游诗人在街头巷尾传唱着爱情与冒险的故事，为平凡生活增添了一抹浪漫色彩。

到了近代，工业革命带来了社会的巨大变革，音乐也迎来了前所未有的发展。从古典主义到浪漫主义，从贝多芬的激昂交响曲到肖邦的抒情钢琴曲，音乐家用音乐抒发着内心的情感，展现着时代的精神风貌。20 世纪以来，科技的飞速发展更是为音乐插上了翅膀，流行音乐席卷全球，摇滚乐、爵士乐、电子乐等各种风格的音乐如雨后春笋般涌现，满足了不同人群的音乐需求。

（二）音乐的历史天空与璀璨画卷

在音乐的历史天空中，繁星闪烁，众多伟大的音乐家犹如璀璨星辰，照亮了音乐发展的道路。在古典音乐的殿堂里，巴赫无疑是一座巍峨的丰碑，他生活在 17—18 世纪的德国，一生创作了大量不朽的作品，其中《平均律钢琴曲集》被认为是音乐史上的“旧约”，其复杂而精致的复调结构，展现了巴赫独特的音乐才华。他的音乐朴素而庄严，充满了对神的赞美和敬畏，每一个音符都仿佛在与神灵对话。继巴赫之后，出现了一位音乐奇才——莫扎特。他从小就有惊人的钢琴演奏水平和非凡的音乐创作能力，莫扎特以其卓越的才华和灵活的创造力，在短暂的一生中留下了无数的经典作品，如歌剧《费加罗的婚礼》《礼仪》《唐璜》等。这些作品将音乐与戏剧完美结合，人物形象生动，旋律优美。莫扎特在面对现实生活时通常充满了阳光和欢乐，即使在困难时期，也能写出像《第一交响曲》这样充满希望的乐章，激昂的旋律完美地诠释了他对生活的热爱和不屈不挠的精神。

相比之下，音乐史上的巨人贝多芬的一生充满坎坷和挑战。双耳失聪的沉重打击并没有让他屈服，反而激励他变得更加坚强。他的九部交响曲如同一座座巍峨的山峰，展现了人类精神的伟大与崇高：《第三交响曲“英雄”》打破了传统交响曲的格局，以宏大的气势歌颂了英雄主义精神；《第五交响曲“命运”》中那震撼人心的“命运敲门声”，激励着无数人在困境中奋勇前行；《第九交响曲“合唱”》更是将人声引入交响曲，以磅礴的气势表达了对人类团结、友爱的美好向往。

在古典主义时期之后的浪漫主义初期，音乐家肖邦用钢琴表达了对他的祖国的热爱和思念。他的玛祖卡舞曲和波兰舞曲充满了浓郁的波兰民族风情，每一个音符都体现了他与祖国的深厚渊源。同时期的匈牙利钢琴大师李斯特，凭借其出色的钢琴演奏和充满激情的创作风格，成为浪漫主义音乐的代表人物之一。他的《钟声》以其精湛的技巧和优美的旋律成为钢琴曲目中的经典。

印度音乐有着独特的音阶和节奏体系，充满了神秘的东方韵味。那悠扬的西塔琴演奏，仿佛能带领人穿越时空，领略古老印度的神秘魅力。非洲音乐则以其强烈的节奏感和丰富的打击乐器为特色，热情奔放的舞蹈与音乐相结合，展现出非洲人民对生活的热爱与活力。

（三）音乐艺术宝库的璀璨明珠

在音乐艺术宝库中，各类音乐体裁如一颗颗璀璨的明珠，闪烁着迷人的光芒。

交响曲作为音乐体裁中的王者，以其宏大的规模、丰富的表现力，展现了音乐的最高境界。一部完整的交响曲通常由四个乐章组成，每个乐章都有其独特的情感表达和音乐主题。从第一乐章的激昂奋进，到第二乐章的抒情沉思，再到第三乐章的诙谐幽默，最后到第四乐章的辉煌壮丽，交响曲带领听众经历一场跌宕起伏的情感之旅。像柴可夫斯基的《第六交响曲“悲怆”》，通过四个乐章的精彩演绎，深刻地表达了他对生活的悲观与绝望，以及在痛苦中挣扎的复杂情感。

协奏曲是独奏乐器与管弦乐队相互竞奏、相互配合的一种音乐体裁。在协奏曲中，独奏乐器如同一位主角，在乐队的烘托下展现出其高超的技巧和独特的魅力。小提琴协奏曲《梁祝》，以中国民间传说为蓝本，将西方交响乐与中国民族音乐元素完美融合。小提琴催人泪下的旋律生动地描绘了梁山伯与祝英台凄美动人的爱情故事，管弦乐队的磅礴动态则为整个故事增添了磅礴的气势。

奏鸣曲通常由三到四个乐章组成，注重音乐的逻辑性和戏剧性。钢琴奏鸣曲是最常见的奏鸣曲体裁，也是许多著名的奏鸣曲作曲家创作了大量优秀的钢琴奏鸣曲。比如莫扎特的钢琴奏鸣曲充满了清新活泼的风格，贝多芬的钢琴奏鸣曲则更有深度、有内涵，如《月光奏鸣曲》。

歌剧是一种综合了音乐、戏剧、舞蹈、表演艺术等多种元素的复杂艺术形式。它以歌唱为主要表现手段，通过精彩的表演情节和动人的音乐展现了深刻的人性和社会现实。威尔第的《茶花女》以其感人的情节和优美的音乐成为歌剧史上的一部分。女主人公维奥利塔的咏叹调《饮酒歌》旋律轻快流畅，充满欢乐的气氛，她临死前的咏叹调也充满了欢乐。

此外，还有室内乐、交响诗、组曲等多种音乐体裁。它们都有自己独特的魅力，共同构成了丰富的音乐艺术宝库。

（四）音乐与生命乐章的灵魂交织

音乐与生命宛如亲密无间的伙伴，相互交织，奏响了一曲曲震撼灵魂的乐章。

在人生的不同阶段，音乐都扮演着重要的角色。童年时，一首首欢快的儿歌陪伴我们成长，《两只老虎》《小星星》等简单的儿歌旋律，给我们带来了无尽的欢乐与温暖，让我们在音乐的世界里展开想象的翅膀。少年时期，流行音乐成为我们表达自我、释放情感的窗口。那些充满青春活力的歌曲，唱出了我们对梦想的追求、对爱情的懵懂和向往，与我们的成长经历紧密相连。

当我们遭遇挫折与困难时，音乐又如同一位忠实的朋友，给予我们力量与慰藉。贝多芬的《命运交响曲》那激昂的旋律仿佛在告诉我们，不要向命运低头，要勇敢地抗争。在黑暗的时刻，音乐能穿透心灵的阴霾，照亮我们前行的道路。而当我们沉浸在幸福与喜悦之中时，音乐更是能将这份情感无限放大。一场盛大的音乐会，一首与爱人共舞的浪漫舞曲，都能让我们感受到生命的美好与珍贵。

实际上，音乐不仅能够影响个人的情感与精神世界，还对社会有着深远的影响。在战争年代，音乐成为鼓舞士气、凝聚人心的有力武器。一首首激昂的军歌，激励着战士们奋勇杀敌，为国家和民族的尊严而战。在和平时期，音乐则是促进文化交流、增进民族理解的桥梁。不同国家和民族的音乐相互交流、融合，让人们能够领略到多元文化的魅力，促进了世界的和平与发展。

音乐与生命的奇妙交响，是一场永不停息的灵魂盛宴。从音乐的起源到现代的多元发展，从伟大音乐家的传世之作到各种音乐体裁的独特魅力，再到音乐与生命的紧密交织，我们见证了音乐的无穷力量。它不仅丰富了我们的精神世界，还让我们对生命有了更深刻的理解与感悟。让我们沉浸在音乐的海洋中，聆听这美妙的交响，感受生命的美好与奇迹。

二、音乐与生命的绚丽华章

在浩瀚无垠的音乐宇宙中，每一段旋律都是一颗独特的星辰，它们以各自的光芒照亮了人类情感与生命体验的广袤天空。贝多芬的《命运交响曲》、小约翰·施特劳斯的《蓝色多瑙河》及中国经典的《梁祝》，无疑是这片星空中最为耀眼的存在。它们不仅是音乐艺术的瑰宝，还如同一面面镜子，深刻映照出生命的多样色彩与丰富内涵。

（一）《命运交响曲》：生命璀璨之光的诠释

1. 创作背景：黑暗中的不屈抗争

贝多芬生活在一个动荡变革的时代，当时法国大革命的浪潮席卷欧洲，自由、平等、博爱的思想激荡着人们的心灵。然而，贝多芬的个人生活却充满了磨难。他在风华正茂之时，逐渐遭受耳疾的困扰，这对于一位音乐家来说，无疑是毁灭性的打击。但贝多芬并没有被命运的重击打倒，他凭借着顽强的意志和对音乐的执着追求，在痛苦与绝望中挣扎着，用音乐发出对命运的挑战与呐喊。《命运交响曲》正是在这样的背景下孕育而生，它凝聚了贝多芬对生命的深刻理解和对命运不屈的抗争精神。

2. 音乐结构与主题：命运与抗争的交织

《命运交响曲》全曲共分为四个乐章，每个乐章紧密相连，犹如一部波澜壮阔的史诗，生动地展现了人与命运搏斗的壮丽画面。

第一乐章以震撼人心的“命运敲门声”开场，简洁而有力的四个音符，如同命运无情的叩问，打破了寂静，瞬间抓住了听众的心。随后激昂的旋律如汹涌的潮水展现出一股豪迈、不可阻挡的力量。在这个乐章中，命运的主题与斗争的主题不谋而合。贝多芬用强烈的音乐对比来表现生命在命运的压迫下的挣扎和反抗。

第二乐章是抒情的慢板，旋律优美而深沉，充满了思念和对生活的向往。在这里，我们仿佛看到贝多芬在黑暗中寻找音乐的身影。为了寻找希望，他用温暖而充满爱意的话语表达了对生活的热爱和对未来的坚定信念。弦乐器的轻柔演奏和管乐器的兴奋，营造出一种既充满希望又略带忧郁的氛围，深刻反映了贝多芬内心复杂的情感。

第三乐章是谐谑曲，节奏明快，充满活力。音乐中欢快的音符仿佛是生活在困境中依然保持着乐观、幽默和积极的精神面貌。在这个乐章中，贝多芬巧妙地利用音乐节奏和强度的变化，营造出与前两乐章不同的轻松欢快的气氛，形成了鲜明的对比，仿佛黑暗中的一道闪光。

第四乐章是全曲的高潮，以宏大辉煌的节奏表现出胜利的喜悦。在激昂的圆号声中，整个乐队奏响了胜利的乐章，强烈的节奏和磅礴的气势让人兴奋不已。此时，命运的主题被彻底击败，取而代之的是充满光明和希望的胜利主题。这一乐章向世人宣告，凭借坚强的意志和不懈的努力，人类终将战胜命运，绽放生命璀璨的光芒。

3. 生命的启示：勇敢面对命运的挑战

《命运交响曲》不仅仅是一首钢琴曲，更是一种精神符号，激励着无数人在面对生活的磨难和挫折时勇敢地抬起头，与命运奋力抗争。每当我们听到激昂的旋律，就仿佛贝多芬不屈的灵魂在我们心中跳动。它告诉我们，命运可能会给我们带来痛苦和折磨，但只要我们有坚定的信念、顽强的意志和永不放弃的精神，就一定能够挣脱命运的束缚，绽放出自己人生的光辉。现实生活中，无论我们面对疾病的困难、事业的失败还是生活中的种种不如意，都可以从《命运交响曲》中汲取力量，勇敢地面对挑战，谱写属于自己的辉煌人生。

（二）《蓝色多瑙河》：生命梦幻色彩的诠释

1. 创作背景：对美好生活的向往

小约翰·施特劳斯生活在 19 世纪的奥地利，那是一个充满浪漫与艺术的地方。维也纳作为欧洲音乐之都，拥有浓郁的音乐氛围和丰富的文化生活。然而，当时的奥地利也面临着一些政治和经济问题，人们渴望在音乐中寻找慰藉和对美好生活的向往。在这样的背景下，《蓝色多瑙河》以其优美的旋律和浪漫的情怀，描绘了多瑙河的美丽风光和人们对美好生活的渴望，成为奥地利乃至世界音乐文化的经典。

2. 音乐结构与主题：梦幻与欢乐的交融

《蓝色多瑙河》是一首典型的圆舞曲，全曲由序曲、五首小圆舞曲和尾声组成。序曲中，小提琴轻柔地奏出缓慢流淌的旋律，仿佛多瑙河在晨光中慢慢苏醒，波光粼粼的河水在阳光的照射下闪烁着金光。随后圆号吹响了优美的旋律，犹如多瑙河上一曲悠扬的船歌，将听众带入了梦幻世界。

以下五首华尔兹各有独特的旋律和节奏，但都围绕着一个共同的主题——歌颂美好生活、享受幸福时刻。第一首华尔兹节奏清晰，旋律优美，仿佛人们在多瑙河畔欢快地跳舞；第二首华尔兹更加抒情，旋律充满了浪漫的气息，让人感受到了甜蜜和美好，华尔兹的节奏稍快，充满活力，表现出人们在大自然中的享受；第三首圆舞曲旋律优美流畅，带有一丝忧伤，仿佛回忆起过去的美好时光；第四首圆舞曲则以欢快的节奏和激昂的旋律，重新唤起了整部作品的欢乐气氛，现场气氛高涨，人们在多瑙河畔载歌载舞，尽情品味生活之美；第五首圆舞曲是第四首圆舞曲音乐情绪的继续和发展，形成了全的起伏，波浪式的旋律使人联想到在多瑙河上无忧无虑荡舟时的情景。

最后，音乐逐渐宏大辉煌，各种乐器交织奏出一曲欢乐的颂歌。在激昂的旋律中，我们仿佛看到了多瑙河无尽地流向远方，象征着永恒和生命的无限。

3. 对生命的启示：拥抱生活的美好

《蓝色多瑙河》以其梦幻的旋律、欢快的节奏让我们感受到生活的丰富与美好。它告诉我们，即使生活中可能会遇到困难和挫折，但我们仍然需要学会欣赏身边美丽的风景，珍惜每一个幸福的时刻，用心灵去感受生活的温暖和美好。就像多瑙河一样，无论经历多少风雨，它始终保持着美丽和活力。在忙碌的现代生活中，我们常常忽略了身边的美好，《蓝色多瑙河》则提醒我们放慢脚步，用心去感受生活的细节，发现隐藏在平凡日子里的幸福和快乐。这样我们才会明白，生命是一次充满惊喜和美丽的旅程。我们应该以积极乐观的态度拥抱生活，让生命绽放出绚丽的色彩。

（三）《梁祝》：生命浪漫传奇的感悟

1. 创作背景：民间传说的音乐升华

"梁祝"的故事在中国家喻户晓。它起源于东晋时期，是中国民间"四大爱情传说"之一。千百年来，这段感人至深的爱情故事通过口耳相传、戏曲表演等形式深入人心。1959 年，作曲家何占豪、陈刚将这一经典的民间传说改编成小提琴协奏曲《梁祝》，他们巧妙地将西方交响乐的表现手法与中国民间音乐的元素结合起来，创造了这一影响深远的作品。《梁祝》以其优美的旋律、感人的情节和深厚的情感潜台词，成为中国音乐史上的一座丰碑，也让世界听到了中国音乐的独特魅力。

2. 音乐结构与主题：爱情与命运的悲歌

《梁祝》全曲分为三个部分，分别是"相爱""抗婚"和"化蝶"。

第一部分以轻柔的弦乐和悠扬的笛声拉开序幕，描绘了江南水城的秀丽风光，为梁山伯与祝英台的相会营造了浪漫的氛围。随后小提琴奏出了优美的主旋律，此旋律取自越剧唱腔，充满了中国民间音乐的韵味。这一部分音乐旋律优美、节奏缓慢，充满了甜蜜和温暖，让我们感受到了爱情的美好和纯真。

第二部分音乐风格发生了巨大的变化，节奏变得紧凑而激烈，铜管乐器的加入营造出紧张压抑的气氛。祝英台的父亲强行将她许配给别人，梁山伯与祝英台的爱情面临巨大考验。小提琴与大提琴的交流，就像是两个爱人在痛苦中的挣扎与告白。他们因为命运的不公而感到愤怒，因不能改变现实而感到无奈。这一段音乐充满了悲剧性，深刻地反映了封建制度对人性的压制和对美好爱情的破坏。

第三部分是全曲的高潮和升华。小提琴伴着轻柔的琴弦，再次奏响熟悉而优美的旋律，仿佛两个蝴蝶恋人的灵魂在另一个世界重生了。随后，音乐逐渐变得轻快空灵，仿佛两只蝴蝶在花丛中翩翩起舞、自由飞翔。这一段音乐充满了浪漫主义色彩，让我们相信爱情是永恒的，即使在现实世界中无法实现，它也会在精神世界中延续。

3. 对生命的启示：真爱永恒，追求自由与美好

《梁祝》讲述的不仅仅是爱情故事，更是对生活真善美的追寻和对自由的渴望。梁山伯与祝英台为了爱情，不惜冲破封建礼教的束缚。这种大胆追求爱情的精神，激励了无数人在面对生活的磨难和挑战时，坚守自己的内心，勇敢地追求自己的幸福。同时，

《梁祝》让我们看到了生命的脆弱和短暂，但正是在这短暂之中，爱情的力量显得更加伟大和永恒。它告诉我们，在短暂的一生中，要珍惜身边的人，勇敢去爱，努力追求心中的美好。尽管我们面临许多困难，但我们永远不应该放弃对生活的热爱和对自由的渴望，因为只有这样，我们的生命才能像美丽花朵中的蝴蝶一样绽放出自己的光彩。

贝多芬的《命运交响曲》、小约翰·施特劳斯的《蓝色多瑙河》，以及何占豪、陈刚的《梁祝》，这三部伟大的音乐作品从不同的角度诠释了生命的意义和价值。他们以音乐为媒介，将人类的情感、梦想传递给每一位听众，让我们在欣赏音乐的同时，对生活有更深刻的理解。无论你是面对命运的挑战、拥抱生命的美好，还是勇于追求真爱，这些音乐都像一盏盏明灯，照亮我们前进的道路。

三、音乐与生命的多元力量

音乐宛如一股无形却磅礴的力量，渗透在生命的每一处缝隙，以千变万化的姿态，与我们紧紧相依。音乐能在特定情境下触发心灵的共鸣，在岁月长河中留下悠远的回响，更能在职业道路上成为鼓舞灵魂的旋律，让我们一同深入探寻音乐与生命之间那千丝万缕、丰富多彩的联系。

（一）音乐——情境之花的心灵绽放

1. 不同场合下音乐的独特魅力

（1）庆典时刻的激昂旋律

在盛大的庆典场合，激昂澎湃的音乐总是不可或缺的元素。例如奥运会开幕式，当雄浑壮丽的国歌奏响时，全场观众肃然起敬，心中涌起强烈的民族自豪感。国歌的旋律节奏明快、气势恢宏，它承载着国家的历史与荣耀，在这样庄重的时刻，瞬间点燃了人们心中的爱国热情，将全场的气氛推向高潮。又如婚礼现场，浪漫的婚礼进行曲缓缓响起，新人携手走过红毯，此时的音乐充满了幸福与甜蜜的气息，它不仅见证了两人爱情的升华，也让在场的每一位宾客都沉浸在这份喜悦之中，感受到爱情的美好与神圣。这些庆典音乐以其鲜明的情感色彩，为特殊时刻增添了无与伦比的仪式感，让人们的情感得到了集中的抒发和升华。

（2）静谧夜晚的舒缓音符

当夜幕降临，万籁俱寂，舒缓的音乐成为安抚心灵的良药。在宁静的夜晚，播放一首轻柔的古典音乐，如肖邦的《夜曲》，那灵动的音符仿佛夜空中闪烁的繁星，又似潺潺流淌的小溪，缓缓地流淌进人们的心田。在这样的音乐氛围中，一天的疲惫与压力逐渐消散，人们的思绪变得平静而放松，仿佛进入了一个与世隔绝的宁静世界。或是一首悠扬的民谣，歌手用质朴的嗓音轻轻诉说着生活中的点滴故事，让听众在温馨的旋律中回忆起美好的过往，找到温暖与慰藉。此时的音乐，如同一位贴心的朋友，在寂静的夜晚陪伴着人们，给予心灵最温柔的呵护。

（3）运动场上的活力节奏

运动场上，充满活力的音乐能够激发运动员的斗志，提升他们的运动表现。当动感十足的嘻哈音乐响起，运动员们随着强烈的节奏，步伐变得更加矫健有力，每一个动作都充满了激情与力量。例如在篮球比赛中，每当球队发起快攻时，节奏感强烈的音乐能够瞬间点燃全场的热情，球员们在音乐的激励下，速度更快、配合更默契，仿佛被注入了无穷的能量。音乐的节奏与运动的节奏完美融合，不仅为运动员提供了动力，也让观众沉浸在热烈的氛围中，感受到运动的无限魅力。

2. 音乐对情感的激发与引导

（1）悲伤时的情感宣泄

当人们心情悲伤时，音乐可以成为情绪宣泄的出口。像阿黛尔的《Rolling in the Deep》这样悲伤的歌曲，旋律低沉，嗓音深情，能够触动人们内心最柔软的部分，让悲伤的情绪像大坝的洪水一样倾泻而出。听这样的音乐时，人们会情不自禁地沉浸在歌曲所营造的悲伤气氛中，通过哭泣、说话等方式来释放内心的痛苦。音乐就像一面镜子，反射出人们内心的悲伤，让人在情感共鸣中找到宣泄和安慰，逐渐走出悲伤的阴影。

（2）快乐时的情绪升华

在快乐的时刻，音乐可以增强这种快乐。例如，当我们听到周杰伦的《稻香》等欢快的流行歌曲时，欢快的旋律和充满童趣的歌词瞬间将我们带入一个充满阳光和欢笑的世界。听着这样的音乐，我们会情不自禁地随着节拍摇摆身体，洋溢出幸福的笑容。音乐不仅能让我们感受到当下的幸福，还能唤起我们内心深处的美好回忆，让幸福在我们心中进一步蔓延、升华。它把快乐传播给身边的每个人，让整个空间都充满欢乐的气氛。

（3）恐惧时的勇气赋予

音乐还可以发挥神奇的力量，在人们面对恐惧和不确定时给予勇气和力量。例如，在一些恐怖片中，当激动人心的情节发生时，突然播放出充满激情的配乐，如汉斯·齐默的《盗梦空间》配乐。受到音乐的启发，观众勇敢地面对屏幕上的恐怖场景。在现实生活中，当人们面临困难和挑战时，听一首充满正能量的歌曲，比如张雨生的《我的未来不是梦》，其积极向上的歌词和鼓舞人心的旋律可以激发内心的勇气和斗志，让人们相信自己有能力克服困难，勇往直前。

（二）音乐——岁月之歌的生命回响

1. 不同时代音乐风格的演变

（1）古典音乐的优雅传承

古典音乐起源于欧洲中世纪，历经文艺复兴、巴洛克、古典主义、浪漫主义等多个时期的发展，形成了一套严谨而复杂的音乐体系。从巴赫的《平均律钢琴曲集》到莫扎特的《唐璜》，再到贝多芬的《命运交响曲》，古典音乐以其优雅的旋律、精湛的技巧和深刻的内涵，成为音乐史上的经典之作。在那个时代，音乐是贵族们享受生活的重要方式，也是艺术家表达情感和思想的重要途径。古典音乐的演奏通常需要庞大的管弦乐队和专业的演奏家，其音乐风格庄重、典雅，注重音乐的形式和结构，强调和谐与平衡。它不仅是一种艺术形式，还是一种文化的传承，承载着人类智慧和情感的结晶。

（2）流行音乐的时代变迁

随着时代的发展，流行音乐逐渐兴起并成为大众文化的重要组成部分。从20世纪初的爵士乐，到20世纪50年代的摇滚乐，再到如今的电子音乐、嘻哈音乐等，流行音乐的风格不断演变，始终紧跟时代步伐。爵士乐以其独特的节奏和即兴演奏风格，成为20世纪初美国文化的代表之一。摇滚乐则在20世纪50年代掀起了一场音乐革命，“猫王”埃尔维斯·普雷斯利的出现，让摇滚乐迅速风靡全球，摇滚乐以强烈的节奏和叛逆的精神，表达了年轻人对自由和个性的追求。而如今的流行音乐融合了多种音乐元素，更加注重音乐的创新性和娱乐性，满足了不同人群的音乐需求。流行音乐的发展反映了社会的变革和人们生活方式的改变，它不仅是一种音乐形式，也是一种时代的象征。

（3）民族音乐的地域特色

在世界各地，每个民族都有自己独特的音乐文化，承载着民族的历史、传统和精神。中国的民族音乐丰富多彩，从古老的编钟到后来的二胡音乐，从激昂的唢呐音乐到悠扬的江南丝竹音乐，每一种音乐都蕴含着深厚的文化底蕴。蒙古族的长曲以其悠扬的旋律、宽广的音域展现了草原人民的豪迈与奔放，藏族的民歌充满了神秘的色彩，表达了藏族人民对美好生活的渴望。民族音乐是地域文化的重要组成部分，能向世界展示民族的特色和魅力。

2. 音乐如何记录时代的印记

（1）反映社会变革的音乐作品

许多音乐作品成为社会变革的见证者。20 世纪 60 年代，美国社会面临种族歧视、反战等诸多问题，许多具有社会批判意义的音乐作品在此时出现。例如鲍勃·迪伦的《风中飘扬》以其深沉的歌词和优美的旋律表达了对和平、自由和人权的追求，成为当时反战运动的主题曲。这首歌不仅取得了音乐上的巨大成功，也获得了社会的广泛关注和反响，激励了无数人加入争取平等和自由的斗争中。又如迈克尔·杰克逊的《治愈世界》，它呼吁人们关爱地球，关爱他人，给世界带来和平与爱。这首歌在全球范围内产生了深远影响，成为人们争取更美好世界的精神象征。

（2）展现文化风貌的音乐流派

音乐流派的兴起和发展也反映了不同时期的文化面貌。文艺复兴时期，人文主义思想盛行，音乐开始注重表达人的情感和个性。这时，出现了许多以爱情和自然为主题的音乐作品，例如牧歌以其优美的旋律和温柔的情感表达了当时人们对美好生活的渴望和向往。20 世纪初，随着工业化的发展和城市化的加速，现代主义音乐流派兴起。现代主义音乐打破了传统音乐的规则和限制，采用了新的音乐技巧和表现形式，如无调性音乐、十二音系等，反映了当时人们对传统观念的挑战、对创新的追求。这些音乐流派不仅丰富了音乐表现力，也成了当时文化的重要标志。

（3）承载个人记忆的音乐旋律

对于每个人来说，音乐也是承载个人记忆的重要载体。一首陪伴我们度过青春岁月的歌曲，往往能够唤起我们对过去的美好回忆。当我们听到熟悉的旋律响起，那些曾经的人和事仿佛就在眼前，无论校园里的欢声笑语，还是初恋时的羞涩与甜蜜，都随着音乐的流淌一一浮现。音乐就像一把钥匙，打开了我们记忆的大门，让我们在岁月的长河中重温那些珍贵的瞬间。这些个人记忆与时代背景相互交织，共同构成了音乐丰富多彩的内涵。

（三）音乐——职业之途的灵魂旋律

1. 音乐在不同行业中的作用

（1）艺术创作领域的灵感源泉

在艺术创作领域，音乐是取之不尽、用之不竭的灵感源泉。对于画家来说，音乐可以激发他们的想象力和创造力，帮助他们在画布上画出更加生动和情感化的作品。很多画家在创作时都会选择听音乐，例如著名画家凡·高在创作过程中经常沉浸在音乐的世界中，音乐的节奏和旋律给他带来了独特的灵感和表现力。音乐在文学创作中也发挥着重要作用，许多作家从音乐中汲取灵感，将音乐的节拍、节奏、情感融入文字中，使作品更具感染力和艺术魅力。比如普鲁斯特的《追寻逝去的时光》就深受音乐的影响，书中充满了对音乐的细腻描述，让读者仿佛置身于一个充满音乐和诗歌的世界。

（2）教育行业的教学助力

在教育行业，音乐也成为一种有效的教学工具。音乐教育不仅可以培养学生的音乐素养和审美能力，而且可以支持他们的全面发展。通过学习音乐，学生可以提高注意力、记忆力、想象力和创造力，同时培养团队合作和情感表达能力。音乐在语言学习中也可以发挥重要作用。例如，通过教和唱英语歌曲，学生可以更轻松地学习英语单词、语法和发音，同时提高他们学习英语的兴趣和积极性。此外，音乐还可以运用在特殊教育领域，帮助有学习障碍或心理问题的学生更好地发展和成长。

（3）商业领域的营销利器

在商业领域，音乐广泛应用于广告、影视、游戏等行业，成为强有力的营销工具。适时的商业音乐可以迅速吸引消费者的注意力，让产品在众多竞争对手中脱颖而出。例如，可口可乐的广告歌曲《品味感觉》以欢快的旋律和积极向上的歌词传达了可口可乐的喜悦和愉悦，让消费者在听歌曲时对可口可乐品牌产生深刻的印象。在电影、电视和游戏行业中，音乐也是不可或缺的元素。优秀的影视配乐和游戏音乐可以提升作品的情感氛围，增强观众和玩家的沉浸感，让他们更深刻地体验到作品所传达的情感和思想。例如，电影《泰坦尼克号》的主题曲《我心永恒》以其深情的旋律和感人的歌词成为电影史上的经典，不仅为电影增色，也吸引了无数观众为之感动。

2. 音乐家的职业发展与成长

（1）天赋与努力的双重加持

要成为一名伟大的音乐家，天赋固然重要，但努力也必不可少。许多著名音乐家从小就表现出了非凡的音乐天赋，比如莫扎特，他四岁就能弹奏简单的钢琴曲，六岁就开始在欧洲各地举办音乐会。然而，天赋只是成功的起点，莫扎特在成长过程中不断学习、不断创造，最终成为音乐史上的巨人。同样，贝多芬也是一位极具天赋的音乐家，他在听力有问题的情况下仍然坚持创作，通过不断的努力和创新，给世人留下了许多不朽的作品。对于音乐家来说，才华是他们的财富，但只有坚持不懈的努力才能将才华转化为真正的艺术成就。

（2）不断学习与创新的重要性

在音乐领域，不断学习和创新是音乐人保持竞争力的关键。随着时代的发展和音乐技术的不断进步，音乐人需要不断学习新的音乐知识和技能，掌握新的音乐创作方法和表现形式。例如，在现代音乐中，新的音乐流派不断涌现，音乐人必须了解这些新的音乐风格和技术，并将其融入自己的创作中，才能创作出和谐的作品。同时，音乐人必须不断创新，打破传统音乐的局限性，探索新的音乐语言和表现形式。比如约翰·凯奇的《4 分 33 秒》以其独特的创作理念和表现形式打破了传统音乐的定义，成为音乐史上的经典。音乐人只有不断学习和创新，才能在激烈的市场竞争中立于不败之地。

(3) 机遇与挑战并存的职业道路

音乐人的职业道路充满机遇和挑战。一方面，随着音乐市场的不断扩大和音乐产业的不断发展，音乐人有了更多展示才华的机会。例如，通过互联网和社交媒体平台，音乐人可以将他们的作品快速传播给全球观众并获得更多关注和认可。同时，各类音乐比赛、音乐节等活动为音乐人提供了展示自我的舞台。另一方面，音乐行业的竞争也异常激烈，想要从众多音乐人中脱颖而出并不容易。音乐人既要面对市场需求变化、作品商业价值等诸多问题，又必须应对来自同行的竞争压力。此外，版权保护、演出机会等各种因素也影响着音乐人的职业发展。因此，音乐人要想事业取得成功，需要对市场有充分的了解。

总而言之，音乐与生活的多种力量交织在一起，能够共同创造出一幅多彩的图画。它在不同的境遇中绽放出心灵之花，折射出多年来的生活旋律，成为职业道路上激励灵魂的旋律。无论在艺术创作、教育教学领域，还是在商业营销领域，音乐都有其重要作用。它不仅丰富了我们的生活，也成为我们表达情感、传承文化、追寻梦想的重要方式。让我们继续沉浸在音乐的世界里，感受它无尽的魅力，用音乐书写人生下一个精彩的篇章。

四、音乐与生命的永恒旋律

音乐作为跨越时空、穿越文化的艺术瑰宝，宛如一条无形却坚韧的纽带，紧密地连接着人类生命体验的方方面面。从我们内心深处最细微的情感波动到认知世界的思维拓展，从人与人之间情感与文化的交流融合到贯穿一生的心灵陪伴与成长，音乐始终以其独特的魅力，奏响一曲曲与生命交织的永恒旋律。

（一）音乐与情感之泉的潺潺流淌

1. 音乐引发的情感共鸣

当我们聆听音乐时，常常会被它所蕴含的情感深深触动，仿佛音乐是一把神奇的钥匙，打开我们内心深处的一扇情感之门。比如，当我们听到贝多芬的《月光奏鸣曲》的第一乐章时，那催人泪下、轻柔舒缓的旋律似乎把我们带入了一个安静而略带忧伤的夜晚，让我们不知不觉地沉浸在一种安静而深沉的情感中。每个人对这首音乐可能有不同的感受，但每个人都能在其中找到与自己内心情感的联系。它可以是对失去的爱情的怀念，也可以是在生活压力下寻找平静的内心渴望。

2. 音乐对情感表达的独特作用

音乐不仅能唤起情感共鸣，还为我们提供了表达情感的独特方式。有时我们内心的情感过于复杂和微妙，无法用语言清楚地表达出来，但音乐可以。很多人在经历失恋的痛苦时，都会通过听悲伤的情歌来表达内心的痛苦。在这个过程中，深情的歌声、诗意的歌词和动人的旋律能生动描绘了他内心难以言喻的情感，这种通过音乐表达的情感比单纯的言语更深刻，更有感染力。

对于一些性格内向、无法用言语表达情感的人来说，音乐是其表达内心世界的重要工具。他们可以演奏乐器，将自己的情感融入每一个音符中，为他们与外界沟通搭建一座桥梁。例如，一位年轻的吉他手在演奏自己的作品时，通过吉他富有表现力的声音表达了对生活的热爱、对梦想的追求及成长过程中遇到的挫折和困惑，让观众感受到其内心深处丰富而复杂的情感世界。

3. 不同音乐风格与情感的对应关系

不同的音乐风格往往对应着不同的情感色彩。古典音乐中的交响乐，如柴可夫斯基的《第六交响曲“悲怆”》以其宏大的规模、强烈的情感对比，深刻地表达了悲伤、痛苦、挣扎及对命运的无奈等复杂情感。在这首交响曲中，低沉的弦乐、激昂的铜管乐交织在一起，营造出一种压抑而又悲壮的氛围，让听众仿佛置身于作曲家所经历的情感漩涡之中。

爵士乐以其独特的即兴演奏风格和轻松愉悦的节奏，常常传递出自由、随性、洒脱的情感。当我们聆听一首经典的爵士乐曲（如路易斯·阿姆斯特朗的《What a Wonderful World》）时，那温暖而舒缓的旋律，歌手充满磁性的嗓音，让我们感受到其对生活的热爱和对美好世界的赞美之情。

摇滚音乐则通常以强烈的节奏、激昂的吉他演奏和充满力量的歌声，表达出叛逆、激情、反抗等情感。像崔健的《一无所有》，以其震撼人心的旋律和呐喊式的演唱，展现了那个时代年轻人对自由、理想的追求。

（二）音乐与认知之花的绚丽绽放

1. 音乐对大脑发育的积极影响

研究表明，音乐对大脑发育有着深远的积极影响，尤其是在儿童时期。从童年开始，听音乐会刺激孩子大脑中神经元的连接和发育。比如，让宝宝多听一些节奏清晰、旋律优美的儿歌，如《小星星》《两只老虎》等，可以帮助宝宝发展听觉感知，提高宝宝对声音的敏感度。随着年龄的增长，学习演奏乐器对大脑来说变得更加有效。学习弹钢琴需要双手的协调，同时需要精确把握节奏、音高、力度等诸多因素。这个过程可以促进左右脑半球的协调发展，提高大脑的灵活性和协调性。

在对儿童音乐教育的长期研究中发现，学习音乐的孩子比没有接受音乐教育的孩子在语言能力、空间认知能力和数学能力方面有更好的发展。这是因为音乐学习涉及对音符、节奏、旋律等的理解和记忆，类似于语言学习中的发音、语法和词汇记忆。音乐中的和声、音乐结构等概念，也有助于培养孩子的逻辑思维能力和空间认知能力。

2. 音乐在提高记忆力与注意力方面的作用

音乐对于提高记忆力和注意力也有奇效。很多人在学习或工作时都会选择听一些轻柔的背景音乐，如莫扎特奏鸣曲、巴赫赋格曲等。这种音乐流畅的节奏和优美的旋律可以帮助人们放松身心，消除外界干扰，提高注意力。同时，音乐的节奏和旋律可以在大脑中创造出独特的记忆模式，帮助我们更好地记住信息。比如，背一篇长文章时，将内容与熟悉的曲调结合起来，通过哼唱的方式来背诵，往往可以达到事半功倍的效果。

研究表明，在学习外语时，听外语歌曲、学唱外语歌曲可以帮助学习者更好地记住单词和语法。歌曲中的旋律和节奏可以加深对语言内容的印象，强化记忆。此外，音乐可以帮助人们摆脱压力和焦虑，良好的情绪状态对于提高记忆力和注意力也至关重要。

3. 音乐在培养创造力与想象力方面的贡献

音乐是创造力和想象力的源泉之一。当聆听一首乐曲时，比如理查·施特劳斯的交响诗《查拉图斯特拉如是说》，美妙的旋律和壮观的音效可以带领我们进入一个充满想象力的世界。在这个世界中，我们可以自由地发挥想象力，仿佛看到了日出时的壮丽景象，看到了浩瀚的太空，看到了人类在其中的探索和追求。这种音乐体验可以激发我们内心深处的创造力，让我们从不同的角度思考问题，产生新的想法和创造力。

对于从事艺术创作的人来说，音乐是重要的灵感来源。画家创作时，可以受到音乐的节奏和色彩的启发，将音乐的节奏融入画面的线条和构图中。作家写作时，也可以受到音乐的启发，创作出富有韵律、情感丰富的作品。而且，创作音乐本身就是一个创作的过程，作曲家需要运用丰富的想象力，将内心的情感和想法转化为特定的音符和旋律，创作出独特的音乐作品。

（三）音乐与社会之桥的坚实构筑

1. 音乐在促进文化交流与理解方面的桥梁作用

音乐作为超越国界和文化的通用语言，在促进文化交流和理解方面发挥着不可替代的桥梁作用。不同国家、民族的音乐有着独特的风格和文化内涵，通过欣赏其他国家和民族的音乐，我们可以深入了解其背后的文化传统和价值观。例如，当我们聆听非洲鼓乐时，强烈的节奏感和充满活力的演奏风格让我们感受到非洲人民对生活的热爱和独特的文化魅力。当我们欣赏日本传统音乐时，如安静空灵的“尺八”的轨迹，让我们体会到日本文化中对自然的推崇。

在全球化的今天，各种国际音乐节、音乐交流活动频繁举办，为不同国家和民族的音乐家提供了相互交流、学习的平台。通过这些活动，音乐文化得以相互传播、融合，人们能够更加深入地了解不同文化之间的差异与共性，增进彼此之间的理解和尊重。例如，每年举办的维也纳新年音乐会，吸引了来自世界各地的观众，通过这场音乐盛宴，人们不仅欣赏到了西方的古典音乐文化，也感受到了音乐所蕴含的跨越国界的魅力。

2. 音乐在凝聚社群与增强归属感方面的力量

音乐有能力将人们聚集在一起，创建紧密的社区并增强归属感。音乐常常在许多社交活动中发挥着重要作用。例如，社区合唱团的排练和演出，让居民有机会一起参与音乐活动，以合唱团的形式，大家互相配合，加强了彼此的关系。在这个过程中，居民感受到自己是社区的一部分，从而增加了对社区的归属感和认同感。

同样，在学校里，音乐俱乐部、乐队等组织可以让学生找到志同道合的朋友，建立一个充满活力和凝聚力的小团体。通过一起排练和表演音乐作品，学生不仅提高了音乐素养，而且培养了团队精神和集体荣誉感。一些大型的音乐节或音乐会可以吸引大量的音乐爱好者聚集在一起，因为他们喜欢相同风格的音乐或同一位音乐家，音乐的感觉会促使他们产生强烈的社区认同感。

3. 音乐在社会变革与公益事业中的推动作用

音乐往往可以成为社会变革的推动者和公益事业的倡导者。历史上，许多具有社会影响力的音乐作品都反映了当时的社会问题，激发了人们变革的愿望。20 世纪 60 年代美国民权运动期间，出现了许多以抵制种族歧视、追求平等为主题的音乐作品，例如马文·盖伊的《发生了什么》。该歌曲以其深沉的歌词和动人的旋律，引起了人们对社会不公正的关注，激励了人们争取平等权利。

在现代社会，音乐也被广泛应用于公益事业。许多慈善音乐会利用音乐的力量来引起人们对保护环境、关爱弱势群体等社会问题的关注。例如，一年一度的“拯救生命”慈善音乐会旨在聚集众多著名音乐家，通过精彩的表演提高人们对非洲饥荒问题的认识，为非洲受饥荒影响的地区筹集资金，做出积极贡献。总之，音乐以其独特的感召力，引起人们对社会问题的关注，激发人们的爱心和责任感，从而推动社会的进步和发展。

（四）音乐与终身之旅的美妙旋律

1. 音乐在人生不同阶段的陪伴与影响

从我们出生的那一刻起，音乐就开始陪伴我们走过人生的旅程。在婴幼儿时期，轻柔的摇篮曲就像母亲的怀抱，给我们温暖和安全感，帮助我们进入甜蜜的梦乡。随着年龄的增长，儿歌成为我们童年生活中不可或缺的一部分。《小兔子乖乖》《拔萝卜》等儿歌不仅用欢快的歌声给我们带来欢乐，还通过简单易懂的歌词教会我们基本的健康生活方式和道德观念。

在青少年时期，流行音乐成为表达自我、展现个性的重要方式。因为喜欢某个歌手或者某种风格的音乐，所以我们与志同道合的朋友结下了深厚的友谊。音乐还引导我们度过青春期的动荡，在我们遇到挫折时给予我们鼓励和力量。比如，当我们学习遇到困难时，听一首像五月天的《倔强》这样的励志歌曲，歌词充满力量“逆风的方向，更适合飞翔，我不怕千万人阻挡，只怕我自己投降”，可以让我们重整旗鼓，勇敢地面对挑战。

作为成年人，音乐在我们的生活中仍然发挥着重要作用。在日常工作下班后，听喜欢的音乐可以帮助我们放松并摆脱工作压力。与家人和朋友聚会，一起唱卡拉 OK 或欣赏音乐会，可以加强彼此的关系，让生活更加丰富多彩。而当我们步入老年时，音乐就成为我们缅怀过去、享受生活的美好伴侣。一首经典的老歌，可以勾起我们对美好的青春回忆，让我们在音乐的陪伴下度过一个温馨充实的晚年。

2. 音乐对个人成长与自我认知的塑造

在个人成长过程中，音乐对自我认知的塑造有着深远的影响。通过聆听不同类型的音乐，我们能够发现自己内心深处的情感需求和兴趣爱好。例如，一个原本性格内向的人，在接触到摇滚音乐后，被其强烈的节奏和激情四溢的表演吸引，从而发现了自己内心深处对自由和表达的渴望，逐渐变得开朗、自信。

同时，音乐创作和表演也是一个自我探索和成长的过程。当我们尝试创作自己的音乐时，我们必须将自己的经历、情感和想法融入音乐中，这个过程会让我们更深入地了解自己。在舞台上表演音乐时，我们需要克服紧张和恐惧，展现自己的风格。这不仅可以提高我们的自信心，还可以锻炼我们的心理素质和表达能力。

此外，音乐还可以帮助我们培养良好的道德品质和价值观。许多音乐作品都蕴含着积极的人生态度和道德观念，如追求真善美、关怀友情和爱情等。通过聆听和学习这些音乐作品，可以潜移默化地影响我们，形成正确的人生观和价值观。

3. 如何将音乐融入日常生活，享受终身音乐之旅

为了让音乐融入日常生活，享受终生的音乐之旅，我们可以从多方面入手。首先，

养成听音乐的习惯。无论上班通勤、做家务还是睡前放松，都可以选择适合心情和场景的音乐来听。还可以创建自己的音乐收藏，并按不同的音乐风格、主题或时代对其进行排序，这样总能找到想听的音乐。

其次，学习一门乐器也是一个不错的选择。学习乐器不仅可以让我们对音乐有更深刻的理解，还能培养我们的耐心和毅力。我们可以根据自己的兴趣和身体状况选择适合自己的乐器，比如吉他、钢琴、小提琴等练习。即使不是专业水平的演奏者，仍然可以在演奏乐器的过程中享受音乐带来的快乐。

再其次，积极参与音乐活动是将音乐融入生活的重要方式。我们可以加入社区音乐俱乐部、合唱团或参加音乐会、音乐节等，在与他人一起参与音乐活动的过程中，可以结交更多志同道合的朋友，分享彼此对音乐的热爱和感受。

最后，音乐就像一首永恒的交响曲存在于我们每一个人的生命当中，在情感的海洋中激起涟漪，在知识的花园中绽放，在社会舞台上架起一座坚固的桥梁，陪伴我们走过人生的漫漫征途。它以其独特的魅力和多元的力量，丰富我们的内心世界，塑造我们的个性，支撑社会的进步和发展。让我们紧紧跟随音乐的脚步，用心去聆听、去感受、去创造，让音乐成为我们生命中永恒的旋律，奏响一曲曲精彩绝伦的人生华章！

[聚焦提升]

在教育的世界中，音乐与生命教育的融合正散发着独特的魅力，为人们的成长注入源源不断的能量与活力。音乐，如同一把神奇的钥匙，开启生命教育的重重大门。

这是一次很好的契机，生命教育融入音乐实践，让教育落了地生了根。例如，组织校园合唱比赛，在排练中，大家学会倾听，协调配合，理解个体在集体中的价值，正如乐章里每个音符各司其职又相互成就。当歌声响起，自信与团结的力量在年轻的生命中涌动，这是音乐赋予生命社交与协作层面的成长。另外，在特殊教育领域，音乐更是照亮了生命的微光。对于自闭症儿童，简单的节奏训练能帮助他们建立与外界的联系，跟随鼓点拍手、跺脚，逐渐开启沟通的大门；在舒缓的钢琴声中，情绪障碍学生紧绷的神经得以放松，慢慢找回内心的平静，这时的音乐正为他们残缺的生命拼图补上至关重要的碎片。

提升音乐与生命教育的融合，需要教育者精心设计每一堂音乐课，挖掘音乐背后的生命故事；需要搭建多元实践平台，让音乐从教室走向生活；更需要关注特殊群体，用音乐为大家的生命注入希望。这样，音乐便能跨越年龄、跨越困境，奏响生命教育的华丽乐章，让每个灵魂都在音乐的怀抱中茁壮成长。

[自主思考]

当今社会，随着科技的发展，音乐创作和传播手段的日新月异，各种电子音乐、人工智能辅助生成的音乐大量涌现。这对传统音乐传承者产生了巨大冲击，一方面是古老技艺面临失传风险，另一方面是新潮流带来的无限可能。站在传承者的角度，如何在坚守传统音乐灵魂的同时，利用新科技让传统音乐重焕生机，在当代及未来延续其价值？这一过程又会给传统音乐自身带来哪些深刻变革？结合所学知识进行分析，谈一谈你的看法。

[课外拓展]

1. 陈俊伊. 音乐的力量［M］. 北京：新华出版社，2020.
2. 梅塔. 我生命的乐章［M］. 邱蕊欣，译. 北京：中央音乐学院出版社，2011.
3. 曾田力. 音乐：生命的沉醉［M］. 北京：北京大学出版社，1994.

专题十三　舞蹈与生命教育

舞蹈是生命的诗篇，是灵魂的旋律。

——伊莎多拉·邓肯

[专题导语]

在浩瀚的人文艺术长河中，舞蹈犹如一颗璀璨的明珠，以其独有的韵律与美感，跨越了时间与空间的界限，成为一座连接心灵与世界的神奇桥梁。它不仅是视觉与听觉的双重盛宴，让人沉醉于那曼妙的身姿和悠扬的旋律中，更是灵魂深处情感的潺潺流淌，是生命哲学的深刻体现。舞蹈以它独有的语言，诉说着人生的喜怒哀乐，展现着生命的坚韧与柔美。

当我们将舞蹈融入生命教育的广阔天地时，便踏上了一段关于“身”“动”“意”“育”的深刻探索之旅。舞蹈让身体成为表达自我的媒介。通过动作的起伏跌宕，我们可以感受到生命的律动与节奏。它让我们在舞动中领悟生活的真谛，启迪我们的心智，滋养我们的灵魂。在这段旅程中，每一个生命都能在舞蹈的海洋中自由翱翔，绽放出属于自己的光彩，不负这美好的韶华，让生命因舞蹈而更加绚烂多彩。

[情境体验]

大家是否去过剧院里欣赏某个舞蹈作品、某个舞剧，或者欣赏过“春晚”中的舞蹈，再或者看过《舞千年》《舞蹈风暴》等舞蹈类节目，相信大家哪怕没有走进剧场中去认真地欣赏舞蹈，也会在各类网络平台、电视或者现实生活中欣赏过舞蹈。大家回忆一下看过的舞蹈作品，讨论以下两个问题：

1. 你印象最深刻的一个舞蹈作品或片段是什么？
2. 这段舞蹈给你带来了怎样的感受？

[理论学习]

一、身：舞蹈的载体

舞蹈用人类与生俱来的身体作为载体，从古至今都在表达人类对世间的认知，它与世界万物息息相关。

（一）舞蹈起源与生命的关联

舞蹈作为一种艺术形式，与生命有着密切的联系。它的起源可以追溯到人类文明的早期阶段，甚至可以说是与人类生命的起源和发展密不可分的。首先，舞蹈起源于人类对自然、生命和宇宙的感知和表达。在早期，人类通过模仿动物的动作，模拟自然现象的方式来表达对生命的敬畏和对宇宙的探索。这种表达方式逐渐演变成了舞蹈，成为人类文化的一部分。其次，舞蹈也与生命的各个阶段和情感体验密切相关。从婴儿时期摇篮曲般的轻柔摇摆，到青少年时期活力四射的舞蹈，再到成年后的情感表达和社交舞蹈，舞蹈伴随着人类的成长和生活经历，成为生命中不可或缺的一部分。此外，舞蹈也是人类文化和社会的重要组成部分，它承载着特定时代和特定文化的价值观、信仰和情感。不同文化背景下的舞蹈形式和意义各有不同，但它们都是人类生命和文化的重要表达方式。

1. 从“舞”字的演变来看

“舞”字的演变可以从甲骨文时期开始追溯，它的演变展示了舞蹈与人类生活密切相关的历史过程。从“舞”字的演变中可以知道，我国古代“巫”和“舞”字同源。

（1）甲骨文时期

甲骨文中的“巫”字，是一个人张开双手，两手拿着草把样的物件在翩翩起舞。这表明舞蹈已经在古代中国文化中有了自己的位置，并与生活息息相关。

（2）金文时期

在金文中，“舞”字的形态稍有变化，像是人穿了双鞋子，寓意脚踏步伐，更加强调了舞蹈是一种人与人之间紧密联系的活动，体现了人类社会关系的重要性。

（3）楚简书及后世演变

楚简书中的“舞”字逐渐成为现代汉字中“舞”字的样子，可见人们对舞蹈的认知和重视。随着社会的发展，舞蹈也成了人们表达情感、庆祝节日、祭祀神灵及社交的一种方式，与人类的生活和生命密不可分。

在这种演变过程中，“舞”字记录了舞蹈与人类日常生活、社会交往、传统习俗的深切联系。舞蹈在人类生活中扮演着重要的角色，不仅展现了人们对美的追求和情感表达，也反映了人类生命的活力和多样性。在“舞”字后续的发展中，始终都离不开人。舞是离不开人的，对人类而言，生命的载体是身体，身体是灵魂与肉体的结合，是人类存在于世界的基础，是人类在社会中生活的根本。尼采的口号是“一切从身体出发”，人类最先拥有的是自己的身体，从人类认识发生角度来看，人类是通过自己的身体来构想自然和社会的。

2. 从舞蹈起源“劳动说”来看

舞蹈是人类历史上最早产生的艺术形式之一，其起源与人类的生产劳动和社会生活紧密相关。艺术之母——舞蹈，起源于何时？究竟有多长的历史？这是一个谜。一般研究者认为，舞蹈始于旧石器时代，也可能更早。在我国远古的传说中，有祝融的儿子长琴始作乐风的传说；有的说帝俊的八个儿子始为歌舞，炎帝（神农氏）的重孙延始为乐风；还有的说黄帝创造了乐舞。实际上，舞蹈的创始者应当是人类群体。人们在与大自然的斗争中，在为求生存而从事的劳动中，通过人体动作产生了节奏、律动——最原始的舞蹈动作，也可算是本能式的“人体行为”。因此，舞蹈与劳动有着天然的、不可分割的联系。它的产生要比传说中的时代早得多。

从舞蹈起源的“劳动说”角度来看，舞蹈与生命有很深刻的关系。在古代，劳动是人们生活的重要组成部分，劳动的进行是为了维持生存和生活。在劳动的过程中，人们会伴随着节奏做出各种动作，这些动作不仅是单纯的劳动动作，还融入了人们对生命的感悟和表达。因此，舞蹈作为劳动的一种自然产物，也承载了人们对生命的理解和表达。

舞蹈与生命的关系在“劳动说”中的体现主要表现在以下几个方面：

舞蹈是劳动的产物：在劳动中，人们会根据自己的需要、情感状态和环境做出各种动作，这些动作可能是繁重的劳动动作，也可能是轻盈的舞蹈动作。这些动作都是人们在生活中对生命的态度，从而使舞蹈成为劳动的产物。

舞蹈与节奏的关系：劳动往往伴随着特定的节奏进行，这种节奏不仅仅是对劳动的控制，更是人们对生命的感悟。舞蹈作为一种特定的运动形式，也融入了这种节奏，以表达人们对生命的态度。

舞蹈与情感的表达：劳动与生命密切相关，人们在劳动中会经历各种情感体验，包括快乐、辛苦、挣扎等。这些情感会通过舞蹈得到表达，舞蹈成为人们对生命体验的一种表达方式。

舞蹈作为一种文化表现形式，深深植根于人类社会的日常生活中。通过身体的动作、姿态和情感的表达，舞蹈成为一种富有深意的文化传承方式。从“劳动说”的角度来看，舞蹈可以被视为一种表达生命、劳动和周围环境的方式。无论原始部落的舞蹈、宫廷舞蹈，还是现代舞和街舞，不同类型的舞蹈凝聚了不同时代人们对生命、信仰、社会和情感的理解，并在不同的历史和文化背景下得以传承。因此，舞蹈不仅是一种艺术形式，更是一种文化的载体，记录了人们对生命的态度。

舞蹈作为一种能够引发心灵共鸣的艺术形式，具有深刻的感染力。无论庆祝、祭祀、悼念还是讲述故事，舞蹈都能够通过人类共通的情感语言打动观众，使观众与舞者之间产生情感共鸣。这种共鸣超越了语言和文化的界限，使舞蹈成为一种丰富而深刻的生命体验。

舞蹈作为一种身体表达的艺术形式，展现了生命的美好与活力。舞蹈不仅仅是肢体动作的组合，更是对身体与生命的深入探索。通过舞蹈，人们能够展示自己的力量、柔韧性和协调性，这种身体的表达不仅是对生命的赞美，也是对自身生命力量的展现。

由此，从“劳动说”的角度来看，舞蹈与生命的关系是密不可分的。舞蹈不仅仅是一种艺术表现形式，更是人们对生命的感悟与表达，承载着丰富的情感与生命体验。从文化传承、心灵共鸣和身体表达的角度来看，舞蹈与生命紧密相连。在人类社会的发展过程中，舞蹈不仅记录了生命的情感、文化和历史，还体现了人们对生命的理解与探索，展现了生命的多样性与活力。

3. 从舞蹈起源“祭祀说”来看

舞蹈在原始部落的生活中占据着至关重要的地位，与祭祀活动紧密相连。从化石智人时期留下的艺术品中，可以窥见这一联系的痕迹。例如，欧洲旧石器时代晚期的洞穴壁画，这些距今数万年的壁画描绘了女巫的形象：她们全身裸露，有的手持号角似乎在举行祭祀仪式，有的则双手向上、五指叉开，展现出极富感染力的舞蹈动作。在我国云南沧源岩画中，也能看到类似的场景：半蹲或裸体的男性形象，双手向上举起、五指叉开，头上还插着羽毛。而在左江崖壁画中，也有描绘两手上举、伸张五指的舞姿的画面。这些都被认为是“蛙祭”的遗存，广西地区至今仍然保留着“祭蚂拐”的风俗，以及与之相关的“蚂拐舞”。

在四五万年前，我国逐渐进入氏族公社时期，其前期为母系公社时期。在这个时期，从山顶洞人墓葬中出土的装饰品中可以看出人们的审美意识和宗教意识逐渐加强。随着宗教意识的产生和强化，祭祀活动也随之出现，舞蹈则是当时祭祀活动的主要形式。尽管这些原始的舞蹈没有留下具体的形象记录，但我们可以根据后来出土的舞蹈形象，以及至今仍然保存着的古老民间舞蹈，来想象那些充满神秘色彩和魅力的最原始的舞蹈场景。

舞蹈起源于祭祀，是指舞蹈最初是作为祭祀活动的一部分产生的。这种说法强调了舞蹈与灵性及生命的关系。在许多原始文化中，舞蹈被视为一种与神灵沟通的方式，能够表达人类对宇宙和生命的敬畏、祈祷和纪念。舞蹈在这种背景下不仅是一种艺术形式，还是人类生命活动中不可或缺的一部分。从舞蹈起源“祭祀说”来看舞蹈与生命的关系，我们可以从另一个角度来探讨，即舞蹈是如何通过仪式和神话故事来体现对生命的理解和表达的。

（1）神话故事的再现

在许多民族信仰中，舞蹈被用来再现神话中的故事，描绘神灵的创造、生灭及人类与神灵之间的互动。通过舞蹈，人们模仿神话中的神灵形象和故事情节，传承并纪念古老的信仰和智慧，使得生命的神秘得以再现和传承。

（2）身体的祭祀

舞蹈作为一种身体的精神实践，通过身体的动态表达来实现对神灵的祭祀。舞者用自己的肢体动作，去传达对神灵的崇敬和敬畏。这种身体的祭祀行为将舞蹈与生命联系在一起，让人们通过自己的身体去追寻和体味生命的深层意义。

（3）生命的起源与循环

民族舞蹈常常通过表达生命的起源和循环来增强与生命的关联。舞蹈者通过模仿自然界的现象，比如种子发芽、成长和枯萎，表达对生命循环起伏的认知。这种通过舞蹈来表述生命循环的方式，使得舞蹈成为生命传承和发展的象征。

（4）灵魂的升华

在民族舞蹈中，舞者往往通过舞蹈来寻求灵魂的升华和心灵的净化。通过身体的动态，舞者不仅是在表现，同时也在追求内心的平静与超然。通过舞蹈的修炼，舞者能认识到生命中更高层面的存在和价值，引领人们走向一个更高的精神境界。

因此，从舞蹈起源“祭祀说”来看，舞蹈与生命的关系是深远的。舞蹈通过祭祀的仪式和神话故事，把生命的奥秘和智慧融入舞蹈的表达中，使得人们对生命及生命的价值和意义有着更为深刻的认知。舞蹈与生命的关系通过不断的舞蹈实践和传承，得以延续和弘扬，成为人类文明中不可或缺的一部分。舞蹈与生命的关系是深刻而内在的，它不仅是一种艺术形式，还是人类对于生命、宇宙和神秘力量的表达和追求。舞蹈作为一种艺术形式，与生命有着深刻的联系，它不仅源自人类对生命和宇宙的感知和表达，也伴随着人类生命的各个阶段和情感体验，同时还承载着特定文化和社会的价值观与情感。因此，舞蹈可以被视为生命的一部分，是人类生活和文化的重要组成部分。

舞蹈与生命的关系深刻而多维，它不仅是一种身体语言，更是人类通过舞姿、动作和表情传达对生命的理解、情感与思考。同时，舞蹈作为传统艺术形式，承载着丰富的文化和历史内涵，在节日庆典等场合被传承与表演，延续着特定的文化传统。此外，舞蹈还能促进身心的和谐，增强人们对生命存在和本质的感知。

（二）人类生命之初与舞蹈的联系

舞蹈是人类最早创造的艺术样式之一，它伴随着人类的生存活动和生产活动发生、发展以至演进。

原始人的生活为原始舞蹈提供了最基本的也是最重要的内容。同时，一些生活中的习惯动作和劳动动作，以及富有特点和表现力的情感动作，经过若干次的反复、提炼，逐渐具有了象征性意义，形成了适合表达原始人思想感情的舞蹈语汇。因此我们说，原始人在其生活实践中，创造了与他们生存休戚相关的原始舞蹈。原始人跳舞，不是出于审美需要，而是生存使然。原始人的舞蹈本身就是追求功利的活动。

在原始公社时期，舞蹈不仅是原始人物质生活的组成部分，而且是原始人精神生活的直接体现。

在我国发现的多处古代崖画舞蹈图中，属于原始时代舞蹈形象的占了相当部分。从表现形式上看，有集体舞、单人舞，也有双人舞、三人舞和多人舞；从舞者外貌上看，他们或戴头饰，或插羽毛，或手执舞具，或裸露全身，有的臀后系尾饰，身体有刺纹；从舞蹈内容看，有表现狩猎生活的，有表现宗教祭祀的，也有表现男女相悦和生殖崇拜的，还有图腾性质的拟兽表演。在中国古代传说中，从人类始祖伏羲女娲到各时期部落的氏族首领，都有自己的乐舞。例如伏羲的乐舞《扶来》，歌颂伏羲发明结网、教民渔猎的功绩；神农氏的乐舞《扶犁》，歌颂神农氏发明农具、教民农耕的功绩。

因此可以说，原始舞蹈与原始人密不可分，舞蹈承载着他们的精神希望，并不断发展，成为后来的艺术舞蹈。

（三）原始舞蹈中生命的体现

1. 高度的生命联系

原始人跳舞，不是出于审美需要，而是生存使然，是一种追求功利目的的活动。例如战争舞蹈、健身舞蹈、社会组织与团结功能舞蹈。总之，原始舞蹈的基本出发点就是通过舞蹈实用功能，有力地促进人类自身的生存发展。

2. 高度的生命情调

原始人跳舞，在于实现人的生命本质，追求自己的生存和发展。舞蹈使他们在自身肢体的运动中感受生命的真实与伟大。原始舞蹈是在人类生存发展目标的刺激下生命情调最直接、最强烈、最纯粹、最充分的表现。

原始人表现情感有两种类型：一是模拟再现的舞蹈，二是动力表现的舞。

闻一多提出，原始舞蹈的目的在于："以综合性的动态动员生命，以律动性的本质表现生命，以实用性的意义强调生命，以社会性的功能保障生命。"原始的祭祀舞、狩猎舞、战争舞、性爱舞的确都不同程度地体现着这四大特征。在原始舞蹈中，那些处于原始状态的人们并没有太多的观念需要表现，他们仅仅服从于内心情感的支配，服从于肉体生命的节律，为着生存的欲望，自由地听任身体运动，去创造一个超现实的有魔力的世界。

原始舞蹈总是那么惊心动魄，那么热烈壮观，那么神圣庄严，并带着许多发自生命本体的深沉情感，展示着原始民族的苦乐艰辛。正是这种情感表达，才创造了令当今舞蹈家欲求不得的原始舞蹈那浓烈的生命情调。追溯至原始时期，舞蹈的存在带着以维系社会为目的的性质，从已出土的壁画文物中可发现，人类原始时期基本生活内容：狩猎、祭祀、生殖、劳作等都与舞蹈起源相关，它联系着人类社会的发展，造就着、进化着人类自身，与生命相惜。约翰·马丁说过，舞蹈先于所有其他艺术形式，因为它采用的不是什么器具，而是每个人永远随之携带的，说到底是所有器具中最有力和最敏感的身体本身。身体本身是生命载体，是极具生命力的。

二、动：身体的语言

法国著名哲学家、文学家卢梭讲过，“生命不等于呼吸，生命是活动”。人的肉体层面是人存在的基础层面，它是生命的载体。生命是有目的的，生命具有与宇宙自然均衡和协调的一致性，人类通过自我和其他人的身体及其动作，以及运动着的事物不断建立自身对世界的认知。比如，见面打招呼，拿物品。由此可看出身体及其运动构成我们拥有世界的总体媒介。刘青弋教授在现代舞蹈的身体语言中提出人体运动是生命存活的方式。

（一）日常生活中信息的传达

身体的状态和动作在人类的文化和日常生活交流中承担信息传递与语言交流的重要职能。艾伯特·瑞斌发现，在一条信息传递的全部效果中，只有38%的信息是有声的——包括音调、变音和其他声响，7%的信息是语言——只是词，而55%的信号是无声的。可见身体动作的信息在生活中所占的重要位置，身体是人类的思想和灵魂的载体，人体的动作是人体内在倾向性的外在呈现。

在日常生活中，很多内容都可以通过肢体动作进行表达，比如在语言不通的情况需要去商店购买某件物品，通常人们都是第一时间使用动作来进行表达。人体动作产生自人的内在冲动，它是人的内在生命和心理活动的呈现。在与他人接触时我们也可以准确地了解到彼此是否熟悉，比如陌生人之间的拥抱与朋友之间的拥抱的力量及状态肯定是不同的。

（二）舞蹈中身体语言的生命体现

通过身体语言的特点，我们可以看出舞蹈作为一种身体语言，属于一种直观的艺术。舞蹈就是在渲染一种情感，就是把被描绘的事物表现为实在的、具体的感性形象，把人物的精神世界利用身体语言有层次地展现出来。当我们去挖掘人物内心、抒发情感的时候，正是舞蹈与音乐相融发挥的时候。

在现代文明高度发展的今天，人类已经创造并享用着丰富的物质与精神文明成果，舞蹈的呈现依然须臾难离人类的形体。高度进化的人体更具智能性、可塑性、自由度。有能力实现高超的技艺，表现浓缩而升华了的感情，阐发自觉的审美意识，创造美的意境、美的形象，反映出特定的社会意识形态。但现代文明高度发展形成了社会分工的精细化，从而导致脑体劳动失衡，使一部分人出现“大脑发达、四肢萎缩”（显然与“四肢发达、头脑简单”同样不可取）。面向新世纪，联合国教科文组织的《世界全民教育宣言》发出了“向未来争夺身体”的呼吁。前瞻性的社会文化思潮，昭示着我们深化对舞蹈本体特质的认识，使其在当代社会中更加焕发出青春活力，起到健康人的体魄、美化人的心灵的重要作用。

就直观而言，人们不会把田间插秧当作“插秧舞”，也很容易把生活中的告别场景与反映离情的舞蹈区别开来。但是让人准确地回答“舞与非舞”之界定——为舞蹈做出准确的解释和定义，却不大容易。舞与非舞之差异包含多种层次并存在某种模糊性，舞蹈也可从不同角度予以阐释和界定。有不少哲人对舞蹈做出过种种解释，如：亚里士多德说舞蹈是“借姿态的节奏来模仿人的各种性格、感受和行动”；闻一多则有“舞蹈是人的生命情调最直接、最实质、最强烈、最尖锐、最单纯而又最充足的表现”之说。他们都不约而同地触及舞蹈的特质，即舞蹈是以个人的形体运动为基础条件来实现的；舞蹈生发于人的情感最激越——语言难以表达之时。正如《毛诗序》所言：“情动于中而形于言。言之不足，故嗟叹之；嗟叹之不足，故咏歌之；咏歌之不足，不知手之舞之足之蹈之也。”舞蹈源于生活，却不是生活动作的简单描摹再现。它基于人的内在精神力量的迸发和情感的升华，往往超出生活动作的“常态”“常量”而具有节奏性、韵律感——形成身体各部位动静格局的“同一性规律”；淘汰了生活动作基于应用性、随意性而存在的芜杂、烦琐。当然，超常化的人体动作不只是舞蹈。如杂技、体育、哑剧等，它们与舞蹈之界线存在着某种模糊度，故应关注舞蹈的“中心现象”：以情感人，以美取胜；具有民族文化特异性；等等。

人类行为在不断发展中建立起自身的种种文化形态，每一种形态的发生必然有最初的起点，从这一个起点发生，人类行为达到发展的种种目的。换言之，舞蹈的起点来自对生命的追求与需要——这些追求与需要形成了舞蹈中的发力点与核心训练点。

1. 古典芭蕾——生命为理想与高贵

古典芭蕾作为时代的产物，对生命的理解体现于理想主义中对人的欲望的抑制。

古典芭蕾认为，人的情感区域为人的躯干，尤其是后背下方的脊椎。腹部为人的欲望体现，也是生命产生的发源。古典芭蕾舞与生命之间存在着深刻的联系，这种联系体现在多个方面，包括身体、表达、情感和创造等方面。

（1）身体与生命

古典芭蕾舞强调身体的优美姿态和控制，包括优雅的姿势、优秀的身体力量和优良的柔韧性。在舞蹈中，舞者要展现出自己身体的极致表现，需要极高的专业技能和对自身身体的深刻认识。这种身体的表现与生命息息相关，表达了对生命力量和身体之美的追求。

（2）表达与情感

古典芭蕾舞也是一种通过身体表达情感的艺术形式。舞者通过舞姿、动作和表情来传递各种情感，如喜悦、悲伤等。这种表达方式与生命中的情感体验密切相关，可以让人们更深刻地感受到生命中的各种情感，从而更加珍惜生命。

（3）创造与灵感

古典芭蕾舞是艺术创造的一种形式，舞者通过编舞和表演来呈现出独特的艺术作品。这种创造力和灵感来源于各个方面，包括自然景观、文学作品、人生经历和情感体验等。舞者从生活中汲取灵感，创造出表达生命的艺术作品，从而丰富了人们对生命的理解和感悟。

古典芭蕾舞与生命之间的联系体现在舞蹈中对身体和创造力的表达，为人们带来了对生命的深刻思考和感悟。古典芭蕾舞与生命的联系是一个非常深刻而美妙的话题。古典芭蕾舞作为一种高雅的舞蹈形式，通过优美的舞姿、优雅的动作和华丽的表演，表达了生命的美好、悲喜、挣扎和追求。古典芭蕾舞与生命的联系也体现在舞蹈中所表达的情感和意境，以及舞者通过舞蹈展现的生命力。古典芭蕾舞作品中的角色扮演和情节演绎也展现了人生的各种境遇和命运的轮回。古典芭蕾舞作为一种极具挑战性的舞蹈形式，需要舞者具备良好的体态、出色的舞蹈技巧和灵活的表现力。舞者通过不懈的努力和坚韧的毅力，不断挑战自我、突破自我，展现出生命的顽强和追求卓越的品质。舞蹈中的每一个动作、每一次舞姿，都是舞者在舞台上对生命的热爱和对美的追求。

古典芭蕾舞通过舞者们的表演，将生命中的美好、悲伤、挣扎和追求完美展现在观众面前，让人们深刻体会到生命的意义。

2. 现代舞——身心合一的生命追求

伊莎多拉·邓肯曾说："对生命的理解为抒发人的情感，舞蹈表现生机勃勃的人性。"因此，她的动作发力点在胸口的"太阳神经丛"。格雷姆舞蹈的出发点也在揭露人的种种欲望，她的动作训练点在腹部或子宫上。现代舞家对舞蹈的革命从反抗芭蕾的"灭人欲"走向恢复人的感觉开始，他们将舞蹈视为生命的经验、生命的体验。只有这样的"经验"与"体验"才能真切地感受到客观世界和主观世界的存在。现代舞与生命之间存在着紧密的联系，这种联系体现在多个方面，包括自由、社会问题和创新等方面。

（1）自由与个性

现代舞强调个体的自由和个性表达，强调舞者个人的想法、情感和独特的表达方式。通过现代舞，舞者可以展现自己的真实情感和内心世界，这种自由的表达与生命的多样性和个性息息相关，向人们展示了每个人生命中的独特之处。

（2）社会问题与关怀

现代舞通常会涉及当代社会和文化议题，例如性别、权力、自由和身份等。舞者通过舞蹈，表达对于社会和政治议题的思考和反思，呼吁人们关注社会问题。这种直面社会问题的态度与对生命的关怀和责任息息相关，使得现代舞成为一种对生命、社会和人性进行深刻探讨的媒介。

（3）创新与审美

现代舞强调创新和审美的挑战，舞者们尝试通过新颖的舞蹈语言和独特的构图方式来表达自己对生命的理解和追求。现代舞的创新与生命的不断演进和进步息息相关，反映了人们对生活的追求和对未来的探索。

（4）身体与精神

现代舞强调身体和精神的统一，倡导健康的生活方式和良好的身心状态。舞者通过舞蹈来锻炼身体，同时也借此机会调整心态、净化情绪，使得身体和精神达到和谐统一。这种身体与精神的统一与生命的健康和平衡息息相关，表达了对生命的关爱和呵护。

现代舞与生命之间的联系体现在舞蹈中对自由、社会问题、创新和身心健康的关注和表达。现代舞将人们对生命的思考、关怀和追求以独特的舞蹈语言呈现出来，带给人们更深刻的心灵共鸣，进而使人们更加珍视生命。

3. 中国古典舞——“气沉丹田”

中国古典舞和中国人体运动的重点在于“气沉丹田”，所以发力点和训练重点在于“丹田”。生命的起源在中国文化中体现于“阴阳平衡”，道教中“一生二，二生三，三生万物”的概念。《易经》中也提到，“变，天地万物以情见”。因此，在太极的动作中，生命体现于动中求静的辩证思想。身体随缘而动、随机应变，不再受理性的指挥，在偶然中发展，返回生命本身的欲望。中国古典舞源于中国传统文化，与生命之间存在着深刻的联系，这种联系体现在文化传承的历史传统、身心修养与健康、情感表达与内心表达等多个方面。

（1）文化传承与历史传统

中国古典舞承载了中国悠久的历史传统和文化精髓，在舞蹈动作、服饰、音乐等方面体现了中国传统文化的特点。通过中国古典舞，舞者能够进一步理解和传承中国的历史文化，让古老的传统艺术在当代得到传承和发扬。这种文化传承与生命的延续和对传统文化的珍视息息相关。

（2）身心修养与健康

中国古典舞注重身心修养，通过舞蹈锻炼身体，磨炼意志，提高专注力和耐力。舞者在舞蹈过程中，需要具备较高的柔韧性和力量，这需要不断地修炼和锻炼。舞者在舞蹈中提升自身的身心素质，这与生命的健康和福祉息息相关。

（3）情感表达与内心表达

中国古典舞强调情感表达，通过舞姿、动作和表情来传递各种情感，如喜悦、悲伤等。通过表演，舞者能够与观众分享内心的世界。这种情感表达与生命中的情感体验和人际交流息息相关。

（4）精神修养与美好追求

中国古典舞追求典雅、高贵、美好的境界，表达了舞者对美的追求和对生命的美好向往。通过舞蹈，舞者能够陶冶情操，磨炼意志，提高修养。这种精神修养与生命的和谐、美好与向往息息相关。

中国古典舞与生命之间的联系体现在文化传承、身心健康、情感表达和精神修养等多个层面。中国古典舞通过舞蹈艺术的表达和传承，让人们更加深入地感受到中国传统文化的独特魅力和美好价值观，从而为生命注入更多美好与希望。

4. 中国民族民间舞——生命的传承

中国民族民间舞是中国丰富多彩的文化遗产之一，它在表现生命方面有着深刻的体现，包括对自然、生命、人类活动和情感的表现。中国民族民间舞丰富多样，每种舞蹈都有其独特的表现方式和内涵。

（1）自然生命的表现

许多中国民族民间舞以自然元素为主题，如《茉莉花》《草原舞》等，通过舞蹈的形式展现出大自然的生机与活力，表达出对自然的敬畏和热爱。舞者们通过动作、姿态和表情，展现出植物、动物等自然元素的生命力和美感。

（2）民族文化的传承

中国民族民间舞在表现生命的同时，也传承和展示了丰富的民族文化。例如，一些舞蹈作品通过舞者的动作、服饰和道具，展现出不同民族的生活场景、传统习俗和信仰，体现了民族文化的生命力和延续性。

（3）生活情感的抒发

许多民族民间舞作品通过舞蹈的形式表达出人们对生活的热爱、对家乡的眷恋、对爱情的向往等情感。舞者们通过舞蹈的动作和表情，将生活中的喜怒哀乐、爱恨情仇等情感生动地展现出来，使观众能够深刻感受到生命的丰富多彩。

（4）历史与传统的体现

中国民族民间舞也通过舞蹈作品展现出了中国悠久的历史和传统。一些舞蹈作品以历史故事、传统神话为题材，通过舞蹈的形式将历史人物、传统英雄的生命形象栩栩如生地呈现在观众面前，使人们能够感受到历史的厚重和传统的魅力。

中国民族民间舞通过丰富多彩的舞蹈形式和内容，生动地展现了生命的多样性和丰富性，同时也传递了对生命的热爱和敬畏之情，体现了中国文化的深厚底蕴和生命力。

人类祖先为了生存需要，为了让生命持续繁衍，为了让后代学会生存，在尚无文字与语言出现时，以舞蹈及身体动作作为重要的教育手段影响着、培育着后代的发展，从生活技巧的训练到道德品性的培养都可从舞蹈中获得。舞蹈就是将人类的情感表达、人类社会中的种种迹象，通过人类最有效、最原始的工具——身体本身，将其内心表达转化为表象动作形式，并对肢体动作语言进行深度提炼，美化肢体动作语言，进而放大内心情感进行动作的发展，使身体运行轨迹形成连贯画面，直观表达生命的意义及表现着生命力的强大。

三、意：肢体动作的表达

人体动作属于人的情绪、智慧和精神状态，动作的内在质量和外在的形体紧密结合，共同构成具有丰富表现力的充满内在含义的动作符号，如互动的、伤心的、开心的、气愤的和烦躁的。通过这些动态的语言，人类理解生命，进行生命之间的交流，达成人与人之间的和谐。舞蹈就是通过这种动作形式对人类生命进行深刻的洞察，去深刻地理解生命，准确地表现生命。

（一）舞蹈中生命的表达

舞蹈作品中关于生命的表达是一个非常丰富和深刻的主题，许多舞蹈作品通过舞者的动作、姿态和情感表达了生命的各个方面。一些舞蹈作品通过舞者的动作和编排来表达生命的起源和奇迹。舞者可能会模拟生命的诞生、成长和演化过程，以及生命中的奇迹和美好。舞蹈作品也可以表达生命的循环和变化。舞者可以通过舞蹈的节奏和动作来展现生命的起伏、变化和循环，从而传达生命不断变化和循环的特性。一些舞蹈作品通过舞者的动作和情感来表达生命中的挑战和坚韧。舞者可能会通过舞蹈来展现生命中的困难、挑战和逆境，以及人们如何克服困难并展现坚韧的品质。舞蹈作品也可以表达生命的美好和喜悦。舞者可以通过舞蹈的优美动作和欢快节奏来展现生命中的美好时刻和喜悦的情感，以及人们对生命的热爱和感恩之情。一些舞蹈作品通过舞者的表演和情感来表达对生命意义的探索和思考。舞者可能会通过舞蹈来探讨生命的意义、存在的意义以及人们对生命的思考和感悟。

1. 清华大学舞蹈作品《生命》

作品《生命》（见图 13-1）是张伟老师公选课“素质教育舞蹈”课中学生们的创作。《生命》表现了细胞从形成、分裂、DNA 不间断地复制、抵御细菌病毒入侵，直至演化成为生命个体的过程，表现了生命力的强大与周而复始。其实，每个人都是生命的舞者。灵感源自清华大学副校长、生命科学院院长施一公教授的一次讲座“生命科学认知的极限”，其中有一句话是这样讲的：“其实我们已知的物质的质量在宇宙中只占 4%，其余 96%的物质的存在形式是我们根本不知道的，我们叫它暗物质和暗能量……”而这些能用科学认知或尚未能用科学认知的部分，带给学生们很多思考。这个作品正是希望用身体演绎生命的诞生，从而表现出生命的伟大与美丽。

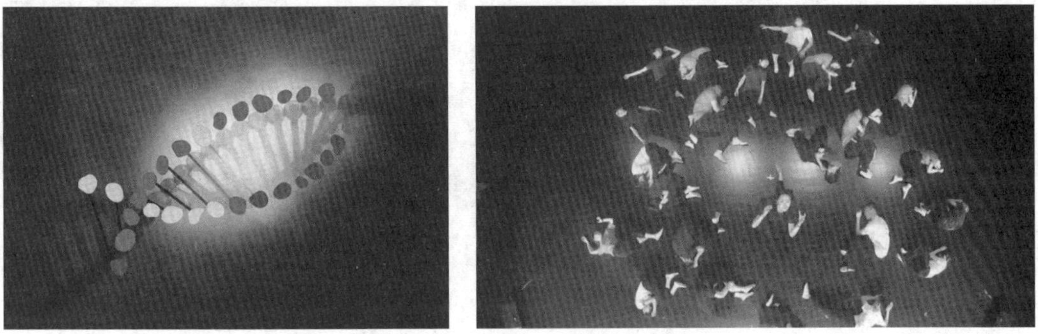

图 13-1　舞蹈《生命》

2. 云南艺术学院舞蹈作品《生命的摇篮》

傣族女子群舞《生命的摇篮》（见图 13-2）在人与自然和谐共生的主题意境下，将大自然喻作“生命的摇篮”，运用以形写意、虚实相生的表现手法，通过热带雨林下的写意烘托，以不同的造型和构图完成热带雨林中人像与物像的塑造，描绘出地球生物在不同环境空间中的状态，即如诗如画般纯洁与美丽，形象地塑造了傣族人民团结共生、爱护自然的精神风貌，是一部极具时代精神的现实题材傣族舞蹈作品。

图 13-2　舞蹈《生命的摇篮》

摇篮天然带有孕育、呵护、成长的生命感。作品《生命的摇篮》是一次人与自然之间，关于生命、自由、存在的追问。从摇篮意象出发，首先复归于生命的原点，或茧或卵的“生命之壳”在纸伞面的纵横排列下形成了一个原初的“胚胎”，伴随着“壳膜”的震动，舞者显隐于高低错落的空间，以傣族舞蹈律动，或蹒跚，或追逐，或缱绻……那是成长的体验，是存在的痕迹。傣族女子群舞《生命的摇篮》营造了“林”深、“雀”行、“象”鸣、“鱼”跃、“菌”生、“虫”萤的整体意境，人以“天地与我并生，而万物与我为一”的生命通感，融于舞蹈动作语汇的设计和舞蹈道具的形象塑造中。“伞”成了这种生命通感得以联结的逻辑起点，它不仅以静态的伞面、伞柄表达出生命向内、向外打破的两种方向，还以将开未开、闪烁开合的动态伞面营造出呼吸感。这种呼吸是自然的轮回，是人的吐纳，是齐物论下的生命共振，是天人同道的生命跃动。

3. 长春人文学院舞蹈作品《姥姥的田》

《姥姥的田》（见图 13-3）由吉林省文联副主席、吉林省舞协主席王小燕、长春人文学院音乐舞蹈戏剧学院舞蹈系主任张万励、青年编导王艺萌共同编导，由长春人文学院排演。该作品厚植于黑土文化，演绎了人与土地之间的亲密关系，着重强调了生命间的沟通与感悟，运用东北地域文化成功阐释了人与自然的和谐共生。

图 13-3　舞蹈《姥姥的田》

舞蹈诗篇《姥姥的田》在东北黑土文化的沃壤中绽放出独特的艺术之花。这部由长春人文学院倾力打造的原创作品，以肢体为笔、以舞台为卷，将人与土地的血脉契约镌刻成永恒的舞蹈史诗。创作者们深谙东北地域文化的精神密码，通过充满张力的动作语汇，构建起天人合一的哲学意象，在耕耘与收获的永恒轮回中，诠释着生命对话的深邃哲思。

六分钟的光影叙事里，“姥姥”与“田埂”化作承载集体记忆的文化符号。编导以当代视角重构时空，让“我”的成长轨迹与“姥姥”的生命年轮在麦浪中交织：垂暮之年的佝偻背影与田间劳作的矫健身姿重叠，十月怀胎的蹒跚步履与背负幼孙的轻盈跳跃互文。这种蒙太奇式的舞蹈叙事，既是个体生命的微观史，亦是农耕文明的宏观颂。当“姥姥”的形象在秧歌步履中渐次清晰，观众得以透过具象的肢体语言，触摸到土地伦理的温度，感悟到生命传承的重量。

舞台在钢琴的悠远吟唱中苏醒，小提琴如麦芒轻颤，单簧管似麦浪起伏。当熟悉的东北秧歌旋律响起，“姥姥”的银丝绢帽在光影中流转，幻化成田野间跳动的精灵。编导匠心独运，以“绢帽”为叙事支点：时而化作遮阳的斗笠，时而化为收麦的围巾，最终升华为土地精神的图腾。在虚实相生的舞台空间里，我们目睹着生命从孕育到成熟的完整周期——那束最后打在“我”身上的追光，既是对逝去亲人的温柔凝视，更是对生命轮回的庄严注脚。

作品在继承东北秧歌艮俏美艺术特质的基础上，实现了传统语汇的现代转译。创作者突破性地将“绢帽”转化为情感载体，通过抛接、旋转、缠绕等动作设计，外化出“耕耘—养育—反哺”的生命链条。当拟人化的稻穗在舞台上摇曳生姿，当四季轮回的意象在舞者足尖流转，我们看到的不仅是东北女性的生命群像，更是中华农耕文明的精神图谱。这种将个体记忆升华为集体共鸣的艺术实践，让《姥姥的田》超越了地域舞蹈的范畴，成为献给大地母亲的安魂曲，亦是写给生命本真的赞美诗。

舞台终场时，那片被光影浸润的“田野”依然在观众心中生长。当都市的霓虹遮蔽了星空，当机械的轰鸣取代了蛙鸣，《姥姥的田》恰似一缕来自黑土地的清风，提醒着我们：文明最深的根系，永远生长在记忆的田野里。

（二）舞蹈中意境的表达

在舞蹈作品中，意境的表达是一种非常重要的艺术手法。意境，通常被理解为艺术作品中所表达的情感和氛围，是一种超越具体形象和直接表达的艺术境界。在舞蹈中，通过对舞者的动作、音乐、灯光、服装等元素的综合运用，可以创造出一种独特的艺术氛围，观众能够感受到舞蹈所要传达的情感和主题。舞蹈动作是舞蹈作品中最直接的表现手段。舞者通过身体的动作，可以表达出各种各样的情感和意境。例如，轻盈的跳跃可以表达出欢快、自由的情感，缓慢、沉重的动作则可以表达出悲伤、压抑的情感。舞者的动作不仅仅是身体的运动，更是情感的流露，是对内心世界的直接表达。音乐是舞蹈作品中的另一个重要元素。音乐的节奏、旋律、音色等都可以影响舞蹈的氛围和情感表达。快节奏的音乐可以激发舞者的活力，营造出欢快、热烈的舞蹈氛围；而慢节奏的音乐可以营造出宁静、深沉的舞蹈氛围。音乐和舞蹈的结合，可以创造出丰富多样的艺术意境。灯光和服装也是舞蹈作品中的重要元素。通过灯光的变化，可以创造出不同的舞台氛围，强化或衬托舞蹈的情感表达。例如，暖色的灯光可以营造出温暖、舒适的氛围，而冷色的灯光可以营造出冷漠、孤独的氛围。服装的设计和颜色选择，也可以影响舞蹈的视觉效果和情感表达。例如，明亮、鲜艳的服装可以表达出欢快、活力的情感，而暗色、简洁的服装可以表达出沉静、内敛的情感。此外，意境的表达既需要舞者的精湛技艺，也需要艺术家的深厚艺术修养和独特艺术视角。

1. 浙江音乐学院舞蹈作品《碇步桥水情悠悠》

在《碇步桥水清悠悠》（见图 13-4）中，石桥青苔上，少年足音轻叩时光。一泓清泉倒映着江南的眉眼，倒影里漾开的不仅是粼粼波光，更是游子心中永不褪色的乡愁。作品以碇步石桥为时空坐标，将小桥流水的江南意象编织成集体的记忆锦缎，让空间形态的叠合牵动起岁月长河的涟漪。当乡愁漫过石阶，站在时光此岸的“我”，蓦然望见彼岸摇曳的童年灯火。

图 13-4　舞蹈《碇步桥水清悠悠》

艺术创作自有其内在的法

则脉络，舞蹈情境的营造尤需厘清发展的逻辑经纬。动作语汇的精准性，恰似画家调色盘上的第一抹基底。观全篇编排，编导以微相舞蹈动作构建美学体系：演员们以胯为轴心旋拧出江南女子的灵秀，颤膝动作应和着水乡的脉搏，将碇步桥上的生活场景提炼为富有雕塑感的舞蹈诗行。那些蹚水、过桥的日常生活动作，在节奏的魔法下化作跃动的生命符号。

“一线桥光通越水，半帆寒影带吴歌”，碇步石桥作为浙地特有的自然诗行，形若天地弹拨的琴键，故得“琴桥”雅称。这部伫立于琴桥之下的创作，是献给江南的四重奏——关于美丽、自然、生态与人间的永恒对话。舞者们以颤顿勾勒水的絮语，用刚柔诠释水的性情，借俯仰展现水的姿态。每个动作细节皆是对水性的领悟与转译：一跨一立间，是流水绕石的智慧；一视一眺中，是水映云天的豁达。作品最终超越了单纯的形态模仿，在“领悟—顺应—表现”的创作路径中，抵达天人合一的江南美学至境，让水载万物的哲学意蕴在舞姿中汩汩流淌。

2. 舞蹈诗剧《只此青绿》

图 13-5 舞蹈《只此青绿》

《只此青绿》（见图 13-5）是由周莉亚、韩真共同执导，故宫博物院、人民网股份有限公司、中国东方演艺集团有限公司，域上和美文化发展有限公司联合出品的舞蹈诗剧。作品涵盖了多种艺术形式，展示了舞蹈、诗歌、电影等多种艺术形式的结合。整部作品以绿色为主题，充分展示了绿色生态环境对人类生活的重要性，以及绿色与人类情感的纠葛。在舞台表演中，《只此青绿》通过独特的舞蹈编排和表现形式，展现了绿色生态环境与人类生活之间的关系。此外，在电影和诗歌方面，《只此青绿》也以别具一格的表现形式，让观众在欣赏作品的同时，深刻思考生态环境与人类情感之间的联系。

舞剧的灵感来源《千里江山图》。《千里江山图》弥漫着一股清新、沉静之感，观赏片刻便会不由自主地沉浸在那亦真亦幻、亦近亦远的山水之中。北宋画家王希孟以青春的朝气与灵气绘出他心中的一片大好河山，气势恢宏又不失淡然静好。“心中若能容丘壑，下笔方能汇山河。”舞者的躯体是山，水袖是水，几百年前画中的青山绿水幻化为现代一个个姿容秀丽，身段轻灵气息沉稳的女子，行走在古朴的“画卷”之上。一动一静将古画深远恢宏的气势和幽静典雅的意境呈现出来，是对中国传统艺术的另一种形式的再现，是现代对古代的追溯与怀念，也是艺术重生和文化创新。

舞者和舞台共同呈现了这样一个超越了时空的意象世界。“胸罗宇宙，思接千古。”在这有限的舞蹈时间和舞台空间中，一种徜徉在千年时光的思绪和情感，翱翔于高远的千里江山之中，如今中国的精神文明与千年前的北宋即一脉相承，又历久弥新，沉淀于中华民族的血脉与基因中的古典审美意趣在舞剧中重新焕发出时代的光辉。

整个舞剧融合了自然美、社会美和艺术美，可谓“仰观宇宙之大，俯察品类之盛”，生动展现了现代和宋代各种不同的生活场景，王子涵扮演现代的展卷人一步步走进《千里江山图》，穿越时空感受王希孟作画时的精神世界，古今的交错重叠，表达了创作者对于历史的感悟，对时间的浓缩，以古映今，以今唤古，激发了当今国人对于我们本民族传统艺术的热爱之情与由衷的感叹和自信。

（三）舞蹈中事件的表达

舞剧《永不消逝的电波》（见图 13-6）是一部具有深厚历史背景和艺术价值的作品。这部舞剧不仅是对中国共产党成立 100 周年的献礼，还是对革命先烈们英勇无畏、坚韧不拔精神的生动再现。《永不消逝的电波》是一部以二战时期的抗日英雄李白烈士为主题的舞剧。这部作品把李白烈士的事迹搬上舞台，用当下的审美、多时空的叙事逻辑、紧张悬念的舞蹈语汇等进行全新的演绎，通过舞蹈的形式，展现了他坚韧不屈的抗战精神和对生命的深深热爱。

图 13-6　舞蹈《永不消逝的电波》

《永不消逝的电波》通过舞蹈的形式，深刻地展现了生命的坚韧、热烈、牺牲、奉献和希望，是一部对生命进行深刻呈现和赞美的舞剧。从舞剧的舞美设计、服装设计到舞蹈编排、音乐创作，每一个细节都充满了艺术性和历史感。舞者们通过优美的舞姿和精湛的技巧，将那段充满艰辛和斗争的历史生动地呈现在观众面前，让人仿佛置身于那个风雨飘摇的年代。舞者们通过细腻的动作和表情，将英雄们的喜怒哀乐、生死离别展现得淋漓尽致。特别是在一些关键的情节节点上，舞者们通过高难度的舞蹈动作和富有感染力的表演，将观众的情感引向高潮，让人为之动容。舞剧的音乐创作也值得一提。音乐与舞蹈的完美结合，使得整部舞剧更加具有感染力和震撼力。音乐旋律优美动听，既能够表现出英雄们的英勇无畏，又能够展现出他们内心的柔情与温暖。

西方著名美学家苏珊·朗格说过，艺术的最主要功能是让人感到生命的情感张力，让人肃然起敬地凝视它。世间万物，不仅仅是人类本身可以用舞蹈去表达，其他的亦可。运用肢体我们可以表达我们对其他事物的理解，展现不同生命的灵动，如杨丽萍舞蹈作品《雀之灵》、长春人文学院舞蹈作品《冰凌花》等。

舞蹈动作是舞蹈作品中最基本的元素，每一个动作都蕴含着丰富的内涵和意义。在生命教育中，舞蹈动作可以帮助人们更好地理解肢体语言的含义和意义，培养人们的审美情趣和文化修养。通过对舞蹈动作的学习和理解，学生可以更加深入地感知艺术的美和生命的意义，增进对生活的热爱和对美的追求。这些都是生命教育所追求的人文精神和审美情感的培养。舞蹈动作的含义和意义是舞蹈作品的核心所在，每一个动作都承载着特定的情感和思想。通过舞蹈动作的表达，人们更加深刻地感受生命的丰富和多彩。在生命教育中，舞蹈可以引导人们去探索生命的意义和价值，激发个体对生命的热爱和对美好的追求。

四、育：生命的舞动

我们的教育无非一个育人工程。无论如何，关怀生命、理解生命、改善生命、发展生命及表现生命都不能离开人体动作。想要真正地理解生命、认识生命，我们不能不依赖那些无所不在、并从不说谎的人体动作，以及它所传达的信息，进而为发展生命与完善生命的教育，保存这些信息中的健康部分，同时以积极的信息取代其缺损的部分。美国舞蹈家“现代舞之母”伊莎多拉·邓肯在《舞蹈家自我修养》中提到，舞蹈就是生命，就是一种生命教育，它不是一种消遣而是一种生命的表达。舞蹈作为一种艺术形式，具有独特的教育意义。通过对舞蹈作品的欣赏和学习，人们可以更加全面地认识和理解生命的美好和复杂。舞蹈作品中蕴含着的丰富情感和思想，可以激发人们对生命的热爱和对美好的追求。在生命教育中，舞蹈作品的教育可以培养个体的审美情感和人文素养，提升个体对生命的理解和感悟能力。

（一）舞蹈中的“真、善、美”

宗白华在《美学散步》中说道：“一切艺术虽是趋向音乐，止于至美，然而它最深最后的基础仍是在‘真’与‘诚’。”① “真与善”来自世间万物与人类内心碰撞所生出的心灵感悟，舞蹈美育的核心是对心灵的唤醒，是从生命深处唤起人类所感悟到的纯美意识与审美感受。一切艺术的基础都是“真与善”，舞蹈亦是如此：“真”是舞蹈情感的真实表达，表现人与人之间真诚的关怀，表现真实守信的品性；“善”是道德品质的纯善，运用肢体展现出人性的纯洁美好，关爱他人，呵护他人，表现道德的至善。肢体是不会说谎的，舞蹈直接将内心表达展现出来，生命有真有善才会有美的存在，舞蹈教育更应正确引导受教育者建立正确的美学观，建立身心一体的至美标准，达成内在与外在的统一，找寻舞蹈本体的“真、善、美”，真正做到“以审美的方式解放心灵，开掘人的创造能力，以身心一体化的身体训练，塑造完美人格”。

舞蹈中的“真善美”可以理解为表达真实、善良和美丽的核心价值观。通过舞蹈，舞者可以传达内在的情感和意义，以此展现他们内心深处的真实性。无论抒发快乐、悲伤、爱情或是其他情绪，舞者都需要通过身体语言和动作来传达，使观众能够感受到其内心的真实状态。“真善美”也体现在舞蹈艺术的技巧和精湛的表现力上。舞蹈需要舞者具备优秀的技术功底，如灵活的身体控制、准确的节奏感和卓越的协调能力。这些技巧的运用，使得舞者能够以独特而优雅的方式表达自己的情感和意图。同时，舞蹈也需要舞者具备强大的表现力，通过舞姿、肢体语言和面部表情等细微之处，使得观众能够感受到舞者所要传达的信息和情感，从而产生共鸣。舞蹈中的“真善美”还体现在其对社会和文化的积极影响上。舞蹈作为一种艺术形式，能够跨越语言和文化的界限，与观众进行情感上的沟通。通过舞蹈，人们可以感受到不同文化背景下的美丽和多样性，增进对他人文化的理解和尊重。此外，舞蹈也可以传递正能量和积极价值观，激励人们追求真理、善良和美好，促进社会的和谐与进步。

舞蹈中的“真善美”体现了舞者内心的真实情感和意义，展示了技巧和表现力的精湛运用，同时对社会和文化具有积极的影响。舞蹈作为一种艺术形式，不仅可以带给

---

① 宗白华. 美学散步［M］. 武汉：长江文艺出版社，2023：202.

人们美的享受，也能够启发和感动人们的内心，传递积极的价值观。

（二）舞蹈中的美育教育

舞蹈作为一种艺术形式，通过音乐、舞姿、表情等多种元素的结合，能够激发学生的审美情感，培养学生的艺术感知能力。通过舞蹈课程的学习，学生可以感受到舞蹈所传达的美和情感，培养对美的欣赏能力，提升审美水平。这有助于拓展学生的艺术视野，培养其对不同艺术形式的理解和热爱，从而促进学生全面的审美教育。舞蹈教育有助于提升学生的身心协调能力和自我表达能力。在舞蹈学习过程中，学生需要通过练习和表演不同的舞蹈动作来提升自己的身体灵活性、协调性和舞台表现力。这种训练不仅有助于培养学生的艺术修养，还能够促进学生身心的健康发展，增强其自信心和自我表达能力。舞蹈教育也可以增强学生的团队合作意识和社会交往能力。在舞蹈表演中，学生需要与其他舞者密切配合，共同完成一场完美的表演。这种团队合作不仅锻炼了学生的协作能力和沟通能力，还培养了学生的责任感和集体荣誉感，促进学生在团队中的积极互助和合作精神。

舞蹈中的美育教育不仅有助于培养学生的审美情操和艺术修养，提升其身心协调能力和自我表达能力，还能促进学生的团队合作意识和社会交往能力。通过舞蹈教育，学生可以在愉悦的学习氛围中全面发展，获得身心上的丰富体验，为其未来的成长和发展打下良好基础。

1. 舞蹈美育与心理健康

舞蹈美育的实质是身体教育，舞蹈既是一种身体活动，也是一种心理活动。人们进行舞蹈训练的同时身体和心理也能得到愉悦与满足。

2. 舞蹈美育与身体健康

舞蹈作为一种身体活动，能够促进身体健康。通过舞蹈练习，学生可以锻炼肌肉、增强柔韧性和协调性，提高心肺功能和代谢水平。持续的舞蹈锻炼有助于改善体态，增强体质，预防肌肉骨骼问题，促进全身血液循环，从而提升整体身体素质，保持身体健康。舞蹈还对心理健康具有积极作用。舞蹈可以释放压力，缓解焦虑和紧张情绪，帮助放松身心，减轻精神压力。舞蹈的优美动作和旋律能够激发愉悦情绪，促进大脑中多巴胺等神经递质的分泌，提升幸福感和快乐感。此外，舞蹈还可以培养自信心和自我认知能力，促进个人内心的成长和发展。舞蹈美育还可以促进学生的情绪管理和情感表达能力。在舞蹈表演中，学生需要通过舞姿、表情和肢体语言来传达情感和意义。通过舞蹈的学习和表演，学生可以学会倾听自己内心的声音，表达内心真实的情感，培养情绪管理的能力，提升情感智慧。舞蹈美育对身心健康有着积极的影响。通过舞蹈的身体锻炼和心理抒发，学生可以获得身心愉悦的体验，提升身体素质和心理素质，促进身心健康的全面发展。因此，将舞蹈美育融入教育中，对学生的身心健康和全面发展具有重要意义。

3. 舞蹈美育与体形塑造

舞蹈作为一种艺术形式，要求舞者具备优美的身体线条和姿态。通过不断练习各种舞蹈动作和姿势，学生能够锻炼身体各个部位的肌肉，提高身体的柔韧性和协调性。这种持续的形体训练有助于改善身体比例，强化肌肉线条，塑造优美的体态，提升整体形体美感。舞蹈美育还可以帮助学生树立正确的形体意识和养成良好的体态习惯。在舞蹈学习过程中，学生需要注意姿势、身体协调和舞台表现，培养出正确的站姿坐姿等基本体态习惯。通过长期的舞蹈训练，学生可以逐渐改善不良的体态习惯，调整身体曲线，塑造端庄挺拔的形象。舞蹈还可以促进身体的线条流畅和优雅，提升整体形体美感。舞蹈动作的优美性和舞者的表现力要求，能够促使学生在舞蹈过程中不断追求完美的舞姿和姿态。这种追求完美的过程，有助于调整身体比例，强化肌肉线条，打造优雅的形体美感。

舞蹈美育与形体塑造密切相关，通过舞蹈的训练和表演，学生可以塑造优美的身体线条和姿态，养成良好的体态习惯，提升整体形体美感。因此，将舞蹈美育融入教育中，对学生的形体塑造和形象提升具有重要作用，有助于培养学生良好的形体素质和形象气质。

4. 舞蹈美育与身体素质

舞蹈作为一种身体活动，能够全面锻炼身体素质。在舞蹈训练中，学生需要进行各种动作和姿势的练习，包括力量、柔韧性、耐力和协调性的训练。这些练习有助于增强肌肉力量和耐力，提高关节灵活性和身体协调能力。通过持续的舞蹈训练，学生可以改善身体素质，增加体能水平，提升身体的整体机能。舞蹈还可以提高心肺功能和代谢水平。舞蹈训练需要连贯的动作和节奏感，这要求学生具备一定的心肺耐力。通过长时间的舞蹈练习，学生的心肺功能得到锻炼和提升，进而有助于增加氧气摄取量和代谢水平，改善身体健康状况。舞蹈还可以促进身体姿态和平衡感的培养。舞蹈动作要求学生保持正确的身体姿态和平衡感，通过舞蹈训练，学生可以提高对身体姿态的敏感度和控制力。良好的姿态和平衡感不仅能够改善身体形态，还可以预防姿势不良带来的身体问题，提升身体素质。

舞蹈美育对身体素质的提升具有积极的影响。舞蹈训练可以全面锻炼身体各方面素质，包括力量、柔韧性、耐力和协调性。此外，舞蹈还可以增强心肺功能和代谢水平，培养良好的身体姿态和平衡感。

5. 舞蹈美育与心理发展

舞蹈美育对人们的心理健康有很大的帮助。现代医学研究表明，舞蹈能够通过身体运动、音乐、气氛等多种因素，刺激人们的神经系统，促进大脑分泌多巴胺等快乐激素，从而缓解焦虑、抑郁等负面情绪，提高人们的心理健康水平。此外，舞蹈还能够让人们沉浸在音乐、舞姿中，释放压力，缓解压力所带来的不良情绪，从而有效预防和治疗心理问题。

（1）以感觉的方式训练身体，提升人的智能

舞蹈是一种以感觉的方式训练身体的艺术形式，通过肢体动作、音乐节奏等多种因素，刺激人们的感官神经，提高人们的感知和认知能力。舞蹈不仅能够锻炼身体各个部位的肌肉和骨骼，还能够提高人们的智能水平。

舞蹈能够增强人的感知能力。舞蹈要求人们全身心地投入，它通过肢体动作、音乐节奏等感性因素，刺激人们的感官神经，提高人们的感知能力。舞蹈能够让人们更加敏感地感知周围环境的变化，从而更好地适应和反应环境变化，提高人们的适应能力。舞

蹈能够提高人的认知能力。舞蹈要求人们通过肢体动作来表达意念和情感，这需要人们对于自己的身体有深入的认知。通过舞蹈的训练，人们能够更好地认识自己的身体，提高自我意识和自我控制能力，同时也能够增加人们的视觉、听觉等多种感官的统合能力，提高人们的认知水平。舞蹈能够提高人们的创造力和想象力。舞蹈是一种具有创造性的艺术形式，需要人们通过自己的想象和创造来表现。通过舞蹈的训练，人们能够锻炼自己的创造力和想象力，从而更好地发挥自己的潜力，实现个人价值的最大化。

舞蹈以感觉的方式训练身体，能够提高人们的感知和认知能力，同时也能够促进人们的创造力和想象力的发展。因此，我们应该更加重视舞蹈教育，为更多的人提供学习和参与舞蹈活动的机会。

（2）以审美的方式解放身体，开掘人的创造能力

舞蹈通过优美的舞姿和动作，激发人们的审美情感和享受美的能力。在舞蹈表演和创作中，舞者可以通过肢体语言传达情感和思想，引发观众的情感共鸣。通过欣赏和参与舞蹈，个体可以感受到身体被审美化的过程，体验到身体在舞蹈中得到解放和沉浸在美的世界中的愉悦感受。

舞蹈通过对身体的塑造和训练，开发和提升个体的创造能力。在舞蹈创作中，舞者需要不断探索和尝试新的动作、表现形式和情感表达方式，充分发挥创造力和想象力。通过舞蹈的实践和创作，个体可以培养创造性思维，拓展自己的表现方式和审美观念，从而开拓身体和心灵的边界，实现艺术表达和创新。舞蹈还可以促进个体的身心平衡和内在和谐。在舞蹈中，个体需要通过肢体动作来表达情感和思想，从而实现身心的统一和平衡。通过舞蹈的实践和体验，个体可以增强身体感知和情绪表达能力，促进身心健康和内在调和，进而激发创造力，促进个性发展。

舞蹈以审美的方式解放身体，开掘人的创造能力，对个体身心发展具有深远的意义。舞蹈艺术通过审美体验和身体训练，激发个体的审美情感和创造力，促进身心平衡和内在和谐。因此，将舞蹈艺术融入生活和教育中，对于个体的全面发展和人格塑造具有积极的促进作用。

（3）以身心协调的运动训练身体，塑造完美人格

舞蹈作为一种促进身心协调发展的艺术形式，能够通过音乐、动作和情感的统一，调动身体各部位的协调性和灵活性。在舞蹈训练中，学员需要不断地练习各种复杂的动作和姿势，提高身体的协调性和灵活性。通过舞蹈的实践，个体可以塑造优美的身体线条和姿态，从而培养出一个健康、优雅、有活力的身体形态。舞蹈训练也要求学员不断地提高对音乐、情感和动作的把握能力，培养出身心协调的能力。舞蹈需要学员精准地配合音乐的节奏和情感表达，通过动作来传递内心的情感和思想。这种身心协调的训练，可以提高学员的专注力、表达能力和情感调控能力，从而使个体更具有内在的魅力和吸引力。舞蹈训练也强调团队合作和集体意识，培养学员的责任感和自信心。在舞蹈团队中，学员需要与其他舞者密切合作，相互配合完成舞蹈动作，这需要学员具备良好的团队合作精神和集体意识。通过舞蹈训练，学员可以培养出坚忍的意志品质和积极的团队合作精神，从而完善个体的人格特质。

舞蹈以身心协调的运动训练身体，塑造完美人格，对个体身心发展具有深远的意

义。舞蹈训练通过协调性和灵活性的培养、情感表达和团队合作的训练，可以促进个体身心协调发展，塑造健康、优雅、有活力的完美人格。

[聚焦提升]

在探索舞蹈与生命教育的融合中，我们见证了舞蹈对个人成长的深远影响。舞蹈不仅仅是身体的跃动，更是心灵的共鸣，它能帮助我们感悟生命的韵律，培养人文情怀，拓宽视野。同时，舞蹈作为一种独特的身体语言，能够提升我们的表达能力，让我们在社交中展现独特魅力。大家可尽情地舞动自己的身体，感受它带给我们的身与心的体会。

舞蹈鼓励创新，激发创造力，帮助我们在各个领域保持敏锐的洞察力。我们正处于人生的关键阶段，舞蹈与生命教育的结合为我们提供了无限可能。在舞蹈中可以感受到，舞蹈蕴含生命，舞蹈表达生命，舞蹈传承生命，舞蹈就是生命，让我们舞动起来，体会舞蹈带给我们的情绪体验。

[自主思考]

长春人文学院舞蹈作品《姥姥的田》，深植“黑土地文化”，以东北秧歌为韵，凝练展现人与土地的共生关系及生命感悟。作品巧妙地运用“田”讲述了姥姥一生在土地中劳作与培养孩子成长的故事，升华情感至“耕耘—养育—反哺”的生命循环与人文精神。时光流转的意象（姥姥青年至老年、稻谷拟人化）与光影音乐共同构建了天地和谐的诗意空间，诉说着亲情的悠长、生命的坚韧与黑土地的深沉力量。

请欣赏作品，并结合所学谈谈作品给你带来了怎样的艺术触动与生命思考。

[课外拓展]

舞蹈作品推荐：

1. 2017 年由李佳雯编创、浙江音乐学院表演的舞蹈作品《碇步桥水清悠悠》。
2. 2017 年由清华大学学生编创、表演的舞蹈作品《生命》。

专题十四

绘本与生命教育

人的一生有三次读图画书的机会，第一次是自己是孩子的时候，第二次是自己养育孩子的时候，第三次是自己进入人生后半期的时候。

——柳田邦男

[专题导语]

绘本作为孩子们探索未知世界的神奇窗口，不仅仅是视觉与想象的盛宴，更是心灵成长的温柔引导者。在当今多元化教育的浪潮中，“绘本与生命教育”的融合成为教育界瞩目的焦点。绘本以其绚烂多彩的画面和引人入胜的情节设计，不仅带领孩子们遨游于一个个充满魔力的故事宇宙，更在无声无息间，将生命的深刻智慧与正向价值观悄然植入他们的幼小心灵。

这些精心编纂的故事帮助人们学会了如何细腻地表达自己的情感，学会了倾听与共情，这是人们社交技能的重要基石。绘本中的角色多样、情节丰富，能够教会孩子们尊重每一个人的独特性，接纳并欣赏世间的差异。在翻阅与沉思中，孩子们的创造力被激发，解决问题的能力也得到了锻炼。绘本中的正面角色和积极情节，常常成为孩子们模仿的榜样，进而引导他们形成乐观向上的行为模式和人生态度。本专题将深入剖析绘本在生命教育中的独特魅力，揭示不同绘本作品如何以温暖人心、启发思考、富含教育意义的方式，助力孩子们构建起健康、积极的人生观和价值观，为他们的成长之路点亮一盏明灯。

[情境体验]

你是否读过那些专注于生命教育的绘本？这些书籍是如何通过色彩、情节和角色向我们传达关于生活的深刻智慧的？举例说明一本你认为特别有启发性的绘本，描述它是如何通过故事情节或角色的经历，向我们传递关于友谊、勇气或包容的重要价值观的。你觉得这些绘本如何帮助我们在成长过程中建立自信心和良好的人际关系？绘本作品如何通过互动和情感表达，激发我们的想象力和创造力？你认为这些生命教育绘本对于现代教育体系有何重要意义？

[理论学习]

一、绘本的生命教育价值

（一）什么是绘本？

接下来请大家看看这几本书的封面（见图 14-1），你在生活中是否有见过呢？这些是什么？没错，这是大家平时在幼儿园或者有孩子的家庭中经常看到的孩子们阅读的书——绘本。

图 14-1　绘本示例

绘本也称图画书，现代意义上的图画书自 19 世纪后半叶从欧美逐步发展起来，英语称 picture book，汉语“图画书”一词在语义上与这一英语词汇较为吻合。日语将图画书译作“绘本”，“图画书”和“绘本”这两个名称在中国接受域外图画书影响过程中先后被引进使用。由于“绘本”在构词法上较为简明精要，并有较强的造词能力（如可构成“绘本馆”“绘本剧”等词语），近年的使用频率有逐渐上升的趋势。出版机构和研究者通常根据各自的理解和习惯选择使用这两个名称。绘本是什么？这是学习者首先要面对的问题。绘本常常会与带有丰富插图的儿童读物相混淆，“图文并茂”是我们对学前儿童读物的普遍印象，尽管插图读物中的图画丰富多彩，但文字叙述依然发挥着主导作用，插图是为了使文字变得形象直观，以引发儿童的阅读兴趣，它也容易被尚未系统识字的孩子接受。但在典型的绘本中，图文并非简单的“并茂”关系，图画发挥着比一般插图读物中的图画更为重要的叙事功能，绘本的图文共同配合、相互融合，以不同的互动方式一起讲述故事。可以说，绘本中的图文关系要比一般插图读物中的更为丰富，也更为复杂。因而，研究者常常从图文关系上描述绘本的特点①。

绘本是图文结合讲述故事的艺术形式，这种结合是一种深度的、多层次、多形式的结合，这种结合产生了比纯文字作品或一般插图读物丰富得多的叙事效果。松居直把这种图文结合的特殊效果表达为一个形象化的公式：“图×文＝图画书，图＋文＝带插图的书”。为了强调绘本图文相互融合的程度，英语世界有的研究者还主张把 picture book 拼写在一起，组成一个合成词 picturebook，用以区别 book with picture（带插图的书）。此外，还有不少研究者对这种独特的图文结合方式做出比喻性的描述。乐曲的合奏、音乐中的词曲、电影的旁白与画面、相声中的逗哏与捧哏等，都被用以描述绘本图文之间的微妙关系。基于此，我们大体可以认识到，绘本是一种以独特图文结合方式叙事的读物。绘本具有以下几个突出的特点：

1. 图文结合

绘本最显著的特征就是图文并茂，图片和文字相互依存，相得益彰。与其他书籍不同，绘本中的图画不仅是装饰，还是故事的核心。图画形象生动、直观易懂，读者可以

① 杜传坤，郑伟. 绘本赏析与阅读指导［M］. 上海：复旦大学出版社，2022.

轻松理解故事情节。同时，文字的解释和说明也让读者对故事有更加深入的了解。

2. 简洁明了

绘本主要面向儿童读者，所以文字通常比较简单明了，用词简洁，句子结构简单。这样能够方便儿童理解和记忆。帮助他们更好地理解故事和情感。

3. 故事性强

绘本通常通过一个完整的故事情节来传递信息和价值观。故事情节简单明了、有起承转合的结构，能够吸引读者的兴趣，引发思考和想象。这种故事性强的特点，也是绘本在培养儿童阅读兴趣和阅读能力方面的重要优势。

4. 色彩丰富

绘本中的插图通常非常精美，色彩鲜艳丰富，能够吸引读者的眼球。色彩在绘本中也可以用来表达情感、营造氛围等。通过色彩的运用，读者更深刻地感受到故事中的情感变化和氛围。

5. 互动性强

绘本常常会设计一些互动元素，如问题、游戏或动手操作等，使读者能够积极参与其中，增强阅读的乐趣和参与感。这样的互动元素，也可以促进儿童的认知和情感发展。

（二）绘本的发展简史

绘本的定义我们已经初步了解了，那么当今的绘本是如何演变而来的呢？绘本的发展历史大致经过了以下的三个阶段①：

1. 绘本雏形的形成

附有图画的书籍形式在世界和中国都有悠久的历史，著名教育家夸美纽斯在1658年出版的《世界图解》（见图14-2）在图画书的历史中意义非凡。这是一本专门为儿童编写的百科全书，共150篇，包括自然、人类生活等诸多方面的知识。为了使儿童能理解和接受抽象文字的描述，《世界图解》每部分内容都配有精美插图。这样的书籍形式蕴含着明晰的儿童读者意识。不过，从现代绘本艺术的角度去考量，《世界图解》只是一本有插图的儿童教科书，说明性的图文形式也与现代绘本有着明显的差距，更多具有绘本雏形的意义。

图14-2　《世界图解》

中国明朝嘉靖二十一年（1542年）《日记故事》（选自郑振铎编，《中国古代版画丛刊2》，上海古籍出版社，1988年，见图14-3）的意义与《世界图解》相似，是一本配有插图的儿童读物。每个页面三分之一篇幅为图画，三分之二篇幅为文字，在版面上呈现出文图配合的形式。内容多为启发儿童智慧的小故事，如曹冲称象、文彦博灌水浮球、司马光砸缸救人等。不过《日记故事》中的文与图并不构成一一对应的关系，一个页面中有多个文字故事，图画常常挑选其中一个故事加以呈现，而且图画仅是对文字

① 杜传坤，郑伟. 绘本赏析与阅读指导［M］. 上海：复旦大学出版社，2022.

故事中比较精彩瞬间的呈现，读者不能从图画中读出完整的故事，文图无法构成完全的呼应关系。因此，《日记故事》尽管是专门为儿童创作的，形式上图文并茂，但是文本中的图还是没能承担起“用图画讲故事”这一功能，叙述的主体还是文字，图画只是起到了吸引读者注意力的效果，可以看作是明末“无书不图”出版趋势对蒙童读物的渗透和影响。出版者和编写者对蒙童读物插画的重视，客观上也符合儿童读者的阅读诉求和兴趣。从这一层面上讲，《日记故事》是带插图的儿童读物，而不是现代意义上的绘本，或者可以算作是中国绘本的酝酿。

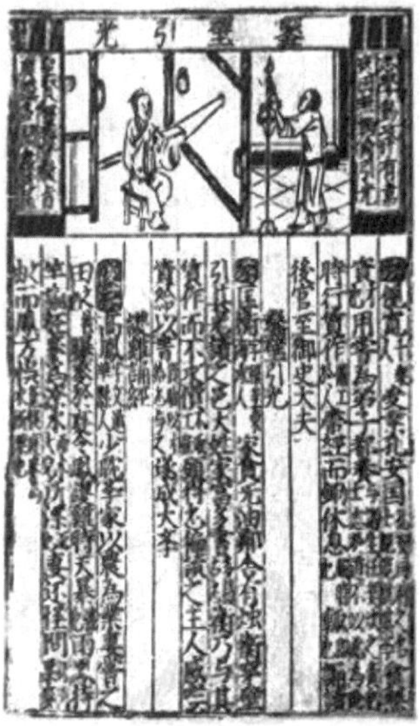

图 14-3 《日记故事》

2. 绘本的诞生和最初发展

现代绘本的历史在 19 世纪后半叶揭开帷幕。这段历史的坐标点在英国，人物是伦道夫·凯迪克、凯特·格林纳威和沃尔特·克莱恩，他们开启了现代绘本的大门。前文我们已经提到：图画与文字配合完成叙事是现代绘本的重要特点，正是在这个意义上，英国三大家体现出了他们的价值。

尤其是凯迪克，在他的绘本中，显示出了更为成熟的文图叙事手法。图画不再是文字的点缀和装饰，而是与文字互相配合、互为补充，共同完成故事的讲述。《杰克盖了大洋房》（连环画出版社，2012 年）开头只有简单的一个句子——“杰克盖了大洋房”，文字是对杰克盖房事件的概括叙述，配合这样的叙述，图画展现了一个更为详细的故事，一座漂亮的新房出现在路的尽头，杰克盛情邀请他的邻居们前来参观，邻居们携儿带女依约前来……图画叙述了文字省略的内容，而文字也将图画省略之处讲述出来，从而形成了一种比较紧密的图文结合关系，图画也不仅是文字的解释，而是拓展出了更为丰富的内容并形成了内在的故事性。凯迪克用图讲故事的能力更体现在《稀罕，稀罕，真稀罕》这个作品中。这是一首句子与句子之间没有连贯性的童谣：“稀罕，稀罕，真稀罕！猫咪爱上了提琴声儿，老牛跳过了月梢头儿，小狗独个儿偷着乐儿，快来瞧，真逗人，盘子勺儿结伴去私奔。”凯迪克的插图设计了一场舞会，小猫在舞会上拉着小提琴，盘子先生与勺子小姐在舞会上心心相印，随之演出一场伤心故事。作品以图像叙事串联起各个句子，并讲述了一个首尾连贯、曲折生动的故事，形成对文字故事的补充与延伸，通过图文“合奏”来完成叙事。可以说，凯迪克确立起来的图文配合叙事手法，为现代绘本的诞生提供了重要的前提和基础。

图 14-4 《彼得兔的故事》

比毕翠克丝·波特则在凯迪克的基础之上对现代绘本做出了进一步的推进，1902 年出版的《彼得兔的故事》（见图 14-4）被誉为现代绘本的真正开端。故事来自波特的原创，一只顽皮的小兔子彼得，不听妈妈的劝告，偷偷溜进邻居麦格先生的菜园子，结果被麦格先生追打，经历了一系列的冒险。文字的叙述贴近孩子，图画设计活灵活现地彰显出兔子的可爱与顽皮，抓着胡萝卜在麦格先生的菜园子里大快朵颐的彼得，像极了现实中的孩子，兔子的形象既有拟人特点又保持了兔子的生物特性，形象反映了儿童的心理。波特在文图配合上，很好地传承了凯迪克的手法。开篇第二页，兔妈妈叮嘱着小兔子们"千万别去麦格先生的菜园子"，然而图画中穿着蓝色外套的彼得，已经一个转身要溜走了。彼得去麦格先生菜园子的冒险即将开始，这样一个设计，轻易地补足和暗示了文字的内容，并将读者引入一种紧张的情绪中。《彼得兔的故事》无论文字故事的儿童化、图画的精巧生动，还是图文关系的互补共存，都为现代绘本提供了原型与样本。

3. 绘本的发展与传播

现代绘本的发源地是英国，凯迪克等三大家和波特对绘本诞生的贡献已经获得历史的认可。1937 年和 1955 年，美国和英国就分别设立了"凯迪克奖"和"格林纳威奖"两个绘本奖项。20 世纪，现代绘本的发展进入了新的纪元。在现代印刷技术的支持下，绘本创作和出版呈现出多元趋向和无限可能，艺术水准继续提升，再加上读者市场的成熟，现代绘本已然成为童书领域一个不可或缺的存在。从地理区域上看，绘本从英国播散到了世界各地。

1922 年 1 月，郑振铎主编的《儿童世界》杂志创刊，这在中国绘本发展历史上具有里程碑意义，《儿童世界》一开始就表现出对图画故事的关注热情。刊载的《两个小猴子的冒险记》《河马幼稚园》等长短不一的图画故事，借助"以画讲故事"的连环画手法，为中国绘本发展打下了最初基础。以此为出发点，逐渐形成了一批比较固定的图画故事创作者群体。商务印书馆在 1934 年出版的《幼童文库》，可能是最能代表中国原创绘本萌芽阶段艺术水准的丛书。《幼童文库》包含故事类、自然类、社会类等 12 个类别，共计 200 册，专门为低幼读者订制，以图画为主，内容浅显。

中华人民共和国成立后的 40 年间，中国的原创绘本在民国时期积累的基础上，获得了初步的发展。20 世纪 90 年代之后，尤其是进入了新世纪，中国绘本的创作和出版呈现出前所未有的盛况，无论文图的结合，还是题材选择、故事构思等方面，较之前都有了突破性的进步。在 100 多年间，绘本从英国、欧洲走向世界，经由 20 世纪的精彩演进，成就了新世纪的崭新格局。

（三）绘本的生命教育价值

绘本作为儿童文学的重要形式之一，承载着丰富的生命教育内涵。通过精美的图画和简洁的文字，绘本向孩子们展示了丰富多彩的世界，传递着宝贵的人生智慧。在绘本中，我们常常可以发现关于尊重生命、珍惜时间、勇敢面对挫折、关注环境保护、尊重他人等生命教育价值的描写，这些价值观贯穿于每一个故事之中，教育着孩子们如何成为有爱心、有责任感的人。

1. 尊重生命

尊重生命是生命教育中至关重要的一环。在绘本中，我们常常可以看到作者通过描绘动物或植物的生命来唤起孩子们对生命的尊重与珍惜。这种方式非常有效，因为通过可爱、生动的角色和情节，孩子们更容易理解生命的宝贵和珍贵。以下是一些绘本中常见的表现方式：

（1）生命的循环

许多绘本会描述生命的循环过程，比如从种子发芽、成长、开花结果再到凋谢的全过程。通过这种方式，孩子们可以了解生命的自然规律，体会到生命的无限可能性和循环往复的奇妙之处。

（2）动物与植物的情感表达

绘本中经常会赋予动物和植物人性化的特点，让它们具有情感和思考能力。通过这种方式，孩子们可以更容易地与这些角色产生共鸣，进而体会到生命的丰富和多彩。

（3）爱与关怀

在绘本中，常常会描绘人类与动物或植物之间的亲密关系，展现出对生命的爱与关怀。这种表现可以激发孩子们对生命的关爱之心，让他们意识到每一个生命都是值得尊重和保护的。

（4）生态平衡

一些绘本会通过描绘动植物之间的相互依存关系，呼吁人们保护生态环境，维护生态平衡。通过这样的故事情节，孩子们可以认识到生命之间的联系和影响，培养出对自然环境的尊重和保护意识。

例如，在经典作品《小王子》中，小王子与狐狸的对话让我们深刻领悟到“你必须对你驯服的东西负责”的道理，从而引导孩子们懂得尊重和照顾周围的生命。另外，在《小蜜蜂》等绘本中，作者生动地描绘了蜜蜂辛勤劳作的场景，让孩子们了解到每一个生命都是宝贵而有意义的。通过这些描写，孩子们能够培养出尊重生命的意识，懂得珍惜身边的每一个生命，从而构建起一种爱护自然、尊重动物的正面态度。

2. 珍惜时间

时间如同流水般匆匆而过，我们无法阻止它的流逝，但我们可以学会珍惜时间，让每一刻都过得有意义。在绘本中，常常可以看到关于珍惜时间的描写，它们警示着孩子们时间的珍贵。

绘本可以通过故事情节和角色的表现来启发孩子珍惜时间。以下是几种常见的方式：

（1）告诉时间的流逝

一些绘本会以时间为线索，讲述角色经历的变化和成长。通过描绘角色从小到大、从幼稚到成熟的过程，孩子们可以感受到时间的流逝和生命的成长，进而意识到时间的宝贵。

（2）刻画短暂的美好时刻

有些绘本会刻画一些短暂而美好的时刻，如绽放的花朵、快乐的游戏等。通过描绘这些瞬间的美好，绘本告诉孩子们时间转瞬即逝，我们应该珍惜眼前的美丽与快乐。

（3）强调时间的限制

有些绘本可能通过倒计时、闹钟等方式强调时间的限制性。这样的表现可以让孩子们明白时间是有限的，要合理安排时间，不要浪费或懈怠。

(4) 故事中的教训

绘本中的故事情节往往会带有一定的教训，比如“时间就是生命”“珍惜当下”等。通过这样的故事，孩子们可以通过角色的经历明白时间的重要性，并从中汲取智慧。

绘本通过以上方式，以生动有趣的方式引导孩子们认识到时间的宝贵与限制，培养他们珍惜时间的意识。这对孩子们的成长和学习都具有重要意义，能够帮助他们建立良好的时间管理能力，更好地规划自己的生活和学习。比如，《大卫，不可以!》这本绘本中，大卫的一系列调皮捣蛋让孩子们明白了时间的宝贵，在快乐的同时也要反思自己的行为是否合适。通过这样的故事，孩子们能够认识到时间的限定性，懂得抓住每一个时刻去做自己想做的事情，珍惜生命中的每一个珍贵瞬间。

3. 勇敢面对挫折

人生充满了各种挑战和困难，而勇敢面对挫折是每个人成长过程中应该具备的品质。在绘本中，也常常可以看到关于勇敢面对挫折的故事。绘本经常会通过故事情节和角色塑造来展现勇敢面对挫折的品质。这些故事可以激励孩子们在成长过程中培养坚韧、勇敢的品质，以下是一些常见的方式：

(1) 克服困难

许多绘本中的角色会面临各种挑战和困难，他们通过不屈不挠的努力和勇敢面对，最终克服困难。这样的故事能够告诉孩子们，即使面对困难，只要勇敢面对，就能找到解决问题的方法。

(2) 接受失败

有些绘本会以失败和挫折为线索，表现角色如何从失败中学习、成长，并最终获得成功。这样的故事可以告诉孩子们，失败并不可怕，重要的是学会从失败中吸取教训，变得更加坚强。

(3) 勇敢表达自我

在一些绘本中，角色会面临来自外界的压力或困难，但他们选择勇敢地表达自己、坚持自己的信念。这样的故事能够激励孩子们在面对挑战时勇敢地坚守内心的真实和信念。

(4) 与困难共同成长

一些绘本会呈现角色与困难一同成长的故事，通过角色在困难中的成长历程，让孩子们明白困难是成长的必经之路，只有勇敢地迎接挑战，才能不断成长和进步。

绘本通过这些方式，以生动有趣的故事情节和角色形象，向孩子们传递了勇敢面对挫折的精神，激励他们在成长过程中树立勇敢、坚韧的品质。这种教育方式对于培养孩子们的逆境应对能力和心理素质具有重要的意义。例如《小熊维尼》中小熊维尼和他的朋友们共同克服困难的故事，让孩子们学会坚韧不拔、勇敢前行。通过这样的故事，孩子们可以领悟到困难是成长的催化剂，只有勇敢地面对挑战，才能不断进步，实现自己的目标。

4. 关注环境保护

环境保护是当今社会亟待解决的重要问题，而绘本作为儿童文学的一种形式，也扮演着引导孩子树立环保意识的重要角色。以下是一些常见的方式：

（1）强调自然之美

许多绘本会通过描绘大自然的美丽和宝贵来唤起孩子们对环境的珍惜和保护意识。这样的绘本可以让孩子们明白环境的重要性，激发他们保护环境的动力。

（2）揭示环境问题

有些绘本会以故事情节或角色的经历来揭示环境问题和污染对生态系统的破坏。这样的绘本可以让孩子们认识到环境问题的紧迫性，引发他们对环境保护的思考和行动。

（3）提倡环保行为

一些绘本会通过故事中角色的行为来提倡环保行为，如节约用水、垃圾分类、植树造林等。这样的绘本可以引导孩子们从小养成良好的环保习惯，培养他们的环保意识和责任感。

（4）培养关爱之心

绘本中呈现的人与自然、人与动物之间的和谐关系，可以培养孩子们的关爱之心和责任感，让他们明白环境保护是每个人的责任，需要共同努力来实现。

绘本通过以上方式，以简洁清晰的语言和生动形象的插图，向孩子们传递了环境保护的理念和重要性，引导他们树立保护环境、珍爱地球的意识。这种教育方式对于培养孩子们的环保意识和行动力具有积极的促进作用，为未来的环境可持续发展奠定基础。例如，《大卫，不可以！》这本书中，大卫的一系列行为不仅让孩子们反思了自己的行为是否对环境有害，还让他们明白了保护环境的重要性。通过这样的故事，孩子们能够从小养成保护环境的良好习惯，积极参与到环保行动中，为美丽的地球贡献自己的一份力量。

5. 尊重他人

尊重他人是构建和谐社会的基石，也是每个人应该具备的基本素养。在绘本中，也常常可以看到关于尊重他人的描写，以下是一些常见的方式：

（1）呈现多元文化

许多绘本会通过呈现不同国家、不同文化背景的人物角色，向孩子们展示多元文化的美丽和丰富性，引导他们理解和尊重不同文化背景的人。

（2）强调平等意识

有些绘本会通过故事情节或角色的经历，强调平等意识的重要性，让孩子们明白每个人都应该受到平等的尊重和对待。

（3）鼓励友善行为

一些绘本会以友善互助的行为为线索，呈现角色之间的相互尊重和关心，鼓励孩子们在生活中主动热心帮助别人，做出友好的行为。

（4）引导思考和交流

绘本中角色的思考和交流，可以引导孩子们了解别人的感受和想法，学会倾听、理解和尊重他人的观点和意见。

绘本通过以上方式，以简单易懂的语言和生动形象的插图，向孩子们传递了尊重他人的理念和重要性，引导他们树立尊重他人、关心他人的意识。这种教育方式对于培养孩子们的社交能力、情感素质和道德观念具有积极的促进作用，为未来的和谐社会奠定基础。例如《小狗钱钱》中小狗钱钱和他的朋友们之间的故事，让孩子们学会尊重他人、善待他人。通过这样的故事，孩子们能够体会到尊重是相互的，只有尊重他人，才能赢得他人的尊重，建立起和谐的人际关系。

绘本作为儿童文学中的一颗璀璨明珠，蕴含着丰富的生命教育价值。通过绘本，我们可以向孩子们传递尊重生命、珍惜时间、勇敢面对挫折、关注环境保护、尊重他人等宝贵的生命智慧，引导他们成为有爱心、有责任感的人。希望每一个孩子都能在绘本的世界里找到属于自己的智慧之光，在阅读的海洋中得到启迪，绽放出美好的生命之花。

二、经典绘本的生命意蕴

绘本以其独特的图文魅力，成为向儿童传递生命奥秘与价值的最佳载体。它们用生动的故事和画面，在孩子心中悄然播下尊重、理解与热爱生命的种子。以下经典绘本，分别从不同维度照亮了生命教育的路径：

（一）《小威向前冲》——生命的起点与奇迹

《小威向前冲》（见图 14-5）是一本适合儿童阅读的生命教育绘本，通过一个简单而又温馨的故事，向孩子们介绍了生命的起源和成长过程。这本构思巧妙、充满温情与幽默的绘本，以其非凡的亲和力，为懵懂的孩童揭开了生命诞生的神秘面纱。作者匠心独运，将复杂精妙的受孕过程，转化为一场激动人心又妙趣横生的“精子游泳大赛”。故事的主角小威，是布朗先生体内数亿精子大军中平凡又不凡的一员。他并非完美无缺（比如数学成绩实在不佳），但他怀揣着明确的目标——赢得那颗美丽的卵子。正是这份执着与坚持，驱使他日复一日地刻苦练习游泳，最终在这场关乎生命起源的竞赛中脱颖而出，成就了一个新生命的奇迹。

图 14-5 《小威向前冲》

然而，《小威向前冲》的卓越之处，远非仅仅提供一堂生动易懂的生理启蒙课。它更是一部蕴含深刻生命哲思的佳作。孩子们在跟随小威跌宕起伏（尽管是在微观世界里）的旅程中，自然而然地汲取了力量：坚持梦想，永不言弃——小威的胜利正是此信条的最佳注脚。故事以无比温柔的方式，揭示了接纳自我的智慧——小威的数学短板并未定义他，他发挥所长（游泳），在属于自己的赛道上赢得了胜利，这让孩子明白，不完美是常态，认识并发展自己的优势才至关重要。而最核心的启示，莫过于让孩子们感受到自身存在的独特与珍贵——能够从数亿竞争者中胜出，成为独一无二的“我”，这本身就是一场无与伦比的胜利，是生命最原始、最震撼的奇迹，奠定了自我价值认同的基石。

绘本图文并茂的魅力，将抽象概念具象化。通常色彩明快、形象可爱的插图，不仅牢牢吸引了孩子的注意力，更帮助他们具象地理解“精子”“卵子”“游泳比赛”等概念，让生命的奥秘变得可感可知。

这本书为亲子共读提供了绝佳的契机和丰沃的土壤。父母可以借助这个充满爱意、趣味与浅浅幽默的故事，自然而然地、毫无尴尬地与孩子开启关于“我是从哪儿来的?”这个人生根本问题的对话。它更是一个跳板，引导亲子共同探索更深层的话题:“爱是什么?”“家庭意味着什么?”“成长的力量何在?”它以一种孩子们欣然接受且印象深刻的方式，在轻松愉悦的氛围中，完成了关于生命起源、个体价值、爱与传承的深刻启蒙，悄然在孩子纯净的心田里，种下对生命本身敬畏、尊重与惊叹的种子，其影响深远而绵长。

（二）《我们的身体》——生命的载体与奥秘

认识自我，从认识承载生命的这具精妙躯体开始。

《我们的身体》（见图 14-6）正是这样一本引领孩子踏上身体探索之旅的充满趣味性的科普绘本。“宝宝的生命是从妈妈肚子里开始的”“爸爸和妈妈相爱了，宝宝是他们爱的结晶”，绘本用这样充满诗意的方式开篇，瞬间拉近了与孩子心灵的距离，为后续的科学探索奠定了尊重与爱的情感基调。又用严谨的科学知识对肌肉、骨骼、心脏和血液等身体系统进行了全面的讲解。本书的核心魅力在于其革命性的互动设计，它彻底颠覆了传统阅读的被动性。创作者匠心独运，将科普知识转化为一场充满惊喜的动手实验。书中大量运用了触感迥异的材质——光滑的塑料模拟坚韧的骨骼表面?柔软的绒布代表富有弹性的肌肉?粗糙的砂纸或许暗示了皮肤的纹理?——再巧妙融入翻翻页、拉拉条、转转盘、推推卡等丰富多样的互动机关。这种多感官刺激的设计理念，与幼儿期主导的“感官运动”认知发展阶段完美契合。孩子们不再仅仅是听众或观众，而是化身小小科学家和探险家，用指尖去触摸，用眼睛去发现，用好奇心去驱动操作。

图 14-6　《我们的身体》

在动手参与的乐趣中，抽象复杂的生理知识变得直观可感、印象深刻:

翻开模拟妈妈肚皮的柔软翻页，里面竟藏着装有液体的透明“羊水袋”，轻轻按压，小婴儿在子宫内的安全环境一目了然。

拉动设计精巧的肌肉拉条，手臂的屈伸如何带动肱二头肌的收缩与舒张，动态地展现在眼前。

正是通过这些令人拍案叫绝的互动体验，《我们的身体》系统而深入地展示了骨骼的坚固支架、肌肉的动力源泉、心脏的不息引擎、血液的运输网络、大脑的指挥中枢、感官的信息接收站等关键身体系统的构造与运作奥秘。孩子在一次次“哇!”的惊叹声中，亲手揭开了身体内部一个又一个的秘密，不仅获得了严谨的解剖生理学启蒙，更在亲手触摸与操作中，油然生出对自身这个精密、复杂、高效运转的“生命容器”的深深惊叹与敬畏。它让孩子明白，这具身体不仅是“我”存在的证明，更是承载独特生命、探索广阔世界的无价之舟，值得终身去了解、珍惜与爱护。这本书，无疑是点燃孩子科学兴趣、培养身体认知与自我认同的绝佳启蒙之作。

（三）《奥利佛是个娘娘腔》——生命的多样性与认同

当孩子的小脑袋开始对“男孩该玩什么?”“女孩该做什么?”产生好奇甚至困惑时，《奥利佛是个娘娘腔》（见图 14-7）这本充满勇气与洞见的绘本，如同一束温暖而坚定的光，照亮了性别认知的复杂光谱，提供了极其宝贵的生命启示。

图 14-7　《奥利佛是个娘娘腔》

故事的主角奥利佛，是一个内心世界丰富多彩的男孩。他不喜欢踢足球、打架这些所谓“男孩子气”的游戏，他的热情倾注在安静看书、画画、独自散步、跳绳，尤其是充满艺术气息的纸偶制作、服装设计和舞蹈上。幸运的是，奥利佛拥有开明且充满爱的父母。他们尊重孩子的本真选择，支持他报名参加了芭蕾舞班，让他得以在自己热爱的领域挥洒汗水与才华。然而，这份与众不同的热爱，却使奥利佛在学校遭遇了残酷的校园暴力。刻薄的嘲笑“娘娘腔”如影随形，舞鞋被恶意丢弃，更令人心痛的是，充满侮辱性的标语“奥利佛是个娘娘腔”被公然涂写在墙壁上——这是同伴群体对“性别规范”的粗暴维护，是对个体差异的无情打压。

奥利佛的故事，勇敢地刺破了社会强加的性别刻板印象的牢笼。它绝非简单地讲述一个男孩跳舞的故事，而是深刻揭示了性别认同的多元性与复杂性。绘本的力量在于，它没有停留在揭露问题上，更展现了爱与坚持的救赎力量。奥利佛在父母无条件的接纳和舞蹈老师（代表社会支持）的鼓励下，顶住压力，以刻苦的练习和舞台上耀眼的才华，最终赢得了所有人的尊重。当墙壁上侮辱性的字迹被划掉，改写为“奥利佛是个大明星”时，这不仅是一个个体的胜利，更是对多元价值与真实自我的盛大肯定。

因此，《奥利佛是个娘娘腔》绝不仅仅是一个关于包容的故事。它直指生命教育的核心真谛：真正的尊重，是看见并拥抱每个生命的独特光谱；真正的支持，是为个体提供安全、自由的空间，去探索、确认并勇敢地成为那个“真实的自我”。它是对所有教育者和家长的深刻提醒：我们是否在无意识中用僵化的性别标签束缚了孩子？我们是否为孩子提供了足够的情感支持和心理安全感，让他们敢于活出内心的色彩？这本书，是培养孩子自尊、自信、尊重差异、挑战不公的勇气沃土，也是引导社会走向更包容、更平等的珍贵指南。

（四）《搁浅的鲸鱼》——生命的联结与敬畏

在美国童书桂冠作家珍·尤伦（被誉为“美国的安徒生”）笔下，《搁浅的鲸鱼》（见图 14-8）绝非一个简单的动物救援故事。它以惊人的情感浓度和文学力量，讲述小女孩莎莉与一头搁浅巨鲸之间短暂而深刻的相遇，如同一把钥匙，瞬间开启了儿童心灵深处对生命最原始的悲悯与敬畏之情。

故事中，莎莉面对海滩上垂危的庞然大物，那份不顾一切的营救行动本身就充满了震撼人心的力量。她脱下自己的毛衣，一次次浸透冰冷的海水，淋在鲸鱼干燥滚烫的皮肤上，试图为它带来一丝清凉——这个微小个体与庞大生命体之间的对比，凸显了人类在自然伟力面前的渺小，却也闪耀着人性关怀的光辉。她甚至跪在鲸鱼巨大的头颅旁，直视它深邃的目光，轻声诉说："你是多么美，多么强壮啊……"这一刻，莎莉的举动完美捕捉并放大了儿童与生俱来的"万物有灵"观。在幼儿"主客体尚未完全分化"的认知世界里，她毫无保留地将自己的情感（焦虑、希望、赞美、悲伤）投射并共情于这头来自深海的巨兽，模糊了物种的界限，建立了纯粹的生命与生命的联结。

图 14-8　《搁浅的鲸鱼》

然而，故事的结局并非童话般的拯救。当所有的努力化为徒劳，鲸鱼最终闭上它"像碗一样大"的眼睛，莎莉体验到了刻骨铭心的失落与一种近乎纯真的"愤怒"。尤伦以大师之笔，借莎莉之口感叹："我奇怪，为什么那头鲸鱼活着的时候那么大，当它死去的时候突然就显得小了很多。一点儿都讲不通，可事实就是如此。"这句充满哲学意味的童言，道出了生命消逝带来的巨大落差感和存在之谜。更令人心碎的是莎莉对"英雄奖章"的态度：鲸鱼死了，人们却因"努力"而获奖。她愤怒地将奖章丢进抽屉，"宁愿眼都不眨，马上把这枚破奖章交回去，只要能看到那头老鲸鱼再活过来，快乐地游向大海……"这份拒绝功利化慰藉的纯粹悲伤与愤怒，如利刃般刺穿读者的心。

正是莎莉这种未经世俗矫饰的强烈情感——那份对生命逝去的不解、不甘与深切哀痛——产生了巨大的艺术感染力。它强烈地唤醒了读者，尤其是成年读者，对生命本身最本质的珍视与敬畏。它迫使我们去反思：我们是否在麻木的日常生活中，遗失了这种对一切生命存在的原始共情与深切关怀？

《搁浅的鲸鱼》因此超越了个人英雄主义的叙事，抵达了生命教育的终极维度：它不仅仅是关于认识自我生命，更是关于推己及人（及物），关于理解所有生命体的尊严与脆弱，关于人类在广袤自然生态中的位置与责任。莎莉的眼泪与愤怒，是对所有生命存在的哀悼与礼赞，它深刻地启示我们：真正的生命教育，其核心在于培养一种超越人类中心主义、拥抱万物互联共生的博大胸怀与深沉敬畏。这本书，是一曲献给所有生命的悲歌，也是一次涤荡心灵的敬畏启蒙，其回响将在读者心中长久激荡。

（五）《獾的礼物》——生命的告别与延续

当生命走到终点，如何向孩子解释这必然却又令人心碎的离别？苏珊·华莱的经典绘本《獾的礼物》，以其无与伦比的温柔与深邃的智慧，为这个难题提供了抚慰心灵的答案。它超越了死亡的冰冷表象，引领读者走进一场关于生命价值、精神传承与永恒联结的深刻探索。

故事伊始，年迈的獾"老到无所不知，老到知道自己快要死了"。华莱没有回避这个事实，却以诗意的笔触描绘了獾离去的瞬间，赋予死亡一种近乎神圣的平静与解脱：

“獾飞快地跑着，在长长的隧道里越跑越快，最后，他的脚爪离开了地面。他觉得自己在翻腾、旋转，起起落落，跌跌撞撞，却没有受伤。他觉得自由了，好像已经脱离了他的身体。”这段描述将死亡转化为灵魂的轻盈飞翔，巧妙地消解了孩子心中可能对死亡产生的过度恐惧，代之以一种对自然归宿的宁静接纳。

獾的离去，给他的动物朋友们带来了巨大的悲伤。鼹鼠、青蛙、狐狸、兔子……他们围坐在一起，泪水涟涟，深切地怀念这位善良的老朋友。然而，《獾的礼物》最动人的力量，并非止步于哀伤。它精妙地揭示了故事的核心隐喻——“礼物”。这份礼物，绝非物质，而是獾生前无私播撒的爱、善意与智慧。

在白雪覆盖大地的漫长冬日里，动物们在回忆中重温獾留给他们的无价之宝：

他教会了笨手笨脚的鼹鼠如何灵巧地剪出一串完美的纸鼹鼠，这份耐心与鼓励，让鼹鼠收获了自信的喜悦。

他指导了总是滑倒的青蛙掌握了优雅滑冰的诀窍，这份技能的传授，是关怀的体现。

他帮助了懵懂的小狐狸学会了系领带这项“大人”的技能，这份教导，饱含着对成长的期许。

他教会了兔子太太烤出他独家秘方的姜饼，这份味道的传承，成为温暖的慰藉。

每一次回忆，都是一次悲伤的治愈与精神的洗礼。伙伴们逐渐意识到，獾虽然离开了，但他教会他们的本领、传递的温暖、给予的帮助——这些精神上的馈赠，早已融入他们的生命，成为他们面对生活、帮助他人的力量源泉。悲伤的泪水渐渐被感激的微笑与温暖的怀念所替代。

这本书，以其宁静的力量和深刻的洞见，帮助孩子理解：死亡带走了有形的躯体，却带不走一个美好生命所创造的永恒价值与精神回响。它教导我们珍视当下，用心付出，因为正是这些点点滴滴的爱与善行，构成了生命最珍贵的“礼物”，也铸就了超越死亡的生命延续。这，便是生命教育中最温暖、最智慧的一课。

三、作为生命媒介的绘本

德国哲学家雅斯贝尔斯在她的著作《什么是教育》中说过一句非常经典的话：教育意味着一棵树摇动着另一棵树，一朵云推动另一朵云，一个灵魂唤醒另一个灵魂①。而绘本作为儿童喜爱的一个生命教育的媒介，也帮助我们唤醒和滋养了一个又一个的灵魂。

（一）绘本作为一种语言媒介

绘本，以其独特的图文结合形式，成为儿童早期语言学习的重要媒介。它不仅仅是一本简单的图画书，更是孩子们语言能力发展的催化剂。通过绘本，孩子们能够接触到丰富的词汇、多样的句式结构及生动的语言表达方式，这些都能极大地促进他们的语言理解和表达能力。

首先，绘本中的文字通常与图像紧密相连，这种图文结合的方式能够帮助孩子们更好地理解和记忆新词汇。例如，当孩子们看到“猫”这个词旁边的图片是一只可爱的

---

① 雅斯贝尔斯. 什么是教育［M］. 童可依，译. 上海：上海人民出版社，2022.

猫咪时，他们就能直观地将这个词与实际的动物联系起来，从而加深记忆。

其次，绘本中的故事情节和角色对话为孩子们提供了语言实践的机会。通过阅读和复述故事，孩子们能够学习到如何组织语言来表达自己的想法和情感。同时，绘本中的对话也让孩子们了解到语言在不同情境下的运用，比如礼貌用语、命令句和疑问句等。

再其次，绘本还能够作为语言教学的工具，帮助孩子们学习语法和句子结构。许多绘本通过重复的句式和押韵的文本，让孩子们在不知不觉中掌握语言的规律。这种寓教于乐的方式，使得语言学习变得更加轻松和有趣。绘本还能够拓宽孩子们的语言视野，通过介绍不同的文化背景和生活场景，孩子们能够接触到更多样化的语言表达。这不仅能够增加他们的词汇量，还能够提高他们的语言适应能力和跨文化交流能力。

最后，绘本作为一种语言媒介，还能够激发孩子们的想象力和创造力。在绘本的世界里，孩子们可以自由地构建自己的语言世界，通过创造新的故事和角色，锻炼自己的语言表达能力和创新思维。

（二）绘本作为一种视觉媒介

绘本作为一种视觉媒介，通过图画和文字的结合，讲述故事或传达信息。它不仅能够吸引儿童的注意力，也能够为成人提供深刻的思考和审美体验。绘本的视觉元素包括色彩、线条、形状和构图等，这些元素共同作用于读者的视觉感受，帮助构建故事情节和氛围。通过精心设计的视觉叙事，绘本能够跨越语言障碍，传递普遍的情感和价值观。

每位绘本艺术家都有自己独特的绘画风格，其画风不仅体现在人物形象和背景环境上，还体现在色彩的运用、线条的处理等方面。这些因素共同构成了一本绘本的独特风格。绘本中的视觉元素包括角色形象、场景布置、色彩运用、构图等，这些元素相互协调、相互支撑，形成了一个视觉上完整的故事世界。绘本画面可以通过角度、透视、比例等手法来传达情感和情境，将故事中的情节和角色形象生动地展现出来。绘本中的图像和文字是相辅相成的，它们共同构成了一个完整的故事。艺术家需要考虑如何使文字和图像相互呼应，相得益彰。

就像台湾绘本作家郝广才说过的，一本好书未必能找到最完美的解释，也未必能回答孩子的疑问。但它能提供一个体验的过程，让孩子学会打开情感的出口和入口。而绘本以其多样化的艺术表现形式，以具体的形象、线条、色彩，而非抽象的概念来传情达意，决定了对绘本的阅读是以体验而非以认知的方式来进行的，这也正是绘本阅读的独特之处，也是与生命教育相契合之处。

（三）绘本作为一种情感媒介

绘本，不仅仅是儿童文学的一种形式，更是一座桥梁，连接着孩子们的内心世界与外部环境。它们以丰富的色彩、生动的图像和简洁的文字，为孩子们提供了一个探索自我、理解他人和感知世界的窗口。作为情感媒介，绘本在儿童的情感发展和社会化过程中扮演着至关重要的角色。

首先，绘本通过故事中的角色和情节，激发孩子们的情感共鸣。无论快乐、悲伤、愤怒还是恐惧，绘本中的情感表达都能帮助孩子们识别和理解自己的感受。例如，当孩子们看到绘本中的小兔子因为失去朋友而感到悲伤时，他们也能体会到失去的痛楚，从而学会同情和理解。

其次，绘本中的互动和对话，为孩子们提供了学习社交技能的机会。通过观察和模仿绘本中的角色是如何与他人交流和解决冲突的，孩子们能够学会合作、分享和尊重他人。这种学习过程不仅有助于他们的情感发展，也促进了他们的社会化。

再其次，绘本还能够作为家长和孩子们之间的情感纽带。共同阅读绘本的时刻，是家长与孩子之间建立情感联系的宝贵时光。在这些时刻，家长可以通过讨论绘本中的故事和角色，引导孩子们表达自己的情感，同时也分享自己的感受和经验，从而加深彼此之间的理解和亲密度。绘本还能够帮助孩子们理解复杂的社会和文化概念。通过绘本中的故事，孩子们可以接触到不同的文化背景、社会规则和道德观念，这有助于他们建立更为全面的世界观，并培养包容和尊重多元文化的情感。

最后，绘本作为一种情感媒介，还能够激发孩子们的创造力和想象力。在绘本的世界里，孩子们可以自由地探索和创造，这不仅能够丰富他们的情感体验，还能够促进他们的情感表达和自我认知。

总之，绘本作为一种情感媒介，以其独特的方式，为孩子们的情感发展和社会化提供了丰富的资源和支持。通过绘本，孩子们不仅能够学习到知识，还能够体验到情感的丰富性和多样性，为他们的成长之路铺就坚实的基石。

[聚焦提升]

绘本作为生命教育的独特载体，以具象化的叙事与艺术化的表达，为儿童与成人搭建了探索生命本质的对话桥梁。通过图文交织的隐喻世界，它不仅仅能传递关于生命起源、成长与消逝的认知，更能在情感共振中唤醒对自我与他者的深层关怀。

我们可以聚焦绘本的三点核心价值：其一，以绘本为镜，引导人们在故事中观照生命的脆弱与坚韧，培育敬畏之心；其二，以绘本为舟，借角色共情跨越现实与哲思的鸿沟，深化对生死、离别等命题的理解；其三，以绘本为桥，在亲子共读中激活生命经验的代际传递，让教育回归真实的情感联结。唯有将绘本中的符号语言转化为生命教育的实践智慧，方能在潜移默化中滋养出对生命的热忱、对存在的深思及向善而生的精神力量。

[自主思考]

《一片叶子落下来》是美国作家利奥·巴斯卡利亚创作的生命教育绘本，通过一片叶子弗雷迪的四季经历，以童话形式探讨生命的本质、意义与死亡的真谛。该书自 1982 年出版以来，被翻译成多国语言，成为儿童生命教育的经典教材。

阅读并思考以下问题：

1. 弗雷迪经历了四季的变化，从萌芽到凋零。你觉得自己的人生旅程中，哪个阶段最像弗雷迪的春天或秋天？为什么？

2. 作者说："只有知道生命会结束，才会更珍惜此刻的存在。"读完这本书，你会如何对待生活中那些"普通却珍贵"的瞬间？

[课外拓展]

1. 彭懿. 世界图画书阅读与经典［M］. 南宁：接力出版社，2023.
2. 杜传坤，郑伟. 绘本赏析与阅读指导［M］. 上海：复旦大学出版社，2022.
3. 松居直. 我的图画书论［M］. 季颖，译. 长沙：湖南少年儿童出版社，1997.

专题十五
美术与生命教育

不要以为死者死了，只要有人活着，死者就活着，永远活着。

——凡·高

[专题导语]

在生命的多彩画卷中，美术以其独特的语言和形式，为我们提供了一个探索生命意义、表达内心世界的平台。美术与生命教育的结合，不仅能够丰富我们的精神生活，还能帮助我们更深刻地理解生命的本质。通过绘画、雕塑、摄影等艺术形式，我们能够捕捉生命的瞬间，记录成长的痕迹，表达对生活的热爱和对未来的憧憬。本专题将深入探讨美术在生命教育中的独特作用，展示如何通过艺术活动促进个人的情感发展和生命感悟，以及如何通过教育实践将美术与生命教育的理念融入我们的日常生活之中。

美术与生命教育是两个看似独立的领域，实际却紧密相连。美术作为人类文化的重要组成部分，不仅能够激发我们的创造力和想象力，还能丰富我们的精神世界。生命教育则关注个体的生命价值、生命意义及生命质量，旨在帮助人们认识自我、尊重生命、珍惜生命，并在面对生命挑战时能够做出明智的选择。

[情境体验]

美术也称为视觉艺术，是一种通过视觉元素来表达思想、情感和观念的艺术形式。它包括多种不同的艺术门类，如绘画、雕塑、版画、摄影、装置艺术、设计等。美术与生命的关联是多维度的，更与我们的生活紧密相连。它不仅是美的载体，还是生命的延伸；它不仅丰富了我们的生活，还有助于我们更好地理解自己和周围的世界，提升我们的生命体验。

当欣赏美术作品时，我们不仅能看到色彩与光影的交织，还能听见内心最真实的表达。请回忆你欣赏过的一件印象深刻的美术作品，谈谈你的感受。

[理论学习]

一、美术与生命的意识

美术作为人类情感与思想的载体，不仅承载着艺术家的个人情感，还深刻地反映了人类对生命的普遍意识。本专题将探讨美术如何反映生命的意识，包括繁衍生命的欲望、护佑生命及对生命永生的向往。

（一）美术能反映生命的意识

美术作品是人类文化的重要组成部分，它们以独特的视觉语言，传达着对生命不同层面的理解和渴望。

1. 繁衍生命欲望的体现

在中国传统文化中，剪纸艺术不仅仅是一种装饰艺术，更是一种寓意深远的文化符号。抓髻娃娃（见图 15-1）作为剪纸艺术中的一个经典形象，其圆润的外形和夸张的表情，象征着生命的活力和对繁衍的渴望。这种艺术形式在民间广泛流传，成为人们祈求生育和后代繁荣的一种象征。

图 15-1　抓髻娃娃

河南淮阳的泥狗狗（见图 15-2），同样承载着繁衍生命的内涵寓意。泥狗狗作为一种传统的民俗艺术，其形象通常被塑造得生动可爱，富有生命力。在淮阳地区，泥狗狗不仅是一种儿童的玩具，还是一种传递生育愿望和祝福的媒介。

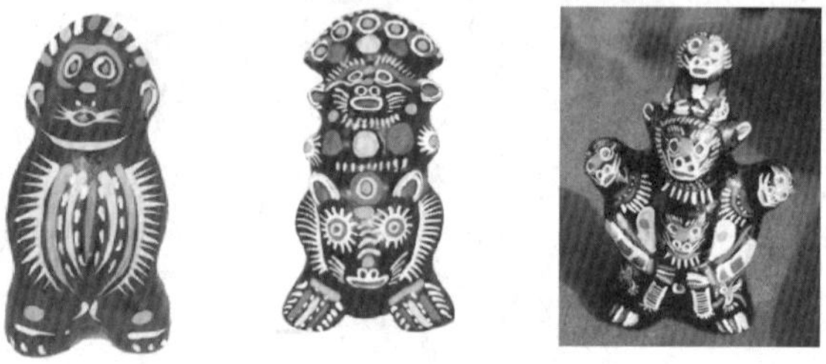

图 15-2　河南淮阳泥狗狗

2. 护佑生命的体现

剪纸娃娃在民俗文化中，除了表达对繁衍生命的欲望外，还承载着护佑生命的内涵。在许多地区，剪纸娃娃被用来装饰门窗，以期驱邪避灾，保佑家人平安。这些剪纸作品通常采用鲜艳的色彩和吉祥的图案，以展现生命的活力和对未来的美好祝愿。

3. 对生命永生的向往的体现

“生命树”（见图 15-3）是许多美术作品中常见的主题，它象征着生命的力量和永恒。在不同的文化和艺术传统中，生命树被赋予了不同的形象和内涵，但它们共同传达了对生命永生不息的向往。

图 15-3　生命树

通过对这些美术作品的分析，我们可以看到，美术不仅仅是艺术家个人情感的表达，更是人类对生命意识的集体反映。无论对繁衍生命的欲望、护佑生命的祈愿，还是对生命永生的向往，美术作品都以独特的方式，将这些深刻的生命意识传达给了观众。

美术与生命意识的紧密联系，不仅丰富了我们对生命的认知，也启发了我们对生活的思考。通过美术，我们得以窥见人类对生命的敬畏、对生命的珍视及对生命无限可能的追求。美术作品以其独特的视觉语言，让我们对生命有了更深刻的理解和感悟，从而更加珍惜和尊重我们宝贵的生命。

在美术的世界里，生命被赋予了新的意义和价值。每一件作品都是对生命的一次赞歌，每一次欣赏都是对生命意识的一次觉醒。让我们在美术的陪伴下，一同探索生命的奥秘，体验生命的光彩，感受生命的力量，最终实现生命的延续和升华。

（二）美术能启迪生命的意识

在美术的广阔天地中，有些作品以其深邃的内涵和强烈的视觉冲击力，成为启迪人们生命意识觉醒的重要媒介。保罗·高更的《我们从哪里来？我们是谁？我们到哪里去？》（见图 15-4）就是这样一幅作品，它以其独特的艺术魅力和哲学思考，引导人们深入探讨生命的意义和存在的本质。

图 15-4　《我们从哪里来？我们是谁？我们到哪里去？》

1. 作品背景与艺术特色

保罗·高更，19 世纪末法国后印象派画家，他的作品充满了对原始自然和人类本真的追求。《我们从哪里来？我们是谁？我们到哪里去？》是高更晚年在塔希提岛创作的一幅大型油画，也是他艺术生涯中最具代表性的作品之一。这幅画以其宏大的构图、丰富的色彩和深刻的主题，展现了高更对生命、存在和宇宙的哲学思考。

2. 作品中的生命意识觉醒

（1）生命的起源与归宿

画中左侧的人物，从婴儿到成年，再到老年，形象地展示了人类生命的成长过程。这不仅是对个体生命历程的描绘，还是对人类生命起源和归宿的哲学思考。高更通过这一形象序列，引导观众思考生命的起点和终点，以及生命存在的意义。

（2）自我认知与生命价值

画面中央的人物，以一种冥想的姿态站立，似乎在进行自我反思和认知。这一形象征着人类对自我存在和生命价值的探索。高更在这里提出了一个永恒的问题：我们是谁？这个问题不仅仅是对个体身份的追问，更是对人类存在意义的探讨。

（3）生命的终极追求

画面右侧的人物，似乎在向远方眺望，寻找生命的终极意义。这一形象传达了人类对生命终极目标的追求和探索。高更在这里提出了第三个问题：我们到哪里去？这个问题触及了人类对生命意义、宇宙真理和精神归宿的深层思考。

3. 作品的艺术表现与内涵寓意

（1）色彩与情感

高更在这幅画中运用了鲜明的色彩对比和丰富的色彩层次，创造出一种原始、神秘而又充满生命力的视觉氛围。这些色彩不仅增强了画面的艺术表现力，也传达了高更对生命活力和情感的深刻体验。

（2）构图与象征

画面的构图巧妙地将人物、动物和自然景观融合在一起，形成了一个和谐而又充满象征意义的艺术世界。每一个形象和元素都承载着特定的内涵寓意，共同构建了一个关于生命、存在和宇宙的宏大叙事。

（3）哲学与启示

高更的这幅作品不仅是一幅视觉艺术作品，还是一部哲学思考的杰作。它以深邃的哲学内涵和强烈的艺术表现力，启迪了人们对生命意识的觉醒，引发了人们对生命意义和存在价值的深刻思考。

《我们从哪里来？我们是谁？我们到哪里去？》作为高更的代表作，以其独特的艺术魅力和哲学思考，成为启迪人们生命意识觉醒的重要媒介。这幅作品不仅展现了高更对生命、存在和宇宙的深刻理解，也激发了人们对生命意义和存在价值的探索和思考。在美术的陪伴下，我们得以更加深入地理解生命，更加珍视存在，更加勇敢地追求生命的意义和价值。

二、美术与生命的光彩

美术跟生命的光彩紧密结合，它们彼此施加作用，一同造就了人类文明里最为绚烂且感人的篇章。美术作为一种艺术体裁，并不只是视觉上的一种享受，更是情感、思想、文化及生命体验的吐露，美术与生命光彩之间的关联深厚且多样，体现在多个层面。

美术作品往往源自艺术家对生命的体验感受，是对生命多样复杂情形的直接反映。每一件作品皆为艺术家内心世界的外化体现，容纳着他们对生活的关注、情感的起落及思想的深度反思。美术展现着生命的活力与劲头，不论是描绘自然的景色、人物的模样，还是抽象化理念，都可感受到生命的蓬勃与活力，这种生命力不光体现在作品的形式与色彩上，更依靠艺术家的创作灵感与表达方式透露出来。

每一件美术作品背后都隐匿着一个故事，这些故事汇聚为人类共有的生命记忆，提高了我们对生命的认知和领会，依靠这些作品，人们得以探知不同时期、不同文化背景下人类的生活状态和精神层面，于是在情感与思想层面跟过去或他人达成共鸣。美术还可以提升人们的生命价值感，使人们认识到生活里不只有物质方面的追求，还有精神及情感层面的需求，它引导人们认识到，生命的意义不仅仅是存在，更在于去感受、去体验、去创造。

本节就以著名印象派画家凡·高为例，来欣赏他的美术作品中的用特别的方式展现出的生命的五彩纷呈。凡·高的创作来自他对生命的深度体验与感悟，他把自己情感及生活上的经历融入作品中，构建出饱含情感力量与视觉震撼氛围的艺术世界，他的画作不光展现了生命的多样与复杂，还通过色彩及笔触传递了生命的活力与美感。生命的体验、感悟为凡·高的美术创作带来了源源不断的灵感和动力，而他的作品也让人们更清晰地感受到生命的美好与意义，更好地领悟生命的独特性与创造力，并从中吸纳精神滋养，充实自身的生命体验。

（一）第一幅作品《向日葵》生命光彩与意义的解读

凡·高的《向日葵》（见图 15-5）系列是其艺术生涯中最著名的作品之一，这些作品不仅展示了凡·高对色彩的大胆运用和对情感的表达，还蕴含着深刻的象征意义和生命寓意。

图 15-5 《向日葵》

1. 创作背景

1888 年，凡·高创作出《向日葵》系列，这段时期他定居在阿尔勒这座南法小镇，此类创作的背景要素与凡·高的人生历程及绘画追求息息相关，为布置阿尔的租屋，凡·高计划创作 12 幅向日葵画作，用以招待其挚友保罗·高更，凡·高试图借助这些画作传递对友谊的重视及对艺术的执着追求，然而创作理念的差异引发了两位艺术家之间的激烈矛盾，高更最终与凡·高分道扬镳，该经历成为凡·高艺术转型的关键节点。

2. 生命光彩的体现

就艺术特征而言，凡·高的《向日葵》系列别具一格，实现了色调、情绪表达与绘画笔触的和谐共存，其绘画中大胆配置了明度突出的黄色颜色阵列，其用色手法还诠释了阳光的显色原理，也呈现出生机盎然的特质，采用点彩式纯色处理，画面处理舍弃了呆板的轮廓描绘，采用离散的彩色斑点构建形状，把颜料分割成细小区块，这些体现着他对色彩光影的深情探索。就情绪的传递而言，花瓣的形态恰似舞动的火苗，色泽鲜活跳脱，饱和度极高的黄色分外醒目。经专业分析证实，黄色调在此画中出现 38 次变化，获誉“黄色彩虹般的旋律”。创作同时体现了凡·高对生命的无限热爱和激情，同时折射出他对艺术的不懈探索。凡·高采用刚健的绘画笔触，使花瓣张力十足，笔触纵情挥洒，绘画语言游走于写实与抽象的美学边界，空间安排妥帖，有张有弛。这类革新性的色彩体系，使《向日葵》跻身凡高最具代表性的作品之列，《向日葵》系列作品的成功体现在其色彩表现与形式突破上的艺术探索。

3. 生命意义的解读

该系列作品借助向日葵展现出深邃的象征体系与生命隐喻，呈现了凡·高在生命感悟、艺术探索与精神追求层面的创新表达。向日葵凭借其趋光性本质，承载着生命的炽烈与对光明的企盼。凡·高借由这些作品传递出对生命的热忱及对美好明天的期许，其意象还承载着希望及光明，在面对生活困境时，凡·高用作品表达出，仍要怀抱期许，维持阳光积极的心境。

该系列体现了凡·高对自然美进行艺术化处理的创作理念，借由创作呈现对自然及生命存在的庄严礼赞，也呈现出其情感脉络与生命阅历，折射出其心理图景，传达出他既珍视情感联系又笃定艺术方向的双重特质。即便向日葵的花期稍纵即逝，却因凡·高的创作才华得以永恒传世，由此可见他领悟到了生命的有限性，同时透露出借助艺术抵达永恒境界的深切渴望。作为艺术杰作，《向日葵》系列彰显了凡·高的非凡才华，不仅体现了其在色彩处理和形式构建上的新探索，还鲜明地投射出他对生命本质、理想光芒及创作哲学的探索轨迹。

（二）第二幅作品《鸢尾花》生命光彩与意义的解读

凡·高的《鸢尾花》（见图15-6）是一幅充满生命光彩和深刻意义的作品，它不仅展现了凡·高独特的艺术风格，还深刻反映了他的内心世界和对生命的热爱。

图15-6 《鸢尾花》

1. 创作背景

1889年5月，《鸢尾花》诞生于凡·高笔下。当时凡·高于法国南部的圣雷米精神病院进行疗养，凡·高处于极度痛苦的时候，而该画作就诞生于此阶段。当时，他正承受着心理层面的深度挣扎与折磨，纵然经受精神疾病煎熬，其艺术热忱与创作热情却始终得以维持。《鸢尾花》作为凡·高在逆境中创作的艺术结晶，以原创性的图像符号和厚重的情绪积淀，生动体现了生命张力与光明信念，成为凡·高艺术成就的代表作品之一。

2. 生命光彩的体现

就视觉呈现而言，《鸢尾花》采用浓重的配色去配合个人的情绪呈现，映现出充满张力的生命气象，该创作以蓝紫与绿两种颜色作为主色系，通过色彩的强烈对比与和谐搭配，生动传达出积极乐观的生活理念及对自然之美的礼赞。艺术家运用细腻而富有生命力的线条塑造花卉形象，整体布局呈现出内敛的构图倾向，与左上角的白色的一朵小花形成视觉呼应，形成既统一又富有变化的视觉韵律。此类独特物象布局是艺术家的情绪展现，体现出凡·高对生命本质的敏锐洞察，尽管凡·高毕生历经无数磨难与煎熬，画作中凝结的却是他对天地万物的赤诚与生活本真的渴慕。通过《鸢尾花》，凡·高赋予画中花朵不衰的生命力与引人注目的艺术形态，每朵都似蝴蝶般翩翩飞舞，象征着凡·高的病友们，它将自然物象升华为个人情感的象征符号，映现出生命的旺盛与娇艳。

3. 生命意义的解读

在圣雷米病院治疗期间，艺术大师凡·高创作了《鸢尾花》，该绘画强烈凸显出他对生命律动、自然神韵及艺术表达的哲学思考，对生活热切的拥抱与未来的美好期许。画布上的意象折射出他的灵魂样貌，盛放的鸢尾花鲜艳欲滴，又夹杂着几分愁绪、孤独与惶惑，该艺术处理与其内心体验相互映照，呈现了他对现实的多维解读及存在意义的持续探索。凡·高通过绘画完成了艺术与自然的对话，突破对花卉外形的简单描摹，将个人情感及生活体悟渗透其间，呈现出非凡的艺术格调。虽然凡·高的一生饱受挫折与煎熬，而《鸢尾花》却焕发着不朽的生命光彩，归入其艺术成就的永久遗产，引发观者的持久审美体验。画面中清晰可见凡·高独特的艺术天赋，更体现出昂扬向上、珍视生活的深层情绪。基于对《鸢尾花》的审美体验，从中我们体会到凡·高对生活的炽热情感及其对美好未来的憧憬，其笔触间始终贯穿着突破逆境的精神光芒。

（三）第三幅作品《星月夜》生命光彩与意义的解读

凡·高的《星月夜》（见图 15-7）是一幅充满情感和象征意义的杰作，它不仅展现了凡·高独特的艺术风格，也深刻地表达了他对生命、宇宙和内心世界的理解和感悟。

图 15-7　《星月夜》

1. 创作背景

1889 年 6 月，凡·高的作品《星月夜》诞生。当时凡·高一直在圣雷米镇的精神病院接受诊疗。在此画创作阶段，他反复经历精神崩溃的困扰，经历剧烈的精神健康波动，经常处于现实与梦境之间，这对其艺术表现手法产生了重大影响。

创作动机：凡·高于精神疗养院休养阶段，主治医生特许其日间外出采风，此画并非依照实景直接绘制，实由凡·高根据脑海中的意象与想象构建，他从医院的窗口凝视远方，结合其情感体验与内心活动，创作了这幅兼具动态美感和情绪投射的作品。

2. 生命光彩的体现

凡·高用鲜明的色块对比与笔触所形成的光感，造就了《星月夜》这幅经典之作，它折射出生命的旺盛与明艳。作品中交织着深浅不一的蓝、明艳的黄与纯净的白，各类颜色相互渗透映衬，塑造出具有梦幻特质的夜晚天空，传达出生机盎然的审美体验。通过标志性的旋涡笔触，凡·高赋予画面鲜明的动态特征，传达出生命的韵律与波动。

该作品除呈现自然景致的秀美外，也采用星空同民居的比照，暗示着宏观宇宙与微观自然的韵律共鸣，流露出对生命万象之美的赞美与对宇宙深邃之理的探寻，还彰显了凡·高对生命力量、自然神性与宇宙规律的参透与敬畏。

3. 生命意义的解读

该作品集中反映了凡·高对生命体验、宇宙秩序及艺术语言的深入探索，基于创新的表现形式和深沉的情感内核，作为艺术创新的典范载入史册，星月组合传递出无垠与不朽的意涵，折射出凡·高试图超越现实生活的艺术诉求，以及对生命真谛与宇宙之谜的求索。

此画诞生于凡·高在精神病院最痛苦的那段时光，画面传递出创作者深藏的孤独感、不安情绪及对宁静的迫切需求，天空中扭曲的线条成为其精神世界的具象化表达。任凭生活如何困顿与煎熬，而《星月夜》的笔触中流露出对生命活力的礼赞，星月光芒笼罩的村庄场景展现出强烈的生存意志与期盼。

凡·高借助视觉艺术与自然宇宙形成对话，用画笔勾勒自然的华彩，流露出对自然万物的敬重及对宇宙的深刻感悟。作为凡·高艺术成就的典型代表，该作品不仅印证了其艺术影响力，也成为后世持续探讨生命、宇宙与艺术关系的起点。画作依托其饱满的情感内核与独创性的艺术语言，激发公众对生命与宇宙关系的持久探索，是凡·高艺术遗产里极具人气的画作。

恰当的色彩搭配既可影响视觉呈现，又能调节情感体验，合理配置冷暖色调可激活空间动态特征，清淡的色彩组合更易达成和谐稳定的情绪传达，创作者利用色彩组合表达主观情感与故事脉络，色彩也能唤起我们对生活片段的记忆与情感体验。

个体生命历程中呈现多元色彩谱系，这些色彩融合成个性化的生活图谱，强化了个体的自我认知与表达效果，推动个人情感记忆成为可视化的美丽素材，颜色对生命而言具有独特的意义，它们为平凡生活注入活力，闪耀着个性化的亮丽风采。

德国艺术家博伊斯说：人人都是艺术家，艺术创作无门槛限制，人们带着旺盛的求知欲进行自我思辨，基于博伊斯的理论框架，重视独立思考这一观点提示我们，个体皆具备改变世界的潜能，既可通过艺术表现手法也能借由生活化的创造活动，基于独立思考及创造力培养的实践，有利于提升对内外环境的感知水平，为社会注入积极能量。

三、美术与生命的力量

美术与生命的力量之间存在着深刻的关联，其创作过程与生命力量建立着持久的深层对话，其既是美学形式的展现，也是人类情感与思想内核的集中展现。美术作品承载着创作者的感性体验与心理活动，艺术家借由色彩表现、形态语言及构成手法呈现其心理状态，引导观众形成情感互动与心灵震颤。创作者借助艺术形式表达其理念与哲思，促使人们对生存、社群及世界本源展开深层探索，让艺术成为人类智识的凝聚与心灵归宿。美术创作凝固了历史进程中的决定性瞬间，构成观察古今变迁的核心视角，其保存着文化延续性与民族身份认知，促进人们把握不同文化价值观念与精神核心。从社会维度看，众多绘画作品具有批判属性，反映现实社会的矛盾冲突，引发社会成员的自觉反思与积极实践。遭遇挫折之际，艺术作品成为抚慰心灵的良方，激发希望并赋予力量，在审美体验中生活质量得以增强，内心世界充实得以。美术领域实质上是创新思维的沃土，它支持人们进行创新性探索，引领个体突破与社会整体跃迁。创作者借助艺术手段探索生命本质与人生归宿，完成自我呈现与价值建构，美术实践本质上是对精神的写照，是生命力量的永恒见证。

美术与生命的力量相互交织，美术不仅反映了生命的多样性，也是人类探索生命意义的一种方式。通过美术，人们可以更深刻地体验和理解生命的力量。基于上述几个方面，一起来领略以下几位当代画家美术作品中展现出的生命的力量。

（一）生命中释放负能量的力量

爱德华·蒙克的《呐喊》（见图 15-8）是一幅非常著名的表现主义画作，创作于 1893 年。这幅画以其强烈的情感表达和对人类心理状态的深刻描绘而闻名。作品中人物呈现其夸张面部表情与大张的嘴巴，展现出极度的惊恐与绝望，体现了人类内心潜藏的不安与焦虑，释放了内心深层的心理情感。该作品把桥设成背景，天空里满是扭曲的云层，四周的景象猛烈地晃动，展现出对现实世界的批判眼光，引导人们探讨现代社会环境给心理健康带来的深层影响。即便《呐喊》展现了恐惧与绝望的主题，不过换个角度去考量，它是生命真实模样的映射，用发声呐喊反映出人物对抗逆境的表现，是生命力量在压力下的喷发。人们对这幅作品显现出的共情十分显著，这归因于它深入了人性的内核，触及了群体共有的心理体悟。

图 15-8 《呐喊》

蒙克凭借其强大的共情特质，呈现出处于绝望阶段时艺术中的共情感受及心理帮扶，特别是如《呐喊》这般直击灵魂的艺术创作，拥有治愈功效，协助人们面对与处理个人情感，做到情绪宣泄与心理松压。蒙克借助变形的天空与混沌的背景，委婉地表达出对未知的忐忑之感，这种惊愕情绪是人类集体的心理共振。同时，凭借艺术渠道直观展现这类恐惧情绪，帮助人们接纳并克服这种恐惧。

《呐喊》依靠极具感染力的视觉呈现与情绪传达，展现出人们面对生存困境与精神考验时交织在一起的深层情绪和生命韧劲，这幅作品不仅仅是对负面情绪的宣泄，更是对生命潜能的核心表露，表明了艺术在挖掘人类内心世界中的深刻意义。

（二）生命中带来希望的力量

约翰·埃弗雷特·密莱的《盲女》（见图 15-9）是 19 世纪英国拉斐尔前派画家的代表作之一，创作于 1856 年。这幅画中，两个盲女坐在乡村田野上，一个小女孩正在感受雨后的彩虹，另一个则在倾听。这幅作品不仅展示了密莱对自然景观的精细描绘能力，同时也传达了一种深刻的情感和希望的力量。这幅作品带来了希望的力量，体现在以下几个方面：

自然之美的感知：虽然两位盲人女性失去了视力，不过她们用感官体验欣赏了自然美，小女孩以触觉和嗅觉感受彩虹的湿润及想象的色彩，感受到希望与美好，由此可见当小女孩虽然看不见整个世界的色彩，但仍然能通过其他感官找到希望和快乐。

图 15-9 《盲女》

相互依赖：双目失明的两位盲女姐妹彼此依存，

一位用听觉进行路径引导，一位则依靠触觉探索环境，彼此间的依赖关系展现在挫折情境中，伙伴间的相互扶持能让彼此拥有力量。

乐观的生活态度：虽然她们面对的实际情况充满考验，但观察到两位盲人女性没有显示出颓废或消沉，面对生活时她们展现出正向积极的心理状态，这告诫我们，不管身处何种际遇，我们都要能以乐观积极的态度去面对生活。

艺术的力量：密莱通过这幅画展示了艺术能够激发情感和思考，即便遭遇绝望，艺术品恰如七彩的虹光，能带给观赏者心灵层面的视觉疗愈。

社会关怀：画面内容也反映了19世纪对残障人士的关切之情，以盲女的生存状态为展示对象，密莱借助视觉叙事提升了公众对弱势族群的认知，也呼吁社会应当重视对这些群体的帮扶与接纳。

《盲女》通过其深刻的主题和细腻的描绘，传达了一种超越视觉的希望和力量，鼓励人们在面对困难和压力的情境下实现自我赋能，寻找内在的力量和外部的支持。

（三）生命中被治愈的力量

美术作品里存在的治愈力量是深刻复杂主题，它可通过多种途径进行解读与感受，艺术作品往往激起观者的情感共鸣，从愉悦、悲戚到忧愁，这种情感共鸣既实现了情绪吐露，又给予了精神鼓励。从美学的角度去分析，绘画中的色块关系、物象造型及画面构图安排均可唤起审美愉悦感。艺术作品还可开辟一个逃离现实的空间，使人们暂时抛开生活中的压力与挑战，以此推动心理压力的舒缓与能量的补给。

艺术作品多维度的展现可带动观众对自身成长历程、价值观念及存在意义进行思索，这种思考有利于个人成长及自我认知，也能借助表达人类共同的情感与经历，加剧观众的情感共鸣与相互体悟，以此形成社会联系，降低孤独感。创作者往往利用象征手法及隐喻表达去传递作品的深层意蕴，引发观众就生命、死亡、爱和希望等主题进行思考。部分绘画跟雕塑作品，以自然元素、统一格调或者静态构图为主，让观者在欣赏的同时实现自我疗愈功效，助力人们再度实现精神层面的稳定。

当观者深刻感悟艺术创作过程之后，可发现艺术创作实际上是一种自我疗愈的方式。艺术工作者采用创作手段去处理个人的情感表露与人生阅历，观看艺术品的过程就是对作者情感历程的探索，艺术创作往往体现出特定历史阶段的文化印记，进而让人们了解各种历史文化背景下人们的生活轨迹，得到更宽广的眼界。艺术实践能促进参与者想象力与创造力的进步，带领人们追逐心里的目标与梦想。

总之，美术作品中的治愈力量是一种多维度的体验，它涉及情感、美学、心理和社会等多个层面。通过艺术，人们可以找到共鸣、获得安慰、促进自我成长，并与他人建立联系。

1. 来欣赏和感受一位小女孩画家的作品

艾瑞丝·格蕾丝·理查森是一位患有自闭症的英国小女孩，她以惊人的艺术天赋而闻名。她的画作以梦幻般的色彩和独特的风格而受到人们的喜爱和赞赏，比如她创作的《梦幻的色彩王国》（见图15-10）。

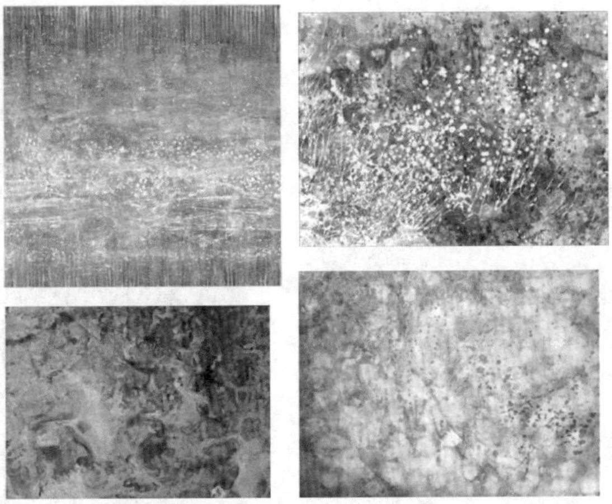

图 15-10　《梦幻的色彩王国》

艾瑞丝的作品不只是一种艺术创作，还被看作一种具有治愈效果的力量，给人们送去安慰与指引，她的故事动摇了人们对自闭症的传统认知。她用绘画去表达内心的世界，展现出自闭症患者独具特色的创造力和天赋。这让世人认识明白，每个人都有属于自己的闪光点，自闭症群体里经常涌现出拥有天赋创造力的个体。艾瑞丝的作品呈现出温和的颜料层次和意象化空间的特点，运用柔和的色彩与梦幻般的画面，为观众提供了一种摆脱现实压力的途径。这种艺术创作能直接撞击内心，实现心灵安慰与心理疗愈。艾瑞斯在众多作品中掺入了自然元素，如动物、植物和水，倡导积极加入环保行动，凸显绿色空间对减轻精神压力的重要意义，体现出自然对人类心灵治愈的关键意义。

凭借极具视觉艺术的作品，艾瑞丝跟世界进行互动，冲破了语言的壁垒，形成没有国界的视觉对话，这足以说明艺术是有效的沟通媒介，可连接不同文化背景人群，成为逾越隔阂的理想交流媒介。艾瑞丝的经历与她的艺术作品给众多家庭和个体带来了希望，表明就算陷入困境，人们还是能找到自己拿手的领域与爱好，做到自我表露与自我达成。她的成功带动社会对自闭症患者的包容与接纳，促进社会领悟多样性内涵，加速了包容性及文化多样性的成长。

艾瑞丝的作品不只是她个人情感与内心世界的呈现，也是对生命中疗愈力量的展示，她的创作映射出生命自身固有的治愈潜能，艺术、自然与创造力充当生命里的治愈之源，给人们送去心灵慰藉、往前走的勇气和力量。

2. 来感受另一位当代艺术家的作品

史蒂芬·威尔夏是一位出生于 1974 年的英国艺术家，他被广泛认可为具有非凡记忆力和绘画天赋的艺术家，被称为“超忆画者”。威尔夏在 3 岁时被诊断为自闭症，但这一诊断并未阻止他展现出惊人的艺术才华。

威尔夏的艺术作品通常以城市景观为主题，他能够凭借惊人的记忆力，在极短的时间内乘坐直升机或飞机飞越城市后，绘制出详尽的城市全景图。比如他的作品《纽约印象》（见图 15-11）。他的作品不仅展示了他对细节的精确捕捉，还体现了他对城市结构和建筑美学的深刻理解。

图 15-11 《纽约印象》

威尔夏的作品真切体现了艺术的治愈威力，还有自闭症患者的卓越天赋，他的画作有着细腻笔触及高度写实的特性，为观赏者创造了一个暂时忘却现实、饱览城市美景的时机，这并不仅仅是视觉上的享受，更是一种精神层面的调理。威尔夏的艺术才华打破了自闭症患者的传统标签，证明了自闭症群体同样有着非凡的创造天赋，给自闭症群体带去了希望和勉励，同时也为社会接纳这个群体铺设了新的认知轨道。他的作品展现出记忆跟创造力的相互结合，他能记住且再现那些复杂的城市景观，既呈现出记忆力的极限状态，也是创造力的流露，这让大家感悟到，哪怕处在逆境，人类的潜力依旧是无穷的。威尔夏把艺术跟教育进行结合，影响了很多人，尤其是儿童及青少年群体，鼓励他们去勇敢追逐自己的艺术梦，不管面临何种形式的障碍，都大胆追求，努力改变。

他的作品冲破了文化与语言的界限，成为一种国际通用的话语体系，呈现出超凡的影响力，获得了全球观众审美层面的赞许。威尔夏的艺术创作不只是他个人成长跟自我表达，也是他跟世界互动、架起国际对话渠道的过程，他借助艺术呈现了个人的心理空间，这种果敢的行为不仅实现了自我疗愈，也成为一种鼓舞他人的力量。

威尔夏的故事跟作品给我们呈现了艺术的力量，让我们感觉到每个人都有创造与表达自己故事的潜力。而他的艺术不仅仅是视觉上的一种享受，更是精神层面的疗愈，为大家带来了希望、勇气及无限可能。依靠他的创作，我们察觉到艺术的普遍性与深远意义，它不仅跨过了文化跟语言的界限，还把不同的思想和情感连接在一起，成为疗愈自我的强大动力。

[课堂互动]

被喻为“头脑瑜伽”的当代治愈心灵的美术绘画形式——缠绕画，请同学们根据图 15-12 至图 15-15 提供的题材动手画一画吧。

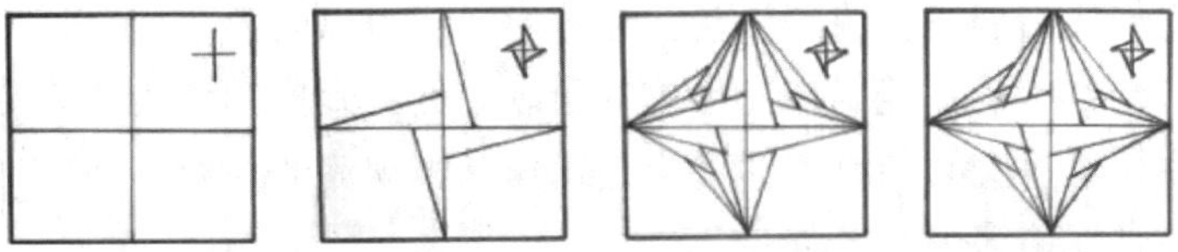

图 15-12　应用思路：繁星、风车、圆规、七巧板、千纸鹤……

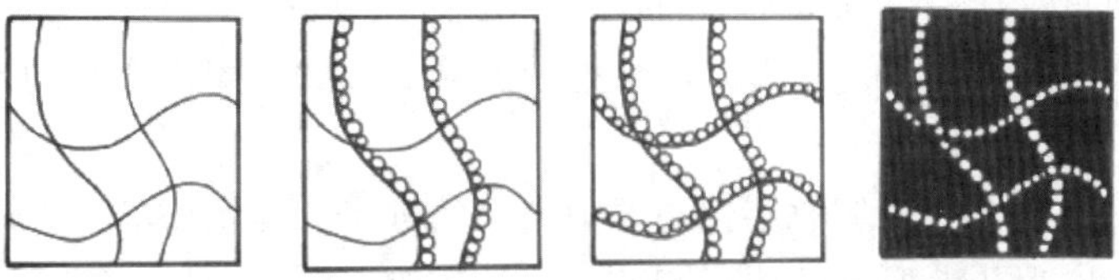

图 15-13　应用思路：珍珠、铁珠、耳坠、纹饰、贪吃蛇……

图 15-14　应用思路：芦荟、草丛、树叶、标本、咸鱼……

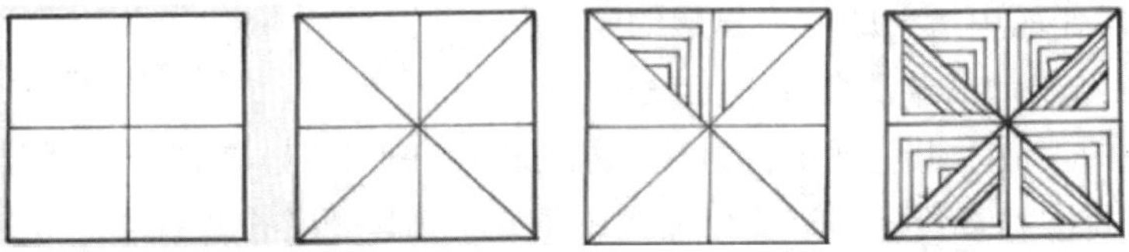

图 15-15　应用思路：阶梯、三角板、斗兽围栏、栅栏……

缠绕画，又称禅绕画（Zentangle），是一种起源于美国的艺术形式，它结合了绘画与冥想的元素，旨在通过创作过程中的专注和放松来达到一种心灵上的平静和治愈效果。缠绕画是一种结合了艺术创作和心灵疗愈的绘画方式，它鼓励人们通过绘画来探索自我，享受创作的乐趣，并在这个过程中找到内心的平静和放松。

四、美术与生命的延续

美术作品形式延续是个复杂过程，关乎多个领域，含有艺术教育、文化继承、艺术创作、技术改进和社会发展等。它们一同对美术作品形式的延续起作用：在艺术教育而言是美术作品形式延续的重要手段，采用学校教育、艺术工作坊、网络课程等手段，艺术知识及技能被传授至新一代，保障艺术形式得以留存和进步。在文化传承的阶段中，文化如同连续的水流，美术作品作为文化的一部分，经由一代接一代的传承而延续下去，家庭、社区跟文化机构在传承艺术形式方面担当重要角色。就艺术创作而言，艺术家凭借创作新的美术作品，既延续了传统的艺术样式，还可能在此基础上展开创新与变革，让艺术形式焕发活力。

就技术提升层面而言，随着技术的发展，新的艺术媒介与工具接连涌现，这为美术作品的形式提供了新的呈现手段和机会空间。艺术展览和博物馆是呈现和保存美术作品的关键场所，它们凭借展览及收藏活动，让艺术形式得以向大众展示且传承下去。从艺术市场角度看，艺术市场在美术作品形式的延续方面起到推动作用，收藏家、画廊、拍卖行这类市场主体通过交易与推广，助力艺术作品实现流通与留存。

除此之外还存在诸多因素，如

社会和政治方面因素：社会和政治方面的环境对艺术发展影响深远。政策上的支持、公共艺术项目及社会运动等均可推动艺术形式延续和发展，文化之间的跨界交流：不同文化间开展交流可促进艺术形式的传播及融合，以此让美术作品的形式丰富且延续下去。

数字化和虚拟技术：伴随数字化与虚拟技术的进步，美术作品可采用数字形式来完成保存和展示，这为艺术形式的传承开辟了新的道路。

个体跟集体的记忆：艺术作品时常跟个人及集体的记忆紧密地联系着，通过记忆和故事的传承，艺术形式得以在人们心中长久留存。

艺术批评和理论：对艺术批评和理论进行探讨可深化对艺术形式的认知，推进艺术形式在学术研究及实践上的发展。

美术作品形式的延续呈动态，这离不开艺术家、教育者、文化机构、市场参与者及公众的协同努力。经由这些因素的相互协同，美术作品的形式不仅得以留存，还能不断地进步与革新。

（一）美术作品中折射的生命思想的延续

1. 有哪些折射的生命思想会一直被延续

艺术作品的生命思想呈现出普遍性与永恒性，它们打破了时间与空间的界限，在不同的时代与文化中一直传承。这些生命的思想归纳为以下几个方面：

首先，这些思想涉及人类跟自然的相互关联，显示出对环境保护与生态平衡的关切；探讨了家庭、朋友及伴侣间的情感关联；生命包含的意义及目的，探求个体生存的价值与目标；死亡和长久存续，思考肉体结束、怎样超越及精神价值意义，艺术也推动着针对个人身份与自我发现的探索，协助人们在复杂的世界里找准自己的站位。

同时，艺术作品往往显露出对社会正义和平等的关怀，抨击不公平现象，倡导形成更公平的社会格局，对精神追求的阐发表达，探索超越物质的信仰与价值。艺术也剖析个体自由跟束缚的关系，摸索自我跟社会、文化与内心约束的平衡。艺术中充分体现出创造力与想象力，鼓励人们挖掘自身的创造潜力，而和平与对抗的主题，抒发对和平的渴望与对战争的思索，对美的渴慕，不管是自然中、艺术里还是抽象的美，均在作品里得到彰显。

岁月与往昔回忆的主题，使人们对时光的逝去心生感叹，对过去的记忆做缅怀与反思之举，对人类痛苦的悲悯与对社会边缘人群的关照，体现出对弱势群体的怜悯与支持，对智慧与知识的探求，点明了它们在个人和社会生活方面的重要意义，变革跟适应的能力，反映出面对变化引发的挑战与机遇，以及怎样去适应新环境，这些体现于艺术作品里的生命想法，不单单在艺术领域得以传承，还对人们日常生活、社会价值观及文化发展造成深刻影响。

随着时间持续前行，以上这些思想或许会在新的形式和语境中得到重新阐释与呈现，然而其核心价值与意义将不断传承下去。艺术作为承载的依托，使得这些生命思想在历史长河中维持活力与影响力，持续启迪着每一代每一辈。

2. 美术作品中折射的生命思想怎样被延续

美术表现中生命内涵具有阶段性发展，作为艺术创作、文化演进、社会互动与个体感悟的多重维度过程，可归纳为下列基本要点：

艺术创作：创作者运用艺术形式呈现对生命意义、自然环境、社会关系及宇宙认知的探索。创作成果实际成为生命意识的物质载体，伴随艺术创作的推进与扩散，该思想体系实现长期存续。

文化传承：文化价值观念借助艺术作品实现传递与持久保存，艺术作品所反映的生命态度与宇宙认知因文化差异而呈现多样性，该作品体系承担着文化传递的关键功能。

艺术教育在塑造技术和技能的阶段，进一步启发学习者深度领悟艺术作品中的生命意义，推动当代青年在思想探索及创新表达上不断发展，艺术批评与理论方面的研究者开展艺术作品的分析与解读，帮助受众深刻认知其含有的生命内涵，成为推动思想交流与学术探讨的关键力量。美术馆和特展当作展览空间，采用陈列古今艺术品的做法，使观众亲身感受且探索艺术所传递的生命内涵。跨文化交流带动了不同生命观之间的融合，拓展了艺术创作中生命意识的深度及广度。

个体在艺术欣赏时把个人生活背景及情感体验相融合，打造独一无二的审美体验，这种个性化的理解推动生命思想实现多样延续。社会及政治状况对艺术创作及其传播影响重大，各时代的艺术家会依据自身当下环境，体现多样的生命理念。伴随科技逐步发展，数字媒体及虚拟现实等新技术为艺术作品提供了现代化呈现样式，促使生命思想的传播范围更广且影响持续长久。

艺术收藏和市场活动促进了艺术作品的保存与传播，使得其中的生命思想继续传承下去。公共艺术项目及社区参与活动把艺术融入公共空间，引导社区成员一同体会和感悟艺术，进一步认识作品里的生命想法。艺术作品的复制跟传播，诸如印刷品、数字影像和网络传输手段，让更多人有机会触及这些作品，领悟其内含的深层思想。

以作品《呐喊》为例，作品中的思想于创作阶段产生了深刻影响，随着岁月的推移，其中的思想在艺术、文化及社会领域延续且不断发展，美术作品当中的生命意识借助诸多途径，接连被重新诠释、体验及创新，实现了在历史时光里的持续演化。艺术充当载体，不仅传达了特定阶段的观念，还借助不断的变革与重构，促使生命意识在时间与空间之中维持活力与影响力。

（二）美术作品中彰显的生命意识被延续

1. 哪些彰显的生命意识会一直被延续

在艺术与文化的历史演进中，一些较为突出的生命意识凭借普遍性与深远影响持续传承。

生存与繁衍：作为生命最底层的内在驱动力，生存与繁衍主题在艺术作品里被反复探讨与展现。

发展与变化：个体成长、发展与变化的轨迹是艺术作品里一个永恒的主题，体现了生命体验的多样纷杂。

自我实现：探究个人潜能的达成与自我成长，是艺术作品一贯的追求理念，助力人们朝着卓越目标挺进，而人们对爱、同情及人际关系的探索，成为艺术作品里的核心议题，它们是支撑社会与个体生活的基石。

勇气与坚韧：迎接困难和挑战时的胆气与韧劲，是艺术作品里常赞美的品质。同时，人类共同的向往是对自由的渴望与对未知世界的勇敢探索。这些主题在艺术层面反复被创作和创新。

协调与平稳：探求生活、社会与自然界的和谐，是艺术作品惯有的愿景。

精神追求：对精神层面的钻研，反映出人类对生命更深层含义的探索。另外，对社会公平正义及道德价值的追索，是艺术作品中屡次出现的主题。它们倡导改进与优化人类社会，而创造力作为人类独有的本领，在艺术作品里获得了极高的重视且得以展示。

美的追求：人类文化的关键组成部分有对美的感知、欣赏及创造，艺术作品采用多样形式凸显美。

记忆留存及传承：开展历史、文化和个人记忆的记录及传承，是艺术作品襄助人类贯通过去与现在的途径。

反省与内省：艺术作品往往激励人们就自身行为、社会现象和存在状态进行反思和自我审视。

和平与共存：对和平的探求与不同文化、不同背景人群之间的共同生存，是艺术作品长久关切的主题。

生命与死亡：对生命与死亡的哲学性思索，是艺术作品之中一个深刻又普遍的主题。

这些生命意识之所以得以延续，是由于它们碰触了人类共同的情感与经历，反映出人类针对生命、社会和宇宙的根本领悟。随着社会的进步跟文化的变迁，这些意识或许会在新的形式与语境下得到重新解读，但其核心价值和意义将一直不断地传承光大。

2. 美术作品中彰显的生命意识会怎样被延续

美术作品里的生命意识展现出各式各样的主题，不同艺术家及其作品在表现上各有侧重，共同造就了丰富的生命主题体系，这些作品突出对自然的敬畏，强调实现和谐共存，凭借对大自然的勾勒，延续了对生命起源跟生态环境的认知。艺术作品也展现了生命的脆弱与短暂，提醒大家把握当前，探究生命的价值与意义。

一些作品对生命的力量及活力进行赞颂，不管是描绘人类、动物或是植物，都体现出生命的顽强与生气。生命的循环和重生在诸多文化与艺术传统中是常见的主题，说明了生命是一种永恒循环的流程。艺术还针对个人成长与自我实现开展探讨，驱动人们追逐自身价值与潜力。

美术作品不只着眼于社会与历史问题，引发对人类过去时光的反思与对未来的思考，同样深入剖析情感与人际关系，如爱、友情、家庭跟社会。对个体生命造成的效应，精神方面的追求是另一个关键主题，反映出人类对生命意义与宇宙秩序的探究。对苦难与挑战的描绘使人们对生命逆境生出怜悯与理解，艺术本身是创造力跟想象力的一种体现，鼓励人们去探索未知及多样可能，追求美是所有艺术贯穿始终的主题，不管是形式所具、内容所含还是思想所蕴的美，都体现出人类对美好生活的渴望。文化多样性在美术作品当中得到充分呈现，不同文化背景当中的生命体验获尊重，展现了生命的多样面貌。

这些生命意识借助美术作品实现表达与延续，不仅为艺术内涵增添了色彩，也引导人们去思索生命的深度。随着时间缓缓前行，不同的文化、社会背景赋予这些主题全新诠释，使美术作品变成跨越时空的生命意识的寄托载体，传递着永恒的价值及意义。

（三）美术作品带来的审美的理念被延续

1. 有哪些审美理念会一直被延续

美术作品引发的审美理念的延续，一般涉及下面几个核心内容：

美的多面貌性：美术作品表现出美的多样样式，从古典的协调与均衡到现代的革新与超越，不同时代的人们有能力理解和欣赏这种多样化的审美理念。

情感表达：艺术家借由作品输出个人情感与思想内涵，艺术作品的情感共鸣力可跨越年代与文明的隔阂，可激发观者的情感共振。

色彩与形式：美术形式借由色彩层次、线条动态、形状组合和构成体系实现视觉传达，呈现美学规律的实践性探求，这些形式准则可成为后世艺术创新的持久动力。

象征与隐喻：象征和隐喻的运用赋予作品表达深层含义和思想的能力。借助艺术手段传达复杂理念的这种特质，始终是人类共通的审美追求。

自然美：视觉艺术范畴，对自然环境的刻画与称颂是持续沿用的表现主题，对自然之美的珍视与守护是贯穿各时期的普遍共识。

人文关怀：绘画等视觉艺术常刻画人类生存图景、社会现象及重大历史时刻，承载着对人类处境的思索与关怀，这种体现人文精神的审美理念可实现代际传递。

创新与实验：视觉艺术领域存在突破性作品重构审美标准的实例，拓展了艺术的边界。艺术实践层面，推动实验性创作始终是艺术审美体系的关键组成部分。

精神追求：艺术作品往往表现出对精神境界的深切叩问，这种对精神维度的探索在多元时空背景下均有呈现。

审美教育：审美理念的世代相传可依托美术教育达成，艺术教育突破技术传授的边界，核心在于培养审美能力。

文化认同：美术创作普遍与其所属的文化历史传统紧密相连，引导人们形成文化归属与身份认同，带有文化认同属性的审美理念可长期存续，生活美学的艺术渗透：美术表现往往聚焦艺术语言与生活语境的转换边界，强调艺术应贴近日常生活，提高生活格调的美学理念。

审美的主观性：美术作品呈现出审美体验的主观性，不同观众或许会有不一样的感受与解读，对个人审美体验的重视呈现为持续的审美理念，这些审美理念不光在艺术领域里面得以延续，同样影响到了设计、建筑、文学等诸多领域，甚至渗透到人们的日常生活里，成为文化传承及发展的重要板块。

2. 美术作品中的审美理念会怎么被延续

美术作品带来的审美理念可凭借多种方式延续下去，这些途径不光保障了艺术自身的传续，也推进了审美观念的发展与更迭。以下是一些关键途径：

艺术教育：学校跟教育机构通过教授艺术史、美学理论及艺术实践课程，把历史上的审美观念传给新一代。

对艺术的评论及批评：艺术评论者和批评者对艺术作品开展分析与评价，协助公众领会和品鉴作品中的审美价值。

艺术展览与博物馆：依靠展览及收藏，博物馆使公众可以接触、体验历史长河中的艺术作品，实现作品审美理念的延续。

艺术创作与实践：艺术家在自己的创作当中汲取、借鉴且重新解读历史上的审美理念，让其在新作品里得以展现。

文化交流：不同文化相互交流推动着审美理念的传播与结合。

扩大全球艺术的多样规模，出版方面及媒体途径：书本、杂志、网络平台等出版载体，加上电视、电影等媒体形态，采用介绍和讨论艺术作品的途径，使审美理念实现更广泛播撒。

艺术市场：艺术市场利用收藏、交易及投资活动，不仅保存下艺术作品，还推动了审美理念实现商业化并得以普及。

科技进步与革新：随着技术的发展，新的艺术形式与表现手法陆续涌现，给传统审美理念增添了新的表达样式。

公共艺术：公共艺术作品作为城市与社区的一部分，把审美理念带入公共空间之中，影响着人们日常的生活。

个人收藏：私人收藏家借助收藏艺术作品，保存下个人及文化的审美理念，或许会以借展等方式与公众分享。

艺术复制品与衍生品：艺术复制品与衍生品让艺术作品的审美理念更易被获取与体验，延伸了艺术的影响力。

跨学科研究：艺术与心理学、社会学、人类学等学科开展起来的交叉研究，为体悟艺术作品的审美理念提供了新的视角点。

社会运动与文化规划：社会运动和文化规划能推动人们对艺术和审美相关理念的重视，带动艺术在社会中的普及。

数字化与虚拟类技术：借助数字化技术，艺术作品能以数字形式保存与展示，而虚拟现实之类的技术为感受艺术作品赋予了新的维度，采用这些做法，美术作品带来的审美理念既得到了保存，又实现了延续，还在不停的交流及创新里取得发展，对人们的生活方式及思维方式有影响。

（四）美术作品中赋予的生命中的精神力量被延续

1. 有哪些精神力量会一直被延续

艺术创作所表达的生命精神力量形式多样，其影响力穿越各个历史阶段与文化体系，唤起人们的认知探索与心灵共鸣。以下列举几种典型的精神力量：

希望：多数作品选择高明度色彩搭配、积极向上的图形语言传递希望内涵，激励人们在困境中开辟新途。

坚韧与毅力：展示人物冲破阻力或在自然挑战中顽强存在的形象，反映生命的顽强意志。

爱：从家庭亲情到浪漫爱情乃至人类之爱，美术创作中爱是高频出现的题材，诠释了人性深处的柔软与羁绊。

勇气：作品中展现的英武气概、战士的勇悍作风或面对考验时的无畏表现，激发观者的不屈精神。

自由：凭借多维的空间格局、流畅的线性表露或抽象图样，凸显人们对超脱状态的求索。

和平：创作者多借助柔和的色彩过渡与均衡构图来象征和平局面，展示对战争现象的认真思辨。

内省与自我发现：采用静物画、肖像画及抽象画这类作品形式，引导观赏者完成自我观照及心灵层面的发掘。

创造力：艺术创作从本质上来说是对创造力的直观呈现，支撑充满想象空间的艺术探索，而精神超越上是艺术创作的自我修养和提升。

生命力：采用高饱和度的色彩搭配和带有张力的结构安排，来说明生命形态的演进潜力，同时，采用展现困苦中的人们遭受迫害的形态主题，激起观者的怜悯与情感共振。

智慧：艺术作品采用具备隐喻特征的画面或饱含哲思的主题内容，传播认知与洞见。

改变与拓展：部分艺术作品呈现社会发展轨迹、科技的进步或意识形态的转变，带领人们接纳、实施变革且积极向前的正能量。

美的追求：美术创作既兼顾外在形式又顾及内在意蕴，反映出人类对美与和谐的不停探求。

艺术作品正是这些精神力量的载体，同时唤起观看者的情感共鸣，引导接收者的情绪走向与行为轨迹，通过造型艺术的视觉呈现完成力量传递，是人类文化及精神层面的核心内容。

2. 美术作品中蕴含的精神力量怎样被延续

美术作品的生命精神借助各类方式完成跨时代承续，如此方式让作品的生命力历久弥新，令艺术精神突破时代桎梏，在更广阔的社会层面形成持久回响。关键性的延续方式可归纳为以下几点：

艺术教育：采用教学课程、艺术工坊及主题讲座等体系，让新一代了解艺术品所蕴含的创作背景、符号意义及艺术家的观念体系。

艺术展览与博物馆：作为艺术作品的陈列空间，博物馆及艺术展览承担起保存的功能，为游客提供直接介入艺术体验的办法，由此品味和感悟作品承载的思想力量。

艺术评论与学术探讨：艺术评论界学者凭借理论工具探讨作品的深层内涵，助力大众对艺术作品内在意义与精神力量的把握。

艺术创作与灵感：艺术创作人员借助创作实践，从历代名作处汲取创作素材和灵感，以现代艺术表现形式和多维视角重新传递这些精神层面的价值。

文化交流：文化交流成为带动艺术表达及其深层意义传播的催化剂，实现不同文化背景人群的互相交流与价值共通。

艺术复制及衍生形态：艺术复制品及衍生品降低了接触、体验艺术作品精神内涵的门槛，扩大了艺术的影响力。

基于互联网的艺术传播技术：采用线上传播方式，艺术作品借助数字技术达成跨地域传播，增加了公众接触这些作品的机会，提升了人们对艺术作品的认知水平。

公共艺术：作为城市及社区组成要素的公共艺术，使艺术精神内涵成为公共空间的组成部分，同日常生活进行互动。

个人收藏与传承：私人收藏家凭借收藏艺术作品的途径，留存起个人与文化的精神要素，并采用举办艺术展等方式与公众分享。

艺术市场：艺术市场依靠收藏、交易及投资活动，既留存了艺术作品，还带动了艺术作品精神价值的商业化及推广。

社会运动与文化政策：社会运动和文化政策可带动人们对艺术及精神力量的重视，带动艺术在社会中的普及。

不同学科交叉探索：艺术与心理学、社会学、人类学等学科一起开展的交叉研究，为把握艺术作品的精神力量给出新视角。

采用这些方式，美术作品中的精神力量不光得以留存，还在不停的交流及创新中实现发展，影响着人们生活及思维方面的方式，这些精神力量成为人类文化与精神生活的关键组成部分，推动人们去追求更高层次的精神境界。

[聚焦提升]

美术与生命教育的紧密联系呈现为对情感、认知及精神的多重促进，美术作为一种饱含感性的艺术形式，它与生命教育紧密契合，有利于促进个人的情感宣泄、认知拓展和精神富足。依靠艺术创作及欣赏，我们能够更透彻地领悟自己的情感世界，养成对美的觉察本领，同时去探索生命的意义及目的。美术与生命教育有着多维层面的作用体现，就情感表达而言，美术是将情感外显的工具，能协助人们把内心的情感与思想表达出来，搭建起与自我的纽带；在自我认知方面，借助创作与欣赏，人们能更好地认识自己的兴趣、情感和想法，实现自身的认知与成长；在审美认知发展的阶段里，造就了对美的感知与理解能力，增强了创造力与审美鉴赏本领；在进行精神追求的阶段，推动人们追求精神层面的满足，探求生命的意义与价值，达成精神范畴的自我升华。

美术为个人开拓了一个全面发展的平台，不仅充实了精神世界，还培养了创造力、怜悯心和责任感，成为一名带有人文关怀的公民。而生命教育凭借美术这种表达途径，助益人们更透彻把握生命的意义，发现生活当中的美好与价值，这些皆是美术与生命教育所起到的相互促进作用。

美术的本质不只是对生活的映射，更是对真善美进行统一表露。它反映出人类理想、愿望、情感、意志这类人文特征，反映出强烈的生命意识，美术作品恰是现实生活的真实映射，加入了作者的情感及生命意识，传送了精神层面的价值跟意义。

[自主思考]

《至爱凡·高》是一部向艺术大师凡·高致敬的杰作，也是世界上第一部全手绘油画长片，由来自全球 15 个国家的 125 位顶尖画家，历时 6 年，绘制了超过 65 000 幅油长片，共同完成了这部独特的电影作品。

请你欣赏这部电影，并思考：凡·高在面对社会的误解和个人挣扎时，依然坚持自己的艺术创作。他的内心世界是怎样的？通过查阅资料谈谈你对凡·高的生活和艺术的理解。

[课外拓展]

1. 孔凡平，孙丽荣. 高更的艺术［M］. 沈阳：辽宁美术出版社，2014.
2. 兰岗. 美术教育的生命之思［M］. 南昌：江西美术出版社，2022.

专题十六

影视与生命教育

电影就要强调人类普遍拥有的人的本性。人们在电影里会常常看到对人的勇敢、忠诚、爱、温情、诚实、正义、机敏、英雄主义和友谊等品质的描写、赞赏。

——赫伯特·布卢默

[专题导语]

在光与影的交织中，影视宛如一面神奇的镜子，映照出生命的斑斓色彩与无尽可能。它以独特的魅力，触动着我们内心最深处的情感，让我们在一个个精彩的故事中，体验着别样的人生。生命意蕴是影视文化价值中重要的一部分，生命的踪迹在每一部影视作品中无处不在。思索生命、体验生命、感悟生命、张扬生命也正是影视艺术魅力经久不衰的源泉。在现代社会，影视已经深深融入了我们的生活。我们在屏幕前欢笑、流泪、沉思，跟随影片中的角色一同经历喜怒哀乐。影视具有一种不可思议的力量，它能够触动我们内心深处最柔软的部分，让我们在不知不觉中被角色的命运牵动，被故事的情节感染。这种对人的情感、思想的深刻影响，使得影视成为开展生命教育的理想载体。生命教育，旨在引导我们认识生命、尊重生命、热爱生命并实现生命的价值，影视则通过其丰富的内容和多元的表现形式，为我们提供了无数鲜活的案例和深刻的启示，促使我们在观看的同时，对生命有更全面、更深刻的理解。

[情境体验]

提及影视作品，包括电影与电视，首先映入你脑海中的是哪部影片？为什么首先映入脑海的是这部影片？这部影片对你的成长有何影响？

[理论学习]

一、影视艺术中的生命意蕴

影视以其独特的艺术形式，不仅娱乐大众，而且在更深层次上，反映社会文化，投射个体生命意蕴。“事实上，所有的电影都是围绕着一个古老而又简单的中心转：人类自然的感情与反对人类这种感情之间的冲突；美与丑的冲突，人类所追求、企盼的与人类所反感的、摈弃的冲突。在电影里，人类善的、美的、企盼的都从上面提到的那些人类的品质中挖掘出来——其实，这些早已得到人们广泛的赞同，这些价值观也同时为人们所称道。把人类的这些品质提高到天性的高度，从而加强了人们的这种早已接受、赞同的感受。这就是我所说的，电影加强了人们基本的价值观……人类善良的情感的价值被隐藏在电影的新的生活形式之中，并通过它传达给观众。”① 在当今的信息时代，影视作品已成为人们日常生活中不可或缺的一部分。它们以丰富多样的形式和内容，深刻地影响着我们的思想、情感和价值观，引导我们思考生命的意义、价值和目的，培养我们对生命的尊重、关爱和珍惜之情。

（一）影视艺术的特征

影视艺术作为一门年轻的艺术，在发展过程中，形成了综合性、逼真性、假定性、幻觉性、符号性等不同于其他艺术形式的独特的艺术特征。

1. 综合性特点

影视艺术，以其独特的综合性特点，成为艺术领域中一颗璀璨的明珠。电影理论真正的先驱者是意大利人乔托·卡努杜。1911 年，乔托·卡努杜发表了名为《第七艺术宣言》的著名论著，第一次宣称电影是一种艺术，是一种综合建筑、音乐、绘画、雕塑、诗和舞蹈这六种艺术的“第七艺术”。

从表现形式上来看，影视艺术融合了多种艺术元素。它既有文学的叙事性和深度，通过剧本和台词展现丰富的故事情节和人物形象；又有绘画和摄影的视觉美感，用精美的画面构图和色彩搭配吸引观众的目光，那些充满意境的电影画面，仿佛一幅幅动人的画作。同时，影视艺术还包含了音乐和音效的感染力，恰当的配乐能极大地增强作品的情感氛围和节奏感。表演艺术在影视艺术中也占据着重要地位。演员们通过精湛的演技，赋予角色灵魂，让观众能够深入地理解和感受角色的内心世界。他们的一举一动、一颦一笑，都成了影视艺术魅力的重要组成部分。比如那些经典的表演，至今都让人难以忘怀。

从技术层面上来看，影视艺术同样展现出综合性。先进的拍摄技术、剪辑技术、特效技术等共同协作，打造出震撼的视觉效果和流畅的叙事节奏。如今的科幻电影中那些令人惊叹的特效场景，就是多种技术完美结合的成果。它综合了视觉手段如画面的光影、色彩、构图和听觉手段如人物的台词、音乐、音效等，多方位地刺激观众的感官，给他们带来丰富的体验。比如在《英雄》中，极具意境的画面色彩与震撼的打斗音效相结合，给人强烈的冲击。

影视艺术的综合性汇聚了众多艺术形式和技术手段，形成了一个丰富多彩、充满活力的艺术世界。通过影视艺术，我们可以领略到人类艺术创造的无限可能，感受到不同文化的独特魅力。让我们尽情享受影视艺术这一综合性的盛宴，在其中探索、感悟和成长。

2. 逼真性特点

影视艺术，犹如一面神奇的镜子，以其独特的逼真性特点，将丰富多彩的世界呈现在我们眼前。

影视艺术的逼真性体现在其对现实的高度还原上。通过先进的摄影技术、精湛的表演及细致的场景布置，影视作品能够栩栩如生地展现出各种生活场景、人物形象和情感状态。我们仿佛能够穿越屏幕，亲身感受到故事中所发生的一切。比如在一些历史题材

---

① 赫伯特·布卢默. 电影在影响大众行为过程中的作用［M］. 王有伟，译. 电影艺术，1988（4）：59.

的影视中，我们能看到逼真的古代建筑、服饰和生活习俗，仿佛真的回到了那个时代。演员们精彩的演绎也是逼真性的关键要素。他们通过细腻的表情、动作和语言，将角色刻画得入木三分，让我们能深刻理解角色的内心世界和情感变化。一个优秀演员的表演可以让我们完全沉浸在角色之中，忘记这只是一场虚构的演绎。

影视艺术的逼真性还在于其能够营造出真实的氛围和感觉。无论是紧张刺激的动作场面，还是温馨感人的情感桥段，都能通过音效、灯光、色彩等元素的巧妙运用，让观众产生身临其境的感觉。比如在恐怖电影中，阴森的音效和昏暗的光线会让我们的心跳加速，仿佛真的置身于恐怖的环境之中。然而，需要明确的是，影视艺术的逼真性并不是对现实的简单复制。它是在现实的基础上进行艺术加工和创造，融入了创作者的想象和创意。这种艺术化的处理，使得影视作品既有现实的影子，又有超越现实的魅力。例如，科幻电影中那些奇幻的场景和高科技设定，虽然在现实中并不存在，但通过巧妙的设计和呈现，却能让我们相信它们的存在。这就是影视艺术逼真性的独特魅力，它能够将想象与现实完美结合，创造出令人惊叹的视觉和情感体验。

影视艺术的逼真性是其最具吸引力和影响力的特点之一。它让我们在欣赏影视作品的过程中，既能感受到现实的真实，又能体验到想象的无限可能。它就像一把钥匙，打开了我们通往不同世界的大门，让我们在其中尽情遨游，领略艺术的魅力和生活的美好。影视艺术的逼真性还使得它具有强大的教育和启示意义。通过观看影视作品，我们可以了解不同的文化、历史和社会现象，拓宽自己的视野和思维方式。同时，影视作品中所展现的人性光辉和道德困境，也能让我们反思自己的行为和价值观。

3. 假定性特点

影视艺术的假定性首先体现在其对故事和情节的构建上。编剧们凭借着丰富的想象力和创造力，编织出一个个或奇幻、或动人、或惊险的故事世界。无论是科幻电影中遥远的星球和超现实的科技，还是爱情片中那些浪漫而理想化的情节，都是对现实的一种假定和重塑。比如《阿凡达》中所创造的潘多拉星球，是一个完全虚构却又让我们沉醉其中的奇幻世界。

角色塑造也是假定性的重要体现。演员们通过表演赋予角色独特的性格和魅力，虽然这些角色在现实生活中可能并不存在，但在影视的世界里却能引发我们强烈的情感共鸣。我们会为英雄的壮举欢呼，为角色的遭遇落泪，仿佛他们就是真实存在的人。经典电影《罗马假日》中奥黛丽·赫本饰演的公主，成了无数人心中的美好象征。

场景和画面的设计同样充满了假定性。从古代的宫殿到未来的都市，从宁静的乡村到神秘的异域，影视可以将我们带到任何想象中的地方。这些场景可能并非完全符合现实，但却能营造出特定的氛围和感觉。《魔戒》系列中宏伟壮丽的中土世界，让我们领略到了一个充满魔幻色彩的奇妙天地。

影视艺术的假定性还在于它能够打破现实的时间和空间限制。它可以自由地在过去、现在和未来之间穿梭，可以让我们瞬间跨越千里，目睹遥远地方发生的事情。这种对时间和空间的假定拓展了我们的视野和思维，让我们体验到前所未有的新奇和刺激。

然而，影视艺术的假定性并非随意的虚构，而是建立在一定的合理性和逻辑性基础之上的。它需要符合观众的认知和情感需求，能够让观众在欣赏的过程中产生共鸣和认同。优秀的影视作品往往能够在假定性和真实性之间找到一个完美的平衡，让我们在享受想象的乐趣的同时，也能感受到人性的真实和生活的真谛。

影视艺术的假定性让我们有机会逃离现实的束缚，进入一个个充满奇幻和想象的世界，体验不同的人生和情感。正是这种假定性，使得影视艺术成为一种能够触动人心、启迪智慧、丰富生活的伟大艺术形式。

4. 幻觉性特点

影视艺术，拥有一种神奇的力量，那就是创造出令人沉醉的幻觉性。

当我们坐在屏幕前，沉浸在影视作品中时，仿佛进入了一个与现实平行的虚幻世界。影视艺术通过对光影、色彩、声音等元素的巧妙运用，让我们的感官被充分调动，进而产生一种身临其境的感觉，尽管我们清楚地知道这一切并非真实，但却不由自主地被带入其中。

影视艺术的画面呈现具有强烈的幻觉性。精美的场景布置、逼真的道具及细腻的特效，共同构建起一个个或奇幻、或真实的空间。我们会在科幻电影中看到令人惊叹的未来世界，在古装剧中领略到古代的繁华与沧桑。这些画面仿佛具有魔力，让我们的大脑产生错觉，以为自己真的置身其中。比如《阿凡达》中那美轮美奂的潘多拉星球，让无数观众对那个神奇的世界充满向往。

声音在营造幻觉性方面也起着至关重要的作用。恰到好处的配乐、生动的音效，能够极大地增强我们的情感体验和沉浸感。紧张的情节配上急促的音乐，让我们的心跳也随之加速；温馨的场景搭配柔和的旋律，则会让我们内心充满温暖。音效更是能让我们仿佛听到风吹草动、车水马龙，进一步加深了这种幻觉。

演员的表演也是创造幻觉的关键因素。优秀的演员能够通过精湛的演技，将角色刻画得入木三分，让我们相信他们就是角色本人。我们会随着角色的喜怒哀乐而情绪起伏，完全沉浸在他们的故事之中。那些经典的角色形象，如《教父》中的柯里昂，成为观众心中难以磨灭的印记。

影视艺术的剪辑手法同样为幻觉性增添了独特魅力。快速的剪辑可以营造紧张刺激的氛围，让我们的思维紧跟情节的发展；缓慢的剪辑则可以让情感慢慢渗透，让我们细细品味其中的韵味。通过剪辑的巧妙衔接，原本分散的镜头被组合成一个连贯的故事，以至我们在不知不觉中陷入这个虚幻的世界。

这种幻觉性使得影视艺术具有了超越现实的魅力。它能够让我们暂时忘却生活中的烦恼和压力，投身到一个充满想象和可能的世界中。我们可以在这个世界里尽情地幻想、体验不同的人生。

然而，我们也需要清醒地认识到，这只是一种幻觉。尽管它如此逼真，但终究不是真实的生活。我们不能过度沉迷其中，而忽略了现实世界的美好与挑战。

影视艺术的幻觉性是其独特而迷人的特点之一。它以强大的魅力吸引着我们，让我们在光影的交织中体验一场又一场精彩绝伦的梦幻之旅。我们应珍惜这种艺术带来的奇妙体验，同时也保持对现实的清醒认识，在影视艺术与现实生活之间找到平衡。

（二）影视艺术与生命意蕴

生命意蕴是一个多维度的概念，它涵盖了生命的价值、意义、体验、坚韧、神秘等方面。每个人都可以通过自己的生命历程去感悟和体验生命的意蕴，让生命变得更加充实和有意义。

影视艺术所表现的生命意蕴，是影视作品的核心所在，它既是艺术创作的灵感源泉，也是观众情感共鸣的触发点。从早期的默片到现代的高清数字电影，影视作品始终以其独特的艺术手段和影像语言探讨人类的存在、意义和价值。在这一过程中，影视艺术超越了简单的娱乐功能，成为人类对生命的深度探寻和理解的媒介。如吴天明导演的《老井》，该片以高度的写实和丰富的文化内涵荣获了一系列国内外的奖项。影片以逼真的现实生活画面，通过当代农民战胜自然、战胜自我的斗争，表现了中华民族顽强的生命力和深厚的凝聚力，揭示出民族文化意识在诸多方面的积淀与表现。每一部电影或电视，即使是最轻松的娱乐片，也蕴含着某种对人生价值的思考，每部影片都有自己的倾向性。但可能所呈现的程度各有不同，有的影片对是非问题一带而过，少加或不加分析，其价值主要体现于审美愉悦本身；有的影片设计正面主人公和反面主人公分别代表相互冲突的人生价值观念，随着故事展开向某一方倾斜；有的影片寓教于乐，通过正面人物直接弘扬所要表现的价值观，主题非常鲜明；有的影片则采用“伪装”形式，运用象征、隐喻等手法体现生命意蕴。

（三）影视艺术中的生命意蕴

电影和电视剧中的角色，往往代表着不同的人生阶段和生命状态。他们在屏幕上的挣扎、成长、抉择，都如同一面镜子，反射出观众自身的生命体验。例如，在《阿甘正传》中，阿甘的纯真与坚韧，展现了生命的力量，即使在逆境中也能绽放出光彩。又如《当幸福来敲门》中的克里斯·加德纳，他的坚韧不拔和对梦想的坚持，激励着观众在困难中寻找希望。这些角色的塑造，以及他们所经历的故事，都让观众在感同身受中对生命有了更深的理解。影视艺术中蕴含着生命意蕴。

1. 生命的诞生与成长

生命的诞生与成长，是自然界最神秘而又美妙的奇迹之一。在影视艺术表达中，这一主题被赋予了丰富的情感色彩和深刻的哲理内涵。影视艺术通过叙事，引导观众深入思考生命的意义。在《死亡诗社》中，约翰·基汀老师鼓励学生追求自由和独立思考，电影通过这种叙事方式，让观众反思教育的本质，以及如何在生命的旅途中保持真我。《寻梦环游记》则通过小男孩米格的冒险，让观众思考家庭、爱与生死的关系，以及如何面对生命中的离别和接纳死亡。电影《宝贝计划》以细腻而真实的笔触，描绘了一个婴儿从呱呱坠地到蹒跚学步的成长历程，展现了婴儿第一次睁开眼睛的好奇、第一次尝试爬行的努力及第一次喊出“妈妈”的喜悦。这些看似微不足道的瞬间，却充满了生命的活力和希望，让人感受到生命的宝贵和纯真。作品《少年派的奇幻漂流》则展现了一个少年在逆境中成长的坚韧与勇气。少年派在海上与一只孟加拉虎相伴漂流，经历了孤独、恐惧和绝望。然而，他凭借自己的智慧和毅力，最终战胜了困难，完成了从稚嫩到成熟的蜕变。这部作品让我们深刻体会到生命在成长过程中所需要的勇气、坚持和自我超越。

2. 生命的挫折与磨难

生命并不总是风平浪静，它充满了挫折和磨难。影视作品中的这些情节，让我们更深刻地理解了生命的无常和命运的多舛。电影《活着》中的福贵，经历了家庭的兴衰、社会的动荡，但他始终坚韧地活着。他的故事让我们看到了生命在困境中所迸发出来的顽强力量，也让我们更加珍惜和感恩自己所拥有的生活。同样地，《美丽人生》中的犹太父亲圭多，在纳粹集中营的残酷环境下，仍用无尽的爱和乐观为儿子营造出一个美好的世界。他的故事让我们看到了生命在极端磨难中的珍贵与坚强，也让我们明白了爱的力量能够战胜一切困难。

3. 生命的热爱与追求

影视作品中还有一些作品，以激昂的旋律和感人的故事，激励我们对生命充满热爱，勇敢地去追求梦想。《当幸福来敲门》中的主人公克里斯，在面对生活的重重压力时，从未放弃对幸福生活的追求。他凭借自己的努力和坚持，最终实现了自己的梦想。这部作品告诉我们，只要心中怀揣着对生命的热爱和对未来的希望，就能够战胜一切困难，创造出属于自己的精彩人生。《摔跤吧！爸爸》则展现了女性为了追求自己的体育梦想，勇敢地挑战传统束缚的精神。主人公在父亲的支持下，勇敢地走出舒适区，不断挑战自我，最终实现了自己的梦想。这部作品让我们明白，生命不应该被外界的偏见和限制束缚，而应该勇敢地追求内心真正的渴望。

4. 生命的死亡与告别

影视艺术还通过疾病叙事，让观众对生命和死亡的课题有了更深刻的体验。如《滚蛋吧！肿瘤君》和《我不是药神》，通过主人公与疾病抗争的过程，探讨了生命的价值、社会公正及对生命的尊重。这些作品以真实的故事触动人心，使观众在观影过程中对生命产生新的感悟。死亡是生命无法避免的归宿，但影视作品却以不同的方式探讨了这一沉重的话题。《入殓师》通过对入殓师这一职业的细腻描绘，让我们了解到死亡并非终结，而是生命的另一种延续。这部作品让我们学会以尊重和敬畏的态度去面对死亡，珍惜生命中的每一刻。《寻梦环游记》则以温暖的方式诠释了死亡。它告诉我们，只要关于亲人的记忆还在，他们就会永远地活在我们心中。这部作品强调了亲情和记忆在生命中的重要性，让我们更加珍惜与亲人共度的时光。同时，它也让我们明白，死亡并不是生命的终点，而是另一种形式的开始。

影视作品也常常探讨生命与自然的关系。如《狼图腾》通过影视艺术，强调了人与自然的冲突与和谐观众得以在安全的观影空间里体验各种生命状态，感受生与死、爱与恨的交织。这种间接的生命体验，使观众得以拓宽视野，更深入地理解自己和他人的生命。影视作品中的每一个镜头、每一个情节，都可能成为观众对生命理解的启示，从而激发他们对自身生命态度的反思和调整。

影视艺术与生命是紧密相关且相互影响的。影视作品不仅是娱乐和消遣的工具，还是观众心灵的触媒。通过影像的探索，引导观众对生命进行深入的思考和体验。每一部电影、每一部电视剧，都是生命的一次独特旅程，让观众在艺术的引领下，逐步理解生命的意义，丰富生命内涵，实现生命价值。

二、影视作品引发生命体验

影视艺术作为20世纪最具影响力的大众媒介，其发展历程不仅是一部技术进步史，还是一部人类精神成长的见证史。从最初的黑白默片到如今的沉浸式体验，影视作品早已超越单纯的娱乐功能，成为映照人性、启迪思考的重要载体。在这个视觉文化主导的时代，影视艺术以其独特的叙事魅力，与观众展开深度对话，在潜移默化中影响着人们的生命体验与精神成长。

（一）影视作品的发展

影视作品主题的嬗变深刻反映了社会变迁与人文精神的演进。以中国影视作品的发展为例，从早期教化电影到新时期艺术探索，再到当代多元表达，中国影视作品始终在寻找生命教育的艺术化呈现方式。这一过程不仅见证了中国电影美学的成熟，还折射出整个民族对生命价值的认知深化。

中国电影诞生之初就肩负着教化使命。20 世纪 30 年代，《神女》通过底层女性的悲惨命运，叩击人性尊严；《马路天使》以市井小民的生存困境，展现生命的坚韧。这些作品突破传统戏剧模式，将镜头对准普通人的生命状态，在现实主义创作中传递人文关怀。新中国成立后的《白毛女》《林家铺子》等影片，则在革命叙事中融入对个体命运的关注，展现了特殊历史时期对生命价值的独特诠释。

改革开放后，中国电影迎来创作高峰。《黄土地》以凝重的影像语言，展现生命与自然的永恒对话；《红高粱》用张扬的生命力，诠释民族精神的生生不息。第五代导演的作品突破传统叙事框架，在文化反思中探索生命存在的深层意义。20 世纪 90 年代的《活着》通过普通人的命运沉浮，展现生命的韧性与尊严，成为中国电影史上最具生命教育价值的作品之一。

进入新世纪，中国影视创作呈现多元化态势。《我不是药神》直面医疗伦理困境，引发对生命价值的全民讨论；《送你一朵小红花》以温情笔触描绘癌症患者的生活，传递积极的生命态度。这些作品突破传统叙事模式，在类型化表达中深化生命教育主题。电视剧领域，《人世间》通过普通家庭的命运变迁，展现生命的厚重与温暖；《三体》则在科幻想象中探讨人类文明的终极命题。

中国影视作品对生命教育主题的探索，始终与时代发展同频共振。从早期教化到当代多元表达，影视创作不断突破艺术边界，在创新中深化对生命价值的思考。这种探索不仅丰富了中国影视的美学内涵，还为观众提供了理解生命、思考人生的艺术窗口。在未来发展中，中国影视必将继续深化生命教育主题，以更具创造力的艺术表达，传递人文关怀，启迪生命智慧。

（二）影视作品的叙事

蒙太奇（Montage）源自法语，意为“组装”或“拼接”。在影视艺术中，蒙太奇是指通过剪辑将不同的镜头、画面或场景组合在一起，形成新的意义和情感表达。它是影视叙事中最重要的手法之一，能够通过画面的拼接、对比、叠加等方式，创造出超越单个镜头的艺术效果，传递更深层次的思想和情感。蒙太奇的核心在于通过镜头之间的关系（如时间、空间、逻辑、情感等）来构建叙事，而不仅仅是依赖单个镜头的内容。它可以是时间上的压缩、情感上的对比，也可以是象征性的隐喻，甚至是心理层面的表达。其作用有以下四点：时间压缩：蒙太奇可以将长时间跨度压缩成几个关键镜头，让观众在短时间内感受到时间的流逝；主题深化：通过象征性或对比性的镜头组合，蒙太奇能够传递更深层次的思想和主题；节奏控制：蒙太奇可以通过镜头的快慢切换，控制叙事的节奏，增强戏剧张力；心理揭示：心理蒙太奇能够直接展现角色的内心世界，帮助观众理解角色的情感和动机。

蒙太奇叙事通过以下几种主要方式实现：叙事蒙太奇：指通过镜头的拼接推动故事情节的发展，通常用于时间线的压缩或扩展；平行蒙太奇：指将两个或多个同时发生的场景交替剪辑，形成对比或呼应，增强戏剧张力；对比蒙太奇：指通过对比两个截然不同的画面或场景，突出主题或情感；心理蒙太奇：指通过镜头展现角色的内心世界，如回忆、幻想、梦境等，揭示人物的心理状态；节奏蒙太奇：指通过快速或缓慢的镜头切换，形成特定的节奏感，增强情感表达；象征蒙太奇：指通过具有象征意义的画面组合，传递深层次的主题或思想；交叉蒙太奇：指将多个场景交替剪辑，通常用于制造紧张感或悬念。

通过丰富多样的蒙太奇手法，或串联回忆与现实，或对比命运的起伏，或平行展现时代与个体，或交叉营造紧张氛围，让观众在光影流转间，深度融入角色的生命历程，获得独一无二的生命体验，对生命的广度与深度有更为深刻的理解与感悟。

在陈凯歌执导的《霸王别姬》里，对比蒙太奇运用得淋漓尽致。影片中，戏班师傅严苛训练小豆子（程蝶衣）和小石头（段小楼）的场景，与日后两人在戏曲舞台上大放异彩的画面频繁切换。戏班里，孩子们在冰天雪地中苦练基本功，师傅的打骂声不绝于耳，展现出学艺之路的艰辛与残酷；而舞台上，程蝶衣与段小楼扮相绝美，台下掌声雷动，尽显戏曲艺术的辉煌与荣耀。这种强烈的对比，不仅呈现出人物命运的跌宕起伏，还让观众深刻领悟到在追求艺术梦想的道路上，生命需要经历怎样的磨砺与蜕变，从而对生命的坚韧与执着有了更深刻的认知。

贾樟柯的《站台》则巧妙运用了平行蒙太奇。一边是小镇青年们在文化馆里排练文艺节目，满心憧憬着外面的世界；另一边是时代浪潮下，火车在铁轨上疾驰，象征着新思想、新文化的传播。这两条线索并行发展，通过不断切换镜头，展现出小镇青年们渴望冲破地域束缚，拥抱时代变革的内心诉求。观众在观看过程中，仿佛能感受到自己与影片中的角色一同站在时代的十字路口，面临着人生的迷茫与挣扎，深刻体会到个体生命在时代洪流中的渺小与不甘，以及对未知世界的勇敢追寻。

宁浩的《疯狂的石头》凭借交叉蒙太奇营造出紧张刺激的氛围，给予观众别样的生命体验。影片中，以包世宏为首的保卫科人员全力守护翡翠，而道哥一伙小偷绞尽脑汁试图偷走翡翠，两拨人的行动线通过交叉蒙太奇紧密交织。例如，包世宏等人在展厅里布置安保措施的同时，道哥一伙在展厅外策划盗窃方案，镜头在两者之间快速切换，观众的心也随之悬起，时刻为双方的行动揪心。这种手法让观众如同置身于一场紧张刺激的冒险之中，充分感受到在充满意外与挑战的情境下，人们为了目标全力以赴、斗智斗勇的状态，体验到生命的活力与顽强。

（三）影视作品如何引发生命体验

1. 注意力与感知

当我们沉浸于影视作品所营造的虚拟世界时，注意力会不由自主地高度集中，感知能力也会随之变得异常敏锐。那些精彩纷呈的剧情走向、美轮美奂的动人画面及扣人心弦的悠扬音乐等诸多元素，仿佛具有一种神奇的魔力，能够在瞬间吸引住我们的目光和思绪，引领我们全身心地投入影片所精心构建的那个独特世界之中。

在这一全情投入的过程里，我们对于生命所呈现出的五花八门的表现形式及丰富多样的情感状态，都有了更为直观且更为深刻的认知与感受。比如，当我们观看诸如《2012》之类的灾难片时，我们的目光会紧张地聚焦于影片中各个角色的命运起伏之上，内心会真切地体会到生命在铺天盖地的灾难面前的极度脆弱和渺小。这种强烈的感知会在无形之中促使我们更加珍视当下平静安宁的生活，懂得感恩生命所赐予的每一份美好。

2. 情感体验与共鸣

影视作品具备着强大的力量，能够在我们的内心深处引发一系列丰富而又深沉的情感体验，进而使我们与影片中的角色产生强烈的共鸣。当我们目睹主人公在艰难险阻中奋力挣扎、历经挫折时，我们的内心会不由自主地涌起一股心痛和同情的情感浪潮；而当他们凭借着坚韧不拔的毅力和勇气最终取得成功时，我们又会情不自禁地为之欢呼雀跃，满心欢喜。

这种情感上的共鸣就如同一条无形的纽带，将我们与影片中的角色紧密相连，让我们仿佛亲身经历了他们所走过的生命历程。比如，在那部堪称经典的爱情巨作《泰坦尼克号》中，杰克和露丝之间凄美绝伦的爱情悲剧令无数观众潸然泪下。我们在为他们的爱情以悲剧收场而深感惋惜的同时，也不禁对生命中的爱情真谛及为爱情所做出的牺牲有了更为深邃和全面的思考。

3. 想象与联想

影视鉴赏这一活动极大地激发了我们的想象和联想能力。我们会依据影片所展现出的情节脉络和视觉画面，在自己的脑海中构建出一个个生动鲜活、充满奇幻色彩的场景和故事。这种由想象和联想所催生的内心活动，不仅能够极大地丰富我们的观影体验，赋予影片更多元的解读和感受，还能够巧妙地让我们将影片中所蕴含的关于生命的启示与自己的现实生活紧密地联系在一起。

例如，当我们观看充满科幻色彩的电影《星际穿越》时，我们的思维会如同插上了翅膀，自由地想象人类在浩瀚无垠的宇宙中进行无畏探索和艰难生存的种种可能。与此同时，我们也会自然而然地联想到生命在充满无限可能性的未来世界中的发展轨迹和演变趋势，从而对生命的未来充满无限的憧憬和深入的思考。

4. 思考与反思

一部优秀的影视作品往往具备着发人深省的特质，能够有力地促使我们展开深入的思考和严肃的反思。它们所抛出的那些有关生命意义、人性本质、道德准则等一系列深刻而又重大的问题，会引发我们对自身及周围世界进行重新的审视和考量。

通过这样的思考和反思过程，我们能够不断地深化对生命内涵的理解和领悟，进而适时地调整自己的价值观念及行为方式。例如，韩国电影《熔炉》以其深刻而犀利的视角，无情地揭示了社会的黑暗和人性的丑陋一面。这部影片让我们陷入了深深的反思，思考如何在错综复杂的现实生活中坚守正义的底线，全力维护弱势群体的生命尊严，以实际行动为构建一个更加公平、正义、美好的世界贡献自己的力量。

正是注意力与感知、情感体验与共鸣、想象与联想、思考与反思的心理特征，让观众在观影时不仅体验到影视作品的魅力，还深刻影响了他们的生命感悟，进而使其在情感、认知和行为上发生积极的变化。

三、影视作品展现生命价值

影视艺术以其深刻的洞察力和丰富的情感表达，为观众提供了一种独特的生命体验。它不仅揭示了生命的复杂性，还通过故事中的角色和情节，引导我们探索生命的意义、价值与可能性。在这一过程中，影视作品成为个体生命教育的重要载体，帮助观众在观看的过程中深化对自我、他人及世界的理解，从而实现生命价值的提升。大学生正处于人生的转型期，他们的价值观、人生观和世界观正处于形成与完善的关键阶段。影视作品以其独特的魅力，通过情感共鸣、价值观塑造、社会认知拓展、心理成长促进及梦想启发等多方面，对大学生的生命价值产生深远影响。

（一）情感共鸣与自我认知

影视作品是情感的容器，能够激发观众的情感共鸣，进而引导大学生进行自我认知的探索。许多优秀的影视作品通过细腻的情感描写，展现了人性的复杂与美好。例如电影《美丽人生》中，父亲在纳粹集中营中用谎言保护儿子的纯真，这种无私的父爱让观众为之动容。大学生在观看此类作品时，会不自觉地将自身的情感体验与影片中的人物进行对比，从而引发对自身情感世界的反思。他们可能会思考自己在面对困难时的态度、对家人的关爱程度及对友情和爱情的理解。这种情感共鸣促使大学生更加深入地了解自己的内心世界，明确自己的情感需求和价值观取向。同时，影视作品中的人物成长历程也为大学生提供了自我认知的参照。在电影《当幸福来敲门》中，克里斯·加德纳从一个落魄的推销员成长为成功的金融家，他所经历的挫折与奋斗让大学生看到自身的潜力与可能性。大学生在与影片中的人物进行情感共鸣的过程中，能够更好地认识自己的优势与不足，从而在未来的生活中更加自信地面对挑战。

（二）价值观与人生观的塑造

影视作品以其丰富的内涵和多样的题材，对大学生的价值观和人生观产生潜移默化的影响。许多作品通过展现不同人物的生活选择和价值追求，引导大学生思考人生的意义和价值。例如电影《肖申克的救赎》中，安迪在监狱中始终保持对自由的向往和对正义的追求，他通过自己的智慧和勇气，最终实现了自我救赎。这种对自由与正义的坚守，让大学生深刻体会到生命的价值不仅仅在于物质的富足，更在于精神的独立和人格的完善。同时，影视作品中的人物形象也为大学生树立了榜样。电影《无问西东》展现了清华学子在不同时代背景下坚守真理、追求理想的高尚品质。大学生在观看这些作品时，会受到影片中人物精神的感染，从而在自己的生活中树立正确的人生观和价值观，努力追求有意义的人生。此外，影视作品还可以通过批判性的情节设置，引导大学生对社会现象进行思考。电影《我不是药神》揭示了医疗体制中存在的问题，引发了社会对民生问题的关注。大学生在观看此类作品后，会对社会公平、正义等价值观有更深刻的理解，从而在未来的社会生活中积极践行正确的价值观。

（三）社会认知与批判性思维

影视作品是社会现实的缩影，能够帮助大学生拓展社会认知，培养批判性思维。在当今复杂多变的社会环境中，大学生需要具备敏锐的观察力和独立的思考能力，以更好地适应社会。许多影视作品通过对社会问题的深刻剖析，为大学生提供了了解社会的窗口。例如电影《熔炉》以韩国光州仁爱学校性侵儿童事件为蓝本，展现了社会底层人民在面对强权时的无奈与抗争。大学生在观看此类作品时，能够更加深入地了解社会中存在的不公与黑暗，从而增强对社会现实的敏感度。同时，影视作品也可以引导大学生对社会现象进行批判性思考。电影《大鱼海棠》中对爱情、亲情和责任的探讨，引发了观众对传统伦理道德的反思。大学生在观看这些作品后，会学会从不同的角度看待问题，不盲目接受社会的既有观念，而是通过自己的思考形成独立的见解。此外，影视作品还可以通过对比不同文化背景下的社会现象，帮助大学生拓宽国际视野。电影《贫民窟的百万富翁》展现了印度社会的贫富差距和阶层固化问题，让大学生了解到不同国家在社会发展过程中所面临的挑战。这种跨文化的视角有助于大学生在未来的全球化竞争中，更好地理解不同文化背景下的社会价值观，从而培养出更加全面和客观的批判性思维。

（四）心理成长与自我疗愈

大学生活是充满挑战与压力的阶段，影视作品可以成为大学生心理成长的重要助力。许多作品通过展现人物的心理变化和成长历程，为大学生提供了心理疏导和自我疗愈的途径。例如电影《千与千寻》中，千寻在神秘的世界中经历了恐惧、迷茫和成长，最终找到了自我。大学生在观看此类作品时，能够从中找到共鸣，感受到自己在面对困难时的勇气和力量。这种心理上的共鸣有助于缓解大学生在学业和生活中所面临的压力，促进其心理的健康成长。同时，影视作品还可以通过积极的心理暗示，帮助大学生树立自信和乐观的心态。电影《阿甘正传》中，阿甘凭借单纯和坚持，在人生的道路上取得了诸多成就。大学生在观看这部作品后，会受到阿甘精神的鼓舞，相信只要努力，就一定能够实现自己的目标。此外，影视作品还可以为大学生提供情感宣泄的出口。电影《海街日记》中，四姐妹在镰仓的生活中经历了亲情的修复和情感的释放。大学生在观看此类作品时，可以将自己的情感投射到影片中的人物身上，通过影片中的情节发展，释放内心的压力和情绪，从而达到心理疗愈的效果。

（五）梦想与人生目标的启发

影视作品以其丰富的想象力和感人的故事，为大学生的梦想和人生目标提供了启发。大学是人生中重要的转折点，大学生需要明确自己的人生方向和奋斗目标。许多影视作品通过展现人物的追梦历程，激发大学生对未来的憧憬和向往。例如电影《中国合伙人》中，三个年轻人在改革开放的时代浪潮中，凭借自己的智慧和勇气，创立了新东方教育集团。大学生在观看这部作品时，会受到他们创业精神的感染，从而激发自己追求梦想的勇气。同时，影视作品还可以通过展现不同行业的成功案例，为大学生提供职业发展的参考。电影《穿普拉达的女魔头》展现了时尚行业的竞争与魅力，让大学生了解到不同职业领域的特点和发展路径。这种对职业的初步认知有助于大学生在大学期间更好地规划自己的学业和职业发展方向。此外，影视作品还可以通过展现人物在追梦过程中的挫折与坚持，引导大学生树立正确的失败观。电影《摔跤吧！爸爸》中，父亲在培养女儿成为摔跤冠军的过程中，经历了诸多困难和挫折，但他们始终没有放弃。大学生在观看此类作品后，会明白在追求梦想的道路上，挫折是不可避免的，但只要坚持，就一定能够实现自己的目标。

[聚焦提升]

影视，宛如一座连接幻想与现实的桥梁，与生命成长有着千丝万缕的联系。每一部影视作品，都是创作者精心构筑的微观世界，承载着他们对生活的洞察、对人性的思索，当我们沉浸其中，便开启了一段与生命成长相互交融的奇妙旅程。

影视作品是情感的催化剂，能唤醒我们内心深处最柔软的角落。在观看那些温情脉脉的家庭片时，我们会被影片中亲人间的关爱与羁绊打动，进而反思自己与家人相处的点滴，更加珍视亲情的温暖，懂得包容与理解的重要性，这无疑是生命成长中情感维度的深化。而观看励志题材影片时，主角在困境中不屈不挠、奋勇拼搏的身影，又能点燃我们内心的斗志，让我们在面对生活中的挫折时，不再轻易退缩，而是勇敢地迎难而上，这是生命成长中意志品质的锤炼。

在影视营造的世界里，我们以旁观者的视角，体验着他人的人生百态，却也在不经意间，为自己的生命成长注入了源源不断的养分，完成一次又一次心灵的蜕变与升华。

[自主思考]

影视作品中的角色成长往往映射着生命的成长历程。选择一个你印象深刻的角色，分析其成长轨迹所蕴含的生命成长启示，以及这种启示如何影响你对自身生命成长的思考。

[课外拓展]

1. 谭洪岗. 电影与心理人生［M］. 北京：化学工业出版社，2009.
2. 田卉群. 影视鉴赏［M］. 北京：高等教育出版社，2009.
3. 陆晓娅. 旅行中的生死课［M］. 桂林：广西师范大学出版社，2022.